OBRA POÉTICA COMPLETA

TOMO I

This book
was donated by

Robert L. Nugent, Ph.D.
1920-2012

Professor Emeritus
of Modern Languages

Director of the
James F. Lincoln Library

COLECCIÓN FUNDADA POR
DON ANTONIO RODRÍGUEZ-MOÑINO

DIRECTOR
DON ALONSO ZAMORA VICENTE

Colaboradores de los volúmenes publicados:

Francisco Aguilar Piñal. Giovanni Allegra. Andrés Amorós. Farris Anderson. René Andioc. Joaquín Arce. Eugenio Asensio. Juan B. Avalle-Arce. Francisco Ayala. Hannah E. Bergman. Bernardo Blanco González. Alberto Blecua. José Manuel Blecua. Laureano Bonet. Carmen Bravo Villasante. María Josefa Canellada. José Luis Cano. Soledad Carrasco. José Caso González. Elena Catena. Biruté Ciplijauskaité. Antoni Comas. Evaristo Correa Calderón. Cyrus C. de Coster. D. W. Cruickshank. Cristóbal Cuevas. Bruno Damiani. George Demerson. Albert Dérozier. José M. Díez Borque. Ricardo Doménech. John Dowling. Manuel Durán. José Durand. Henry Ettinghausen. Rafael Ferreres. Miguel Flys. Yves-René Fonquerne. E. Inman Fox. Vicente Gaos. Salvador García. Luciano García Lorenzo. Joaquín González-Muela. F. González Ollé. Robert Jammes. Ernesto Jareño. Pablo Jauralde. R. O. Jones. A. David Kossoff. Teresa Labarta de Chaves. Carolyn R. Lee. Isaías Lerner. Juan M. Lope Blanch. Francisco López Estrada. Luisa López-Grigera. Leopoldo de Luis. Felipe C. R. Maldonado. Robert Marrast. Marina Mayoral Díaz. D. W. McPheeters. Guy Mercadier. Ian Michael. Miguel Mihura. José F. Montesinos. Edwin S. Morby. Marcos A. Morínigo. Luis Andrés Murillo. André Nougué. Berta Pallarés. Manuel A. Penella. Joseph Pérez. Jean Louis Picoche. John H. R. Polt. Antonio Prieto. Arturo Ramoneda. Jean-Pierre Ressot. Rogelio Reyes. Francisco Rico. Dionisio Ridruejo. Elias L. Rivers. Evangelina Rodríguez. Julio Rodríguez Luis. Julio Rodríguez-Puértolas. Leonardo Romero. Juan Manuel Rozas. Francisco Ruiz Ramón. Georgina Sabat de Rivers. Celina Sabor de Cortazar. Fernando G. Salinero. José Sanchis-Banús. Russell P. Sebold. Dorothy S. Severin. Margarita Smerdou Altolaguirre. Gonzalo Sobejano. N. Spadaccini. Jean Testas. Antonio Tordera. José Carlos de Torres. Isabel Uría Maqua. José María Valverde. Stanko B. Vranich. Frida Weber de Kurlat. Keith Whinnom. Anthony N. Zahareas.

AUSIAS MARCH

OBRA POÉTICA COMPLETA

*Edición,
introducción, traducción y notas
de*
RAFAEL FERRERES

TOMO I

FUNDACIÓN JUAN MARCH

Madrid

Copyright © Editorial Castalia, 1982
Zurbano, 39 - Madrid (10). Tel. 419 58 57

Cubierta de Víctor Sanz

Impreso en España - Printed in Spain
Unigraf, S. A. Fuenlabrada (Madrid)

I.S.B.N.: 84-7039-320-0 (Obra completa)
I.S.B.N.: 84-7039-321-9 (tomo I)
Depósito Legal: M. 10.414-1983

Estudio patrocinado por la Fundación Juan March.
La Fundación Juan March no se solidariza necesariamente
con las opiniones de los autores cuyas obras publica.

SUMARIO

TOMO I

INTRODUCCIÓN BIOGRÁFICA Y CRÍTICA	9
Los March	9
Biografía	16
Situación de su poesía	41
La influencia de Petrarca y de Dante	47
Ausias March y los trovadores provenzales	53
Automención del poeta	56
Narcisismo	59
Alegoría de las flechas	60
Antítesis	62
Aspectos temáticos	65
La lengua poética	83
Versificación	95
Métrica	97
Traducciones castellanas	110
NOTICIA BIBLIOGRÁFICA	114
BIBLIOGRAFÍA SELECTA SOBRE EL AUTOR	125
NOTA PREVIA	129
Ordenación de las poesías	129
Edición del texto	132
OBRA POÉTICA (POEMAS I AL LXXXVIII)	135
ÍNDICE DE CANTOS	441
ÍNDICE DE LÁMINAS	445

*A mis padres,
en el "cielo de Ausias March"
que cantó A. Machado.*

INTRODUCCIÓN
BIOGRÁFICA Y CRÍTICA

Los March

La abundancia del apellido March, y aun de los que lo llevan con el nombre de Pedro, hace confusa la identificación de los que realmente forman parte de la familia del poeta y, más todavía, de los que fueron sus auténticos antecesores. Amédée Pagès, en su imprescindible libro *Auzias March et ses predécesseurs* (Paris, 1912) estaba seguro de que March, sobre todo Pedros, figuraban entre los antepasados del poeta de Gandía. Tal genealogía quedó afirmada por el P. Luis Fullana en *El poeta Ausías March. Su ilustre ascendencia. Su vida y sus escritos* (Valencia, 1945), con alguna discrepancia. Pero esta seguridad que había manifestado Pagès en su citado libro sobre los antepasados de Ausias March comenzó a vacilar, y no poco, ya no solo sobre los parientes, hipotéticos parientes, lejanos sino sobre los inmediatos con los que las dudas eran casi inexistentes y hoy sin el casi. Así, por ejemplo, en la edición que publica, excelente, de *Les Cobles de Jacme, Pere i Arnau March* (Castellón de la Plana, 1934), leemos en la página 10: "Hom pot admetre, com nosaltres vàrem fer seguint a Torres Amat, que l'autor del *Debat entre Honor e Delit*, de *Joyosa Garda* i de les *cobles* que publiquem suara, és el germá de Pere March i per consegüent l'oncle d'Auzias, però res no ho demostra fins ara d'una manera peremptòria". Y más adelante, en

1948,[1] modifica la genealogía del poeta valenciano suprimiendo un Pere March, el segundo en su primera versión. Todo esto, con su falta de claridad documental, hace que al trazar la genealogía de Ausias March, siguiendo a los que en ella han investigado —y hay que reconocer con positivos resultados— lo hagamos con cierta precaución y en espera de los afortunados documentos que aun aparecerán dado el interés creciente que hoy despierta el conocimiento de la vida y de la obra literaria del "divino Ausias".

Pedro March, notario barcelonés, es el primer March de esta familia que aparece documentado. Se ignora de dónde procedía. A. Pagès, con vagas razones, se inclina a considerarlo de Barcelona.[2] Francisco Cerdá y Rico, en las muy eruditas notas que puso al "Canto de Turia"[3] en su edición de *La Diana enamorada*[4] de Gaspar Gil Polo, dice que los March procedían "de la ciudad de Jaca en Aragón". De ser cierta la afirmación de don Gregorio Mayans[5] de que el poeta Ausias March estaba emparentado con el filósofo y humanista valenciano Juan Luis Vives, por parte de su madre, Blanquina March, habría que considerar a esta familia de origen judío.[6]

---

[1] "Les origenes paternelles d'Auzias March d'aprés de nouveaux documents" en *Bulletin Hispanique,* I (1948), págs. 313-332.
[2] *Auzias March et ses prédécesseurs,* pág. 15.
[3] Muy eruditas notas a las que prestaron su ayuda, como el propio Cerdá y Rico manifiesta, los hermanos Gregorio y Juan Antonio Mayans y Siscar y el escribano don José Mariano Ortiz.
[4] Madrid, 1778. 2.ª edición, Madrid, 1802. Véase la edición en Clásicos castellanos, núm. 135, Madrid, 1953, con prólogo y notas de Rafael Ferreres.
[5] En la "Vita" de Juan Luis Vives que figura en el tomo I de la edición de la *Opera omnia,* Valencia, 1782. Véanse págs. 7-8.
También se hace eco de este "detalle turbador" sobre la ascendencia judaizante de Ausias March, Juan Ramón Masoliver en la *Antología Poética.* Edición bilingüe de las obras del poeta de Gandía. Barcelona, 1976. Véase el Prólogo, pág. VII.
[6] "Abdón Salazar, máxima autoridad en cuanto a procesos inquisitoriales a judaizantes y descubridor de los referentes a

Conquistada Valencia, en 1238, entre las donaciones que hace el Rey Jaime I aparece en el *Libre del Repartiment*, 1249, Pere March agraciado con unas casas en Gandía y tres jovadas.[7]

Pedro March, el segundo de este nombre, supuesto hijo del anterior.[8] Fue Secretario del Rey. Recibe generosas donaciones del rey Jaime II. En 1300 figura ya como Escribano de Ración. Le hace préstamos al monarca. Hábil en finanzas, mediante compras aumenta el patrimonio de bienes recibido de su padre en Valencia. Tuvo un hermano llamado Berenguer que, por su intervención, le fue concedido por el Rey el curato de San Mateo, capital del Maestrazgo.

Pedro March, hijo del anterior (el tercero, según el P. Fullana, o el segundo, según A. Pagès),[9] ostentó el importante cargo de Tesorero General de la Corona de Aragón otorgado por el rey Jaime II. Sigue aumentando, mediante compras, los bienes que había heredado en el reino de Valencia. En 1322 compró el castillo de Arampruñá, que había sido real, por la considerable cantidad de 120.000 sueldos. Hacia 1323 alcanzó la condición de caballero ingresando así en la nobleza militar. Con esta condición intervino, tomando

---

la familia de Juan Luis Vives, podrá esclarecer lo referente a la familia de nuestro poeta. Los documentos que alguna vez publicará don Abdón Salazar, harán ver las conexiones entre los Vives, judíos en el siglo xv, los March y otros muchos." Américo Castro, *De la edad conflictiva*, Madrid, 1963, p. 231.

Procesos inquisitoriales contra la familia judía de Juan Luis Vives. I. Proceso contra Blanquina March, madre del humanista. Introducción y Transcripción Paleográfica de Miguel de la Pinta Llorente, O.S.A. y José María de Palacio y de Palacio. Madrid, C.S.I.C., 1964.

[7] Véase Cabanes, M. D. y Ferrer, R., *El libre del Repartiment*, asiento 2966, Zaragoza, I, 1979.

[8] Como opina, antes de desdecirse, Pagès en *Auzias March et ses prédécesseurs*, pág. 17 y cree el P. Luis Fullana en *El poeta Ausias March*, pág. Cap. II.

[9] "Les origines paternelles d'Auzias March d'après de nouveaux documents" en *Bulletin Hispanique*, 1948, págs. 313-332.

parte muy activa, en las campañas de 1323 y 1324 en Cerdeña que llevó a cabo el infante don Alfonso, hijo de Jaime II, recopensándole con la donación de la villa sarda de Gesici. Su prudente y muy competente administración fue reconocida y alabada por Jaime II y como recompensa le absolvió a él y a sus sucesores de toda responsabilidad civil y criminal. Y a él acude Jaime II, como nos cuenta el rey Pedro IV en su *Crónica*, [10] para resolver el grave problema que tenía con el rey Sancho de Mallorca, que se negaba a reconocerle como a su señor. Tal actitud podía acabar en guerra. El rey Sancho era amigo de Pere March, y esto hacía más eficaz su intervención, como así ocurrió, consiguiendo Jaime II lograr lo que se había propuesto. Hizo testamento el 13 de julio de 1338, dejando a sus hijos abundantes bienes en Cataluña, Valencia y Cerdeña. Dejó tres hijos: [11] Pedro, Jaime y Berenguer, éste último Canónigo de la catedral de Barcelona y después de la de Valencia, donde murió. [12] Pedro heredó los bienes catalanes, y Jaime los del reino valenciano.

Pedro March, este nuevo Pedro March, se convirtió en el segundo señor de Arampruñá. En 1321 tenía el cargo de mayordomo del infante don Alfonso y siguió siéndolo cuando éste fue rey y, durante los primeros años del reinado de su hijo Pedro IV, ejerció el cargo de Maestre Racional. No tuvo descendencia masculina.

Jaime March debió nacer a finales del siglo XIII pues en un documento se dice que fue armado caballe-

---

[10] *Chronique Catalane de Pierre IV d'Aragon III de Catalogne dit le Céremonieux ou del Punyalet*. Editée par Amédée Pagès. Toulouse, 1942, págs. 110-111.
[11] Según A. Pagès, *Auzias March et ses prédecesseurs*, págs. 23 y 52.
[12] Alcanzó el cargo de preboste de la Catedral valenciana y en ella, a sus expensas, construye la capilla de San Marco, para su enterramiento y el de sus familiares. Una copia de su testamento se conserva en el Archivo de la Catedral de Valencia. Murió en 1341.

ro en 1360 y añade que entonces contaba más de 60 años de edad. Ostentó el título de Ujier de Armas. Tuvo su residencia habitual en Valencia y como tal aparece en el testamento de su hermano el canónigo Berenguer. Hizo frecuentes viajes a Barcelona. A la muerte de su hermano Pedro, al no dejar éste descendencia masculina, heredó el castillo de Arampruñá y demás posesiones en Cataluña. Tuvo varios hijos, entre ellos los caballeros y poetas Jaime y Pedro. Parece ser que murió en Barcelona poco después de 1376. Con el reparto que hace de su herencia queda definitivamente establecida la rama catalana de los March, que corresponde a su hijo primogénito Jaime, y la valenciana, a Pedro.

Jaime March, se supone que nació en 1335. Ujier de Armas del rey Pedro IV. Intervino, a las órdenes de su señor, en distintas batallas, especialmente contra el rey de Castilla don Pedro el Cruel cuando invadió las tierras aragonesas (1363) y valencianas poniendo sitio, que fracasó, a la ciudad de Valencia, en ese mismo año. En 1365, ya armado caballero, asiste al sitio de Murviedro (Sagunto) ocupado por las tropas de don Pedro el Cruel. Tal acontecimiento bélico le dio motivo para su composición *Debat entre Honor e Delit,* que es uno más de los debates medievales. Se cree que murió hacia 1396. Su esposa Guillermina Desplugues, murió en 1400 y fue enterrada en la iglesia del Convento de Santo Domingo, de Valencia.

Pedro March (1338?-1413), fue, también, Ujier de Armas del rey Pedro el Ceremonioso y, con él, asistió a las batallas contra don Pedro el Cruel de Castilla cuando invadió las tierras valencianas y se apoderó de Sagunto. Sirvió a don Alfonso, duque de Gandía, y fue su Procurador General de todas las villas, castillos y lugares que poseía y luego siguió con este cargo con el hijo del Duque, también llamado Alfonso, estando en este servicio más de cuarenta años. Combatió al lado de su señor y fue preso en la batalla de Nájera (1367) junto con don Alfonso de Aragón, hijo del duque de Gandía, marqués de Villena, conde de Ribagorza y de Denia. Pedro March fue liberado pero don Alfonso de Aragón quedó prisionero de los ingleses. En 1381 el Duque de Gandía impone una serie de contribuciones a sus vasallos para recabar fondos para contribuir al rescate de su hijo.[13] Es por esta fecha cuando Pedro March, por encargo de su señor, emprende un viaje a Inglaterra y a Holanda para negociar el rescate. Reside el padre de Ausias en Gandía pues en los documentos aparece junto a su nombre su condición de habitante de dicha villa, donde tenía su casa muy cerca del palacio ducal. Fue, por herencia, señor del lugar de Beniarjó y de las alquerías de Pardines y Verniza. En las cortes celebradas en Monzón (1383) figura entre los representantes del brazo militar. El 5 de enero de 1413 presentó su renuncia como Procurador General del duque de Gandía. Se ignora la razón por la que emprendió un viaje a Balaguer, Cataluña, y es allí donde muere el 7 de junio de 1413. Su deseo fue ser enterrado en el monasterio de San Jerónimo de Gandía, que él había eficazmente favorecido. Y así consta en su testamento. Sin embargo, por distintas causas,[14] pasó más de un año hasta que pudo realizarse el traslado.

Casó dos veces. La primera esposa, cuyo nombre se desconocía, he podido averiguar que se llamaba Constanza, pues así aparece en un documento de venta.[15] No sabemos cuándo murió su esposa pero aún vivía en el 10 de octubre de 1377. De este matrimonio nacieron tres hijos: Jaime, Francisco y Juan. Este último

---

[13] *Colección de Documentos para la historia de Gandía y su Comarca*. Recopilados y editados por José Camarena Mahiques. Volumen I, Fascículo II. Gandía, 1960.
[14] A. Pagès, *Auzias March et ses prédécesseurs*, págs. 44-45. Luis Fullana, *El poeta Ausías March*, págs. 55-56.
[15] Elías Olmos Canalda, *Pergaminos de la Catedral de Valencia*. Valencia, 1961. Núm. 3.331, pág. 385.

casó con Violante Vilarig, de noble alcurnia y Señora del lugar de Vergel.[16]

El marqués de Santillana, en su *Carta* al condestable de Portugal al hablar de los poetas catalanes y valencianos, dice: "Mosen Pero March el viejo, valiente e honorable cavallero, fizo assaz gentiles cosas, e entre las otras escrivió proverbios de grand moralidad". La corta obra poética de Pedro March que ha llegado a nosotros —ocho poemas— ha sido publicada por A. Pagès. Muy posiblemente se han perdido los proverbios pues no creemos, como algún crítico, que el marqués de Santillana pudiera referirse a la forma sentenciosa que se encuentra en algunos de sus poemas. Don Íñigo López de Mendoza, autor de los *Proverbios,* era muy sabedor de la importancia de este género literario. Fue Pedro March hombre instruido y dejó una nutrida y buena biblioteca, mucho mayor en número de volúmenes y en gustos literarios que la de su hijo Ausias.[17]

Confusas son las relaciones de parentesco que existieron entre el poeta Mosén Arnau March y Ausias March. En 1373 aparece un Arnaldo March, vecino de Gandía, como testigo de una venta.[18] En ese mismo año figura en el Censo de la Villa de Gandía con casa en *Lo carrer de la Plasa.* A. Paz y Melia lo tuvo por hermano de Pedro March. En el testamento que hizo Pedro March, el 9 de febrero de 1410, manda que los

---

[16] Estos tres hijos murieron antes que su padre. Juan, en 1398. Doña Constanza, cuyo apellido desconocemos, debió pertenecer a noble y rica familia. Juan March, en su testamento deja a su familia abundantes bienes así como mandas a servidores de su casa. Este patrimonio provenía de su madre. No es de extrañar la riqueza de doña Constanza pues siempre los March eligieron esposas de alcurnia y adineradas.
Sobre Juan March y su esposa Violante de Vilarig véase Luis Fullana, *El poeta Ausias March,* cap. VII.
[17] Dio a conocer la lista de estos libros A. Paz y Melia en "Noticias para la vida de Ausias March" en *Revista de Archivos, Bibliotecas y Museos.* Año V, junio de 1901. Pág. 371. A. Pagès en *Auzias March et ses prédécesseurs,* págs. 45-47, identificó algunos de los títulos dados por Paz y Melia y corrigió también algunos títulos.
[18] A. Pagès, *Auzias March,* pág. 50.

restos mortales de Arnaldo March sean trasladados desde Foyos, lugar muy cercano a la capital, a la capilla de la Seo valenciana. La escasa obra poética que conocemos de Mosén Arnau March, VII poemas, es anterior a la de Ausias, pues se sitúa su término justamente cuando el autor del *Cant espiritual* comenzaba la suya.[19]

Biografía

Todo son problemas con Ausias March y estos ya comienzan con su nombre de pila.

Se ha discutido, se discute y, posiblemente, se seguirá discutiendo cual es la acertada acentuación del nombre de nuestro poeta: *Ausias, Ausías* y *Ausiàs*. Sus editores A. Pagès, F. Pelayo Briz, F. Fayos y Antoni, así como Dámaso Alonso, Martín de Riquer y Joan Fuster (después de haber aceptado la forma Ausiàs) se inclinan por la acentuación de Ausías. Luis Nicolau d'Olwer, en 1918, y luego R. Aramón i Serra, Pere Bohigas, Manuel de Montoliu, lo mismo que otros críticos catalanes (hay que hacer la excepción de Juan Ramón Masoliver en su *Antología poética* de este poeta, Barcelona, 1976) y algunos, pocos, valencianos defienden la acentuación de Ausiàs. Quien más por extenso ha estudiado esta cuestión es el profesor y filólogo Germán Colón en *El nom de fonts del poeta Ausiàs March* publicado en el *Boletín de la Sociedad Castellonense de Cultura*, XLVI, vol. I, 1970, págs. 161-214. En dicho excelente trabajo se encuentra toda la bibliografía sobre el tema. El profesor Germán Colón llega a la conclusión, de que debe ser Ausiàs o, quizás, Ausies o Àusies. Esta segunda hipótesis "*està enlaire, sense cap tradició on poder recolzar-se. Tractan-se d'un nom que*

---

[19] La producción literaria de Arnau March se sitúa entre 1410 y 1430. Véase Martín de Riquer, *Història de la literatura catalana*, I, pág. 677.

concerneix la història literària, cal que respectem la tradició històrica i que escrivim Ausiàs, mot agut i trisil.làbic" (pág. 214).

A. Pagès señaló, y en esto no hay discusión, que Ausías procede del nombre hebreo ELEAZAR, famoso por los varios guerreros y sacerdotes que lo llevaron: un hijo de Aarón, un general de David, un mártir, etc., y, por último un santo provenzal, Elzearius de Sabrán, muerto en 1325 y canonizado en 1369. Los judíos siguieron llevando este nombre en las formas de Eliezar o Eleazar, como Eleazar de Worsus, rabino alemán autor de importantes libros y ya en el siglo xvi Eliezar Ben Elías Aschenazi, médico de Cremona. En la corona de Aragón aparecen los judíos Alazar que desempeñaba el cargo de *repositarius* de Aragón en el reinado de Jaime I, Alaçar, alfaquim de Alfonso III, Alatzar, financiero de Pedro IV.

En provenzal junto a la forma latina *Elzearius* figuraban las de la lengua vulgar *Aulzias* y *Augias*. En provenzal la protónica EL- se convierte en *au-*, así *ELICINA da *euzina* y *auzina* (J. Anglade, *Grammaire de l'Ancien Provençal*. Paris, 1921, p. 110). Y en catalán y valenciano *alsina, ausina, osina,* etc. La forma castellana, como se sabe, es *encina*. No queda descartado que el nombre del poeta valenciano tuviera la misma evolución fonética.

Es cierto que la tradición oral de Gandía —primer lugar a tener en cuenta— los gandienses acentúan la primera sílaba. Cierto también que las familias —y no son pocas— que llevan el apellido Ausias (el profesor Colón no cree que tal apellido exista, véase la guía telefónica de Valencia) pronuncian su apellido a la manera de Gandía y si alguna vez han dudado en la acentuación ha sido por la forma Ausías, nunca Ausiàs.

También se ha buscado el correcto acento del nombre del poeta en los versos en que aparece Ausias. Él mismo, como se sabe, siguiendo una tradición provenzal, se nombra en el canto CXIV:

yo só aquest   que.m dich Ausias March

Frente al parecer de los que creen que debe leerse Ausías (A. Pagès, Dámaso Alonso, Martín de Riquer, Joan Fuster, entre otros) están los que insisten en leer Ausiàs. La lectura de esta última forma exige en los versos de nuestro poeta el hiato ya que excepto en el verso *La velletat en valencians mal prova* (CXII, 9) siempre lo practica, así resulta trisílaba. El que sea trisílaba sin embargo no inclina de ninguna manera a que tenga que acentuarse aguda. El carácter rítmico de la estrofa, en la que figura el verso citado, tiene un claro predominio yámbico, que acentúa las sílabas pares. Cito los cuatro últimos versos (85-88):

> Aixi dispost, dolç me sembla l'amarch,
> tant és en mi enfecionat lo gust!
> A temps he cor d'acer, de carn e fust:
> yo só aquest que.m dich Ausias March.

```
 _ ´ _ ´ _ _ ´ _ _ ´
 _ ´ _ ´ _ _ _ ´ _ ´
 _ ´ _ ´ _ ´ _ ´ _ ´
 _ ´ _ ´ _ ´ _ ´ _ ´
```

En el último hemistiquio de la estrofa la acentuación de las íes tiene valor de aliteración dando más intensidad, más rotundidad a la declaración del nombre del poeta.

Germán Colón prefiere este esquema: - ´ - - ´ - ´ - - ´ ´ que, en mi opinión, con la inmediata acentuación de las aes finales resulta cacofónico. Para apoyo de su tesis aduce los versos 33, 37, 38, 59, 76, 77 y 82, de los 92 que componen el canto CXIV en las que las dos últimas sílabas son tónicas. Luego da 23 versos, entresacados de la obra total del poeta, como ejemplos, "*el nombre dels quals podria ésser augmentat fàcilment.*" Cierto, pero queda muy por debajo de los que no siguen esta norma.

También se trae a colación versos castellanos de distintos poetas en los que aparece el nombre de Ausias.

El soneto laudatorio de Jorge de Montemayor al poeta valenciano comienza *Divino ingenio que con alto vuelo* que pronto se cambió en *Divino Ausias, que con alto vuelo*. Tal variante no sabemos si es del propio Montemayor. Lo que sí está claro que ambas palabras hacen precisos los acentos en las sílabas 4, 8 y 10. El mismo Germán Colón cita los versos de la *Epístola a Syreno* de este poeta portugués en que *Ausías* rima con *conoscías* y *días* pero cree que en otro verso suyo se precisa la acentuación *Ausiàs*. Es el siguiente: *El gran Ausias recibo y te prometo*. La equivocación del señor Colón está en creer que el acento de este endecasílabo debe ser en la cuarta (imposible, añadimos) en la 8, y en la 10. Este endecasílabo empleado por Jorge de Montemayor es del tipo italiano con acentuación en las sílabas 6 y 10 y una, débil, suele ser en la 2. Fue endecasílabo muy usado por Garcilaso (*En tánto que de rósas y azucénas...*) y por los renacentistas y los que siguieron hasta nuestros días. La acentuación, pues, de Ausias en ese verso es en la primera a, Áusias.

Lo mismo ocurre con el verso de Juan Boscán, en su *Octava Rima*, que dice:

> Y al grande catalán, de amor maestro,
> Aosias March, que en su verso pudo tanto,
> que enriqueció su pluma el nombre nuestro
> con su fuerte y sabroso y dulce llanto.

Existe también la variante de Osias. El citado verso, como los otros que le acompañan tienen el mismo esquema acentual, 6 y 10, que el de Montemayor, por tanto Boscán acentúa Ausias u Osias y no Ausiás. Respecto al verso del poeta navarro aragonés Jerónimo Arbolanche, *como Ausias March en lengua lemosina,* es también un endecasílabo italiano bien se acentúe en 4 y 10, bien en 6 y 10. Tanto en un caso como en el otro el acento recae en Á.

Otros poetas citados por Germán Colón, y en los que señala este mismo tipo de acentuación de Áusias, son Jaime Guiral, Marco Dorantes, Diego de Fuentes.

Finalmente citamos a tres poetas valencianos de los que sólo dos ha tenido en cuenta Germán Colón: Nicolás de Espinosa y Cristóbal Pellicer, ambos citados en *Canto de Turia* de Gaspar Gil Polo. De Pellicer son estos versos:

> Quien con Ausias March os igualare
> ilustre Portugués, muy poco haría,
> si n(o) os hiziese más aventajado.
> Pues si el mesmo Ausias resucitase
> esta versión, sin falta, pensaría
> ser más original que no traslado.

Y de Espinosa, sobre la traducción de Baltasar de Romaní, en *Segunda parte de Orlando,* 1555:

> Mira el Romaní como sostiene
> Aosias March fundado en Limosino.

Gaspar Gil Polo, en *Canto de Turia,* de *Diana enamorada*:

> Ya veo al gran varón que celebrado
> será con clara fama en toda parte,
> que en verso al roxo Apolo está igualado
> y en armas está al par del fiero Marte:
> Ausías March, que a ti, florido Prado,
> Amor, Virtud y Muerte ha de cantarte...

El poeta catalán Francesch Farrer en *Lo conort,* también lo cita: *Dix Mossen Ausias March.* F. Torres Amat, *Memorias para ayudar a formar un Diccionario crítico de los escritores catalanes,* Barcelona, 1836. Los tres poetas valencianos citados y el catalán ofrecen la alternativa de Ausías o Ausiás, excepto en "Pues si el mesmo Ausias resucitase" que debe leerse Ausiás.

No hay fundamento alguno para creer que el padre del poeta, Pere March introdujo en Valencia el nombre del santo provenzal ni que su hijo fuera el primero en llevarlo. Todo esto queda en suposición. Cierto que no fue un nombre popular. Germán Colón da una lista de personas que lo llevaron en el reino de Valencia: unas veinte. La lista puede aumentar, el poeta Ausias de Sant Johan que figura en *Obra a llaors del benaventurat senyor sant Christofol* (Valencia, 1498), aunque posiblemente hay error, como supone Salvá, y fue impresa diez años antes: *Catálogo,* I, p. 140, Ausias del Milán, primo hermano de Alejandro VI, casado con Luisa de Alagno. Murió, en España, en 1465, y los que aparecen citados por Elías Olmos y Canalda en *Pergaminos de la Catedral de Valencia* (Valencia, 1961): Ausias de Tous, Ausias Jofre de Tous, Ausias Causat, Ausias Alpicat. Lo mismo cabe decir de que el nombre de Ausias sólo lo llevaron gente importante *"gent de la noblesa... cavallers, comanadors d'ordres militars, bisbes (un cardenal) o bé burgesos acomodats, entre els quals es compten banquers, metges, rics mercaders o bé funcionaris que ocupaven càrrecs elevats... No hi ha ni un llaurador, ni un manobre o altre obrer; almenys no n'hem sabut trobar, tot i haver-hi cercat molt"* (Germán Colón). El propio Colón, cita, tomado de A. Pagès, a Ausias Antich. Este hombre era vendedor de paños y así aparece en una carta de pagos (Fullana, *El poeta Ausias March,* pág. 200).

Los estudiosos de Ausias March han aceptado las razones dadas por Amédée Pagès para situar el nacimiento de nuestro poeta hacia 1397.[20] Hasta ahora ningún documento ha dado la fecha exacta. De ser cierta la propuesta Ausias March vino al mundo a los 18 años de estar casados sus padres. Ya en esta fecha Pedro March debía contar con edad muy avanzada puesto que su hijo más pequeño del primer matrimonio, Juan, muere en 1398 dejando cuatro hijos.[21] El lugar debió ser

---

[20] *Auzias March,* pág. 56.
[21] Pedro, Leonor, Violante y Aldonza. El 12 de mayo de 1415 casó la rica heredera doña Aldonza March Vilarig con don Alfonso de Aragón, segundo duque de Gandía, llamado

Gandía, donde tenían residencia sus padres. Se le ha querido hacer, en más de una ocasión, catalán, [22] condición que hoy día nadie reivindica ni mantiene. Aparte de los documentos favorables a su origen valenciano él, tan excesivamente parco en dar detalles externos de sí mismo en sus poemas, lo confirma paladinamente en unos versos bien conocidos:

> La velletat en valencians mal prova
> e no sé com yo faça obra nova.
>
> CXII: vs. 9-10

> Donchs, ¿que fara qui Amor no l'acull
> de son hostal, per esser grosser vell?
> Valencià de tal cas no s'apell;
> en ell e tals la follia's recull.
>
> CXX: vs. 77-80.

Su padre, muy poco tiempo viudo de doña Constanza, casó de nuevo, en Valencia, el día 2 de setiembre de 1397, con doña Leonor de Ripoll, oriunda de Genovés, hija de los señores de ese lugar muy cercano de

---

el Joven, viudo de la infanta de Navarra doña María, hija del rey de Navarra don Juan y de su esposa doña Blanca. También doña Aldonza era viuda del caballero Ramón Castellá. Con este segundo matrimonio Ausias March se convirtió en tío político del Duque don Alfonso, pretendiente a la Corona de Aragón cuando la muerte de Martín el Humano (1410). Véase L. Fullana, *El poeta Ausías March*, págs. 100 y siguientes.

[22] R. Carreres Valls, "Noves notes genealògiques dels poetes Jaume, Pere, Arnau i Auziàs March, segons documents inèdits", en *Estudis Universitaris Catalans*, XVIII (1933), págs. 309-322. Contra la catalanidad de nuestro poeta se publicaron considerables artículos: A. Pagès, "Une tentative d'expropriation littéraire" en el *Boletín de la Sociedad Castellonense de Cultura*, XV (1934), págs. 276-281. A. Pagès, "Les deux Auzías March" en *Boletín de la Sociedad Castellonense de Cultura*, XVI (1935), págs. 338-353. En el mismo Boletín, XVI, págs. 96-104, Ángel Sánchez Gozalbo, "En torno a Auzias March", en el que se reproducen los trabajos, publicados en *Mirador*, sobre esta polémica, de F. Almela y Vives ("Un nom i dues persones: Auziàs March i Auziàs March" (8-XII-1934); R. Carreres Valls, "La personalitat d'Auziàs March" (29-XII-1934); Martín de Riquer, "Polémica literària. Auziàs March, el cinic" (10-I-1935); R. Carreres Valls, "El veritable poeta Ausias March" (31-I-1935).

INTRODUCCIÓN 23

Játiba. Mossén Pedro Ripoll dota a su hija con la muy importante suma de 40.000 sueldos de moneda valenciana. Esto de casar con mujeres ricas parece característico de todos los March. (Ausias censura los matrimonios de interés en el canto CXIII, v. 177.) La madre de Ausias fue mujer extraordinaria como más tarde demostró durante la tutoría de sus hijos. Nada sabemos de la infancia de nuestro poeta, tan solo sí, porque él lo declara, que no debía haber alegría en su casa quizá por la condición de sordomuda de su hermana Peirona, si es que le antecedió, como supone y parece probable, A. Pagès.[23] Así declara el poeta: *D'un ventre trist exir m'ha fet natura*.[24] Basándose en los conocimientos literarios, filosóficos que hay en sus versos sus comentaristas afirman que tuvo una cuidada educación, como correspondía a su rango social y en la que su padre, hombre tan cultivado y poeta notable, intervendría.

Pere March emancipa a su hijo el 8 de enero de 1409, y le hace donación del lugar de Beniarjó, pero le sitúa bajo la tutela de su madre. En el testamento hecho por su padre, en Gandía, el 7 de diciembre de 1410 le instituye heredero universal con lo que se convertía en señor de Beniarjó, Pardines y Verniza. A su mujer, doña Leonor, la dote que aportó y a su hija Peirona 15.000 sueldos, así como otras donaciones a sus nietos y parientes.[25] En 1422 se sitúa la fecha de la rendición de cuentas de su madre habiendo ya pasado Ausias de la minoría de edad.

En las Cortes convocadas por el rey Fernando I de Aragón y celebradas en la ciudad de Valencia el 9 de enero de 1415, figura el muy joven Ausias March, como miembro del estamento de los caballeros o brazo militar con el rango de "doncel", es decir: hijo de ca-

---

[23] *Auzias March*, pág. 56. También opina lo mismo A. Paz y Melia en "Noticias para la vida de Ausias March".
[24] LVIII, 29.
[25] Véase el citado trabajo de A. Paz y Melia.

ballero y destinado al ejercicio de las armas.[26] El 5 de abril de 1418 aparece como testigo en el acto de la entrega de doña Alamanda de Vilarig a su nieta Aldonza March, sobrina del poeta, la cantidad de 500 sueldos. Ausias March figura como doncel.

En 1419 recibe el tratamiento de Mossén, título conferido a los caballeros por haber ingresado en la Orden de Caballería. Cuando en 1420 comienzan las campañas militares de Alfonso V el Magnánimo tan solo cuenta con Ausias March y don Luis Aragó como los únicos caballeros de Gandía que se prestan a su expedición militar contra Cerdeña, que se había sublevado a causa de Guillermo II, Vizconde de Narbona, al que se le debía una parte del dinero estipulado en la venta de plazas y fortalezas que poseía en la isla. El rey Alfonso el Magnánimo, en Cortes celebradas en Barcelona, solicita de los catalanes la cantidad de 60.000 florines para los gastos de la campaña militar, a lo que los diputados catalanes se niegan con hábiles pretextos que molestan al rey y le deciden pedir el dinero a Valencia, el 16 de setiembre de 1419. La bailía general del reino de Valencia ofrece 40.000 florines para pagar los gastos de los patronos de las galeras. Del resto de la cantidad solicitada por el monarca se hace cargo la ciudad de Valencia. Solucionado el problema económico embarcó el rey el 7 de mayo de 1420 en el puerto de Alfaques, en la desembocadura del Ebro. Después de hacer escala en Mallorca se dirigió a Cerdeña obteniendo una rápida victoria. En la expedición del Magnánimo figuraba el joven Ausias March.

Pacificada la isla, siguió Ausias March luchando en la nueva campaña emprendida por Alfonso V contra la

---

[26] A. Pagès, basándose en una falsa noticia, dice que durante esta estancia del joven Ausias March en la ciudad de Valencia escuchó "la parole imagée du grand prédicateur populaire, le révérend maître Vicent Ferrer". (*Auzias March*, p. 64). El mismo parecer sigue Martín de Riquer (*Història de la Literatura Catalana*, II, p. 472), cosa que no pudo ser ya que a finales de abril de 1413, como demostró J. Sanchis Sivera, salió definitivamente el santo de su ciudad natal.

isla de Córcega, distinguiéndose en los sitios de Calvi y de Bonifacio. El rey da cuenta del muy destacado comportamiento militar del caballero valenciano: "No olvidando los notables y arduos servicios que vos, amado nuestro Ausias March, caballero, nos habéis prestado, principalmente en la recuperación de la isla de Cerdeña, ocupada por muchos rebeldes al mando del vizconde de Narbona, así como en los sitios de Calvi y de Bonifacio, a los que asististeis personalmente, luchando con denuedo contra los rebeldes".[27]

Terminadas estas campañas regresa a Gandía y poco después, 1422, recibe las cuentas de su madre como tutora y administradora de sus bienes.

En agosto de 1424 está de nuevo en Italia, esta vez en Nápoles para combatir contra la sedición. Gracias a este refuerzo, pudo Alfonso V alcanzar la victoria. Terminado el conflicto el ejército debe pasar a Sicilia y a la península italiana. Ausias se unió a los jefes de esta expedición con un nuevo refuerzo de una galera valenciana. Al comienzo, la suerte les es adversa en Sicilia, de donde son rechazados. No se desaniman y atacan la isla de Chergui, en el golfo de Gabes. Ausias interviene destacadamente en su conquista, que es muy sangrienta, y en la que se capturan 4.000 sarracenos e infieles. El rey de Túnez, ante esta derrota, se ve obligado a libertar a todos los cristianos que tenía cautivos. Quizá por estos repetidos hechos heroicos su fama militar fue grande y se perpetúa. Su nombre va acompañado de "estrenu cavaller", estrenuo o valeroso caballero. Gaspar Gil Polo, en su "Canto de Turia" de *La Diana enamorada* (Valencia, 1564)[28] lo ensalza como poeta y como soldado: "y en armas está a la par del fiero Marte". No sabemos las razones que tuvo A. Pagès para rebajar la valentía de Ausias March y consi-

---

[27] L. Fullana, *El poeta Ausías March*, pág. 74. El documento se encuentra en el Archivo del Reino de Valencia, Regtro. 394, fol. 25 v.º
[28] *La Diana enamorada*. Edición, prólogo y notas de Rafael Ferreres, Madrid, 1953.

derarla tan sólo como la propia de un militar, la de un militar animoso. Más de tener en cuenta es la opinión del rey Alfonso el Magnánimo: "Y lo más memorable y que no podrá borrarse de nuestra memoria es, sin duda, vuestra cooperación, asistiendo personalmente en la campaña contra la isla de Guergues, poblada de cristianos y sarracenos, con dolorosas pérdidas también de nuestras gentes". [29]

Alfonso el Magnánimo, por todos los servicios que le ha prestado Ausias March, le concede, a petición del propio interesado, los siguientes privilegios: le confirma el privilegio sobre Beniarjó, Pardines y Verniza, lugares que había heredado de su padre el cual ya tenía y ahora nuevamente otorgado. [30] Le concede, para él y sus herederos, la plena jurisdicción civil y criminal sobre los citados lugares y términos y sobre los que en ellos vivían, dando noticia de todo esto, para que se observara, a las autoridades del reino de Valencia. Habiendo sido quemado este documento Ausias March suplica al rey que se lo conceda de nuevo, así como el tercio del diezmo, cosa que el rey otorga y firma en Zaragoza, el 20 de Abril de 1425.

La estancia de Ausias March en Italia fue, en sus dos etapas, menos de tres años, quizá dos y medio o por ahí. Poco, casi nada de Italia aparece en sus poemas

---

[29] L. Fullana, *El poeta Ausías March*, pág. 76. Archivo del Reino de Valencia, Regtro. 394, fol. 26 del citado documento.
[30] L. Fullana, *El poeta Ausías March*, pág. 77, se encuentra el documento.
Sobre lo que debió ser el palacio de los March en Beniarjó tenemos este testimonio de don Carlos Sarthou:
"Los fortísimos cimientos que quedan del demolido palacio señorial del poeta valenciano Ausias March, pregonan que fue un enorme edificio con gran patio, monumental escalera, vastos aposentos, tétricos calabozos, gigantesca cisterna, y alta y cuadrada torre del homenaje. A mediados del pasado siglo amenazaba ruina el caserón y lo adquirió por bajo precio un particular para demolerlo y resarcirse del coste con la venta de los materiales del derribo. Cuando Beniarjó entró en el ducado de Gandía, perteneció este palacio a los duques de Osuna." *Geografía General del Reino de Valencia* dirigida por F. Carreras y Candi. Tomo II por Carlos Sarthou en colaboración con José Martínez Aloy, Barcelona, s. a., págs. 416.

INTRODUCCIÓN 27

pero, sin duda, fue importante su permanencia italiana como veremos en el momento de estudiar en su obra la influencia literaria que recibió.

Después de su corta vida militar en Italia parece ser que deja la actividad bélica recluyéndose en Gandía para administrar sus bienes. Indudablemente el mundo renacentista que ha vivido en Italia y que su rey ha hecho suyo con su gusto por el boato, fiestas, poetas, músicos, y costumbres eróticas,[31] ha hecho mella en él. El ilustre investigador J. Rubió da cuenta de un documento que la prudente y discreta y muy virtuosa reina doña María de Castilla, esposa del Magnánimo, firma el 27 de junio de 1425, en Zaragoza, dirigido al baile general de Valencia, referente a las costumbres o a cierta costumbre de Ausias March. Este es el documento:

> *La Reyna. Batle general. Un fadrí apellat Johanet, de edat de XII en XIII anys, fill d'En Pere Carnicer, notari del loch de Favara, stava per apendre e aprofitar ab lo feel secretari nostre En P. Lobet, e ara pochs dies ha, a inducció d'altres fadrins, és li fugit e és se'n anat aquí ab Mossen Ausies March. E per tal com és gran carrech del dit nostre secretari que aquell tenia en comanda per apendre e profitar, e ara en via de perdició, vos pregam e manam que tota vegada que per part del pare del dit fadrí la present vos será presentada e'n secret requerit, façats tornar e restituir lo dit fadrí al dit son pare, e açò per res no mudets. Dada en Çaragossa, sots nostre segell secret a XXVII dies de juny de l'any MCCCCXXV. La Reyna.* [32]

No se esperaba tal sospecha de homosexualidad, como parece desprenderse de este acusatorio documen-

---

[31] Benedetto Croce, *La Spagna nella vita italiana durante la Rinascenza*, Bari, 1968. Capítulo III, "La corte spagnuola di Alfonso d'Aragona di Napoli".
[32] "Las cortes de Alfonso el Magnánimo y la espiritualidad del Renacimiento" en *Estudios sobre Alfonso el Magnánimo*, Universidad de Barcelona, 1960. Está recogido en su libro *La cultura catalana del Renaixement a la decadencia*, Barcelona, 1964.

to, en la vida erótica de Ausias March. Casado dos veces, varios hijos ilegítimos, y con un ataque feroz, mucho más que el escrito por el Dante [33] en unas fulminantes estrofas contra los sodomitas a los que ataca sin piedad con argumentos propios, teológicos y tomados de la *Biblia*.[34] Cabe la pregunta de si era plenamente sincero en su implacable censura o si con tal actitud intentaba defenderse de lo que le achacaban. Claro que no hay más pruebas que la citada carta y la calumnia —tan fácil y socorrida la de sodomita— fue de todos los tiempos.

No debió, creemos, trascender tal caso ni sabemos como se resolvió. Posiblemente la discreción que exigía la reina se cumplió. No debía, por otra parte, estar muy segura puesto que ella hizo ajusticiar a un Justicia de Aragón acusado de sodomita.[35] Ignoramos si tal acusación llegó a oídos del rey Alfonso V, y, si llegó, no hizo caso, pues nombra a Ausias March Halconero Mayor de su real casa, encargándole de los servicios de halconería establecidos en un coto cerca de la Albufera de Valencia. Esto ocurre en 1426 y durante más de dos años tiene que cuidar los halcones, los perros de caza con la ayuda de abundante número de halconeros y otra clase de empleados de cetrería. Dada su gran afición a la caza, de la que da cuenta en sus poemas, el cargo de halconero mayor debió desempeñarlo con gusto.

Ausente de Gandía, es su madre la que le representa y cuida de sus intereses. Hay un caso que ha despertado la curiosidad de sus biógrafos y que aún no ha sido aclarado. El 25 de junio de 1427 nombra como procurador suyo, en Gandía, ante el Justicia, al honorable Johan de Monpalau para que le represente. Debe de responder de las acusaciones que le hacen sobre una tal Leonor, hija de Don Rodrigo Alfonso, habitante de

---

[33] *Divina Comedia,* Infierno, cantos XV y XVI.
[34] *Génesis,* 19, 5.
[35] A. Pagès, *Auzias March,* pág. 383.

Gandía. Se ignora de qué se le acusaba. Nada dicen los documentos notariales que desde Gandía son enviados a la justicia de Valencia. El caso parece ser importante puesto que la madre de Leonor reclama la intervención de Alfonso V. El monarca en principio decidió librar a los habitantes de Beniarjó del vasallaje a Ausias March pero su decisión final fue la de cancelar el proceso, quedando todo igual.

La madre del poeta, Leonor Ripoll, muere el 24 de agosto de 1429. Había hecho testamento el día 9 del mismo mes. Deja heredera universal a su desgraciada hija Peirona. A petición suya fue enterrada en el cementerio de la Iglesia parroquial de Gandía, en la sepultura llamada *dels Bracers*.[36] El P. Luis Fullana habla con elogio del cuidado que Ausias March tuvo por su hermana desvalida, que bien puede ser cierto, pero no da ninguna prueba. Por de pronto en su testamento no la nombra para nada cuando tan minucioso es para otras cosas y, cuando se reclama la herencia de Peirona se hacen acusaciones de la administración que hizo de sus bienes.[37]

Vuelta a Gandía

Ausias March vuelve a Gandía para fijar allí su residencia en 1428. Quizá este reintegrarse a su ciudad natal se debió a un llamamiento de su madre que veía acercarse su fin, y así ocurrió. La administración de sus cuantiosos bienes y posesiones, los problemas que creaban, y que él creaba, precisaban, indudablemente su presencia. Él, como todos sus antepasados, sin que falle uno, se preocupó de acrecentarlos de manera muy destacada no sólo adquiriendo por compras nuevas propie-

---

[36] A. Paz y Melia, "Noticias para la vida de Ausias March", en *Revista de Archivos, Bibliotecas y Museos*. Junio de 1901, núm. 6. Pág. 24.
[37] A. Pagès, *Auzias March et ses prédécesseurs*, págs. 87-88. A. Pagès defiende al poeta de esta acusación.
Rafael Ferreres, "Peirona March, la hermana de Ausias", en *Revista de Archivos, Bibliotecas y Museos*, LXXXI, n.º 4.

dades sino, también, metiéndose en otra clase de negocios como fue, por ejemplo, construir un *trapig* o trapiche, es decir: un molino de azúcar en su lugar de Beniarjó pues así él mismo al conservar la cosecha de cañamiel que producían sus tierras y no venderla, como hacía antes, obtiene mayores beneficios. En el tal molino invirtió la respetable suma de 16.569 sueldos.[38]

En este período inicial de su residencia en Gandía es cuando comienza su obra literaria. Su padre había reunido una considerable biblioteca en la que predominaban los libros religiosos —heredados de su tío el canónigo Berenguer March—, de Ramón Llull, de medicina, sobre la orden de caballería, cancioneros, etc. Eran libros escritos en latín, en provenzal, en catalán y en francés. A. Pagès divide en dos etapas la producción literaria de Ausias March. Desde esta incorporación suya a Gandía hasta 1445, y, la otra, desde 1445 hasta su muerte.[38 bis] En realidad fue un no parar y la amplitud de su obra poética y el trabajo que debió costarle, pues por las trazas no parece que fue un poeta de fácil ejecución, así lo testifica. Casi nos lo imaginamos como a un Erasmo en el célebre cuadro de Hans Holbein, siempre la pluma en la mano. Casi nos lo imaginamos porque la actividad en la administración de su gran hacienda fue importante, los pleitos que mantuvo considerables y, también, el capítulo de su actividad amorosa.

A la muerte de don Alfonso, duque de Gandía, y no dejar sucesión, Alfonso el Magnánimo se hace cargo de este ducado que cede a su hermano don Juan, rey de Navarra. Don Juan le sucedería con el nombre de Juan II de Aragón. El cambio de duque precisaba que Ausias March alcanzase la revocación o confirmación del privilegio que le había otorgado el difunto duque don Alfonso. Lo solicita y le es de nuevo confirmado

---

[38] F. Almela y Vives, "Ausías March y la producción azucarera valenciana", en *Feriario*, Valencia, 1959. Hay separata de este trabajo.
[38 bis] *Auzias March et ses prédécesseurs*, pág. 106.

pero con ciertas importantes restricciones que disgustaron al poeta y que motivaron complicaciones. En el anterior privilegio tenía toda jurisdicción criminal en los lugares que le pertenecían de Beniarjó y Pardines. Tal jurisdicción alcanzaba a los cristianos y a los vasallos moros, que pertenecían a esos lugares así como a los moros forasteros que delinquiesen en ellos. El nuevo duque, y rey, Don Juan, le merma tal poder pues sólo puede ejercerlo en las moras y no en los moros, ni en los vasallos cristianos y moros que delinquiesen en la villa de Gandía o de su término. Otra restricción: tan sólo le permitía levantar una vez la horca en la plaza de Beniarjó y las ejecuciones que propusiera tenían que tener la autorización del duque-rey con lo que se disminuía notablemente su condición de señor feudal. Por último, otras disposiciones en las que el duque hacía valer claramente su autoridad y menoscabar la de Ausias. Este privilegio del duque se dio el 6 de junio de 1433. En su reclamación ante el duque-rey y su propuesta de que dicho privilegio, en que se sentía perjudicado, se discutiese con los representantes de Gandía, a lo que el duque accedió de buen grado, Ausias salió mal parado. Este compromiso se dio en Gandía el 16 de julio de 1433.[39] Con el paso del tiempo su autoridad es cada vez menor. Tanto el duque-rey como las autoridades de Gandía acrecientan el poder sobre la autoridad del señor de Beniarjó. En 1438 protesta por perjuicio de sus bienes. Y renuncia al pleito, sin duda, viendo como estaban poniéndose las cosas para él.

En sus actuaciones como señor de horca y cuchillo no merece, ciertamente, el calificativo de benigno ni, tal vez, el de justiciero. Quizá su manera de ejercer la justicia fue, sospechamos, el porqué el duque-rey actuó de esa manera y apoyó a los representantes de Gandía en su acción de limitar su poder. En 1434, un moro de

---

[39] L. Fullana, *El poeta Ausias March*, págs. 122-136. Ampliamente da cuenta el autor de este asunto con la transcripción de documentos.

Beniarjó, apodado Cina, roba y es condenado al castigo habitual de cortarle la mano derecha. Ausias March se encarga de hacer ejecutar la sentencia. En el mismo mes otro moro, pariente del recién manco, llevado por el miedo que siente al Señor se fuga y lo mismo intenta hacer el mutilado Cina. Ausias March manda que sean capturados. Otro moro, de nombre Fumeit, que se traslada de Beniarjó a Oliva —sin duda sus motivos tendría— se le condena a pagar 60 florines de oro por haber quebrantado el juramento de fidelidad y por el daño que causaba con su cambio de lugar. Y siguen acciones de esta índole.

Casamientos

Alrededor de 40 años tenía cuando contrae, por primera vez, matrimonio en 1437. La esposa es Isabel Martorell y Monpalau. Sus padres, el honorable caballero Francisco Martorell, vecino de Gandía, que había sido camarero del rey Don Martín de Aragón, y jurado de Valencia, y doña Damiata Monpalau. La dote que aportaba la desposada era de 3.000 florines oro consignados y garantizados sobre el lugar de Ráfol del Jalón.[40] Este matrimonio une a Ausias March con el gran novelista Johanot Martorell, hermano de la esposa. El autor del *Tirant lo Blanch* debía ser unos 16 años más joven que su cuñado. Isabel heredó de su padre los lugares de Ráfol, Traella y Cuca, en el valle del Jalón. Tal herencia trajo muy graves complicaciones y desavenencias familiares hasta el punto de que el magnífico Mosén Garcerán Martorell, hermano de Isabel, Caballero, desafía al muy magnífico Mosén Ausias March, Caballero. Tal *Cartell* o cartel de desafío, que se hacía público, está escrito por Garcerán:

---

[40] A. Paz y Melia, art. citado, pág. 374. Véase L. Fullana, *El poeta Ausías March,* págs. 145 y siguientes.

INTRODUCCIÓN 33

Deseximents tramesos per lo magnifich Mossen Garceran Martorell, Cavaller, al molt magnifich Mossen Ausias March, Cavaller.

Per mal grat que he de vos, Mossen Ausias March, Yo, Garceran Martorell me desixch de vos, e per ço a vos tramet los desiximents que passat X dies, vos entench a dapnegar en persona e bens e en totes aquelles maneres que pore. E per ço que siats cert de ma intencio, vos tramet los presents deseiximents per en Ferrando Climent, trompeta, sots scrits de la mia ma en Valencia a XV dies de mes de Jener, any mil CCCCXXXVIII, sagellats ab sagell de mes armes, dels quals men atur trellat partit per a. b. c. Garceran Martorell. [41]

A juzgar por el texto de este cartel el ofendido es Garcerán aunque ignoramos qué motivos hubo, además de la discutida herencia. Sin embargo la sangre no llegó al río. En 1439, el día 10 de enero, ambos señores feudales acuerdan una tregua que debía durar hasta la Pascua de Resurrección por la que se comprometían no ofenderse ni causar daños a los interes de cada uno. El que faltase a lo pactado se comprometía a pagar 2.000 florines. La mitad pasaría al real tesoro y la otra al que hubiese observado el pacto. La intervención prudente y hábil de Isabel Martorell logra que se suspendan las armas y hostilidades entre los dos caballeros y las treguas son firmadas el 30 de julio de 1439. Unos meses antes, 17 de febrero, Isabel Martorell otorgó a su marido plenos poderes, nombrándole su procurador en todo cuanto a sus propios bienes se refería.

Isabel Martorell hace testamento en setiembre de 1439 nombrando heredero universal a su marido. Muere en ese mismo año ignorándose la fecha exacta.[42] Apenas dos años de matrimonio y sin descendencia. El patrimonio de Ausias March aumentó considerablemente con los lugares y otros bienes heredados de la difunta

---

[41] P. Andreu Ivars, "Ausias March y Joanot Martorell", en *Erudición Ibero-Ultramarina*, I (1930), págs. 68-82 y 173-206.
[42] El día 25 de agosto, según A. Pagès, *Auzias March*, pág. 89.

esposa. Tuvo problemas, como siempre, al tomar posesión de los lugares del valle del Jalón como nuevo señor, pues encontró cierta resistencia por parte de los vasallos a prestarle acatamiento y éste con ciertas condiciones.[43] Condiciones que Ausias no aceptó al principio queriendo imponer su autoridad plena y luego algo tuvo que ceder. La benevolencia que había ejercido doña Isabel Martorell en su señorío se cambiaba por la severidad del nuevo señor. Tuvo, sin embargo, Ausias un acto generoso perdonando los delitos que se hubieran cometido hasta entonces.

Muy difíciles y hasta humillantes eran las relaciones que mantenía Ausias con su señor don Juan, Duque de Gandía. Felizmente, para Ausias, estas dificultades con la casa ducal van a cambiar. El rey de Navarra, don Juan cede su ducado de Gandía el día 20 de agosto de 1439, a su primogénito Carlos Príncipe de Viana, que ese mismo año casa con Ana de Cleves. Hay entre el Príncipe letrado y el poeta unas relaciones de afinidad literaria y cordiales. Jerónimo Zurita se hace eco de ellas: "entre todos los más señalados varones que hubo en España en su tiempo [del príncipe de Viana] fue por él más estimado y preferido en su amistad y privanza Ausias March, caballero de singular ingenio y doctrina, y de gran espíritu y artificio, en todo lo que compuso, con mucha gravedad en lengua limosina'.[44] El príncipe de Viana nombró a Ausias March encargado del cobro y administración de las rentas y cosechas del ducado de Gandía.

No duró mucho la viudez del poeta. Cuatro años más tarde contrae matrimonio, entre marzo y julio de 1443, con Juana Escorna y Castellá, necesitando pedir

---

[43] Con detalle tratan esto A. Pagès (*Auzias March*, págs. 80 y sigts.) y el P. Fullana (*El poeta Ausías March*, págs. 155 y siguientes).
[44] *Anales*, 4.º part. fol. 98 v., 1668. Lo da el P. Fullana, *El poeta Ausías March*, pág. 193. Tanto el P. Fullana como A. Pagès tratan con cierta extensión de estas relaciones entre el príncipe y el poeta.

dispensa a Roma por razones de parentesco entre ellos. Son minuciosas y lentas las formalidades para llevar a cabo el matrimonio a causa de los intereses económicos que mediaban. La dote de doña Juana era muy considerable, 50.000 sueldos. Su nueva esposa era hija del que fue jurado y justicia civil de Valencia, el honorable mosén Bernardo y de su viuda la honorable madona Constanza, señores del lugar de Pedreguer, a unos 30 kms. al sur de Gandía.

La preocupación que ocasionaba a Ausias March la administración de sus muchos bienes en distintos lugares y, posiblemente, el deseo de tener más tiempo para su obra literaria le deciden nombrar procuradores, con plenos derechos, en Valencia, Játiba, y, con carácter especial, a Juan Amayona, vecino de Onteniente. Su mujer también nombra a otros procuradores para sus bienes y había otorgado a su marido plenos poderes para firmar en su nombre lo que precisase en cuestión de censos, reventas, etc. De todas formas no descuidan la administración y adquieren los bienes que fueron vendidos por Leonor Ripoll, madre del poeta. Son años que pasan tranquilos, sin nada especial que destacar, en Gandía excepto algún viaje a la ciudad de Valencia en donde el caballero Ausias March asiste a las cortes que convocó en 1444 la reina María pues además de asistir por derecho propio llevaba la representación del caballero Pedro de Híjar.

Traslado a Valencia

Hacia 1450 Ausias March y su esposa trasladaron su residencia a la ciudad de Valencia, sin abandonar su casa de Gandía situada en *lo carrer Major*. Tiene que hacer unos empréstitos para comprar una amplia casa en la calle de Avellanas, hoy Cabillers,[45] junto a la Catedral aunque perteneciente a la parroquia de Santo

---

[45] Rafael Ferreres, "La casa de Ausias March en Valencia", en *Valencia Atracción*, núm. 523. Agosto, 1978, págs. 8-10.

Tomás. La vida en la ciudad exigía nuevos y más considerables gastos por lo que los empréstitos se hacen de nuevo. Gracias al minucioso inventario de sus bienes, hecho recién muerto el poeta, A. Pagès ha reconstruido lo que fue el rico hogar de Ausias March.[46]

Se desconoce la fecha exacta en que hizo testamento Juana Escorna así como la de su muerte. A. Pagès supone que muere hacia finales de 1454 y el P. Luis Fullana corrobora esta opinión.[47] Tampoco de este matrimonio hubo hijos. También esta segunda esposa le nombra heredero universal y albacea. Fue enterrada en el monasterio de San Jerónimo de Gandía. A juzgar por el testamento de Ausias March doña Juana fue su esposa favorita. En su testamento pide y encarece que se traiga a doña Juana desde Gandía para que repose junto a él en su tumba. También encarga que celebren muchas más misas por ella que por la no tan querida Isabel Martorell, claro que es posible que doña Juana las precisase más. Doce años había durado su matrimonio con Juana Escorna.

Los últimos años de su vida, ya viudo, siguen mostrando al Ausias de siempre. Cuidadoso de sus bienes nombra a varios procuradores en los distintos lugares donde tiene intereses. Se preocupa, como heredero y albacea, de todo lo referente a su difunta mujer, sigue beneficiándose con cobros importantes de la herencia de su primera esposa, doña Isabel Martorell. Tiene pleitos sobre rentas del lugar de Alcántara que procedían de su madre y que, suponemos pertenecían a su hermana Peirona ya que su madre la nombró heredera universal y él fue nombrado tutor de ella. Y, sobre todo, otro pleito mayor que debió atentar a su honor y llegó hasta privarle de libertad.

---

[46] *Auzias March*, págs. 112-116. El inventario de los bienes contenidos en esta casa está publicado por A. Pagès, en el *Boletín de la Sociedad Castellonense de Cultura*, XVI (1935), págs. 135-140.
[47] *Auzias March*, pág. 92. Fullana, *El poeta Ausías March*, pág. 200.

Otro aspecto también complicado para él fueron sus hijos ilegítimos. Sabemos de la existencia de Francisco, Juan, Juana, Pedro y Felipe, habidos con distintas mujeres. No tuvo para todos sus hijos el mismo afecto paternal sino que mostró muy claras preferencias.

El primogénito, Francisco, debió de ser el predilecto. Opina Luis Fullana que posiblemente fue legitimado ya que en documentación oficial aparece con el título de "Mossen". [48] Se cree que murió antes que su padre puesto que en el testamento no figura ni siquiera lo tiene en cuenta para encargar misas por su alma. A causa de las ofensas causadas por el bastardo Francisco de Vilanova, de noble padre, a Francisco March, en tierras de Ausias, éste ordena, en nombre de su hijo bastardo, un Cartel de Batalla, [49] en el que declara las ofensas recibidas y exige la reparación. No consta la fecha del Cartel. Fue un pleito violento y desagradable, largo y prolijo que amargó los últimos años de su vida. Ausias en vista de que el desafío no se realizaba acudió al hermano de Alfonso V, don Juan, acusando a Francisco de Vilanova de enormes crímenes. Como consecuencia, Francisco de Vilanova fue a parar a la cárcel. Pronto reaccionó la parte contraria. Unos tres meses más tarde, 7 de enero de 1458, Leonor, esposa de Francisco de Vilanova hacía graves acusaciones contra Ausias March. Muy graves debieron ser pues Ausias March fue privado de libertad. Conociendo el carácter orgulloso del poeta aristócrata cabe imaginar cuál sería su estado de ánimo. Por mediación y orden de don Juan, Rey de Navarra y lugarteniente general de su hermano el rey de Aragón, es puesto en libertad. Este manda-

---

[48] Pagès cree que Francisco fue hijo legítimo del poeta y de su primera mujer Isabel Martorell, *Auzias March*, pág. 89, 93 y 108. Por su parte el P. Fullana se inclina a considerarlo bastardo, *El poeta Ausias March*, pág. 212. También se inclina a creer que lo legitimó, como así se ha comprobado por el documento descubierto por don Luis Cerveró. Archivo Reino de Valencia, Sección Real, n.º 258, fol. 71.

[49] Dicho documento lo transcribe Luis Fullana, *El poeta Ausías March*, págs. 206-207.

miento real está fechado en Zaragoza el 20 de febrero de 1458. Entre súplicas y dilaciones pasó el tiempo sin que Ausias March pudiese antes de morir ver terminado este pleito, quizá el que más le afectó de tantos como mantuvo en su vida.

En su testamento dedica un considerable espacio a Juan, su hijo bastardo, así lo califica, dando instrucciones sobre su destino matrimonial.[50] Juan casó, tal como había mandado su padre, con una hija de su cuñada Constanza Escorna, de nombre Castellana Martí Escorna. La boda se celebró al mes de morir su padre por lo que recibió los bienes que le otorgaba en el testamento si cumplía su voluntad.

En el testamento aparece su hija natural Juana March, casada con Ausias Torrella y vecinos de Gandía. Tenían hijos y Ausias March muestra prevención contra su yerno pues prohíbe que se entremeta en los bienes que deja a su hija: la casa, posiblemente natalicia, del poeta en *lo carrer Major* y todo lo que se encontraba en su casa de Valencia y en el lugar de Beniarjó. El matrimonio estuvo presente y dio su visto bueno cuando se hizo el inventario de lo contenido en la casa de Valencia.[51]

Otro hijo es Pedro March, que también hereda. Le deja el dinero sin condición alguna para que haga su voluntad. Todo lo contrario de lo que había dispuesto para su hijo Juan, tan condicionado para heredar.

Por último queda Felipe, que debía ser adolescente. Declara Ausias que es hijo suyo y de una esclava de su propiedad llamada Marta. Se preocupa tan sólo de su subsistencia y casi a regañadientes pues declara que lo hace así porque es hijo suyo, que es el tal legado para alimentos y por amor de Dios. En el codicilo añade esta cláusula que no es ciertamente ejemplo de amor paternal:

---

[50] Lo publica Pagès, en el *Boletín de la Sociedad Castellonense de Cultura*, XVI, (1935), págs. 128-131.
[51] Publicado en el citado *Boletín*...

vull perço e declare que si, per ventura, lo dit Felip no era o no es capax al dit legat, e perço n'ol podra haver, o fos capax e morra menor de XX anys sens fills legitims o de legitim matromoni procreats, que, qualsevol dels dits casos, lo dit legat, fet per mi al dit Felip, torne e sia del dit hereu meu scrit en lo dit meu derrer testament. [52]

Algo debió ocurrir entre el 29 de octubre de 1458, fecha de este testamento y el 3 de marzo del año siguiente, fecha del codicilo, puesto que en éste revoca el legado de diez libras que había dejado a su esclava y madre de su hijo Felipe. El enfado y la revancha se manifiestan claramente en sus palabras: *"Per lo qual testament, entre altres coses que per mi son ordenades, lexe a Marta, olim sclava mia, deu libras reals de Valencia: per tal, de present, revoque lo dit legat e no vull aquella lo haia".* Ésta, por si se le olvidaba, es la primera cláusula del citado codicilo. Quizá el castigo que impone a Marta fue motivo de lo que dispone sobre el hijo de ambos evitando que por cualquier circunstancia la madre pudiese heredar a su hijo. Como contrapartida a esto mejora a Na Francina, que estaba a su servicio, con quince libras más.

Es curioso el preámbulo de este testamento, que no es el primero, pues en él nos habla de *"altres testaments e darreres volentats per mi feyts, fetes e ordenades en poder de qualsevol notari o de altres qualsevol persones"* que, con el presente, revoca. No es de extrañar dado el carácter tornadizo, poco firme en estos aspectos, de nuestro poeta. Nos dice ahora que está enfermo pero conserva la mente clara y completa memoria. Por lo visto no quería que los bienes heredados por parte paterna, al no dejar hijos legítimos, fueran, como estaba determinado por anteriores testamentos de sus antepasados, a parar a la rama de los March de Cataluña. Nombra heredero universal al doncel Jofre de Blanes

[52] Publicado en el citado *Boletín...*

hijo del caballero y consejero de Alfonso V Vidal de Blanes y de doña Castellana Escorna, hermana de su última mujer, doña Juana. Jofre de Blanes era Justicia de Valencia.[53] Esta decisión testamentaria del poeta acarreó nuevos pleitos por parte de los March catalanes por lo que los lugares que Pedro March había dejado a su hijo pasaron, pagando fuerte suma de dinero por las importantes mejoras que Ausias March había hecho, a los reclamantes.[54]

Deja mandas a una esclava para que pueda liberarse, a los escuderos de su casa, a su esclavo, Marti Negre, libre de toda servidumbre. De quien no se acuerda, como ya hemos dicho, es de su pobre hermana la sordomuda Peirona. Quizá se cuidase de ella en otro documento que no nos ha llegado pues resulta casi inverosímil, o sin el casi, dada la condición de desamparo en que la dejaba puesto que él era su tutor aunque esta tutoría no la hacía gratis ni simplemente por amor fraternal.

Con respecto a él dispone que es su voluntad el que se le entierre en el cementerio de la Catedral de Valencia, en la capilla de los March, *"en la claustra de la Seu, prop lo Capitol"*.[55] Como así se hace. Quiere que se paguen sus deudas. Que el cadáver de su mujer, la honorable señora Juana Escorna, se traiga desde el

---

[53] En el año 1450 fue electo Justicia de Valencia Jofre de Blanes. *El llibre blanch de la governació*. Edición preparada por Desamparados Pérez Pérez. Valencia, Acción Bibliográfica Valenciana, 1971, pág. 215.
[54] Una sentencia del 27 de octubre de 1460 fija en 90.209 sueldos la cantidad que debe pagarse a Jofre de Blanes. Sobre todo este proceso complicado de la herencia véase el P. Fullana, *El poeta Ausiàs March*, págs. 235-245.
Por otra parte, también la familia de su primera mujer, Isabel Martorell, reclamó al heredero de Ausias March los bienes de la difunta que habían quedado en posesión del poeta. Fullana, Ibídem, págs. 245 y sigts. Véase mi trabajo citado en la nota 37.
[55] En el año 1950 el Ayuntamiento de Valencia y Lo Rat Penat colocaron una lápida sobre la tumba de los March en la Catedral de Valencia. La inscripción cita dos versos suyos: *Jo soc aquest que en la mort delit prenc, / Puix que no tolc la causa per qué em ve..."*

monasterio de San Jerónimo de Gandía —previo el permiso del obispo de Valencia y de los frailes gandienses— para que sea enterrada en la sepultura de los Marchs, *"on yo vull esser soterrat"*. De las misas que hay que celebrar lo dispone en el codicilo: por el alma de su mujer Juana y de todos los difuntos, setecientas misas de requiem. Por el alma de su primera mujer, Na Isabel Martorell y de todos los difuntos, quinientas misas en el monasterio de San Gerónimo de Gandía. Se ha preocupado, también, en el testamento, que si su mujer Juana es trasladada a su tumba, en un paño de oro, que tiene y que deja a la Catedral, figuren los escudos de él y de su esposa. También quiere que toda la gente que se halle a su servicio cuando muera sea vestida de luto: todos los hombres, con gramallas y capirotes; las mujeres con mantos. Minucioso y ordenancista se muestra el gran señor feudal para sus honras fúnebres y duelo. Lo que ignoramos, dado su carácter autoritario y quisquilloso es si el duelo que le hicieron fue sincero o tan sólo aparente.

El mismo día en que otorgó su codicilo a un testamento hecho en el 4 de noviembre de 1458, y que no ha sido aun hallado, muere. Es el 3 de marzo de 1459.

SITUACIÓN DE SU POESÍA

Resulta difícil poder situar en su totalidad la poesía de Ausias March. Teniendo en cuenta unos aspectos más que otros o dándoles mayor trascendencia, los críticos que se han metido a definir esta circunstancia no están de acuerdo. Hasta el último tercio del siglo XIX, todos los que se ocuparon de nuestro poeta lo tuvieron como trovador o consecuencia de la poesía provenzal o lemosina. En la Epístola de Baltasar de Romaní, que figura en su traducción, leemos: "las moralidades de Osias Marco cavallero Valenciano en verso limosín escritas". Juan Fernández de Heredia († 1549) compone "Tres coplas al modo de las de Ausias March en lengua lemosina". [56] Juan de Resa en la dedicatoria de su edición de las *Obras* (Valladolid, 1555) del "Español" Ausias March señala la dificultad de que se conozcan por "auer estado en la cárcel de la lengua lemosina". Lope de Vega: "Castísimos son aquellos versos que escribió Ausias March en lengua lemosina". [57] Y se pueden traer más y más citas. En fin, para terminar, el muy erudito don Francisco Cerdá y Rico, [58] y el eruditísimo don Gregorio Mayans así, también, le consideran. Este le llama "príncipe de los poetas lemosinos". [59]

El intento o deseo de separar o distanciar la obra de Ausias March de la poesía provenzal se inicia, creo, en el estudio que le dedica José María Cuadrado, en 1841. [60] En este trabajo hay más que un rechazo de la vinculación del poeta valenciano a la lírica provenzal un deseo de situarle en la poesía renacentista y hasta de compararle con Petrarca, con ventaja para nuestro poeta. Ya se había dicho y por algunos creído, que el cantor de Laura había copiado al cantor de Teresa, saltándose, claro está, la cronología. Así el maestro de Cervantes, López de Hoyos, en unas muy peregrinas opiniones. [61]

Milá y Fontánals considera que la influencia provenzal en la poesía de Ausias March era menor que la italiana y la francesa y a la par de la castellana, más o menos:

Sobre tot era molt versat en les obres de Petrarca y Dant y segurament en los del bons poetes francesos (almenys en los romans d'assumto bretó), en la d'algú dels antichs provenzals y en qualque libre de Castella.

---

[56] *Obras*. Edición de Rafael Ferreres. Madrid, 1955.
[57] Lope de Vega, *Prosa Varia*, Recopilada por Luis Guarner. Vol. II. Madrid, 1943, pág. 14.
[58] Notas al "Canto de Turia" de la *Diana Enamorada*, Madrid, 1802.
[59] *Orígenes de la lengua española*. Madrid, 1875, pág. 339.
[60] "Ausias March" en *Revista de Madrid*. Reproducido en *Museo Balear*, 1875.
[61] En el *Parecer* que se encuentra en la edición de las *Obras* de Ausias March, traducción de Montemayor. Madrid, 1579.

INTRODUCCIÓN 43

Emperó sos mestres mes próxims foren los de la propia terra, majorment Mossen Jordi y'l seu mateix pare Pere March. [62]

Este mismo parecer siguen don Joaquín Rubió y Ors, en su *Ausías March y su época* [63] y Menéndez y Pelayo. Don Marcelino, que tiene muy presentes los trabajos de su maestro Milá y los de Rubió y Ors, declara que Ausias March es discípulo de Petrarca: "La imitación del Petrarca fue preferida en Cataluña, y acertó a producir en Ausías March un discípulo más profundo e intensamente lírico que su maestro, aunque en viveza de fantasía y pulcritud de arte resulte muy inferior". [64] Y basándose en ciertas características internas de la poesía de Ausias March llega a afirmar que le alejan, a no poder más, de la escuela trovadoresca lo que no ocurre en Petrarca. [65]

Martín de Riquer se pronuncia de manera contradictoria. Por una parte, en 1941 (Ausias March, *Poesía*, Yunque, Barcelona, p. 8) dice: "Tres elementos principales determinan la lírica de Ausias March: la poesía de los trovadores, la escolástica y la influencia de Dante y Petrarca. En cierto modo podemos trazar una línea de continuidad desde los antiguos trovadores hasta Ausias March, no solo por haberse conservado —aunque algo artificiosamente— el espíritu de aquellos a

---

[62] *Obras completas*, Barcelona, 1888-96. Tomo III, pág. 176.
[63] Monografía escrita por... y premiada en los Juegos Florales de Valencia de 1879. Barcelona, 1882.
[64] *Estudios y Discursos de Crítica Histórica y Literaria*, V, pág. 294. Madrid, 1942.
[65] "Cierta gravedad filosófica que a veces degenera en pedantesca, cierta mayor pureza y elevación en los afectos, la mayor importancia concedida a lo interno o subjetivo sobre el mundo exterior y los elementos pintorescos, la preponderancia del análisis psicológico, y cierta varonil y medio-ascética tristeza, alejan, a no poder más, a Ausías March de la escuela trovadoresca, de que todavía quedan vestigios en el Petrarca y le afilian más bien entre los seguidores del cantor de Beatriz, con menos simbolismo y menos teología que Dante, y con más desiertos dentro del alma propia." *Historia de las Ideas Estéticas en España*, I, pág. 430. Madrid, 1940.

través de las escuelas barcelonesa y valenciana, enlazadas con la tolosana, sino también por la formación de nuestro poeta, que conocía directamente y a fondo la lírica provenzal. Desde luego, Ausias March heredó de los trovadores el aspecto técnico de su lírica, ya incorporado a la catalana, desde la métrica y combinaciones estróficas hasta mucho de la terminología sentimental y caballeresca que los caracteriza". Más tarde, en 1964 [66] minimiza el provenzalismo de Ausias March y aumenta de manera destacada su alineación con los poetas que comenzaban el Renacimiento. Rechaza, dando la razón a Rubió i Lluch, la influencia provenzal que señala A. Pagès, que considera exagerada. Las razones que esgrime, citando unos escasos versos de Ausias March en los que ataca a los poetas provenzales, no parecen convincentes. Justamente lo que censura o achaca a esos poetas se encuentra en los del *dolce stil novo* y, también en los poetas latinos que se dan —no sé con qué segura razón— por bien conocidos por nuestro poeta, entre ellos Ovidio y su *Ars amatoria*. Como sabemos las citas de poetas clásicos que encontramos en poetas medievales —y en bastantes que no lo son— no presuponen una lectura de sus libros sino, muchas veces, noticias de segunda mano y, en ocasiones, casi tan solo el nombre.

Pere Bohigas [67] se manifiesta considerando al poeta como "*un fill del seu temps*". Su abundante didactismo es un hecho típico de la Edad Media, nos dice. Señala paralelismos entre los trovadores y Ausias March. Y juzga la situación de la poesía de Ausias March respecto a las posibles influencias de Dante y Petrarca, así como a las reminiscencias de los poetas latinos. Con oportunidad recuerda y transcribe una cita de Mario Casella sobre la extremada cautela que hay que tener a la hora de señalar influencias puesto que muchas de

---

[66] *Historia de la Literatura Catalana,* II, pág. 514. Barcelona, 1964.
[67] Ausiàs March, *Poesies* A cura de... I, págs. 72-85. Cap. "El deute d'Ausiàs March a la seva època."

INTRODUCCIÓN

ellas pueden haber llegado por otra fuente que la propuesta.

Manuel de Montoliu, como conclusión de su libro *Ausiàs March* (Barcelona, 1959, pág. 147) afirma:

> *Creiem fermament que Ausiàs no clou un passat, sinó que obre un esdevenidor; no es un trobador retardat, sinó un renaixentista anticipat.*

Como un "trobador tardío, amamantado en la poesía provenzal", lo considera García de Diego.[68] Como un trovador anacrónico lo califica el hispanista Otis H. Green.[69] No tan extremada es la posición de Amédée Pagès. Para él es un poeta seguidor de la tradición lírica provenzal y da sus razones de peso, creo. Sitúa los límites del alcance que hay que dar a los muy citados versos suyos del comienzo del canto XXIII:

> *Lexant a part l'estil dels trobadors*
> *qui, per escalf, trespassen veritat...*

Tales versos no son una proclamación de ruptura —como más de un crítico ha manifestado— o rechazo de la lírica de los trovadores sino que tienen su razón, su entendimiento cabal justamente para lo que dice en el canto en que figuran

> *Cette déclaration a paru être une attaque contre tous les troubadours sans exception, alors qu'elle vise uniquement ceux qui outrepassent la vérité dans l'éloge de leur dame. Et le poète catalan ajoute, en effet, pour mieux s'oppose à eux, qu'il se contentera de décrire, sans exagération aucune, les beautés de la sienne:*

---

[68] Fernando de Herrera, *Poesías*, Edición de... Madrid, Clásicos castellanos, pág. 21.
[69] *España y la tradición occidental*. Madrid, 1969, I, pág. 208.

*E, sostrahent mon voler affectat
per que no.m torb, diré.l que trob en vos.*"[70]

Pierre Le Gentil[71] confirma el provenzalismo de Ausias March declarado por A. Pagés y opina que a pesar de que con Jordi de San Jordi y Andreu Febrer se abre la poesía catalana y valenciana a las influencias del renacimiento sigue vinculada a la provenzal y también a la de la Francia del Norte. Y hace hincapié en los *jardins deleitables où se réunissaint les amateurs attardés de la gaie science, pour discuter de problèmes littéraires et galants ou pour organiser entre initiés des joutes poétiques*. De ellos hace mención Ausias March, como notó A. Pagès[72] en el Canto XIII, al comienzo, cuando habla de los *deleitables orts*.

Hasta la plena incorporación de la poesía española al renacimiento es evidente y poderosa la influencia provenzal y aun cuando triunfa el Renacimiento no se pierde completamente. El *Cancionero de Baena*, entre otros ofrece gran cantidad de ejemplos. Si esto ocurría con los poetas castellanos a los que no les unía ni historia, ni lengua ni tradición literaria hay que pensar lo que fue para la poesía catalana y valenciana tan vinculada a la lírica provenzal. Y Ausias March no fue una excepción. No hay, o por lo menos no encuentro, en la obra de Ausias March un solo canto que pueda considerarse plenamente o casi plenamente dentro del sentir —desde luego ni pensar en la expresión literaria— renacentista. Hay versos aislados que, si buscamos bien, también se encuentran en poetas considerados enteramente medievales. No tiene como su amigo y admirador el Marqués de Santillana[73] esa cara y cruz de

---

[70] *Auzias March*, pág. 226. También del mismo parecer A. Terry, *Introducción a la lengua y la literatura catalanas*, Barcelona, 1977, pág. 128.
[71] *La poésie lyrique Espagnole et Portugaise a la fin du Moyen Age*. Rennes, 1949, pág. 56.
[72] *Ausias March*, pág. 60.
[73] "De Ausiàs March sólo dice que vivía aún y que era "omne de asaz elevado spíritu'. Si esto parece corresponder a

provenzalista —en sus serranillas y otras combinaciones métricas— y de renacentista —en sus sonetos al modo italiano, en su *Comedieta de Ponza*—. Estos dos grandes señores vivieron casi los mismos años. El valenciano de 1397 a 1459. El palentino de 1398 a 1458. Los dos estuvieron en Italia. Don Iñigo en su juventud fue copero de Alfonso el Magnánimo.

La influencia de Petrarca y de Dante

Ausias March, en sus poesías, no nombra a Petrarca. No hay en ellas, en los momentos que se puede encontrar cierta similitud con Petrarca más que pura coincidencia que, como señala Bernardo Sanvisenti se debe al "comun fondo trobadorico"[74] de ambos. Ser justamente Ausias March el máximo poeta amador y el que más hondo y por extenso trata del amor fue, muy posiblemente, lo que le hizo ser considerado como el Petrarca español. Joseph G. Fucilla[75] no encuentra en él, como en otros poetas catalanes y valencianos de su momento, que cita, reminiscencias petrarquistas de te-

---

la atormentada grandeza de los *Cants d'Amor,* no demuestra conocimiento directo de ellos, que es improbable: Ausiàs, de poca más edad que Iñigo, debía tener obra escasa y en ciernes hacia 1418, cuando los dos se separaron; y no sabemos que siguieran comunicándose después." Rafael Lapesa, *La obra literaria del Marqués de Santillana.* Madrid, 1957, pág. 40.

Ausias March comienza a escribir poesía cuando fija su residencia en Gandía, en 1428. El "Proemio" se escribió entre 1445 a 1449, según Mario Schiff (*La bibliothèque du Marquis de Santillana,* Paris, 1905, pág. XLIII. Antes del final de 1449 creen que la escribió los editores de él, Antonio R. Pastor y Edgar Prestage (*Letter of the Marquis of Santillana to Don Peter, Constable of Portugal.* With Introductions and Notes by... Oxford, 1927, págs. 56-57). Dada la curiosidad literaria del Marqués de Santillana y su erudición no creo que las palabras que dedica a Ausias March sean tan sólo un cumplido. Seguro que sabía de él pues por esa fecha "aun vive". Pasaba el poeta valenciano de los 50 años. Y como "gran trobador" lo considera.

[74] *I primi influssi di Dante del Petrarca e del Boccaccio sulla Letteratura Spanuola.* Milano, 1902, pág. 377.

[75] *Estudios sobre el petrarquismo en España.* Madrid, 1960, pág. XIII.

mas trillados. Observación ésta que ya había manifestado A. Pagès.[76]

La opinión de considerar a Petrarca y Ausias March como dos poetas independientes, nacidos ambos de la poesía trovadoresca, con tanta carga también en el italiano,[77] no ha sido aceptada por los críticos españoles con lo que el poeta español ha salido perjudicado aunque pensasen hacerle un favor al darle ciudadanía de renacentista.

El hacer a Ausias March discípulo de Petrarca llevó, como ocurre con tanta frecuencia, a la confrontación de ambos. A ver quien era mejor, en matizar lo que el imitador superaba al modelo. Y, claro está, aunque algunos de estos críticos no se dieron cuenta, a señalar lo mucho que les separaba. Tarea fácil, desde luego, ya que son poetas distintos no en el arranque trovadoresco de su obra, sí, en la individualidad que dieron a sus obras. Sí, cuando alcanzan lo más personal y definitivo.

Por este camino de manifestar lo que les separa, y no pruebas de imitación directa por parte de Ausias, se pronunció primeramente Quadrado y le siguieron Rubió y Ors, Milá y Fontanals, Menéndez y Pelayo y otros. La siguiente afirmación de Menéndez y Pelayo sintetiza lo que en este aspecto pensaron aquellos hombres ilustres y lo que se siguió diciendo y aun se dice: "Ausías, con ser imitador del Petrarca en algunos pormenores, e imitador a su modo, es decir, áspera y crudamente, no se parece al mismo Petrarca, ni a ningún elegíaco del mundo, en la manera de sentir y en expresar el amor. Se le encuentra a la primera lectura monótono, duro, frío, pobrísimo de imágenes; pero vencido este primer disgusto, pocas personalidades líricas hay tan dignas de estudio. Si existe un poeta verdaderamente psicológico, es decir, que no haya visto en el mundo más que las

---

[76] *Auzias March et ses prédécesseurs*, págs. 275-276.
[77] Es abundante la bibliografía sobre la influencia provenzal en Petrarca. Véase Francesco Petrarca, *Il Canzonieri* con le note di Giuseppe Rigutini rifuse e di molto accresciute da Michele Scherillo. Cuarta Ed. Milán, Hoepli, 1925.

soledades de su alma, Ausías lo es, y en el análisis de sus efectos pone fuerza y lucidez maravillosas..." [78]

Creemos que tiene razón Rafael Lapesa cuando dice:

> No es propósito nuestro discutir aquí el problema de las relaciones que ligan la obra de Ausias March con la de Petrarca. Creemos, sí, que hubo un conocimiento directo; pero, en cualquier caso, la influencia del poeta de Arezzo no llegó a desdibujar la fuerte personalidad literaria del valenciano, quizá la más vigorosa del siglo XV peninsular. [79]

Es muy posible, como cree Rafael Lapesa, que hubo un conocimiento directo de la obra de Petrarca por parte de Ausias March. Sin embargo no parece que le afectó mucho, iba a decir que ni poco. Desde luego nada en cuanto a la forma, a la manera de escribir. Petrarca, lo define muy acertadamente Francesco Flora, [80] profesó un culto, una adoración por la forma que sobrepasó a la que sintieron un Leopardi, un Ariosto o un Mallarmé que *"val suo confronto potrebbero apparire faticosi discepoli"*. Todos los que se han acercado a los cantos de Ausias March, críticos y lectores, se han dado cuenta de su irregularidad: definitivos aciertos y muy lamentables caídas tanto en lo que se refiere a la lengua poética como a la reiteración de los temas que producen monotonía. Ausias March, como don Miguel de Unamuno, que tanto le admiró, son poetas de ideas más que de forma, más de contenido que de continente.

Un par de hechos, quizá reales, emparejan a Ausias March con Petrarca y, en parte muy cercana, con Dante. Petrarca ve en la iglesia de Santa Clara, de Aviñón, el Viernes Santo de 1327 a una hermosa muchacha

---

[78] *Estudios y Discursos de Crítica Histórica y Literaria*, II, págs. 87-88.
[79] *La trayectoria poética de Garcilaso*. Madrid, 1948, pág. 29.
[80] *Storia della letteratura italiana*. Verona, Mondadori, 1941, págs. 205-206.

provenzal, Laura, de la que se enamora. Dante también pasa por el mismo trance con la angélica Beatriz, un Jueves Santo y Boccaccio con Fiameta, en la iglesia de San Lorenzo, un Sábado Santo.[81] Tales días, a causa de su santidad, los enamorados van completamente desprevenidos, sin recelos, de que Amor les pueda herir en lo hondo. Hay, muy posiblemente, un valor simbólico en situar estos enamoramientos en los días de la pasión del Señor. A nuestro Ausias el Amor le ha herido, como a Petrarca, en un Viernes Santo. Así lo cuenta en la tornada del canto LXVI:

> *Amor, Amor, lo jorn que.l Ignoscent*
> *per bé de tots fon posat en lo pal,*
> *vós me ferís, car yo.m guardava mal,*
> *pensant que.l jorn me fóra defenent.*

Los 40 versos precedentes son una diatriba contra el Amor. Contenido el de este canto LXVI, bien distinto del famoso soneto de Petrarca:

> *Era il giorno ch'al sol si scoloraro*
>   *Per la pietà del suo fattore i rai,*
>   *Quando i' fui presso, e non me ne guardai,*
>   *Che i be' vostr'occhi, donna, mi legaro.*
> *Tempo non mi parea da far riparo*
>   *Contra' a' colpi d'Amor: però m'andai*
>   *Secur, senza sospetto; onde i miei guai*
>   *Nel commune dolor s'incominciaro.*
> *Trovommi Amor del tutto disarmato,*
>   *Et aperta la via per gli occhi al core*
>   *Che di lagrime son fatti uscio e varco.*
> *Però, al mio parer, non li fu onore*
>   *Ferir me de saetta in quello stato,*
>   *A voi armata non mostrar pur l'arco.*

Petrarca para contarnos este esencial acontecimiento de su vida echa mano de recursos retóricos provenzales,

---

[81] E. J. Delécluze, *Dante Alighieri ou la poésie amoureuse*. Paris, 1857, I, 132. Citado por A. Pagès, *Auzias March et ses prédécesseurs*, pág. 268.

tales como las armas con que es herido su corazón: el arco (las cejas de la dama) y la saeta (su mirada). [82]

A. Pagès considera que en la tornada de Ausias March se encuentra "La première imitation certaine de Pétrarque". También: *"Ressemblance très frappante, mais qui ne peut que nous inspirer des soupçons sur la réalite des sentiments d'Auzias March.* [83]

En cuanto al vocabulario tan sólo las palabras *"giorno-jorn"*, *"ferir-ferís"*, *e no me ne guardai-car yo.m guardava mal,* que no prueban con seguridad una imitación.

El otro acontecimiento que une a Ausias March con Dante y Petrarca es el que la amada, las amadas, mueren antes que ellos dando así la oportuna ocasión de cantarlas *"in vita e in morte"*. Otros poetas españoles posteriores, influenciados por el petrarquismo, también tendrán o se buscarán esta lírica y patética oportunidad. Garcilaso con su Isabel de Freyre, Fernando de Herrera con doña Eleonor de Milán.

Las escasas muestras que Tassoni y Amador de los Ríos presentan como influencia de Petrarca en Ausias son discutidas y rechazadas, casi en su totalidad, por A. Pagès. [84] En las notas a los cantos de Ausias March damos cuenta de ellas.

Petrarca y Ausias son dos poetas que se complementan, no que van por el mismo camino lírico. No hay, creo, la posibilidad de establecer las categorías de maestro y discípulo. Ni tampoco *"chiamarsi il Petrarca de' provenzali"*, como lo consideró el eruditísimo jesuita valenciano Juan Andrés. [85] Más acertado estuvo, a mi parecer, en lo que les es fundamental y propio, Fernando de Herrera [86] cuando al hablar de Juan Boscán escri-

---

[82] Alfred Jeanroy, *La Poésie Lyrique des Troubadours*. Toulouse-Paris, 1934, II, págs. 117-118.
[83] *Auzias March et ses prédécesseurs*, pág. 267.
[84] Ibídem, págs. 263-273.
[85] *Dell'origine, progressi e stato attuale d'ogni letteratura*, Parma, 1782, cap. 23.
[86] *Anotaciones a Garcilaso*. Véase, *Garcilaso de la Vega y sus comentaristas (Obras completas del poeta y textos íntegros*

bió: "Boscán, aunque imitó la llaneza de estilo y las mismas sentencias de Ausias, y se atrevió traer las joyas de Petrarca en su no bien compuesto vestido..."

Parece ligeramente mayor la influencia de Dante sobre Ausias March. Este lo cita una vez en el canto XLV, 89-90:

> *¡O bon'Amor, a qui mort no triumpha,*
> *segons lo Dant ystoria recompta*

Versos de entendimiento no claro y que han dado lugar a distinta interpretación. (Véanse las notas al citado canto.)

Menéndez y Pelayo respecto a la influencia dantesca, dice: "El amor refinadísimo, quintesenciado, metafísico y abstracto de Ausías March, en quien por caso singular una pasión verdadera y ardiente se encerró bajo una espesa armadura escolástica, viene directamente de la *Vita Nuova* y del *Convivio*, con algo del *Cancionero* del Petrarca". [87]

Por su parte Arturo Farinelli duda que Ausias March haya conocido la *Vita Nuova* ni otras obras menores de Dante. [88] Es, para A. Pagès, [89] la *Divina Comedia* "*le seul ouvrage de Dante qu'Auzias March ait connu avec certitude*". Movido a dar pruebas nos ofrece unos ejemplos que intentan corroborar su opinión sin que logre convencernos. Hay unas vagas coincidencias que no prueban una influencia directa y palmaria. Siguiendo este camino también se podría traer a colación el feroz ataque de Ausias March contra los sodomitas, del que dimos cuenta al trazar la biografía del poeta, y creerlo vinculado a la condenación que de ellos hace Dante en su *Infierno*.

---

de El Brocense; Herrera, Tamayo y Azara). Edición de Antonio Gallego Morell. Madrid, Gredos, 1972, pág. 314.

[87] *Historia de las Ideas Estéticas en España.* Madrid, 1940, I, pág. 431.

[88] "Appunti su Dante in Ispagna nell'età media", en *Giornali Storico della Letteratura Italiana.* Turin, 1905, pág. 37.

[89] *Auzias March et ses prédécesseurs*, 258.

Ausias March y los trovadores provenzales

Los investigadores de la obra de nuestro poeta han encontrado huellas, unas que parecen influencias directas y otras que quedan como reminiscencias o, quizá, lugares comunes, de los trovadores provenzales. De que Ausias March los había leído, no hay duda aunque Milá y Fontanals la tuviera.[89] El mismo poeta, de manera general, sin especificar nombres, lo manifiesta:

> ... *molts trobadors han dit*
> *que'l bé d'Amor és al començament,*
> *yo dich que.stá prop del contentament.*
> (LV, 41-43)
>
> *D'aquest voler los trobadors escriuen*
> *e per aquest dolor mortal los toca*
> (LXXXVII, 41-42)
>
> *Dels mals d'Amor que trobadors han dit*
> *no'n sé pus fort que son gran mudament*
> (XCI, 33-34)

En cuanto a los tan citados versos:

> *Lexant a part l'estil dels trobadors*
> *qui, per escalf, trespassen veritat...*

véase lo que decimos en la pág. 45 sobre lo que nos parece su sentido, interpretación contraria a la que se suele dar con frecuencia, como ruptura de Ausias con los trovadores.

En la biblioteca de su padre, había un *Cançoner* casi seguro provenzal, como opina A. Pagès,[90] así como el *Breviari d'Amor* del fraile franciscano Matfre Ermengau de Béziers. El tal *Breviari d'Amor* consta de 34.000 ver-

---

[89] *De los trovadores en España,* Barcelona, 1966, p. 465.
[90] *Auzias March,* p. 232.

sos y es una enciclopedia, pues allí hay de todo, con abundantes transcripciones de versos de los poetas provenzales y, muy especialmente, un tratado de amor, humano y divino.

Nombra Ausias March a Arnaut Daniel y no, como opina Milá y Fontanals [91] por tener referencia de él solo a través de Dante (*Purgatorio,* XXVI, 115 y 136-148). Dante lo ensalza entre todos los poetas que cita y de él dice: *fu miglor fabbro del parlar materno.* También Petrarca lo elogia altamente:

> *Fra tutti il primo Arnaldo Daniello*
> *gran maestro d'amor, ch'a la sua terra*
> *ancor fa onor col suo dir novo e bello.*
> (*Trionfo d'Amore,* III, 40-43)

Este "gran maestro d'amor" es justamente el que evoca y cita Ausias March:

> *Amor li plau que perda lo parlar.*
>
> *Envers alguns açò miracle par*
> *mas si.ns membram d'En Arnau Daniel*
> *e de aquells que la terra.ls es vel,*
> *sabrem Amor vers nós què pot mostrar...*
> (XLIX, 24-28)

Sin embargo, no acierto a ver la copia que hace Ausias March de Arnau Daniel en los versos siguientes y que a A. Pagès le parece clara:

> *Iue sui Arnautz qu'amas l'aura*
> *e chatz la lebre ab lo bou*
> *e nadi contra suberna*
>
> (*Yo soy Arnaldo que amanso el viento*
> *y cazo la liebre con un toro*
> *y nado contra la corriente montana*)

---

[91] Ibídem, pág. 456 n.

*Lir entre carts, ab milans caç la ganta
y ab lo branxet la llebre corredora.
Assats al món cascuna's vividora,
e mon pit flach lo Passi de Rams canta.*

(XIV, 25-28)

La coincidencia de tal absurda caza entre los dos poetas más me parece un lugar común que una influencia directa.

Otro poeta que nombra es el trovador Pau de Bellviure del que nada se sabe y apenas queda obra. Ausias lo pone como ejemplo de cómo el amor por las mujeres puede perturbar extremadamente (LI, 33-38).

A. Pagès cree, *"sans aucun doute"* [92] que en los siguientes versos de Pau de Bellviure se encuentra el porqué de la cita de Ausias:

*Per fembra fo Salamo enganat,
lo rey David e Samsso exament,
lo payr' Adam ne trencà l mandament;
Aristotil ne fou com ancantat,
e Virgili fou pendut per la tor,
e Sent Johan perdé lo cap per llor,
e Ypocras morí per llur barat.
Donchs, si avem per dones folleiat,
no [he] smayar tenir tal companyia.*

Indudablemente la total intención misógina de esta estrofa, con la enumeración de prudentes ejemplos, cae dentro del canto LI de Ausias March, pero en esta ocasión creo que hay que seguir la hipótesis de Pedro Bohigas [93] al pensar que Ausias March se refiere a algo personal que le ocurrió al trovador. Nada dice el propio Pau de Bellviure de que se volviese loco o tonto sino que habla de manera general.

Si muy escaso es este material de influencias directas de los trovadores provenzales sobre la poesía de Ausias

---

[92] Ibídem, pág. 234.
[93] Véase el comentario a este canto en su ed. de A. March.

INTRODUCCIÓN

March no lo es en cuanto a lo que toma de temas, de su filosofía, de sus teorías amorosas, del sentido religioso, de sus arrogancias y narcisismo interior, de procedimientos estilísticos, métricos, etc. No solo se encuentra todo esto en nuestro poeta sino también, con diferente intensidad y amplitud, en abundantes poetas medievales y del renacimiento que se sintieron atraídos y en parte identificados con la literatura provenzal: italianos, franceses, castellanos, portugueses.

Automención del poeta

Ernest Robert Curtius en *European Literature and the Latin Middle Ages* (uso la traducción inglesa, 1953, Nueva York), en el capítulo XVII da una serie de autores clásicos, pocos, que se automencionan en su poesía, entre ellos Virgilio (Las *Geórgicas,* IV, 563):

illo Vergilium me tempore dulcis alebat
Parthenope studiis florentem ignobilis oti...

Este deseo de autodenominarse o mencionarse se hace frecuente en los poetas provenzales, con distintas intenciones que van desde el dar casi modestamente el nombre hasta la arrogancia. Algunos de estos poetas lo hacen varias veces:

Ieu sui Arnautz qu'amas l'aura

Arnautz am'e no di nems

lieys cuy dompney ses parsonier, Arnaut,[94]

So es En Peire Vidals[95]

---

[94] No son estas las únicas veces que se cita. Véase Martín de Riquer, *Los trovadores. Historia literaria y textos,* Barcelona, 1975, 3 vols. Excelente estudio y muy extensa antología, con traducción de los poemas y comentarios.
[95] *Les poésies de Peire Vidal,* ed. Joseph Anglade. Paris, 1923, XI, 49.

INTRODUCCIÓN 57

Bernatz de Ventadorn l'enten
e'l di e'l fai, e'l joi n'aten! [96]

Para no hacerlo largo y ya, entre españoles, comenzamos con el padre de Ausias:

Heu, Peyres March, pregui Dieus qu'a luy plaça [97]

Yo maestro Gonçalvo de Verceo nomnado [98]

    ... *por ende yo, Juan Ruiz,*
Arcipreste de Fita... [99]
Yo Johan Ruyz, el sobredicho arçipreste de Fita [100]

E la merçed que el noble,
su padre, prometió
la terná, comm conple,
Al Santob el Judió. [101]

  Ya vos suplico y vos ruego
me libredes de esta pena,
ca si muero en este fuego
no quiçá fallaréys luego
cada día un Juan de Mena [102]

  Y vuestra yra sobrar
no quiera ni tanta pena,

---

[96] Bernard de Ventadour, *Chansons d'Amour*. E. Moshé Lazar, París, 1966. II, vols. 54-55.
[97] Les "*Coblas*"... *de Jacme, Pere et Arnau March*. Editées et traduites para Amédée Pagès. Toulouse, 1949, II, 69-72. Otra edición de A. Pagès, *Les Cobles de Jacme, Pere i Arnau March*. Castellón de la Plana, 1934. Carece de traducción.
[98] *Milagros de Nuestra Señora*. Ed. A. G. Solalinde, copla 2. También se automenciona en *Vida de San Millán*, copla 486 ("Gonzalvo fue so nomne qui fizo est tractado") y en la *Vida de Santo Domingo*, copla 757 (Yo, Gonzalvo por nombre, clamado de Verçeo").
[99] *Libro de Buen Amor*, ed. Julio Cejador, Clásicos castellanos, copla 19.
[100] Copla 575.
[101] Copla final de *Proverbios Morales*. Ed. Ig. González Llubera. Cambridge, 1947.
[102] *Cancionero Castellano del siglo XV*. Ordenado por R. Foulché-Delbosc. Núm. 20.

mas vuestro galardonar
plega de tanto pesar
de librar un Juan de Mena [103]

Bastantes nombres más se podrían citar (Cervantes, Unamuno, García Lorca, Alberti, Dámaso Alonso) pues tal automención llega hasta nuestros días (Gaos, Bousoño, Blas Otero, etc.). Hay, sin embargo que reconocer que en Ausias March adquiere esta automención una rotundidad expresiva y un empaque humano superior a todos los poetas que se han automencionado: ha ido preparando todo el canto para la sorpresa final del poema. Es bastante frecuente también en otros poetas la automención en el último verso. No es de extrañar, por el efecto que causa, que este verso suyo sea uno de los más conocidos, si no el más:

> *Puix que lo món ne Déu a mi no val*
> *a rellevar la causa d'on só trist,*
> *a mi plau bé la tristor que yo vist:*
> *delit hi sent mentre yo.m trobe tal.*
> *Aixi dispost, dolç me sembla l'amarch,*
> *tant és en mi enfecionat lo gust.*
> *A temps he cor d'acer, de carn e fust:*
> *yo só aquest que.m dich Ausias March.*
>
> (CXIV, 81-88)

De todos los poetas que he citado y de los que, por no ser prolijo, he dejado de citar de España y de fuera (Joan Roiç de Corella, Jordi de Sent Jordi, Villasandino, François Villon, etc.) hay uno que se automencionó casi tantas veces como Rembrandt se autorretrató. Me refiero al extraordinario Ronsard. Estas automenciones están matizadas en la intención. Hay una a la altura, en arrogancia, en vanidad y en mayor elegancia, que puede parangonarse con la de Ausias:

---

[103] Ibídem, núm. 23.

Quand vous serez bien vieille, au soir, à la chandelle,
Assise aupres du feu, devinant et filant,
Direz chantant mes vers, en vous esmerveillant:
Ronsard me celebroit du temps que j'estois belle.

NARCISISMO

En la poesía provenzal hay un protagonismo constante por parte de los trovadores. La contemplación de sí mismos, el deseo de que sus damas y aun sus lectores conozcan la condición de su valía espiritual. La rivalidad con lo que han manifestado otros trovadores les lleva a la hipérbole, a la arrogancia y, en ocasiones, a la vanagloria, a la fanfarronada y hasta a un gesto de desafío. Aun en los momentos de modestia ésta es solo, la mayor parte de las veces, aparente. Nadie sufre como ellos, nadie es tan feliz como ellos si la dama les mira benignamente ni son tan desgraciados si obtienen desdenes. Nadie ama como él ni como él siente el dolor. También la vanidad de la maestría de sus versos. Claro que hay momentáneas excepciones. Sin tener esto en cuenta la lectura de los versos de Ausias March éste nos resulta increíblemente fatuo y, en ciertos momentos, aun teniendo muy presente esta condición vanidosa de los trovadores, su falta de medida le manifiesta de esta manera. Muy seguro de sí se da como modelo, y nada menos que, como un pre-don Quijote, será espejo de leales amadores:

> *Faent bé a molts a la mort me acús,*
> *car seré spill de leals amadors*
> *prenint remey a totes llurs dolors,*
> *car envers mi tota dolor és jus.*
>
> (XXII, 33-36)

En otra ocasión se encuentra fénix entre los mejores:

> *Si fos Amor subtança rahonable*
> *e que.s trobàs de senyoria ceptre,*
> *béns guardonant e punint los demèrits,*

> *entre.lls mellors sols me trobara fènix,*
> *car yo tot sols desempare la mescla*
> *de lleigs desigs qui ab los bons s'enbolquen.*
>
> (XVIII, 17-22)

Los grandes amadores ante el dolor por la amada muerta solo en parte se le semejan, al todo no le alcanzan:

> *Decrepitut ma natura demostra*
> *car tota carn a vòmit me provoca;*
> *grans amadors per llur aymia morta*
> *son mi semblants en part, al tot no basten.*
>
> (XCIV, 85-88)

Cierto que en este aspecto Ausias March está también dentro de la tradición trovadoresca pero conociendo su vida de gran señor feudal, sin ceder ninguno de sus privilegios —y bastantes disgustos le cuesta cuando le merman algunos—, teniendo también en cuenta su altanero carácter nos podemos inclinar a que tales manifestaciones que nos hace fueran en gran parte sinceras.

Alegoría de las flechas

La mujer en la poesía provenzal ha hecho suyos los atributos clásicos que correspondían exclusivamente a Eros, al temible y versátil Cupido. Para los poetas provenzales Amor es un ser de sexo femenino. Es frecuente que sean unos ojos femeninos los que lancen la flecha heridora impulsada por el arco de las cejas, arco y aljabas de que se vale Amor para sus agridulces llagas amatorias. [104]

Este tema de las flechas de Amor, de las que tan pocos poetas se han escapado, tienen muy larga conse-

---

[104] Alfred Jeanroy, *La Poésie Lyrique des Troubadours*. Toulouse-Paris, 1934, tomo II, págs. 117-118.

cuencia en la lírica europea con complicada evolución y matices. En nuestra poesía y prosa se vierte a lo divino lo que tan pagano nació.[105]

Las flechas y todos los otros elementos, complicados, que lleva tras sí en la poesía de Francesco Petrarca ha sido magistralmente estudiado por Dámaso Alonso.[106]

Ausias March emplea esa alegoría de la llaga amorosa producida por unos ojos femeninos pero en otra ocasión complica sus efectos. En el magnífico canto LXXIX (*O vós, mesquins, qui sot terra jaheu...*), estrofa II, dice:

> Los colps d'Amor són per tres calitats,
> e veure's pot en les flexes que fir,
> per què.lls ferits són forçats de sentir
> dolor del colp segons seran plagats.
> D'or e de plom aquestes flexes són,
> e d'un metall que.s nomen.argent;
> cascú d'aquests dóna son sentiment,
> segons que d'ells diferenç.ha.n lo món.

A. Pagès [107] indica la relación con ligera variante con respecto al material de una flecha (acero en el provenzal, plata en el valenciano), que tiene con una canción de Guiraut de Calanson.

Ausias March en otras estrofas del poema citado nos aclara la calidad y alegoría mortales o tan sólo heridoras de las flechas. Las de oro, mortales, eran las de la antigüedad y todas ya desaparecidas menos una que quedó para él. Las de plata sólo son suficientes para herir amorosamente, pero no matan. Las de plomo, agradables, no tienen fuerza para sangrar. Pagès cree

---

[105] Fray Ambrosio Montesino († 1512 ó 1513) en el *Romance de la Sacratísima María Magdalena*.
Bruce W. Wardropper, en su *Historia de la poesía lírica a lo divino* (Madrid, 1958), estudia algún aspecto de este tema pero no el de las heridas de amor.
[106] "Un aspecto del Petrarquismo: La correlación poética" en su libro *Seis calas* (Madrid, 1951).
[107] *Auzias March*, pág. 248.

que la saeta de oro, en Ausias March, significa el goce honesto, "de amor angélico o celestial"; la de plata, los goces del amor conyugal y la de plomo, el amor simplemente carnal. Tal interpretación presenta ciertas dudas ya que Ausias March nos dice:

> Pau ha lo món e guerra yo tot sol
> perquè Amor guerrejar ha finit;
> yo són plagat e no puch ser guarit,
> puys la que am, de sa plaga no.s dol.

lo que parece indicar que su herida por flecha de oro era debida al amor sentido por una mujer. Además él, en otras varias ocasiones no se siente, y lo manifiesta, dentro de los amadores angélicos, de Dios, por los que declara su admiración y el privilegio que tienen.

No está tan clara la significación de esta alegoría de las flechas, cuyas consecuencias, como hemos dicho, tienen larga vigencia en nuestra literatura pagana y mística o simplemente religiosa. El tema de la flecha tiene amplios resultados en Petrarca que llevan tras sí complicadas expresiones retóricas [108] y que se enlazan, en parte, con la poesía trovadoresca.

La pervivencia de la flecha amorosa— a lo divino en Santa Teresa— llega hasta Rosalía de Castro y Antonio Machado. [109]

Antítesis

El trovador Arnaut de Maruelh (segunda mitad del siglo XII) es en opinión de Fauriel quien inicia con su canción *Si·m destreignetz, dompna, vos et Amors...* el gusto por el uso y abuso de la antítesis: *"très gracieuse-*

---

[108] Dámaso Alonso, *La poesia del Petrarca e il Petrarchismo* en *Petrarca e il Petrarchismo*. Atti del III Congreso dell'Associazione Internazionale per gli studi di lingua e letteratura italiana. Bologna, 1961.
[109] Rafael Ferreres, "La flecha alegórica con que hiere el Amor" en *Los límites del Modernismo*, Madrid, 1964.

INTRODUCCIÓN 63

ment versifié, et remarquable comme l'une des premières où commence à paraître ce goût d'antithèses qui devint, un peu plus tard, dominant dans la poésie provençal, d'où il passa dans la poésie italienne et la poésie catalane". [110]

Efectivamente es tan sólo un comienzo y las pocas antítesis, únicamente en la primera estrofa, apenas hacen sospechar lo que estos contrastes de palabras alcanzarían.

Las consecuencias de esta acumulación y gusto por la antítesis de los provenzales —empleada moderadamente en la *Biblia* y los clásicos griegos y latinos [111]— llega a extremos en algunos, bastantes, poetas influenciados por ellos. Petrarca es una autoridad en el uso de opósitos y los poetas que le siguieron, tantos, le imitarán en este fácil recurso retórico. [112] Pero quizá el poeta que más palabras y estados antitéticos nos ofrece es el valenciano Jordi de San Jordi (muerto hacia 1425). El Marqués de Santillana, su amigo y admirador, al destacar la obra de Jordi de San Jordi justamente celebra esta de opósitos [113] que es un diccionario de palabras opuestas.

Jordi de San Jordi fue petrarquista y en dos sonetos del *Canzoniere*, CXXXII (*S'amor non è, che dunque è quel ch'io sento?...*), CXXXIV (*Pace non trovo, e non*

---

[110] Cita tomada de la Introduzione de Michele Scherillo a su edición de *Il Canzoniere* de Francesco Petrarca. Milán, 1925, pág. 66.
[111] E. R. Curtius, *European Literature and the Latin Middle Ages*. New York, 1953, págs. 46, 66.
[112] Leonard Forster, *The Icy Fire*. Five Studies in European Petrarchism. Cambridge University Press, 1969.
[113] "En estos nuestros tiempos floresçió Mossen Jorde de Sanct Jorde, cavallero prudente, el qual çiertamente compuso assaz fermosas cosas, las quales él mesmo asonava, ca fue músico exçellente, e fiço, entre otras, una cançión de oppósitos que comiença:

Tosions aprench e desaprench ensems...

Fiço la *Pasión de amor*, en la qual copiló muchas buenas canciones antiguas, asy destos que ya dixe, como de otros." *Carta o Prohemio*.

ho da far guerra;...), los dos de los más celebrados e imitados, el poeta valenciano encontró amplia materia para copiar y, por su parte, glosar y añadir.

Ausias March se siente también atraído por la antítesis que ya estaba resultando una serie de lugares comunes y al alcance de cualquier poetastro. Era, y es, un recurso fácil, como lo es la enumeración, recurso también para los poetas, de antes y tantos de ahora, que tienen poco que decir. Los provenzales, Petrarca, su propio padre, Jordi de San Jordi le facilitan el camino, sin embargo Ausias March presenta innovaciones, aunque imite. No resultan sus palabras antitéticas como eco de otros poetas sino que cobran un especial valor al saber situar estos contrastes en el momento oportuno, momento que con estas palabras intensifica los estados de su alma. Claro que algunas veces queda, como en tantos grandes poetas, sólo como manifestación retórica.

No vull amar e mon apetit ama:
sobre neu veig maravellosa flama
(CXVI, 129-30)

Yo crem d'ivern e d'estiu tremolí
(LXXXIV, 24)

Lir entre carts, ma voluntat se gira
tant que yo us vull honesta y deshonesta,
lo sant air, aquell del qual tinch festa
e plau-me ço de que vinch tost en ira.
(LIII, 41-44)

Foch amagat, nudrit dins en les venes,
faent gran fum per via dreta y torta;
ira dins pau, e turment molt alegre,
llum clar e bell ab si portant tenebres:
aquests contrast los fins amadors senten.
(XLV, 9-13)

...... la dolor deleitable.
(XIX, 6 y XCVIII, 59)

> *Una sabor d'agr.e dolç Amor llança*
> (XIX, 33)

> *vull e desvull*
> (XIX, 40)

> *Ma llengua té la vida e la mort*
> (XXXIV, 31)

> *Per lo camí de mort he cercat vida*
> (XCVIII, 1)

> *Amich de plor e desamich de riure*
> (XI, 3)

Muchos más ejemplos se podrían citar.

Aspectos temáticos de la poesía de Ausias March

Aceptando la división que estableció Romaní de la poesía del poeta: amorosa, moralizante (y didáctica, si queremos matizar), espiritual y, su mayor acierto, de preocupación de la muerte, que es la que más nos interesa —debe ser, quizá, cuestión de años—, intentaremos aproximarnos a estos cuatro aspectos.

Poesía amorosa

Ausias March, en muy repetidas ocasiones, divide de una manera casi axiomática el amor en tres clases o categorías: dos maneras extremas de amar y una intermedia, que participa, en mayor o menor cantidad de estas dos límites: el amor celestial, donde el espíritu alienta sin que nada perturbe la pureza amorosa: el que lo siente *per àngel pot anar entre les gents* (CXXII [b], 54). Su opuesta, el amor exclusivamente carnal propio de los irracionales y de los hombres *grossers,* ínfimos. El que ama únicamente la carne; el hambriento sexual, no alcanza el reposo. Casi satisfecho el apetito que le mueve al acto amoroso encuentra tristeza y si va más allá de lo que le sacia, enojo. Este amador se mueve entre deseo y hastío o fastidio (CXXII b, 57-64). En el amor del medio se encuentra el hombre perfecto, el que percibe los sentimientos de la carne y del alma: *qui d'arma y cos junts aleny sentiments, / com perfet hom sent tota la sabor* (CXXII b, 55-56). Este amor también lo llama *homenívol* (XLVI, 55; todo este canto trata de este tema).

Esta clase de amadores responden obligados a la manera con que Amor les ha herido con sus flechas:

Los colps d'Amor són per tres calitats...

y éstas son de oro (el amor puro o angélico), de plata (el amor mixto: alma y carne), de plomo (el que atañe sólo a la carne). Sobre esto de las flechas véase las págs. 60-62.

Toda esta teoría y clasificación del amor, con el simbolismo de los dardos, tiene sus antecedentes en la filosofía aristotélica y en los trovadores provenzales. Pagès [113 bis] ha estudiado esta concepción del amor en la Edad Media con relación a la filosofía aristotélica y, especialmente lo que concierne a Ausias March.

Nuestro poeta se siente a sus anchas teorizando sobre el amor. En realidad es un tema obsesivo, demasiado reiterativo, en su poesía. El tema del amor, con todo lo que implica en un alma como la suya llena de contradicciones, de buceo psicológico, en sí mismo y en los ejemplos que le sirven otros amadores que también se han metido en este análisis, se puede decir que llena toda su obra. Raro es el poema en que no aparece. Aun cuando se libera, o intenta liberarse, el amor allí está aunque sea para denostarlo.

[113bis] *Auzias March*, pp. 277-345.

Al comienzo del poema LXXXVII encontramos esta paladina declaración:

> *Tot entenent amador mi entenga,*
> *puys mon parlar de amor no s'aparta,*

y sigue en esta larguísima composición (340 versos) exponiendo doctoralmente, con toda minuciosidad, su teoría y sus juicios sobre el amor, sobre el que ama y el que es amado, sobre la desesperación de no ser correspondido, de lo que place y disgusta, de como nacen según su clase. Entre ellos —y magistralmente tratado— el que queda tras la muerte de la pasión amorosa, ese que se llama *Amor de Mort* (v. 134).

Su erudición es considerable. Ha consultado libros de autores antiguos, que parcamente nombra, ha indagado, cómo no, en los poemas de los provenzales:

> *D'aquest voler los trobadors escriuen*
> *e per aquest dolor mortal los toca*
> (LXXXVII, 41-42)

ha oído decir a la gente o en sermones razones amorosas que toma en cuenta para sus escritos sin olvidar el poder de Venus, la volubilidad de la ciega Fortuna. De todo lo leído o escuchado se sirve siempre que sea serio. De ninguna manera acepta lo ingenioso o burlesco en los que tratan del amor. El amor es cosa muy trascendental, seria, para tomarla a broma. Tajantemente rechaza y desdeña a los que así se manifiestan: *D'amor no sab qui's cuyda ser ginyos* (CXXIII, 65). Y esto tanto vale para los que así se acercan al amor como para los tratadistas, que no aparecen ni mencionados ni comentados en sus versos. Por otra parte, el humor, la ironía no aparecen en sus poesías. Carecía de ellos. Sarcasmo y maldiciones, malhumor acentuado y agrio pesimismo también son rasgos suyos.

¿Y dónde hay que situar al *amable* (amador o amante) Ausias March? Joan Fuster, en su excelente ensayo

Ausiàs March, el ben enamorat, [114] cree que en nuestro poeta hay "megalomania amorosa". Es cierto y abundancia de citas ofrece Fuster, y más se podían traer, de este orgulloso proclamarse el primero entre los enamorados. Pero tal inmodesta actitud es una más, ya lo hemos visto, en la considerable lista de trovadores provenzales que así también se declaran en primerísima línea y, cuando la vanidad les ataca, únicos, sin par. Así lo sentían o lo creían sentir o lo fingían. Nadie ama como él, nadie siente como él, nadie conoce los secretos de amor como él, él ha sido el único elegido por Amor, él es el que tan sólo queda como ejemplo de excelsos amadores y cuando desaparezca terminará esta estirpe gloriosa. Y en este él hay que incluir a tantos poetas que han dicho lo mismo que Ausias, posiblemente no de una manera tan constante, frecuente y prolija. En las págs. 59-60 ya hemos tratado de este aspecto narcisista de Ausias March. Y este aspecto, pues, hay que considerarlo desde una perspectiva de tradición literaria, en gran parte.

Más interés tiene cuando el poeta, metido a amante y a psicólogo, siente y analiza su amor. Es una mezcla extraña que le condiciona como amador. Mientras ama piensa lo que le está ocurriendo y sintiendo, no olvida nada: la carne y sus efectos, la participación que pone de su espíritu, las consecuencias morales y hasta una desazón de no alcanzar, él, el amor celeste. Y luego en su soledad, cuando escribe sus versos, ese intelectualismo que vence a la pasión, al dolor, a la inquietud, en fin a todas esas cosas del enamorado.

En Ausias March se encuentran todas las contradictorias actitudes de un enamorado y éstas pasan con extremada velocidad de un estado al otro opuesto: de la exaltación más alta al hundimiento más acentuado: ama y desama, se debate entre amor y odio y esto nos lo dice frecuentemente. Esta turbadora complicación amo-

---

[114] *Revista Valenciana de Filología,* VI, núm. 1, 1963. págs. 55-83.

rosa y su inquisidora búsqueda por encontrar los motivos que la impulsan dan carácter psicológico al amor de Ausias March, a su peculiar manera de amar. Su asombrosa introspección llega a hallazgos insospechados pero, como contrapartida, está la gran reiteración con que lo manifiesta, repitiéndose, a nuestro parecer, mucho más de lo que debiera por lo que pierden o menguan valor, por cansancio, acercándose, alguna vez, a la monotonía. Quizá él no se dio cuenta dada la enorme importancia que da al amor y a sí mismo. El destino le marcó así: si vino a la vida fue sólo para amar, *per vós amar fon lo meu naximent* (LVIII, 30). También Garcilaso: *Yo no nací sino para quereros; / mi alma os ha cortado a su medida...* (Soneto V). Y otros poetas de antes y después de Ausias March. Seguramente eran sinceros cuando así lo escribían.

De las tres clases de amores que establece Ausias March, tan sólo participa de dos, no del más alto y puro amor o platónico. Él bien lo quisiera pero no puede alcanzarlo por lo que se encuentra triste:

> *assat a mi és caussa descoberta*
> *que pur. amor no pot en dona caure.*
> *Mon delit és vida contemplativa,*
> *e romanch trist devallant en l'activa.*
>
> (LXXXVII, 267-270)

Su condición amorosa es esta:

> *Tant és ma carn al delit enclinada,*
> *dona no veig que.m alt, que no sospire,*
> *hi en posseir sens fi aquella mire,*
> *de tal desig m.arma.s passionada;*
> *e ma raó de grat yo la perdria*
> *si.m fa esment qu.amor perdre poria.*
>
> (LXXXVII, 245-250)

En su poesía, según nos lo declara, y en su vida, por lo que sabemos, practica estas dos clases de amor: el perfecto o mixto, cuerpo y alma, y el propio de los *brutos,* carnal. Sus esposas, a las que amó, y que no aparecen en su poesía, las otras mujeres que le dieron hijos ilegítimos. Entre estas amantes desconocidas hay una que no lo es: su esclava Marta, madre de su hijo Felipe, que debía ser un adolescente cuando el poeta murió. Y así repasando su vivir nos dice: *Yo, practicant d'amor lleigs e bells actes* (CXVII, 13). Hay en Ausias March un cuajado precursor de Marcel Proust. También como a *La recherche du temps perdu,* Ausias March, en su obra, nos da la traducción de su propia existencia amorosa, más rica en hondura psicológica que en hechos externos. Y, en ocasiones, creemos, más pensada, meditada, que sentida. Claro que en nuestro poeta pesaba en gran medida su condición de pecador, condición agravada con la edad. Y también hay, como en Petrarca, en su *Canzoniere,* algo del diario de su vida.

Como los trovadores provenzales, como Dante y Petrarca, como después Garcilaso y Herrera, Ausias March ama a una, quizá no sólo una, mujer casada y de alta posición social. Esto complicaba la cosa y daba mayores motivos para sus respectivas obras poéticas. Si además tenían la oportunidad —lo que sin falla ocurría— de que se murieran en vida del poeta la poesía salía ganando para poderlas cantar en vida y en muerte. ¿Quiénes fueron estas mujeres que tuvieron que ver con nuestro poeta y su poesía? Si cada una de ellas corresponde a la distinta *senyal* (seudónimo que utilizaban los trovadores para encubrir el nombre de la amada), que aparecen en los envíos o tornadas de los poemas de Ausias March, se trata de varias: *Plena de seny, Llir entre cards, Bella ab bon seny, Mon darrer bé, Amor, Amor,* etc. En este aspecto no cabe más que la hipótesis. Martín de Riquer lo ha estudiado planteando los problemas que ofrece y dando su parecer.[115] También

---

[115] *Historia de la literatura catalana,* II, págs. 491-523.

lo ha tratado, con minuciosidad y excelente juicio crítico, Ramírez i Molas.[116]

La *senyal Llir entre cards* corresponde a una dama que nombra únicamente una vez, *dona Teresa* (XXIII, 28). De esta mujer que enamora al poeta nada sabemos ni él, en sus versos, nos ayuda a conocerla. Aunque dice que apartándose del estilo de los trovadores (que en esto de alabar a sus damas, *per escalf,* por ardor o entusiasmo, exceden la verdad) va a decir lo que encuentra en ella, poco es lo que sacamos en limpio: tiene un cuerpo gentil, es cumplidamente inteligente y buena, enamora por estas dotes a todos cuantos la contemplan y conocen. Nadie podrá hablar como merece de sus actitudes extraordinarias. La ponderación la manifiesta en los versos 33-40:

> *Venecians no han lo regiment*
> *tan pascifich com vostre seny regeix*
> *suptilitats, que.l entendre.us nodreix,*
> *e del cos bell sens colpa.l moviment.*
> *Tan gran delit tot hom entenent ha*
> *e ocupat se troba .n vós entendre,*
> *que lo desig del cos no.s pot estendre*
> *a lleig voler, ans com a mort està.*

Un retrato típico femenino que encontramos en Dante, Petrarca y petrarquistas, como Garcilaso. Esa dama fuera de serie "que enciende el corazón y lo refrena" o el cuerpo, en cuantos la contemplan.

Doña Teresa era casada, como todas las otras grandes damas que han sido inmortalizadas por sus geniales amadores. Si no fue virgen el motivo está en que Dios quiso que ella diese linaje: *Verge no sou perquè Deu ne volch casta.* Los siguientes cantos, con la *senyal Llir entre cards,* nos sitúan en la relación sentimental del poeta con esta dama: IX, XI, XIII, XIV, XVIII, XIX, XX, XXIII, XXIV, XXVI, XXXI-XXXIX, XLIV, XLV,

---

[116] *La poesia d'Ausiàs March,* págs. 257-293.

XLVIII-L, LIII-LVI, LVIII-LXI, LXIV, LXIX, LXXIII, LXXIV.

Debido a la curiosidad de una noble y apasionada lectora de Ausias March, doña Ángela Borja y de Carroz de Vilaragut, su pariente, el baile general *"del Emperador e Rey nostre en lo regne de Valencia"* manda copiar las poesías del poeta, que supervisa, y escribe un prólogo con bastantes inexactitudes.[117] Lo importante de él está en que da el apellido Bou como el de doña Teresa y añade todas esas excelsas virtudes que a tal señora correspondían. El manuscrito está fechado en 1546, o sea: 87 años después de la muerte del poeta. Aun creyendo que sea verdad tal identificación —lo que no acaba de convencer a los estudiosos de Ausias March— tampoco aporta nada que ayude a conocer mejor a Teresa Bou, si es que así se llamaba. De que la familia Bou era noble, eso es cierto. También, estoy seguro, que Ausias March, para estos menesteres poéticos, no hubiera elegido a una plebeya para exaltarla. Jaume Roig, en la "Segona part del Prefaci" del *Spill,* habla de su sobrino Baltasar Bou, que elogia con referencias a su nombre y apellido, pero poca cosa sacamos de esta familia establecida según dicen cuando la reconquista de Valencia.

En Ausias March hay deseos de amor platónico, pero sólo deseos. Aun ante *Llir entre cards* no deja de manifestarse dentro del amor mezclado o mixto: *Llir entre cards, ma voluntad se gira | tant que yo us vull honesta y deshonesta* (LIII, 41-42). Perseguir con un poco de minuciosidad las situaciones que pasa el poeta o le hacen pasar o que él se imagina sin que le pasen llevaría a una extensión excesiva de comentario.[118]

La vejez, que tanto le horroriza por lo que priva del espíritu y del cuerpo, no le hace desaparecer su obsesión

---

[117] *Les Obres d'Auzias March.* Ed. crítica per A. Pagès, I, págs. 28-31.
[118] Con detalle lo tratan Pagès, Riquer, Molas en los respectivos estudios citados de estos autores. También Bohigas en su edición de las *Poesías* de Ausias.

amorosa. Declara que no quiere aparecer como un viejo verde:

> *No puch amar e menys ésser amat,*
> *e no.s pot dir què seria, si fos;*
> *estat és ja home vell amorós,*
> *e majorment si.hu fon en temps passat.*
>
> (CXX, 65-68)

De *Yo, practicant d'amor lleigs e bells actes* (CXVII, 13) se ha pasado a los de la carne aunque el alma, a veces, sienta sabor amargo. Ya está lejos cuando con altivez decía: *l'honest voler en mi roman sens mescla* (XCIV, 32). El duelo tremendo que le dejó la muerte de su amada no le purificó en amor. Después de esos años lamentables y lamentados —¿cuántos?— que le sumió la desaparición definitiva de su *diosa* vuelve, con más fuerza que otro amador —aun en esto tiene que manifestar su superioridad— a la carne: *la carn vol carn:*

> *Desesperat del tot yo de aquesta,*
> *dexi'm d'amar per a temps perdurable,*
> *e só tornat més que altre amable*
> *d'aquell. amor que no .nclou la honesta;*
> *e puix me vench sens altr.acompanyada,*
> *no.m pensí fos en mi tant esforçada.*
>
> (CXV, 25-30)

Con un sentimiento de *self pity*, de lástima de sí mismo, y hasta *piety* de devoción a Dios, dice que Él le ha permitido este amar para que nunca pueda censurar enfadado a los que así aman:

> *Tot enaxí de mi Déus ha permès*
> *que ame tal que no.s gose bé dir,*
> *per què jamés me pusca .nfellonir*
> *encontr'algú que d'amor sia pres.*
>
> (CII, 109-112)

Tal situación le tenía en *grat e desgrat,* en contraste sobre todo, suponemos, cuando meditaba y se ponía a escribir: *car ma carn sent son propi past / e res tan fer s m.ànima no és.*

¿Sería en estos años de vejez, frustraciones, problemas íntimos, carnales y de los otros, familiares, cuando posiblemente diría esa frase que le atribuyó el poeta sevillano Arguijo?: "Ausias March, viéndose viejo, decía: Morir pase; pero envejecer, ¿para qué?" Al dar cuenta de ella y comentarla escribió José María de Cossío: "Vale patéticamente por el mejor de sus versos". [119]

Cantos de Muerte

La muerte y lo que representa aparece constantemente en toda, o casi toda, la obra de Ausias March. Ya desde el primer canto: *Plagués a Déu que mon pensar fos mort, / e que passàs ma vida en durment!* (17-18). Pero son en los poemas o elegías, como también se consideran, XCII al XCVII, donde se centra obsesivamente el tratamiento de la muerte. Es un suceso capital en su vida el que le ha forzado a ello: la muerte de la amada.

Pagès [120] nos da una lista de los trovadores provenzales e italianos que precedieron a Ausias March en estos lamentos desgarradores y alguno de ellos, Pons de Capduelh, de manera admirable. Hay una nota común: Todos "*manifestent leur douleur brièvement et avec violence. C'est la même apostrophe à la cruelle, à la traîtresse Mort, la même renonciation à tout joie future, la même révolte contre toute idée de consolation*". Este sentir y manifestar será modificado por los poetas del *dolce stil novo,* de manera especial por Dante y Petrarca, cuyas amadas muertas gozan las glorias del paraíso. En nuestro poeta hay una nota personal, posiblemente autobiográfica, que da un carácter propio con el que

---
[119] "De Ausias March y Bartolomé Argensola", *Revista Filología Española,* XIX, 1932, págs. 187-188.
[120] *Auzias March,* págs. 346-348.

modifica y enriquece esta tradición de poesías fúnebres a la amada muerta.

Como los que le precedieron hay, en muy destacado lugar, el sufrimiento que llega a tales extremos que él mismo se sorprende de poderlo resistir: *Mon cor de carn es pus fort que l'acer / puys ell es viu y entre nós és depart* (XCV, 43-44). Solo está entregado al dolor (XCV, 41-42). Sin ella la vida no tiene objeto para él (XCV, 60). Tan sólo le queda el recuerdo, el pasado: no hay presente ni futuro para él (XCV, 36). Todo cuanto ve y siente le lleva a su recuerdo. El no tenerla presente le da remordimiento ya que parece que de ella se aparta (XCVI, 89-90). Deprecaciones a Dios y a la Muerte para que se lo lleven; a la Muerte censura su comportamiento: huye de quien, como él, la busca y toma al que de ella huye. Esta es su forma de actuar:

> *O Mort, qui fas l'hom venturós mesqui*
> *y el ple de goig, tu mijançant, se dol:*
> *de tu ha por tot quant és jus lo sol,*
> *dolor sens tu no hauria camí.*
> *Tu est d'Amor son enemich mortal,*
> *faent partir los coratges units;*
> *ab ton colp cert has morts los meus delits,*
> *gustar no.s pot bé ton amargós mal.*
>
> (XCV, 65-72)

Constantes lágrimas, desesperación y tristeza. Larga es la enumeración de lo que está pasando. Sólo los que han pasado por una situación como la suya *sabran jutjar*, tan solo, parte de su dolor (XCII, 179-180).

Y este dolor se convierte en más angustioso cuando piensa cual habrá sido el destino del alma de su amada: cielo, purgatorio o allí donde no existe la risa. ¿Por qué estas dudas? Sabemos, porque lo dice, el amor carnal que existía:

> *Tots los volers qu.en mi confusos eren,*
> *se mostren clar per llur obra forana:*

*ma carn se dol, car se natura hu mana,
perquè .n la Mort sos delits perderen.*

(XCII, 21-24)

Morint lo cos, a son amant no·l resta | sinó dolor, per lo recort del plaure (XCII, 211-212); *e quant al mon en carn ella vivia, | son espirit yo volgui amar simple. |....| Ella vivint, la carn m'era rebel.le.* (XCIV, 115-116 y 118). Se considera responsable y, en las tornadas de estos cantos, pide a la Virgen que intervenga con su Hijo para que la saque del Purgatorio, si allí está, que atienda sus ruegos y que los pecados del poeta no le perjudiquen: *Mos pecats no li noguen* (XCIV, 132). También a la *mare y filla de Déu,* ya que Dios no le hace caso, de que venga su amada a la tierra a decirle en qué lugar se encuentra (XCIII, 96-100). Si estuviera seguro de que se encuentra entre los santos *no volgra yo que de Mort fos defesa* (XCII, 239-240); que Dios la perdone y *en lo cel la col.loque* (XCIV, 126-128). Pero también puede estar en el infierno y, entonces, son vanas sus oraciones:

> *Tu, espirit, si mon benfet te val,
> la sanch daré per tos goigs infinits;
> vine a mi de dia o de nits,
> fes-me saber si pregar per tu cal.*

¿Quién fue esta mujer que supo inspirar tal pasión al poeta y con ella lograr inmortales versos? Es, en mi opinión, donde Ausias March alcanza su mejor poesía tanto en humanidad, en condición de enamorado, en profundidad de pensamiento y en la manera de expresarse. Tan sólo, y es lástima, aparece de vez en cuando el teórico explicando una vez más lo que es el amor y sus clases apartándonos, momentáneamente, de ese clima matizado y extremoso del amor roto y del dolor en llaga viva.

¿Quién fue esta mujer cuyo nombre, de saberlo, pasaría a la historia literaria? Martín de Riquer [121] está convencido de que se trata de la segunda mujer del poeta, Juana Escorna, muerta en 1454, a finales se supone. Es decir: cinco años antes que su marido. Hay algunos aspectos que nos resultan sospechosos para que sea verdad esta identificación. Dejemos aparte —aunque tiene su importancia— que Ausias March, si así fuese, se apartaría de esa fortalecida tradición de que los poetas no lloran, en sus versos por lo menos, a sus esposas muertas sino a las ajenas. Vamos a otras reflexiones. Una de las razones de más apoyatura que da Martín de Riquer es *muller aymia* que aparece en el primer canto de Muerte (XCII, 179-180): *Als que la Mort toll muller aymia / sabran jutjar part de la dolor mia.* Para el profesor Riquer *muller aymia* sólo puede tener la significación de esposa. [122] El DCVB para *muller* sólo ofrece ese significado y entre las citas literarias que da aparece justamente esta de Ausias March. En el mismo diccionario para *aimia* encontramos "f. ant. Dona amada". Y aparece también la misma cita de Ausias March. *Aimia* es un provenzalismo que significa 'amiga'. En este sentido lo emplea Ausias March en otras ocasiones y en esta en la que también se refiere a la amada muerta: *grans amadors per llur aimia morta / són mi semblants en part, al tot no basten* (XCIV, 87-88). Pagès [123] da el valor amiga al comentar este provenzalismo de Ausias March.

Lo que sabemos de la noble Juana Escorna no encaja en esa mujer cuyo paso por la vida dé motivos o motivo para que su alma pueda ir al infierno, tremenda preocupación, angustiosa, en el poeta, como hemos visto. Por otra parte muy corto tiempo son cinco años (quizá menos si nos atenemos al período de actividad literaria), para que el poeta pase de un estado de abismal

---

[121] *Historia de la literatura catalana*, II, págs. 526-529.
[122] Ibídem, pág. 528: "Es l'*aimia*, sí, però també és la *muller*, mot que no té cap més sentit que el d'esposa".
[123] *Auzias March*, pág. 346.

dolor, de promesas de retirarse del mundo, de no vivir nada más que del amor puro, del espíritu que pervive de la amada muerta y tantas otras cosas como dice, para en muy poco tiempo pasarse al amor loco o sucio, exclusivamente carnal, como él declara y ya hemos citado.

En cuanto a que estuvo a su lado a la hora de morir, de que le dio un beso ya muerta no tiene, creo, justificación de que fuera doña Juana. Tampoco el que la moribunda cuando el poeta ve ya junto a ella la muerte le pida llorando: *"No vullau mi llexar, / hajau dolor de la dolor de mi!* (XCVII, 19-20). Tampoco cumple, si de su esposa se tratase, lo que promete de compartir, mezcladamente, sus huesos con los de la amada hasta que llegue el día del Juicio Final (XCII, 247-250). Doña Juana es enterrada en San Jerónimo, de Gandía y él decide su enterramiento en Valencia.

Otros tratamientos y contemplaciones de la Muerte se encuentran entre los poemas considerados amorosos: XI, XIII, XXVII, XXXV, LIV, LXIII, LXXIX, etc. No cabe esperar otra cosa de un hombre que tiene el

> *cor malastruch, enfastijat de viure?*
> *Amich de plor e desamich de riure...*
>
> (XI, 2-3)

Poesías morales y religiosas

Es en los últimos años de su vida cuando Ausias March intensifica el cultivo de la poesía moral y religiosa. El desengaño, los desengaños de la vida, su perenne pesimismo, la vejez y el miedo a la muerte, sobre todo a las enfermedades (CXIII, 171), le llevan a poner su alma en paz con Dios: falta le hacía. Es una actitud habitual en tantos poetas sin excluir, más bien teniendo presente, a los trovadores provenzales. A. Pagès [124] trata extensamente de esta cuestión.

---

[124] *Auzias March*, págs. 361-364.

INTRODUCCIÓN 79

Es quizá la parte de menos interés de su obra. Los lugares comunes filosóficos medievales tienen amplia y repetida consideración en estas composiciones. Insistencia que a veces se hace pesada. Más que un poeta parece Ausias March un profesor machacón que no está seguro de que sus alumnos le entiendan las sutilezas que dice y tiene empeño en que las vean con claridad. Son poemas didácticos con algunos versos, pocos, en los que aparece la originalidad personal y la voz poética.

Allí nos habla cual debe ser la conducta del hombre. Busca la perfección humana, la bondad, desprecio de honores vanos, del dinero, de matrimonios ventajosos (cosas todas que él no cumplió en vida), lo que de veras se debe estimar y lo que se debe rechazar porque malogra la felicidad verdadera. La virtud es la meta y sobradamente compensa a quienes la alcanzan. Necesario es el hábito, la costumbre para este menester. El trabajar en busca de la verdad nos lleva al conocimiento verdadero y a la sabiduría, lo que satisface al espíritu. Sin virtud no se puede lograr la felicidad, el mayor bien del alma. Las virtudes cardinales, teologales y morales son imprescindibles. En fin se debe amar los placeres puros, los virtuosos y separarse de los otros, los foráneos, los que están fuera del espíritu.

Han sido estudiadas las influencias que hay en estas composiciones: Aristóteles y su escuela, Platón, Séneca, la filosofía estoica, los Evangelios (San Mateo), los *Salmos,* Santo Tomás, Peire Cardenal, etc.

Respecto a si hubo lectura directa por parte de Ausias de estos autores que él cita, dice Pagès:

> *Nul doute qu'Auzias March ait connu directement Aristote et Sénèque. Pour Platon et Epicure, il ne semble en avoir lu que des extraits dans quelque recueil analogue à celui de Jean de Galles. De là probablement le désordre assez sensible qui caractérise cette revue des opinions sur le bonheur et le plaisir.* [125]

[125] *Auzias March,* pág. 374.

> *Esser un Déu l'enteniment ho mostra,*
> *en lo restant és mester la fe nostra...*
>
> (CXIII, 129-130)

Ante la fe Ausias March sigue siendo el mismo que ante el amor: su condición intelectual caracteriza su posición de creyente. Joan Fuster [126] analiza la actitud religiosa del poeta. Cree Fuster, o mejor, está persuadido que mirando con atención, aunque aparentemente lo parezca, no hay posibilidad "a identificar *l'actitut ètica d'Ausiàs amb la del cristianisme*", y que sólo hasta un cierto punto las importantes líneas generales del pensamiento ausiasmarquiano coinciden con el tomismo.

Ausias va por un camino por el que han pasado y siguen pasando muchos ante los problemas del creyente. Hay sutilezas, hay preocupaciones filosóficas, hay, a veces, una teología personal pero todo esto desaparece cuando el hombre tremendamente angustiado pide auxilio divino. Ahí están esas sinceras, hondas súplicas, a Dios, a la Virgen en los cantos de Muerte. Súplicas habituales en todo creyente en trances de infinita amargura. Por otra parte el creer y la conducta no suelen ir a la par. El *tan largo me lo fiáis* del don Juan de Tirso tiene validez para la mayoría hasta que se les presenta la prueba definitiva. Ausias entra en el número de los más, y nada menos que con el llamado *Cant espiritual*.

De los tres cantos espirituales, tan importantes, de la literatura española creo que el único que con justeza lleva el título es el de San Juan de la Cruz. El de Juan Maragall —que bien leído tenía el del valenciano— es un deseo patético de anclarse en el mundo. [127] A este poema de Ausias le va mejor el título de *Plegaria a Dios,* como lo consideró Pagès. Ha sido el más celebrado y traducido de todos sus poemas.

---

[126] Trabajo citado en la nota 114.
[127] Maragall, solo de pasada, habla de Ausias March dos o tres veces en sus artículos sin mostrar evidente admiración.

Se supone que Ausias March compuso esta poesía en sus últimos años, cuando ya la vida se le iba veloz anunciándole el "traspaso" a la otra: *ans que la Mort lo procés a mi cloga* (CV, 11). Hay que agradecerle el que emplease el verso blanco o libre y que suavizase la acentuación sobre la cuarta sílaba y la obligada cesura evitando esa aridez de la forma que tanto le perjudica.

El poema está escrito por un pecador que quiere salvarse, la pasión y el dolor, le dominan: *Perdona mi si follament te parle! / De passió partexen mes paraules* (25, 26). Pide que Dios le ayude, dándole la mano, tirándole de los cabellos, forzándole si está pasivo. Quiere ir a Dios y sin embargo no sabe por qué no hace lo que desea (1-8). Le da casi toda la tarea a Dios: *fes que ta sanch mon cor dur amollesca* (13). *¿Qué faré yo que no meresch m'ajudes, / car tant com puch conech que no.m esforce?* (23-24). Siente pavor del infierno, *al qual faç via* (27). La espléndida estrofa V es una declaración de fe y de conformidad con la voluntad divina. Se reconoce que teme más que ama a Dios (56) y, entre estas declaraciones, las repetidas llamadas angustiosas de auxilio: *Ajuda'm Deu..., O Déu mercè... Prech-te, Senyor...* Aun está en él el que fue: *Cathòlich só, mas la Fe no.m escalfa / que la fredor lenta dels senys apague* (185-86). Y más argumentos en los que se entremezcla el patetismo, el *mea culpa,* justificaciones en las que se muestra tal como fue y es. Finalmente en Dios, a su merced, deja su destino. Las dos últimas estrofas sintetizan el contenido de este canto regado con lágrimas amargas con la esperanza que un día sean también dulces. Es este poema, quizá, el que mejor nos muestra al gran poeta, el que se apodera del lector desde el primer verso sí se logra lo que Ausias March deseaba de los que se acercaban a sus *cants, escrits, dictats, rims, dits,* que de todas estas maneras los llama: que los entendieran y aún más: que los sintieran, que participaran con él. De que no sea así para la mayoría de sus lectores es de lo que amargamente se queja:

*Molts són al món que mos dits no .entengueren
e ja molts més que d'aquells no sentiren.*

(XCIV, 57-58)

* * *

Bastantes más facetas se encuentran en la poesía de Ausias March y se han estudiado detenidamente en parte. Martín de Riquer [128] ha analizado agudamente sus poesías misóginas: la VIII, que *"ofereix un misogisme atenuat"*; la XLII, que es *un autentic maldit*; la LXXI, mucho más atenuada su posición.

Menéndez y Pelayo ya vio en Ausias March, en este amigo de cementerios, dado al pesimismo y a la melancolía, un alma romántica. Manuel de Montoliu, [129] en las lúcidas páginas que le ha dedicado, le considera "com el primer poeta romàntic d'Europa".

También nuestro poeta ha encontrado censuras por parte de eminentes críticos: "Presuponiendo con Milá que Ausías es tan poderoso en la parte intelectual y afectiva, como escaso y pobre de invención fantástica, lo cual impide calificarle de *poeta completo,* aunque sea a toda luz un *gran poeta...*", dice Menéndez y Pelayo. [130]

Azorín se extraña que Elzear, "valenciano neto", margine la Naturaleza en su obra: "Y este hombre que vive en contacto con la Naturaleza y que se ha criado al aire libre, no da entrada en sus versos a la Naturaleza. Nada más exento de mundo exterior. Todo el poeta entregado a sí mismo, a su mundo interno. Elzear escribe unos poemas en que no hay más que espíritu y sentimiento". [131]

Olvidó el admirado Azorín la primera estrofa del canto LXIV:

---

[128] *Hist. lit. cat.,* pág. 490.
[129] *Ausiàs March,* págs. 83-86.
[130] *Historia de las Ideas Estéticas en España.* Ed. Nacional, 1940, I, pág. 432.
[131] Artículo "Elzear", en su libro *Valencia.*

> *Lo temps és tal que tot animal brut*
> *requer amor, cascú trobant son par;*
> *lo cervo brau sent en lo bosch bramar,*
> *e son fér bram per dolç és tengut;*
> *agrons e corps han melodia tanta*
> *que llur semblant, deleitant, enamora;*
> *lo rossinyol de tal cas s'entrenyora,*
> *si lo seu cant s.anamorada spanta.*

Sobre esta estrofa llamó la atención Pagès señalando que es única en la obra de Ausias March como descriptiva de la primavera (*Commentaire*, p. 77). Descripciones de este tipo sobre las fuerzas de la primavera se encuentran en los trovadores provenzales y en la literatura castellana está la deliciosa descripción del mes de Mayo del *Libro de Alexandre*: *El mes era de Mayo, un tiempo glorioso...* Tal pequeña excepción no invalida lo dicho por Azorín. El mismo Ausias March debía ser de este pensar. Nos dice: *un oronell l'estiu no denuncia*.

La lengua poética

"Trobar leu" y *"trobar clus"*

Entre esas dos maneras de componer los trovadores, el *trobar leu,* el poetizar claro, que se entienda, y el *trobar clus,* oscuro o hermético, varios críticos, ante la dificultad enorme que en ocasiones, y no pocas, ofrece Ausias le han situado entre los poetas del *trobar clus.* Sobre esta forma poética dice Gaston Paris:

> *Arnaut Daniel est par excellence le maître du trobar* clus, *de cert art singulier où on estimait en second ligne la difficulté de composition pour le poéte et en première la difficulté de compréhension pour l'auditeur. Ce genre, qui nous paraît rebutant et puéril, avait certains mérites dont le plus gran était, en donnant à chaque*

> *mot une importance exagérée, de préparer la creation du style expressif, concis, prope et personnel.* [132]

Si esto es así, la poesía de Ausias no se encuentra en ese ámbito de creación literaria. Si alguna vez se halla más bien parece que no intencionadamente o quizá sí. Por otra parte, asegura Alfred Jeanroy que el *trobar clus,* "*il était décidément en décadence dès la fin du XII*[e] *siècle*".[133] Y trae como prueba al trovador Raimon de Miraval (cuya muerte se sitúa hacia la tercera década del siglo XIII), quien ataca a los poetas oscuros ya que sus versos dificultosos, ininteligibles no merecen alabanzas:

> *Chans, quan non es qui l'entenda*
> *no pot ren valer*

y, como contraposición, ofrece los suyos que son canciones suaves y graciosas, fáciles de entender, compuestas de claras y bellas palabras, bien concertadas que se dejan entender sin esfuerzo.

Manuel de Montoliu se manifiesta opuesto a inscribir a Ausias en el *trobar clus*. "*L'origen d'aquesta obscuritat l'hem de cercar en el propòsit de donar expressió poètica a abstraccions de la psicologia, de la filosofia moral i de la teologia.*"[134]

Quizá tiene razón Montoliu pero también, quizá, esta oscuridad cabe atribuirla a la manera tan complicada que tiene Ausias March de expresarse. Él mismo nos lo declara paladinamente y en esta confesión hay, tal vez, más verdad de la que él imaginaba:

> *que planament lo dir no.m és possible*
> (XLIX, 8)

---

[132] Cita tomada de la "Introduzione" de M. Scherillo a su edición del *Canzoniere* de Petrarca, Milano, 1925, pág. 68.
[133] *La Poésie lyrique des Troubadours,* Toulose-Paris, 1934, II, pág. 58.
[134] *Ausiàs March,* pág. 26.

Tal manifestación el poeta la aplica a su dificultad para expresar, para manifestar, los sentimientos amorosos —tan complicados en él— pero, sin duda, se puede aplicar en gran parte a la manera como escribió su obra.

De esta dificultad creemos que estaba consciente Ausias aunque él, con su enorme altivez de hombre y poeta, nos imaginamos, la atribuye a su suprema condición lírica. Sea como fuere, si es como creemos en lo dicho anteriormente, no se aparta de esta manera complicada de poetizar, no le apetece o no intenta, excepto en algunos espléndidos poemas, un estilo claro, un decir llano. Proclama con énfasis y posiblemente con cierta pena:

> *Molts són al món que mos dits no.ntengueren*
> *e ja molts més que d'aquells no sentiren.*
> (XCIV, 57-58)

Lo que resulta una gran verdad: no entendieron ni sintieron sus lectores de entonces ni entendemos ni sentimos los de ahora ya que se le estudia y analiza mucho más que se comparte con él todas sus inquietudes, ansias, dolores, pasiones, por otra parte tan íntimamente personales cuando va sin seguir a otros poetas, moralistas o filósofos.

Abandono del provenzal

Es opinión generalizada la de considerar a Ausias March como el primer poeta que se separa de la lengua provenzal empleada antes de él por los poetas valencianos y catalanes. Algunos críticos han ido de una manera temeraria aún más allá afirmando o creyendo que esta ruptura afectaba también a la influencia de los trovadores. Para ello se basaban principalmente, ya lo hemos dicho, en ese citadísimo verso *Lexant a part l'estil dels trobadors* (XXIII, 1) que, al parecer de Pagès, Arthur Terry y el mío, no tiene la intención que se le achaca. Con esa prudencia admirable que caracteriza la crítica de Pere Bohigas, este ilustre ausiasmarquiano no se pronuncia de manera afirmativa, sin dudas, al considerar al poeta de Gandía como el iniciador de este cambio tan importante aunque sí cree que en caso de no serlo su magistral ejemplo dio firmeza a ese definitivo alejamiento de poetizar en lengua provenzal (*Poesies,* V, p. 190).

Caben algunas consideraciones: Ausias March, Jordi de San Jordi y el catalán Andreu Febrer van a Italia en la expedición de 1420. Viven en Italia, conocen la literatura ya espléndidamente realizada en italiano. Estaba ya cuajado ese despertar hacia el cultivo de las lenguas vernáculas con tan magníficos resultados en Italia, Francia y España. Estos insignes ejemplos y esta poderosa corriente de poetizar en la lengua maternal debió estar presente y, tal vez acuciante, para los poetas que escribían en provenzal, en una lengua aprendida en parte y ajena a gran número de lectores. Esta tendencia se percibe en los últimos representantes de la escuela provenzal catalana y valenciana. Sin que se rompa con el trobar provenzal en Pere March, por ejemplo, hay versos, hay estrofas que se leen y se comprenden con la misma facilidad o dificultad que las de su hijo Ausias. Sirva esta octava en la que se anticipa a Jorge Manrique en un pensamiento de raigambre senequista:

> *Al punt c'hom naix comença de morir,*
> *E, morint,creix, e,crexint,mor tot dia,*
> *C'un pauch momen no cessa de far via,*
> *Ni per menjar ni jaser ni dormir,*
> *Tro per edat mor e descrex a massa,*
> *Tant qu'aysi vay al terme ordenat,*
> *Ab dol, ab gaug, ab mal, ab sanitat,*
> *Mas pus avant del terme nulh hom passa.* [135]

---

[135] *Les cobles de Jacme, Pere i Arnau March.* Introducció i anotació d'Amadeu Pagès. Castellón de la Plana, 1934, pág. 51.

(Al punto que el hombre nace comienza a morir / y, muriendo, crece, y, creciendo, muere cada día, / ya que ni un breve momento cesa de hacer camino, / ni por comer, ni descansar ni dormir, / hasta que por edad muere y desaparece de un golpe, / de manera que así va al final ordenado, / con dolor, con gozo, con enfermedad, con salud, / pero más adelante del término nadie pasa.)

Por otra parte a mitad del siglo XIII la poesía provenzal, denominación dada por los italianos, o limosina, como la llamaban comúnmente en Valencia, ya no cuenta con importantes trovadores. En la segunda mitad de ese siglo es notoria su decadencia. De ellos, no obstante, a través de otros poetas —Petrarca a la cabeza— quedarán patentes huellas, procedimientos retóricos y de versificación (de forma apreciable se encuentra en algunos poetas del *Cancionero de Baena*), ideas, manifestaciones líricas que de cierta manera perduraron y aún perduran débilmente convertidas en tópicos. Cierto que la pervivencia trovadoresca se mantuvo en Cataluña cuando ya se había disgregado en Francia. Es justamente en Cataluña donde se dan los últimos trovadores de mayor relieve en esta época de acentuada decadencia. Junto a esta situación de notorio declive hay que tener en cuenta la pujanza de la prosa en sus formas catalana y valenciana que distanciaban más y más a la lengua trovadoresca. El habla oral, a juzgar por los abundantes testimonios que de ella nos da San Vicente Ferrer en sus *Sermones* era extraordinaria. Esta habla coloquial del santo valenciano, exceptuando algunos arcaísmos, es contemporánea a nosotros:

Ara los pares e les mares, mala vida ensenyen. Di, bon home, ¿has tu negun fill? —Ara ha sis anys o set o dotze. —¿E qué li dius? —Ara, mon fill, porta al costat dret aquesta dagueta, e si degú te diu bif, tu di-li baf; mostra, mon fill, de qui és, e si et dien mala persona, torna-li-la tantost. —E vosaltres, dones, ¿a vostres filles qué els ensenyau? —¡Aaah!... Ara vet, ma filla, aixi t'afaitaràs; vet, pren aixi lo mirall e aquest pelet tira'l aixi; ¿e no veus tu que no hi està bé? Eh, ma filla! Aixi ballaràs de costadet e aixi faràs aquesta volta. [136]

Quizá aun empleó San Vicente en el trozo transcrito algunas formas más cultas que las del habla del pueblo —no olvidemos que los sermones no fueron escritos por él— y que son las que tienen vigencia. En repetidas ocasiones usa en vez del demostrativo *aquest, aquesta* las forma *est y esta (en est dia de hui...; car est camí te mena als lladres...; en lo seu cor esta rael...; tres virtuts són necessàries a esta vida...* También la forma *altres* o *vosaltres,* se pronunciaría sin la *l,* como es habitual en el habla valenciana.

Azorín al caracterizar —lo ha hecho repetidas veces— el valenciano, dice: "El habla valenciana está cuajada, esmaltada de diminutivos. El diminutivo encuentra su natural elemento en el hablar valenciano..." [137]

Quizá estos sufijos diminutivos *-et* y *-eta,* tan característicos y tan frecuentes en el habla valenciana desde siempre, sean una herencia del provenzal pues son "Le plus abondants des suffixes diminutifs". [138]

Los literatos valencianos y catalanes del siglo XV tenían que ser —como, con bastante anticipación lo fue Gonzalo de Berceo— los que tenían que dar necesariamente ese paso, casi definitivo, hacia el román paladino, el que el pueblo suele hablar a su vecino. Gonzalo de Berceo estaba consciente de lo que hacía y de manera modesta, como era su condición humana, lo expresa. Si en la intención de Ausias March hubiera estado el realizar tal cambio, seguro lo hubiera dicho y no sin énfasis. Entre las virtudes que poseía no estaba, todo lo

---

[136] M. Sanchis Guarner ha anunciado un estudio sobre la lengua del santo valenciano. Da unas pocas características de ella en su edición de *Sermons de quaresma,* Valencia, Albatros, 1973, I, págs. 30-32.
[137] *Moratín en Valencia,* ABC, Madrid, 16 setiembre, 1962.
[138] J. Anglade, *Grammaire de l'Ancien Provençal,* Paris, 1921, pág. 221.

contrario, la modestia. Sí, hay dos escritores valencianos que con claridad dicen que van a escribir en valenciano, lo que implica la separación del provenzal literario. Uno es el cuñado de Ausias March, Joanot Martorell. Escribe su novela *Tirant lo Blanch en vulgar valenciana, per ço que la nació d'on jo só natural se'en puixa alegrar e molt ajudar per los tants e tan insignes actes com hi son.*

El otro escritor es el poeta Jaume Roig en el tremendo *Llibre de les dones o Spill,* al comienzo de la "Quarta part del prefaci":

> Hauré ordir,
> puis me n'empatx,
> aquest meu scaig
> de parlament,
> curt, flach, fallent,
> a fil per pua.
> La forja sua,
> stil e balanç
> serà en romanç:
> noves rimades
> comediades,
> aforismals,
> facerials,
> no prim scandides,
> al pla texides,
> de l'algemia
> e parleria
> dels de Paterna,
> Torrent, Soterna,
> prenent manobra.

A. Pagès [139] opina sobre el papel que ejerció Ausias March en este aspecto de manera contradictoria: *"Pour la première fois, la poésie d'au-delà des Pyrénées renonce à l'idioma provençal. Et cependant nous découvrons çà et là quelques restes de l'ancienne langue littéraire".* Y cita algunos ejemplos y deja muchos por citar.

Vocabulario

Pagès [140] muy brevemente se detiene en los provenzalismos léxicos que encuentra en Ausias March. Señala *fals drut,* 'falso amante' (VIII, 4); *enquer,* 'aun' (XCVII, 17); *aycell,* 'aquel' (XVII, 47). El empleo de la preposición *de* después del comparativo: *pus fort*

---
[139] *Auzias March,* pág. 253.
[140] *Auzias March,* págs. 253-254.

dolor d'aquesta (XIII, 20). También *cest* (II, 32) cabe añadir en otra ocasión (XXXII, 37), que recuerde.

Pere Bohigas [141] y M. Sanchis Guarner [142] han tratado este aspecto con mayor extensión. Nos dice Bohigas: *"en Ausiàs March es pot trobar alguna forma provençal esporádica, i encara, la major part de les vegades, motivada per les rimes"*. Cita los siguientes nominativos singulares con *-s*, que se encuentran sin que formen rima: *sols* (XVIII, 21), *anul.lats, lleus* (XLVIII, 20, CVIII, 30), *sans* (CXXVIII, 505) y *anul.lats* y *sobrats*, que forman rima entre sí (XLVI, 26-27). Las formas verbales, empleadas de manera esporádica con la terminación *-ts* de la segunda persona del plural: *licenciats* (LXI, 28), en algunos manuscritos aparecen *donets, sabrets, veurets, vullats, cuydets, mostrats*. El pronombre femenino *ley* (XXX, 3). Los adverbios *lay* (VII, 26, XXXV, 38) *dellay* (XIII, 35). La tercera persona del singular del presente de indicativo *fay* (XVIII, 59) del verbo *far* o *fer* y *crey* de *creure* (XCI, 10). Duda para *causa (cosa)* si es provenzalismo o latinismo la conservación del diptongo. Dado los escasos latinismos que hay en la obra del poeta bien parece que cabe inclinarse a lo provenzal.

Sanchis Guarner aporta otros ejemplos de los singulares con *-s* final: *inics* (VII, 28), *acostats* (XIV, 19), *innocents* (X, 43), *decebuts* (CXXII, a, 4). Todas estas palabras forman rima con otras en plural, lo que, también cabe considerarlo como licencia poética. Como "como verdaderos residuos de la declinación provenzal" señala Sanchis Guarner *anul.lats: sobrats* (XLVI, 26-27) y *lleus* (XLVIII, 20), que no forma rima. Si es o no provenzalismo o del catalán del Rosellón las formas en que no se restituye la n de los plurales que en singular no la tienen: *ocasiós* (XXXIV, 35) y no *ocasions*. Como forma arcaica del catalán considera *cell*. No tiene

---

[141] *Poesies*, V, págs. 191-192.
[142] "La lengua de Ausiàs March" en *Revista Valenciana de Filología*, VI, núm. 1. 1963.

en cuenta, sin duda, que tal forma aparece constantemente en los trovadores formando parte de la troquelada expresión *Aissi com cel...*, que Alfred Jeanroy [143] califica de "*lourde et banale formule*". Son estas fórmulas, la citada y otras del mismo estilo, tan repetidamente usadas, las que preceden a cada comparación. Sobre esta reiteración monótona, acomodaticia y anodina, el ilustre crítico francés se despacha a gusto, y no le falta razón. No está exento Ausias March de esta censura. El primer verso suyo, o que pasa por el primero, ya se inicia con esta fórmula, tan repetida en él, tan cómoda y tan escasamente expresiva: *Axi com cell qui.n lo somni.s delita...*

También considera Sanchis Guarner arcaísmos, como recurso retórico, palabras que nos parecen provenzalismos. Tales son: *null* (ninguno), *ulla* (ninguna), *si* (así), *co* (como), *mills* (mejor), *als* (otra cosa).

He aquí otras palabras y locuciones que, creo, pueden considerarse provenzalismos: *hoc* (si) XXIII, 12; *aimia* (amiga) II, 14, XCII, 179; *tortra* (tórtola) XLII, 1; *talent* (deseo, apetito) XV, 32, XIX, 16, XXXIII, 17; *test* (cráneo) XV, 35; *esbatre* (amansar, dominar la pasión) XVII, 2; *defès* (prohibido) XXXV, 41; *desert* (malparado, arruinado) XXIX, 1; *recort* (sumario) I, 16; *ges* (nada) LXXV, 63; *cossegre* (pretender, perseguir), *guays* (ayes, lamentos y el arcaísmo guayas) XV, 2; *fa mudar* (hace morir) XVI, 6; *de sus en sus* (a la superficie) CXXI, 24; *de dret en dret* (cara a cara) LXXXVII, 68; [144] *granda* (adj. fem.) C, 192; *ira* con el sentido de dolor, afán, tristeza, melancolía, como aparece en los trovadores y, a través de ellos, en Petrarca: [145]

---

[143] *La Poésie lyrique des Troubadours*, II, pág. 125.
[144] Louis Alibert, *Dictionnaire Occitan-Français*. Toulouse, 1977.
[145] Véase la edición de M. Schirillo, citada en la nota 132, pág. 76.

*aprés ma mort, d'amar perdau poder
e sia tost en ira convertit,
e yo forçat d'aquest mon ser exit,
tot lo meu mal serà vós no veer.*

(XLVI, 33-36)

La palabra *fusta,* empleada dos veces (LXXXII, 1, CIV, 37), con el sentido de embarcación frágil, es de origen italiano, "sorta di piccola galea sottile". (*Vocabolario Etimologico Italiano* de Angelico Prati, Torino, 1951). Este italianismo pasó al francés, "sorte de bateau". (Albert Dauzat, *Dictionnaire d'ancien français,* Paris, 1947, 7.ª ed.). También se empleó este término marinero para esta clase de embarcaciones en la Valencia medieval. Fray Luis, lector que sintió la influencia de Ausias, empleó *leño,* que es italianismo o latinismo. [146]

Emplea escasos latinismos: *quisque* (XCIV, 67), *ull, ulla* (ninguno, ninguna) CXXVII, 356; IX, 35; X, 10. Como latinismo da el DCVB *taur* (XXIX, 1), y cita este verso de Ausias March. Yo creo que es un provenzalismo. Emplea los cultismos *maculada* (XVIII, 38), *misericorde* (CV, 61). Sanchis Guarner, trabajo citado, ofrece algunos vocablos de la terminología filosófica medieval: *sufistiques raons* (VI, 19), *col.lació* (CXXI, 19), *opinionàtic* (XCIV, 48). Entre los vocablos abstractos que emplea, algunos —dice Sanchis Guarner— son de creación propia: *rictat* (VII, 1) en vez de *riquea, vençó* (X, 29) en vez de *venciment, venible* (CX, 358) en vez de *esdevenidor, amable* (CXII, 358) en vez de *amador*.

Se encuentran separados los dos elementos del futuro, como en el antiguo provenzal: *e trobar m'é = e me trobaré* (LXII, 44). Arcaísmo empleado de manera insólita.

---

[146] Rafael Lapesa, *Poetas y prosistas de ayer y de hoy.* Madrid, Gredos, 1977, págs. 115-117.

Tan sólo, de una manera muy general, hemos tratado la lengua de Ausias March puesto que hace falta un amplio estudio gramatical sobre ella, tanto en su aspecto formativo como histórico. Es el suyo un período de transición con duplicidad de formas que emplea *ésser* (con más abundancia) y *ser* por razones de cómputo de sílabas; *aquest* y *aquesta* con *est, esta, jorn* y *dia,* etc. La conjugación, los adjetivos (brevemente tocado por Sanchis Guarner en el trabajo citado) y sobre todo la sintaxis, precisan un estudio a fondo que podría completarse con un vocabulario completo de todas las palabras empleadas por él y la manera con que la enlaza. Siento discrepar de mi admirado amigo y colega Manuel Sanchis Guarner cuando dice (artículo citado) "ni calca la sintaxis latina descoyuntando la frase romance". Son muy frecuentes ejemplos como estos: *e qu.en dolor d'amor delit se mescle* (XLV, 8) = *e qu.en dolor se mescle delit d'amor; com d'Amor he mal dit* (VIII, 33) = *com he dit mal d'Amor; e si per vós he nom de foll atès* (V, 29) = *e si he atès nom de foll per vós; car vist he ço* (XVI, 3) = *car he vist ço*. La separación del genitivo explicativo del nombre con que se relaciona es bastante habitual en nuestro poeta.

Martín de Riquer, en las agudas páginas que en su *Història de la literatura catalana* dedica a la manera de escribir de Ausias March, hace pertinentes observaciones sobre su *estil dur*. Hay que hacer salvedades a esta tajante opinión suya:

> Ausias March és un poeta que no fa ni la més petita concessió als valors formals de la poesia. La cadència o harmonia del vers, la melodia de la frase, la bellesa de la paraula, la gràcia i elegància d'expressió, no tenen per ell cap interès ni cap valor. Ja hem vist que confesa que, llegint els seus versos, l'orella d'hom afalac no pot rebre. [...] Ausias March és dur i tosc, de vegades de lectura difícil i entrebancadora a causa d'una certa inhabilitat d'expressió o excessiva condensació del pensament. Però molt sovint, enmig de versos difícils i àrids a

l'orella, n'apareixen d'altres de sorprendents, vigorosos, en podríem dir lapidaris, que fan oblidar els durs i maldestres...

Cierto, no creo que si nos metiéramos a buscar figuras de dicción —como se decía antes y no veo razón para que no se siga diciendo— pudiésemos ofrecer importante variación de ellas. Todo son comparaciones repetidas, heredadas estilísticamente de los provenzales, de las que ya hemos dado cuenta, que algunas pasaron luego a los renacentistas españoles, comenzando por Garcilaso. Hay una famosa que por su fuerza emocionó altamente a Menéndez y Pelayo: *Bullirà.l mar com la cassola.n forn* (XLVI, 9). Con todos los respetos a don Marcelino tal comparación nos parece poco feliz: el inmenso mar reducido a la poca agua de una doméstica cazuela. Queda, eso sí, la intensidad del agua bullendo.

De otras comparaciones da cuenta el profesor Martín de Riquer.

En ocasiones Ausias March declara: *llija mos dits, mostrant pensa torbada, | sens algun'art, eixits d'home fora de seny* (XXXIX, 5-6), o el citado *l'orella d'hom afalach no pot rebre,* pero tales expresiones hay que entenderlas dentro del poema y no como verdad total. Así en la tornada del canto XXVI:

> Llir entre carts, no.m basta l'escandall
> per trobar fons en la vostra estima,
> e quant vos llou no trob raó ne rima
> de què.m content, e per ço yo me'n call.

La humildad era una virtud desconocida por Ausias March. Se tuvo por altísimo poeta —y ciertamente que lo es—. La dificultad de entenderle y sentirle no fue culpa suya, nos dice, sino de los que le leían.

De no estar Ausias March convencido de su maestría ejemplar no hubiese escrito de sí mismo esta estrofa que le atañe a su amor y a saberlo decir:

> *Aquell delit que l'arma pot haver*
> *en contentar en Amor sa gran part,*
> *per mon sentir regles n'he dat e art*
> *al amadors freturans de saber;*
> *e vós he vist exir de vostre seny,*
> *en mi prenint delit y en tot mon dir,*
> *e vèyeu clar aquell jamés fallir,*
> *ans mon voler en més que.ls dits ateny.*

(LXXI, 25-32)

Versificación

10.263 es el número de versos que conocemos de Ausias March, distribuidos en 128 cantos. Tan sólo emplea cuatro clases de estrofas:

PAREADOS (*rims caudats* o *appariats* o *noves rimades*): el canto CXXVIII, con 698 versos de arte menor.

TERCETOS ENCADENADOS (*coblas capcaudadas*): únicamente el canto CXXVII, con más de 72 tercetos. Este canto se encuentra falto de versos. El esquema es AAb, BBc, CCd, DDe,...

DÉCIMAS DE ARTE MAYOR: 8 cantos, con un total de 172 décimas. La distribución de rimas de todas ellas: ABBA:CDDC:EE. La tornada o finida de los cantos CXII, CXV, CXVI, CXVIII y CXIX es de dos versos pareados, con la misma rima que los dos últimos versos de la última estrofa. El canto CXIII tiene una tornada de cuatro versos monorrimos con la misma rima que los dos últimos de la estrofa que le precede. Los cantos LXXXVII y XCII carecen de tornada.

OCTAVAS: el resto de los cantos, es decir: 118, dando una suma de 898 octavas. De éstas 131 son de verso libre.

Octavas de rima croada (cast. *abrazada*) en realidad son dos cuartos independientes: ABBA:CDDC. Cuando las octavas van enlazadas por la repetición de las rimas 5 y 8 de la estrofa o cobla anterior con las de la 1 y 4 de la siguiente se denominan *capcaudades*: ABBA: CDDC, CEEC:FGGF, FHHF:IJJI,... Esta forma de octava, de amplio uso en la poesía provenzal fue empleada por Pere March. Es la combinación estrófica más abundante de Ausias March.

Octavas encadenadas (cast. *encadenada, cruzada, alternada, entrelazada*), también de cuatro clases de rima: ABAB:CDCD. En el único canto (LXXVIII) que encontramos de octavas *encadenadas-capcaudades* el enlace de las estrofas, excepto el de la segunda, que repite las cuatro últimas rimas de la primera octava, las demás ofrecen una variación de esas tan abundantes entre los poetas provenzales. He aquí el esquema: ABAB:CDCD, CDCD:EFEF, FEFE:GHGH, HGHG, IJIJ,...

Octava *encadenada-croada*: ABAB:BCCB, de tres rimas. La otra octava de este canto (CXXVI) mantiene las mismas rimas de la precedente, es así *unissonant*.

Octavas *unisonants* en las que se repiten las mismas rimas de la primera estrofa, que sirve de modelo: ABBA:CDDC, ..., o ABAB:CDCD, ..., o ABBA: BCCB, ..., en este último esquema sólo hay tres clases de rimas.

Las octavas *unisonants dobles,* en el caso del canto XXVII, consisten en dos que riman iguales, más otras dos también de rima idéntica, pero distinta de la anterior y otra octava suelta: ABBA:ABBA, ABBA: ABBA, EFFE:GHHG, EFFE:GHHG, IJIJ:KLLK.

Estramps son versos *libres* o *blancos* y sólo los encontramos en Ausias March formando octavas.

Esparça es una estrofa suelta.

Tornada (cast. *envío*) es una estrofa que va al final de la composición y que reproduce rimas de la estrofa anterior. Escaso es el número de cantos de Ausias March que carecen de *tornada*. Estas *tornadas* generalmente son de cuatro versos. Las hay también de dos.

Las *tornadas* de cuatro versos presentan las siguientes disposiciones: reproducción total de las cuatro últimas rimas de la octava que le precede: ABBA:CDDC,

CDDC, (II, III, VI, VIII, IX, ...) o ABAB:CDCD, CDCD o tan sólo los versos 5 y 8: ABBA:CDDC, CEEC (I, IV, V, VII, X,...) o monorrima o continua (canto CXIII, la única composición en décimas que tiene *tornada* de cuatro versos): ABBA:CDDC:EE, EEEE. El canto CVII tiene dos *tornadas*: ABBA: CDDC, CEEC, CFFC. Y el canto CXXII[b] termina con una *tornada* y una *seguida* con el mismo esquema del canto CVII.

La única octava (LXXXVI) con *tornada* de dos versos, éstos apareados o gemelos, tienen rima independiente. En cuanto a las décimas con *tornada* de dos versos éstos son pareados, con la misma rima de los dos últimos versos pareados de la última estrofa.

MÉTRICA

El decasílabo, en la denominación francesa y provenzal, es el verso absolutamente predominante en la poesía de Ausias March. En la poesía catalana y valenciana sigue teniendo vigencia esta denominación. Para la métrica castellana es un endecasílabo ya que no sigue la norma francesa y provenzal de sólo contar hasta la sílaba acentuada de la palabra-rima. Mientras que para los franceses y provenzales palabras-rima como *cresca, trista, cor, món* métricamente sólo tienen una sílaba, para la poesía castellana cuentan como dos. Versos como los que siguen de Ausias March son decasílabos, en la consideración métrica provenzal y endecasílabos en la castellana:

> *Axí com cell qui.n lo somni.s delita*
> *e son delit de foll pensament ve...*

Este decasílabo provenzal exige necesariamente una pausa o cesura después de la cuarta sílaba, requisito observado por nuestro poeta con alguna excepción incorrecta tal vez debida a los copistas y no al poeta. Pere

Bohigas [147] ha dado cuenta de estas alteraciones de la cesura en cuarta sílaba. Copiamos de él:

> *quant en amar-vos, dona, se contenta*
> (XVIII, 14)
>
> *està e vol-se fer dret com lo fus*
> (CXXI, 28)
>
> *¿Per què.l desig teu amar me constreny*
> (XCIX, 39)
>
> *e lo carrer no vist yo enseguesch*
> (XCIX, 56)
>
> *perdut l'honest voler, no vol que am*
> (XCIX, 70)

En otras ocasiones hace recaer el acento de la cuarta sílaba, la que precede a la cesura, en partículas que son átonas. Esta forzada acentuación también se encuentra en poetas castellanos: [148]

> *Socorreu-me dins los térmens d'un hora*
> (III, 7)
>
> *penedint-vos com per poca mercè*
> (XIII, 37)
>
> *e mostren-ho vostres pèls fora mida*
> (XLII, 28)

También dislocando el acento de forma forzada o pronunciando como en provenzal:

---

[147] *Poesies*, A cura de..., V, pág. 203.
[148] P. Henriquez Ureña, *Estudios de versificación española*. Universidad de Buenos Aires, 1961, págs. 86-90, 213-219. Generalmente esta dislocación de acentos en la poesía castellana se encuentra en poesías populares o de intención popular.

d'Origenes, Sèneca e Plató?
                    (XXVI, 42)

a Tantalus per contínuu desig
                    (XXXI, 42)

Mercurius e Pal.las veu no.ls cal
                    (LXXV, 33)

Los esquemas acentuados de los decasílabos de Ausias March son los siguientes:

Axi com cell // qui.n lo somni .s delita
  2   4   3   6

e son delit // de foll pensament ve
    4   2   6

l'imaginar // que altre bé no.hy habita
    4   3   6

Alt e amor // d'on gran desig s'engendra
1   4   4   6

Axí dispost // dolç me sembla l'amarch
 2   4   1   3   6

tant és en mi // enfecionat lo gust!
 2   4   4   6

A temps he cor // d'acer, de carn e fust:
 2   4   2   4   6

yo só aquest // que.m dich Ausias March.
 2   4   2   4   6

Los acentos inamovibles del decasílabo empleado por Ausias March recaen en la última sílaba del primer hemistiquio (la 4) y en la última del segundo (la 6). Los acentos móviles o secundarios, dentro de su variedad, se manifiestan con mayor abundancia los de las sílabas 2, en el primer hemistiquio, y los de la 3, en el segundo. Los menos usados son los de tipo yámbico:
— ́ — ́ // — ́ — ́ — ́.

A. Pagès [149] hace notar que en todos los cantos de rima libre, *stramps* (XVIII, XXIV, XLV, LXXII, XCIV, XCVIII, CIV, CV, CXVII), en seis poesías en octavas (LVI, LXVII, LXXIII, LXXXV, LXXVIII, CVIII), y en todas las décimas (LXXXVII, XCII, CXII, CXIII, CXV, CXVI, CXVIII, CXIX), la rima es llana o femenina. Tal ausencia de rimas agudas o masculinas llevan a Pagès a esta consideración:

> *Creiem que s'ha de veure... una influencia de l'endecasilab italià, tal con ja .s troba en Petrarca, sempre accentuat sobre la silaba desena. Ni la Provença, ni l'Espanya, a la epoca d'Auzias March, no havien abandonat els versos aguts, el qual mot final porta l'accent sobre l'última silaba. Se sab que la poesia castellana no se .n va poguer desampallegar fins després den Boscà. Auzias March, tot esforçant-se de compondre algunes de les seves poesies, només que amb versos plans, acabats per mots qual accent es sobre la penultima silaba, va introduir a Espanya, al mateix temps que .l Marqués de Santillana, un procediment de la metrica italiana, al qual se posaran Boscà, sense adoptar-lo per altra part completament, y sobre tot Garcilaso, que sempre li ha sigut fidel.* [150]

Sobre los endecasílabos del Marqués de Santillana, véase Morel-Fatio, [151] Rafael Lapesa [152] y Mario Penna. [153]

Decasílabo compuesto

Tan sólo en una octava suelta (CXXIV) emplea Ausias March el decasílabo con cesura tras la sílaba 5,

---

[149] *Les Obres...* Introducción, pág. 152.
[150] Ibídem, pág. 153.
[151] "L'Arte mayor et l'hendécasylabe dans la poésie castillane du XVe siècle et du commencement du XVIe siècle". *Romania*, Paris, XXIII, 1894, págs. 209-231.
[152] "El endecasílabo en los sonetos de Santillana", en *Romance Philology*, X, 1957, págs. 180-185.
[153] Notas sobre el endecasílabo en los sonetos del Marqués de Santillana", en *Estudios dedicados a Menéndez Pidal*, V, Madrid, 1954, págs. 253-282.

resultando dos hemistiquios iguales (5 + 5), teniendo en cuenta que en la palabra-rima de terminación llana no cuenta, a la manera provenzal y francesa, la última sílaba inacentuada o débil:

> *Ab molta raó // me desenamore*
> *car tot lo del món // trob desagradable...*

Este decasílabo se encuentra en la poesía medieval francesa, aunque la forma preferida es con cesura tras la sílaba 4.[154] No lo emplearon los provenzales, según Pagès,[155] quien cree que en esta serie de decasílabos compuestos Ausias March tuvo como modelo a los empleados por los poetas castellanos, especialmente Juan de Mena, bien es cierto que el valenciano conserva el acento sobre la última sílaba de la palabra del primer hemistiquio que pronto desaparecerá en los líricos valencianos que le suceden y que emplean con frecuencia el modelo castellano.

Versos de arte menor

El octosílabo provenzal se encuentra formando 5 octavas y una *tornada* de 4 versos en el canto XII. Todas las palabras-rima son agudas. Entre las muy variadas combinaciones de acento del octosílabo Ausias March prefiere la de 4 y 8 sílabas, con lo que da, con la pausa tras la primera acentuación, un tetrasílabo compuesto (4 + 4):

> *Ja no esper que si.amat*
> *car mon voler no.us veu report,*
> *per mon esforç, qui no .s tan fort*
> *que dir que.us am haja gosat...*

---

[154] W. Theodor Elwert, *Traité de versification française*, París, 1965, pág. 63.
[155] *Les Obres...*, pág. 153.

Hay algunas excepciones a esta combinación rítmica y acentual que más parecen debidas a torpeza que a propósito de variación. Así, los versos finales de la estrofa anterior:

> *Per vós me so mès en amar* (2, 5, 8)
> *e mon ull no.m vol descobrir* (3, 5, 8)
> *molt menys ma llengua voldrà dir* (2, 4, 8)
> *ço que.l gest no gosa mostrar.* (3, 5, 8)

O en la octava V, con seis versos en 4 y 8 y estos dos nada felices: *No puch recollir lo desgrat y en passions d'amor mostrar.*

Este poema, en una nota marginal del ms. F. dice que no es de Ausias March y es muy posible que tenga razón.

En el largo canto CXXVII, formado por estrofas de dos octosílabos pareados y un tetrasílabo, también los octosílabos que prevalecen son los de acentos en 4 y 8, con abundantes excepciones.

Los tetrasílabos terminan todos en sílaba aguda o masculina.

El canto CXXVIII, de 697 versos pareados falta uno, sólo aparece en los ms. B y D. El texto está muy estropeado. Aparecen heptasílabos, octosílabos y, sueltos, algún exasílabo y eneasílabo.

Licencias poéticas

Ausias March no mantiene una norma fija en cuanto al uso de los hiatos y sinalefas sino que los emplea a su conveniencia. A. Pagès hace notar cómo la palabra *juhi,* escrita también *juy,* es unas veces monosílaba (II, 7, XIV, 5, XVII, 25, etc.) y más frecuentemente bisílaba (XIV, 14, XXXIV, 22, etc.). Que el sufijo *-io* es generalmente bisílabo (LXII, 6, C, 191) pero monosílabo otras (C, 117, CVIII, 8) así versos como estos: *Haja mal grat de sa compassió... e creix desig, e dobla'm passió* (LV, 5 y 8), que precisan el hiato, y *Tota passió* *és cert que més c'encena* (C, 117), *es ocasió de tu a mi forçar* (LXV, 42) que necesitan la sinalefa. Otros ejemplos se pueden citar: -ou- forma sinalefa en *e per mal nou, a morir vinch per ell* (LXVI, 31) y hiato en *molt qu.en amor me nou* (LXXVIII, 54). -*Eu*- es sinalefa y hiato en el verso *car dintre mi yo creu que no veeu* (LXXVIII, 34). -*Au*- es sinalefa en *si bé mostrau que.us està molt cuberta* (III, 19), *mon viure.us plau, de mort es la resposta* (XXXVIII, 36), pero hiato *en mos pensaments yo creu que sapiau* (XXXVIII, 27), *e los tres temps de mi no ignorau* (XXXVIII, 26). Otros más ejemplos los da Pere Bohigas.[156]

También emplea, aunque parcamente, la supresión de sonidos por razones de medida métrica. A. Pagès[157] cita estos ejemplos: *segurtat* (LIV, 20, LXXXIX, 48), *particlar* (CVII, 46), *particulartat* (CXX, 31), *carch*, por *carrech* (IX, 21).

Aliteración y encabalgamiento

Con cierta parquedad emplea nuestro poeta la aliteración que, por otra parte, no encaja bien este procedimiento musical con la gravedad de los versos de Ausias. De que no ignoraba la aliteración está la prueba de algunos versos en que intencionadamente la emplea:

tirant, fluixant, creixent, minvant, fent cambis
(CXVII, 165)

*e plau-los ço que no.m plau que.ls plagués,
si del que.ls plau yo puch ésser deffès,*
(CXX, 90, 91)

on seny no .teny, no és per seny sentit.
(XCI, 52)

D'or e de plom aquestes flexes són
(LXXIX, 13)

---

[156] *Poesies*, A cura de..., págs. 203-204.
[157] *Les Obres*..., pág. 157.

Con escasa frecuencia aparece el encabalgamiento en la poesía de Ausias March. Los poetas provenzales lo emplean con amplitud aunque este uso se restringe en el decasílabo provenzal o francés, así, por ejemplo, en este metro apenas se encuentra en la antigua poesía francesa hasta el punto que no aparece en las canciones de gesta. Las veces en que aparece en Ausias está intencionadamente justificado y no por incapacidad o ignorancia. Quizá el poema que contiene más encabalgamientos es el CV, el más famoso y más logrado entre los suyos, el *Cant espiritual,* aunque su número es pequeño: versos 73-74, 81-82, 117-118, 125-126, 139-140, 157-158, 217-218.

Otros ejemplos:

> *Bé.m maravell com és tan ergullosa*
> *la voluntat de cascum amador*
>
> (XI, 25-26)

> *Amor a mi vostre cors ha abellit*
> *tant que lo blanch d'altre cors negre par*
>
> (LVIII, 9-10)

> *Llir entre carts, delits d'amor estan*
> *partits segons d'on surt la voluntat*
>
> (LVI, 41-42)

> *¿Qui.m mostrarà la Fortuna lloar*
> *del sobiran do per ella rebut?*
>
> (LXII, 1-2)

La rima

A los 10.263 versos que conocemos de Ausias March hay que restar 1.208 que es el número de los versos libres o *estramps.* Si comparamos los versos rimados, 9.055, con las rimas que emplea y su frecuencia observamos que no fue preocupación suya sobresalir como un maestro en el arte de rimar. Tan sólo emplea cifra ciertamente reducida. En el *Diccionari Valencià de la rima*,[158] realizado por Francesc Ferrer Pastor y Josep Giner, se registran 2.714 rimas. En el *Diccionari de Rims* de Jaume March el número de rimas es 596. Este diccionario de su tío fue, creemos, bien conocido por Ausias March y es de suponer que estuviera en su biblioteca. Abundante cantidad de palabras de ese diccionario de Jaume March se encuentran empleadas como rimas en las poesías de su ilustre sobrino.

Repasando la tabla de sus rimas, vemos la absoluta preponderancia por las rimas fáciles masculinas: -A, -AL, -AN, -ANT, -AR, -AS, -AT, -ATS, -E, -EIX, -ELL, -ENT, -ER, -ES, -ET, -I, -IR, -IT, -ITS, -O, -ON y -ONS, -OR, -OS, -U, -UT, etc. En ocasiones el número que la misma palabra-rima aparece es en verdad considerable: *mal* (37), *val* (18), *amar* (31), *mostrar* (13), *cas* (19), *amat* (16), *enamorat* (10), *trobat* (10), *voluntat* (10), *bé* (44), *té* (17), ve (33), *contente* (16), *enteniment* (13), *sentiment* (23), *present* (21), *esper* (12), *haver* (28), *poder* (25), *primer* (9), *requer* (10), *saber* (24), voler (31), és (27), *fet* (15), *met* (12), *camí* (21) *fi* (24), *mesquí* (10), *mi* (25), *si* (22), *dir* (20), *soferir* (10), *venir* (21), *apetit* (7), *complit* (9), *delit* (45), *despit* (12), *dit* (13), *espirit* (13), *sentit* (8), *delits* (7), *opinió* (8), *passió* (14), *raó* (34), *só* (8), *amador* (12), *amor* (40), *calor* (9), *cor* (9), *dolor* (44), *mort* (28), *honor* (6), *millor* (9), *senyor* (14), *tristor* (8), *deleitós* (9), *fos* (7), *vós* (15), *mut* (9), *perdut* (17), *vençut* (7), *vengut* (15), *virtut* (13).

Entre las rimas femeninas las más empleadas son: -ADA, -ANÇA, -AU, -ELLA, -ENA, -EIÇA, -ENEN, -ERA, -ESA o -ESSA, -ESCA, -ESTA, -EU, -IA, -IDA, -IU, -OSA, -UDA, -URA, etc.

En algunas ocasiones, cuando la rima es difícil, hace rimar a la misma palabra: -ORS, *esforç* (2), -ESCLA,

---

[158] *Diccionari valencià ordenat alfabeticament per a servir de Diccionari de la rima precedit de L'exposició de l'ortografia i morfologia per...* Valencia, 1956.

mescla (6), -ERCA, *cerca* (6), -EGNA, *regna* (2), -AUSA, *causa* (8). -UTGE, *jutge* (6). También, con cierta frecuencia, en estas rimas dificultosas, tan sólo las palabras diferentes aparecen rimadas una sola vez.

Y, finalmente, hay que mencionar el poco cuidado que pone en no repetir —y lo hace varias veces— las mismas palabras-rima: *canta:espanta, perdurable:amable, agreuja:alleuja, propi:repropi,* etc. También, no infrecuentemente, rima palabras antitéticas: *amor:dolor, calor:fredor.*

Rimas empleadas

La combinación de rimas masculinas y femeninas aparece en muchas estrofas pero no mantienen esta alternancia de rimas agudas y llanas o de llanas y agudas a lo largo de toda la poesía, con alguna excepción, la del canto III, tan sólo de dos octavas y la *tornada*: aéea:íooí, íuuí:éggé. Lo general es que las octavas, una o varias, con combinación de rimas masculinas y femeninas vayan acompañadas de otras que sólo tengan una de esta clase de terminación.

La rima interior tan sólo se encuentra en algunos versos aislados de la estrofa, no en toda ella. Esto hace pensar si tales rimas son intencionadas o casuales. Algunos ejemplos se pueden citar:

> *Amor, Amor, aquells que son decebuts*
> *qui.n joch de daus e dones han llur bé,*
> *car menys ferm res la Fortuna no té,*
> *de mal en bé dins un punt són cayguts.*
>
> (XC, 57-60)

> *e tant com hemtsent ab ànima e cos,*
> *e tant com sent ab lo cos solament,*
> *e tant quant sent ab mer inteniment.*
>
> (CVI, 85-89)

> *Per lo camí de mort he cercat vida,*
> *on he trob*at *moltes falsses monjoyes;*
> *casi gui*at *per les falses ensenyes*
>
> (XCVIII, 1-3)

> *e, si ho* fa, *que balbucitar*à
>
> (LXIX, 48)

Muy abundante es la llamada *rima pobre* en la poesía de Ausias March con la gran cantidad de palabras-rima terminadas en vocal acentuada.

Sin embargo, según los tratadistas, estas palabras terminadas en vocal acentuada se convierten en *rimas ricas* si tienen también una misma consonante o consonantes que las preceden: *ta*:*tempta, parlat*:*malvat.* Nuestro poeta emplea mucho esta consonante de apoyo en sus rimas masculinas y femeninas: *ferm*:*enferm* (LXXI, 66-67), *clam*:*reclam* (LXVI, 8-9), *junta*:*conjunta* (LXXIII, 49-52), *force*:*esforce* (LXXXVII, 104-5), *tenta* : *destenta* (LXXXVII, 139 - 40), *certa* : *incerta* (LXXXVII, 216-17), *jorns*:*sojorns* (XI, 6-7), *signe*:*consigne* (LVI, 18-19), *fosca*:*enfosca,* etc.

También emplea las *rimas equívocas* y no de manera infrecuente: *força* (fuerza):*força* (obliga) X, 22-23, *porta* (llevar):*porta* (puerta) XV, 21 y 24, *espera* (llegada), *espera* (detenerse) XX, 34-35, *desert* (desierto): *desert* (malparado), XXI, 1 y 4, *vista* (mirada, contemplación): *vista* (vestir) XIII, 26-27, *se* (de sí):*sé* (saber), etcétera. En alguna ocasión (LXXIII, 53, 56, 57 y 60) la palabra *guarda* es equívoca y también no lo es. Esto mismo ocurre otras veces.

Emplea la *rima derivativa,* esto es: las formas o palabras derivadas de la misma raíz:

> *Si.m desamau lo greu turment que pas*
> *és pas tan fort que.m lleva .l dir què passe,*
> *y és d'admirar, passant, com no.m trespasse*
> *ingratitut, portant-me .l contrapàs.*
> *May retrauré de vostr.amor un pas,*

> *puix en seguir a vós, honesta, medre,*
> *y si raó me fa contrast, desmedre,*
> *y és-me lo món, sens vós, present escàs.*
>
> (LXXXVI)

Como se ve en el empleo de esta artificiosa rima Ausias March no logra alcanzar la perfección ya que aparece la rima equívoca (*pas,* pasar y paso) y *escàs* que no es rima derivativa.

Muy amplio uso hace Ausias March de la rima *suffisante,* como denominan los tratadistas preceptivos franceses a las rimas masculinas terminadas en consonante. Es rima fácil, y en ocasiones pobre, pero en otras se salva por su sonoridad.

Las llamadas rimas defectuosas

Los pocos estudiosos que se han detenido en este aspecto de las rimas de Ausias March y, desde luego, sus lectores han notado que nuestro gran poeta valenciano no es un dominador de la rima. En él, como en Unamuno poeta, con el que tantas coincidencias tiene, no se cumple ese precepto de Boileau (*Art poétique,* I, 30), que sólo alcanzan los grandes dominadores de la forma:

> *La rime est une esclave et ne doit qu'obéir.*

Se ha censurado al gran poeta de Gandía que hace terminar vocales abiertas con vocales cerradas. Joan Fuster [159] ha advertido del error que hay al achacar al poeta de esta incorrección.

Anteriormente A. Pagès también se manifestó en este sentido: "*Si confon algunes vegades encara les finals en* ès (*atés, rés, deffés, poguès* XXXV, 37, 40, 41, 44; *procès, és* LXIX, 18, 19, XCV, 21, 24; *pugès, rés* CXXVIII, 365-366; *defés, pugès* CVI, 161, 164), *es que,*

---

[159] Ausiàs March, *Antologia poètica.* Versió original i moderna a cura de Joan Fuster. Barcelona, 1959, pág. 50.

com ho ha mostrat M. Paul Mayer, hi era autorizat per la pronuncia". [160]

Sigue inmediatamente A. Pagès: *"Aixi mateix els mots en ors y en ers (trobadors, servidors, dolors, cors, graners, etc.) rimen amb els mots en os y en es (vos, gos, pages, etc.), la r davant de s no pronunciant-se desde molt temps".* Efectivamente encontramos esta clase de rimas con alguna frecuencia: *cors-gos-mos-dors* (X, 21, 24, 25, 28), *dolors-plorós* (XXV, 25, 28), *vós-dolors* (LIII, 26-27), *vós-clamors* (LXXXV, 66-67), etc. No creo que la razón expuesta por A. Pagès sea válida ya que el habla valenciana, excepto en el Maestrazgo, se conserva la r final [161] y, además fue en el siglo XV cuando esta -r se perdió en el catalán. [162] Creo, más bien, que esta licencia que se toma Ausias March es debido a la poesía provenzal. Nos dice Alfred Jeanroy:

> *Un autre jeu consiste à associer aux mêmes voyelles des consonnes différentes, ou inversement: aisi nous voyons se succéder dans le même couplet, chez Arnaut Daniel (XV) ortz, ors, orz; Raimon Jordan: ors, os, ortz; chez Peire Raimon (n.º 4, Ara pus iverns): otz, ocs, ecs, ers; chez Mareuil (19, Mout eron, c. 5-6): atz, ars, ias; chez Gavaudan (7, Lo mes): arc, erc, orc, arca, erca, orca. Les poètes de la décadence iront plus loin encore...* [163]

Y, quizá, en este tipo de licencias o de juego de rimas ingeniosas caben algunas de las que pasan por incorrectas en Ausias March. Son, por otra parte tan notorias que dudamos que se deban a incompetencia aunque, lo sabemos, nuestro poeta de Gandía no fue un gran maestro en el arte de rimar. Tales rimas que pasan

---

[160] *Les Obres...*, pág. 157.
[161] Germà Colon, "Unes notes sobre la pèrdua de la -r final etimològica" en *Revista Valenciana de Filología*, II, 1952, págs. 57-65. M. Sanchis Guarner, *Gramàtica valenciana*. Valencia, 1950, págs. 76-88-89.
[162] A. Griera, *Gramática historica del català antic*. Barcelona, 1931, pág. 59.
[163] *La Poésie Lyrique des Troubadours*, Toulouse-Paris, 1934, págs. 90-91.

por defectuosas, tan sólo doy una muestra de ellas, son: *defèn-enteniment* (XVI, 21, 24), *esturment-pren* (XXXII, 10-11), *béns-turments-gents* (CXXVII, 262-264); *estudiant-sanitat* (CXXVIII, 337-338).

Por otra parte quedan las rimas como *sab-cap* (XXXII, 22-23, etc.) en las que la -b final, también en castellano, como no se pronuncie esmeradamente suena p, y las posibles confusiones entre -s-, sonora y -ss- sorda: *passes-mordases* (CXII, 49-50), etc., o *compte-afronte* (CXV, 6-7), y alguna que otra rima más de estas condiciones.

La tabla de las rimas empleadas por Ausias March, y sus frecuencias pueden verse en mi trabajo sobre su métrica. [164]

Traducciones castellanas

La obra de Ausias March no ha sido traducida en su totalidad. El esfuerzo mayor se hizo en el siglo XVI. En Valencia, 1539, Romaní lo editó y tradujo por primera vez, pero hizo tan sólo una selección: 46 cantos. En 1560, aparece la de Jorge de Montemayor, con 97 cantos, de ellos unos 33 ya lo habían sido por Romaní. Ambos hacen sus traducciones en versos endecasílabos, queriendo adaptar las octavas, en lo posible, al modelo del original. Para este aspecto métrico véase A. Pagès [165] y Martín de Riquer. [166]

Los endecasílabos de Baltasar de Romaní son poco felices, toscos. No así en Montemayor. Ambas traducciones son infieles en gran parte a los textos que traducen. Ninguno de los dos aclara los pasajes difíciles y oscuros, claro, es muy posible, que tarden aun en aclararse. Más bien son peculiares intérpretes.

---

[164] Rafael Ferreres, "La versificación de Ausias March", *Revista Valenciana de Filología*, tomo VII, n.º 4, 1979.
[165] *Les Obres d'Auzias March*, tomo I, págs. 85-102.
[166] *Traducciones castellanas de Ausias March en la Edad de Oro*, Barcelona, 1946, págs. XII-XLI.

Lope de Vega se despachó a su gusto: "Castísimos son aquellos versos que escribió Ausias March en lengua lemosina, que tan mal y sin entenderlos Montemayor tradujo". [167] Añadamos, enseguida, que sospechamos que Lope hubiera leído ampliamente la obra de Ausias March en su original a pesar de su conocimiento del valenciano [168] ya que de haberlo hecho no hubiera escrito ese superlativo de "castísimos" que tan mal encaja en la obra del poeta y no digamos nada en cuanto a su persona.

Amador de los Ríos, cotejando texto y traducción, dice, que Montemayor con cierta frecuencia resulta un poeta original. [169]

Para las matizadas consideraciones de Martín de Riquer véase el extenso estudio que le dedica en su libro, *Traducciones castellanas de Ausias March en la Edad de Oro*, Barcelona, 1946.

Así y todo más de una vez, en pasajes de difícil comprensión, hay que acudir a Jorge de Montemayor por la ayuda que puede prestar, como hace el admirado Pedro Bohigas en las excelentes notas de su edición de las *Obras* de Ausias March.

Peor malparada sale la traducción de Baltasar de Romaní, "*no ofereix gaire socors pera la comprensió del text*", opina A. Pagès. [170]

Estas traducciones de Romaní y de Montemayor están a veces faltas de una o de varias estrofas y de las tornadas, en Romaní, y no siempre se encuentran en Montemayor.

En cuanto a la traducción Anónima basten estas autorizadas palabras de A. Pagès: "*No pot ser consultada sinó amb la mes gran desconfiansa*". [171] Tuvo su

[167] Luis Guarner, *Lope de Vega, Prosa Varia*, Madrid, Bergua, 1935, II, pág. 14.
[168] Arturo Zabala, "Rastros léxicos del valenciano en la obra de Lope de Vega", en *Mediterráneo*, núm. 5, Valencia, 1944, págs. 37-48.
[169] *Historia crítica de la Literatura Española*, Madrid, 1865, tomo VI, pág. 490.
[170] Véase nota 165.
[171] Véase nota 165, pág. 98.

autor muy en cuenta la traducción de Romaní y no se atrevió a traducir ningún poema que lo hubiera hecho el valenciano.

Quevedo únicamente hizo unos excelentes ejercicios de traducción con los textos que nos han llegado. Entendió lo que leía y dio mayor valor poético a la forma, la mejoró.[172]

Respecto a las modernas traducciones de algunos poemas es, en parte, otra cuestión. Se han evitado cuidadosamente los poemas difíciles y largos, con solo dos excepciones: el famoso "Canto Espiritual" (CV), siete veces traducido, bastantes menos de lo que se merece, y el interesante CXXVII ("A Déu siau, vós, mon delit"...). La mayor parte de los traductores son poetas y han caído en la fácil tentación de mejorar el léxico, y la construcción sintática, de Ausias March evitando la repetición de una misma palabra, tan habitual en nuestro poeta, o dando al vocablo una correspondencia castellana de mayor valor lírico. También, puesto que en verso se le traduce, suprimiendo o aumentando palabras que no están en el original por condicionadas razones de metro y de rima.[173]

Milá y Fontanals, hacia 1857, tradujo en prosa castellana tres poesías de Ausias March.[174] A. Pagès afirma que es preferible la prosa para traducir a nuestro poeta.[175]

Mi traducción ha sido todo lo literal posible y he procurado también atenerme todo lo posible a la sintaxis y al vocabulario del poeta respetando todas las constantes repeticiones de una misma palabra. Estas cuando tienen su idéntica o similar forma en castellano las he dado aunque este criterio puede dar o dé

---

[172] Véase Pagès y Riquer en los estudios citados.
[173] Véase Rafael Ferreres, "Concordancia de las traducciones de los poemas de Ausias March". *Anales del Centro de Cultura Valenciana*, XXXVII-VIII, 1976-77.
[174] Se encuentran en el libro de Eugeni Baret, *Les troubadours et leur influence sur la littérature du Midi de l'Europe*, 3.ª ed. 1867, págs. 400-409. Este dato lo da A. Pagès en su citada ed. I, pág. 102.
[175] Ibídem, I, págs. 101-102.

una característica arcaizante que, por lo demás, va bien a un escritor mucho más medieval que renacentista en su manera de expresarse. En los pasajes que no he entendido claramente o que me han ofrecido más de una interpretación he puesto mi esfuerzo en dar lo más fielmente su calco en la versión castellana para que el agudo y afortunado lector pueda penetrar en el pensamiento de Ausias March tantas veces celado.

Como disculpa a los desaciertos que se encuentren en mi traducción, los muchos meses que he dedicado a esta tarea. Y ya no como reto, como lanza Romaní, sino como prueba de lo que es traducir a Ausias March, que el que discrepe que se ponga, pues merece la pena, a traducir al gran y difícil poeta valenciano.

Y un consejo: que se lea directamente a Ausias March y sólo ante dificultades se acuda a los que le hemos traducido.

RAFAEL FERRERES

NOTICIA BIBLIOGRÁFICA

MANUSCRITOS

Amédée Pagès, en su edición crítica (páginas 117-149) dio un minucioso estudio y clasificación de los trece manuscritos que se conocen de las obras de Ausias March y de las cinco primeras ediciones. Todos estos manuscritos, excepto tres, son de la primera mitad del siglo XVI. Pagès puso las siguientes letras para situarlos, siglas que mantuvo Pere Bohigas en su edición y que permanecen en ésta:

A = París, Biblioteca Nacional, esp. 225. Contiene 66 poesías. La letra de esta parte del ms. parece ser de comienzos del siglo XVI.

B = París, Biblioteca Nacional, esp. 479. Contiene 122 poesías. Fue terminado de escribir en Barcelona, el 9 de mayo de 1541 por Pere Vilasaló.

C = El Escorial, L. iij.26. Contiene 122 poesías. Pagès opina que fue compuesto en 1546 ó 1547.

D = Madrid, Biblioteca Nacional, ms. 2985. Contiene 127 poesías. Según Pagès fue copiado por Luis Pedrol hacia 1542-43. Parece ser que fue el ms. que tuvo en cuenta la edición de Barcelona de 1543.

E = Madrid, Biblioteca Nacional, ms. 3695. Contiene 126 poesías. Copiado en Valencia en 1546 por Jerónimo Figueres, bajo la dirección del baile general del reino de Valencia Luis Carroz de Vilaragut a quien se debe la nueva fijación del texto y el primer esbozo biográfico del poeta en el prólogo que escribió dedicado a Ángela Borja y de Carroz de Vilaragut. Este ms. fue utilizado para la edición de Joan de Resa, 1555 y para la traducción de Jorge de Montemayor, 1560.

F = Madrid, Biblioteca de Palacio, ms. 950. Contiene 108 poesías. Pagès lo consideró del siglo xv pero se cree debido a la primera mitad del siglo xvi. Falta el primer folio.

G = Valencia, Biblioteca Universitaria, ms. 92-6-7. La parte más antigua (G^1), escrita por dos manos, pertenece a finales del siglo xv y va desde el folio 496 al 565 y del 574 al 602. Esta parte (G^1) contiene 67 poesías. Del siglo xvi (G^2) son los folios 566 al 572 y del 603 al 644, con 52 poesías. Aunque ambas partes suman 119 poesías hay que restar las poesías que se encuentran repetidas quedando un total de 107.

H = Zaragoza, Biblioteca Universitaria, ms. 184. Contiene 79 poesías de las cuales 17 son fragmentarias. Es de la segunda mitad del siglo xv, uno de los más antiguos de Ausias March.

I = Barcelona, Biblioteca de Cataluña, ms. 10. Contiene 65 poesías. Es de comienzos del siglo xvi. Reproduce con escasas variantes el ms. A.

K = Cheltenham (Inglaterra) Biblioteca de T. Fitz Roy Fenwich, núm. 9625. Fue terminado de escribir el 23 de Abril de 1542 por Pere Vilasaló. Contiene 105 poesías.

L = Barcelona, Biblioteca de Cataluña, ms. 9. Contiene 22 poesías. Es del siglo xvi.

M = Barcelona, Ateneo Barcelonés, ms. I. Contiene 6 poesías. Es de finales del siglo xv.

N = Nueva York, Hispanic Society of America. Contiene 98 poesías. Es de la primera mitad del siglo xvi.

Ediciones

I. *Las obras del famosissimo | philosofo y poeta mossen Osias Marco cauallero Ualen | ciano de nacion Catalan | traduzidas por don Baltasar | de Romaní | y diuididas en quatro Canticas: es a saber: | Cantica de Amor | Cantica Moral | Cantica de Muerte | y Cantica Spiritual. Dirigidas al excelentissimo señor|el duque de Calabria. | ANNO M.D.XXXIX | Con priuilegio.*

Colofón: *Ha sido impressa la presente o | bra en la muy noble ciudad de Ualencia | Por Juan Nauarro. Acabosse | a diez del mes de Março | Año M.D.XXXIX.*

El poeta valenciano Baltasar de Romaní tan sólo traduce 46 poesías de Ausias March. En la "Epístola" al Duque de Calabria dice: "Si por este trabajo alguna merced merezco sea que vuestra excelencia a los sabios mande corregir mis faltas y a los embidiosos que traduzgan las otras obras de Osias Marco que aquí faltan".

Cada estrofa de Ausias March va seguida de la traducción correspondiente:

Dize Marco.

Axi com cell / quen lo somnys delita
E son delit / de foll pensament ve
Ne pren a mi / quel temps passat me te
Limaginar / que altre be noy habita:
Sentint venir / la guayt de ma dolor
Sabent de cert / quen sens mans he de jaure
Temps per venir / en ningun bem pot caure
So ques no res / en mi es lo millor.

Traducion.

Bien como aquel / quen sueños deuanea
Y se deleyta / del vano pensamiento
Assi me tiene / el contemplar contento
Quen otro bien / mi alma no recrea:
Lo por venir / siempre me fue peor
Y se muy cierto / que de dar en sus manos
Quanto bien tengo / son pensamientos vanos
Lo que no es nada / en mi es lo mejor.

En las notas a las poesías de Ausias March van indicadas las traducciones hechas por B. de Romaní.

II. *LES OBRES | DE MOS | SEN AV | SIAS MARCH | ab vna declara | tio en los marges | de algvuns | vocables | scvurs.*

Colofón: *Foren Impreses y acabades les obes* [sic] *del | extrenu caualler mossen Ausias March | en la insigne Ciutat de Barcelo | na p mestre Carles amo | ros Prouençal Lany | M.D.XL.III | A.XXII. | del Mes De desembre.*

Contiene 122 poesías.

III. *LES OBRES | DEL VALEROS Y EXTRE |NV CAVALLER; VIGIL | Y ELEGANTISSIM PO | eta Ausias March. Nouament | reuistes y estampades ab | gran cura y dili | gencia. Po | sades | totes les/declarasions/ dels uocables scurs/ molt largament en la taula.*

Colofón: *Foren impreses y acabades les obres del estrenu/ caualler mossen Ausias March en la in | signe Ciutat de Barcelona per Car | les amoros Prouençal en lany/ M.D.XXXXV. a xxii. del mes de Desembre.*

Esta edición es mejorada reproducción de la anterior. En la "Taula, y Alfabet dels vocables scurs" da la explicación en valenciano y en castellano.

IV. *LAS OBRAS DEL POETA MO | sen Ausias March, corregidas de los errores que | tenian. Sale con ellas el vocabulario de los vo | cablos en ellas contenido. Dirigidas al Illus-| trissimo señor Gonçalo Fernandez de Cor- | doua, Duque de Sesa, y de Terranoua, Conde de Cabra, | Señor de la casa de Vaena, etc. | Con priuilegio Real. ¡ Tassado en cinco marauedis. | Impresso en Valladolid, Año de 1555.*

En el Privilegio a favor de Juan de Resa, capellán de su Majestad, leemos:

"Por quanto por parte de vos Iuan de Resa nuestro capellán, nos fue hecha relación que vos con diligencia auiades buscado y copilado las *obras de Ausias March* poeta español. Y las auíades sacado de exemplares más verdaderos que estaua en la impresión que de las dichas obras se auía hecho en Barcelona. Y demás desto por estar las dichas obras enserradas en lengua lemosina, en quel dicho auctor las auía escripto: eran entendidas de pocos (a lo menos Castellanos) los auíades hecho *vocabulario,* para que por falta de la lengua no las dexassen de entender los que en ellas se quisiessen ocupar..."

Este vocabulario de Juan de Resa ha sido publicado con un prólogo de S. Guinot: *Vocabulari valencià-castellà*, L'Estel. Valencia, s. a. [1929 ?].

La edición de Juan de Resa contiene 124 poesías de Ausias March.

V. *LES OBRES DEL | valeros cavaller, | y elegantissim poe- | ta Ausias Marc: Ara no| uament ab molta dili | gencia reuistes y or | denades, y de | molts cants | aumenta | des.*

Imprimides en Barcelona en casa | de Claudi Bornat. | 1560.

Contiene 124 poesías, y "Tavla y alphabet dels vocables scurs", que es reproducción, ligeramente aumentada, de la que aparece en la edición de 1545.

VI. *Ausias March, | Obras de aquest poeta | publicadas, tenint al davant las edicions de 1543, 1545, 1555 y 1560, | per Francesch Pelayo Briz, | acompanyadas de la vida del poeta, escrita | per | Diego de Fuentes, | de una mostra de la traducció castallana que d'ellas féu lo poeta | Jordi de Montemayor, | y del vocabulari que, pera aclarir lo original, publicá | Joan de Ressa. | Barcelona: | En la llibreria de E. Ferrando Roca | Any de gracia de 1864.*

VII. *Obras del poeta valenciá|AUSIAS MARCH | publicadas tenint al davant las edicions de | 1539, 1545, 1555 y 1560 | per | FRANCESCH FAYOS Y ANTONY | Socio corresponsal de Lo Rat-Penat | Societat d'amadors de les glories de Valencia | y son antich realma. | Acompanyadas d'un Prólech | Barcelona: | Joan Roca y Bros | carrer del Hospital, 87 | 1884.*

VIII. *Les Obres | del | Valeros cavaller | y elegantissim poeta | Ausias Marc | Ara novament ab molta diligencia | revistes y ordenades | segons les més correctes edicions antigues.| Barcelona | Estampa de F. Giró: Gran Via, 212 bis | 1888.*

Esta edición fue hecha a expensas de Antonio Bulbena y Tusell. Es la misma de Pelayo Briz.

XI. *Les Obres del Valeros cavaller | y elegantissim poeta | Ausias March March | Ara per quarta vegada estampades, | durant lo gloriós Renaximent de les lletres ca-*

talanes. Revistes e ordenades molt diligentment e curosa. / Barcelona / Biblioteca Clásica Catalana. / 1908-1909.

Se cuidó de esta edición el sacerdote don Jaime Barrera. Contiene también "Nota Bibliografica de les obres d'Ausías March", (pp. 399-400), "Algunes publicacions fracmentaries d'Ausías March" (pp. 401-403), "Notes per una bibliografía bio-crítica d'Ausías March" (pp. 407-428).

XII. *Les Obres / d'Auzias March / Edició crítica / per / Amadeu Pagès / Volum I / Introducció. Text critic de les poesies I a LXXIV / Institut d'Estudis Catalans: Palau de la Diputació / Barcelona, MCMXII.*

Volum II / Text critic de les poesies LXXV a CXXVIII. Glossari / Institut d'Estudies Catalans: Palau de la Diputació / Barcelona, MCMXIV.

El volumen I contiene un Prólogo sobre su edición y una Introducción (páginas 11-181) en la que se estudia, en siete capítulos, los siguientes aspectos: Los manuscritos (págs. 9-54), Las ediciones (págs. 55-83), Las traducciones (págs. 85-102), Los comentarios (págs. 103-115), Clasificación de los manuscritos y de las ediciones antiguas (páginas 117-147), La ortografía y la versificación (págs. 152-160), Clasificación y cronología de las poesías (págs. 161-169), y Tabla alfabética y concordancia de la edición crítica de los manuscritos, ediciones antiguas y traducciones principales.

Sólo una devoción tan grande como la que mostró el hispanista francés Amadeu Pagès por Ausías March, unida a una infatigable, esforzada laboriosidad, y a sus conocimientos literarios y talento pudo dar tan óptimo resultado para los estudios sobre el poeta valenciano. Su edición, imprescindible y ya clásica, tan sólo ha podido ser mejorada en algunos escasos aspectos particulares. En otros, las propuestas rectificaciones son dudosas. Amadeu Pagès, con esta magistral edición, con sus importantes investigaciones y estudios sobre la vida y la obra de Ausias March ofrece, sin duda, la principal y esencial contribución que se ha hecho a los estudios sobre este poeta.

XIII. *Auziás March. Poesies. Selecció de J[oan] E[stelrich]. Amb una nota biogràfica de Ll. Nicolau d'Olwer. Barcelona, 1918.*

Las quince poesías que contiene esta selección, con ortografía modernizada, siguen la edición crítica de Amadeu Pagès.

XIV. *Poesies d'Ausias March. Selecció, pròleg, glossari i notes per Enric Navarro i Borràs. València, L'Estel, [1934].*

XV. *Ausias March. Poesia. Selección, traducción, prólogo y notas de Martín de Riquer. Editorial Yunque. Barcelona, 1941.*

Figuran 16 poesías. Confrontados el texto original y la traducción. Ésta es libre pues no guarda regularidad en el metro ni tiene en cuenta la rima.

XVI. *Ausiàs March. Poesies. A cura de Pere Bohigas. Membre de l'I. d'E. C. Editorial Barcino. Barcelona, 1952-1959.*

Consta de cinco volúmenes. El I es una muy documentada Introducción. Los restantes contienen las poesías y abundante número de notas. El V tiene también un Apéndice con "Lletres de desafiament", estudio de la lengua, de la métrica y versificación de la obra del poeta, y un glosario de voces.

Junto con la citada edición de Amadeu Pagès la de Pere Bohigas es, también, indispensable. Ambas siguen el manuscrito F, considerado por ambos eminentes críticos, como el mejor, aunque los dos tienen en cuenta otros manuscritos cuando presentan lecturas de interés y que mejoran las del manuscrito F, así como para suplir algunas lagunas que el citado manuscrito tiene.

Ambas ediciones respetan la ortografía de los manuscritos originales introduciendo levísimas modificaciones (u pasa a v, cuando tiene la condición de consonante, empleo de mayúsculas). Las discrepancias que hace el señor Bohigas al texto crítico de Amadeu Pagès están indicadas y razonadas.

XVII. *Ausiàs March. Antologia poètica. Versió original i moderna a cura de Joan Fuster. Editorial Selecta. Barcelona, 1959.* 2.ª ed. Sueca, 1978. (Carece del estudio inicial de la 1.ª)

Contiene 27 poesías. Sigue el texto fijado por Pere Bohigas. En su versión moderna emplea la ortografía actual pero teniendo en cuenta "no alterar les particularitats fonètiques de l'època i de la terra del poeta, que els manuscrits reflecteixen".

El Prólogo, es un inteligente ensayo documentado que ocupa las páginas 7-50.

XVIII. *Pàgines escollides de Ausiàs March. Selecció y anotació per Pere Bohigas. Membre de l'I. d'E. C. Editorial Barcino. Barcelona, 1957.*

Contiene 43 poesías y un prólogo (págs. 5-12).

Traducciones

I. Para la primera edición de la traducción hecha por Baltasar de Romaní (Valencia, 1539), véase el número I de Ediciones.

II. *Las obras del fa | mosisimo Philosopho y | poeta Mossen Osias Mar | co cauallero Valenciano | de nacion Catalan: traduzidos* [sic] *por Balta | sar de Romani: diuididas | en quatro canticas, es a saber, Cantica de Amor, | Cantica Moral, Cantica | de Muerte y Cantica Spi | ritual. Dirigidas al excelentissimo señor el duque de Calabria. M. D. L. III.*

Colofón: *Impresso en Seuilla por Ioan Canalla. Acabose a do | ze dias del mes de Enero, de mill e | quinientos y | cinquenta | y tres | años.*

III. *Primera | parte de | las Obras del excellentissimo Poeta y Philosopho mossen | Ausias March cauallero Valenciano, | traduzidas de lengua Lemosina en Castellano por Iorge de | Montemayor, y dirigidas al muy magnifico señor mossen | Simon Ros. | Impresso en Valencia, en casa de Ioan Mey. 1560.*

De esta primera edición sólo se conocen dos ejemplares incompletos. Uno se conserva en la biblioteca de El Escorial y el otro, que perteneció a Salvá, en la biblioteca del profesor Francisco Carreres y de Calatayud, en Valencia.

IV. *Las obras del excelen- | tissimo Poeta mossen | Ausias March, cauallero Valenciano. Tra- | duzidas de lengua Lemosina en Castella- | no por Iorge de Montemayor. | Dirigidas al Illu- | strissimo Señor Don Iuan Ximenes de Vrrea, | conde de Aranda, Vizconde de Viota, etc. | En Çaragoça en casa de la biuda de Bartolo | me de Nagera. Año M. D. LXII. | Vendese en casa de Miguel de Suelues, Infançon.*

Esta edición es copia de la anterior. Se añaden la "Cantica Moral", la "Cantica de Muerte" y la "Cantica Spiritual" de la traducción de Baltasar de Romaní. También va "La vida del Poeta" de Diego de Fuentes procedente de la edición de Juan de Resa.

V. *Las obras | del exce | lentissimo poeta Av- | sias March, Cauallero Valenciano. Tradu- | zidas de lengua Lemosina en Castellano | por el excelente Poeta Iorge/de Monte Mayor | Agora de nuevo corregi- | do y emendado en esta segunda impresion. | Escudo que es cabeza de un anciano de perfil, mirando a la derecha y que parece representar al poeta. Lleva una corona de laurel/ Con licencia, Impressas en Madrid, en casa de | Francisco Sanchez. Año de 1579.*

Es copia de la edición anterior. Reproduce las mismas "canticas" traducidas por B. de Romaní. En la parte preliminar, casi idéntica a esta misma edición, figura este peregrino "Parecer que dio el Maestro Juan Lopez de Hoyos", que, como se sabe, fue maestro de humanidades de Miguel de Cervantes:

"Por mandado de vuestra Alteza he visto este libro de poesías del famoso Poeta Ausias March. El cual es Poeta Español, y escribió en lengua Lemosina, que es lengua entre Catalana y Valenciana, o por mejor decir, un mixto de Catalana, y algo de Gallega y Valenciana. Está traducido en Castellano por Jorge de Montemayor. En lo que toca a sus conceptos, es tan subido, que los de muy delicado juicio creen que Petrarca tomó muchos de los muy delicados que tiene, de este autor. Es digno de ser impreso. En todo lo demás va muy correcto, y digno de que sus buenos conceptos se vean y sepan, pues son de hombre de nuestra España, que es Valenciano. Y porque este es mi parecer etc. De este estudio y casa a V. A. a veinte y uno de Agosto, de mil y quinientos y setenta y ocho años."

VI. *Las Obras de Ausias March, traducidas por Jorge de Montemayor. Edición de F. Carreres de Calatayud. Madrid, CSIC, 1947.*

Es fiel reproducción de la primera edición (Valencia, 1960), ejemplar que posee el profesor Carreres de Calatayud.

VII. Martín de Riquer, *Traducciones castellanas de Ausias March en la Edad de Oro*. Instituto español de Estudios Mediterráneos. Barcelona, 1946.

Se incluyen las traducciones de Baltasar de Romaní, de Jorge de Montemayor, de Francisco de Quevedo y la anónima de la Biblioteca Nacional, con letra de finales del siglo XVI. El profesor de Riquer reproduce fielmente la ortografía de los originales.

En la Introducción (páginas IX a XXXVI) estudia las citadas traducciones.

VIII. *Vincentii Marinerii | Valentini | POEMATA | qvibvs | AVSIAE MARCHI | Opera, facundissimi, et strenui Equitis Valentini | interpretatur, et ex vernacula prisca | lingua Lemouicensi, qua tunc Valen- | tini utebantur, et ipse author haec | composuit, in Latinum vertit elo- | quium, et in sex Elegiarum libros di | visa, carmine elegiaco exaravit. | Ad | illvstrissimvm | et amplissimum virum D. Ludouicum/de Haro, Philippi IV. Hispan. et Ind. | Regis cubicularum et aureae clavis | ornamento insignem, et D. Iacobi | torque cohonestatum etc.*

Fue publicado en Turnoni por Lvdovicvm Pillhet en 1633, dentro de la Opera Omnia de este humanista valenciano. El manuscrito de la traducción de Mariner se encuentra en la Biblioteca Nacional de Madrid.

Sobre la traducción de Vicente Mariner dice Amadeu Pagès: "L'obra del traductor llatí es no solament més completa, sinó també més fidel que la dels seus predecessors. El llatí, amb el seu caracter sintetic y els seus versos sense rimes, convenia més a l'interpretatició de les idees d'Auzias March que les llengües modernes. Mariner n'ha tret sovint el millor partit." *(Les obres d'Auzias March, Edició critica, I, pág. 95.)*

IX. Para la traducción del profesor Martín de Riquer véase el número XV de Ediciones.

X. *Félix Ros. Antología poética de la lengua catalana (puesta en versos castellanos)*. Editora Nacional. Madrid, 1965.

Traduce seis poemas con gran habilidad y pericia.

XI. *Enrique Badosa. La lírica medieval catalana. Antología y traducción de...* Adonais, 238-239. Rialp. Madrid, 1966.

Traduce veinticuatro poemas en versos alejandrinos.

XII. *José Batlló* traduce cinco poemas en *Ocho siglos de poesía catalana. Antología bilingüe. Selección y prólogo de J. M. Castellet y Joaquín Molas. Alianza Editorial. Madrid, 1969.*

XIII. *Juan Antonio Icardo. Ausias March. Poemas. Prólogo y traducción de... Inventarios provisionales. Las Palmas de Gran Canaria, 1973.*

Impreso en Valencia con el apoyo del Ayuntamiento de Gandía. Texto bilingüe. Se da la versión castellana de quince poemas.

XIV. *Juan Ramón Masoliver. Cant espiritual.*

Edición bilingüe, publicado en la revista *Camp de l'Arpa,* número 21, septiembre 1975, Barcelona.

XV. *AUSIAS MARCH: Antología poética. Edición bilingüe al cuidado de Juan Ramón Masoliver. Los libros De La Frontera. Barcelona, 1976.*

Los cuarenta poemas seleccionados están traducidos por B. de Romaní, J. de Montemayor, Anónimo del siglo XVI, F. de Quevedo, F. Sánchez de las Brozas, Félix Ros, Enrique Badosa, José Batlló, Juan Antonio Icardo y Juan Ramón Masoliver.

Contiene un excelente Prólogo (páginas V-XVI) y Notas a la traducción (páginas 195-202).

XVI. *AUSIAS MARCH: Obra poetica. Selección y Traducción de Pere Gimferrer. Introducción de Joaquim Molas. Edición bilingüe. Madrid, Alfaguara, 1978.*

Treinta y seis poemas traducidos. Sigue la ed. de Pere Bohigas.

BIBLIOGRAFÍA SELECTA SOBRE EL AUTOR

Almela y Vives, F. *Un poeta: Ausias March.* Publicaciones del Ateneo Mercantil, Valencia, 1959.

Azorín. "Elzear" en su libro *Valencia.*

Bohigas, Pere. Introducción a su edición de *Poesies* de Ausiàs March, I, Barcelona, 1952 y el Apéndice, V, 1959.

———. "Metafísica y retórica en la obra de Ausiàs March" en *Revista Valenciana de Filología,* VI, 1, 1963, páginas 9-31.

Casp, Xavier. *Confesión con Ausiàs March.* Valencia, 1973.

Cerdá y Rico, F. Notas al "Canto de Turia" en su edición de *La Diana enamorada,* de Gaspar Gil Polo. Madrid, 1778. 2.ª ed. 1802.

Colon, Germà. "El nom de fonts del poeta Ausiàs March" en *Boletín de la Sociedad Castellonense de Cultura,* XLVI, I, 1970, págs. 161-214.

Costa i Sarió, J. R. *Ausias March i el seu Cant Espiritual.* Gandía, 1978.

Dolç, Miquel. "Ausiàs March, poeta mediterrani" en *Revista Valenciana de Filología,* VI, 1, 1963, págs. 33-54.

Ferraté, Joan. Estudio inicial a su edición de *Poesia* de Ausiàs March. Edicions 62 i "la Caixa". Barcelona, 1979. (No he podido tener en cuenta esta importante obra —estudio y texto— debido a estar ya en prensa mi edición.)

Ferreres, Rafael. "La influencia de Ausias March en algunos poetas del Siglo de Oro" en *Estudios sobre litera-*

tura y arte dedicados al profesor Emilio Orozco Díaz. Universidad de Granada, 1979, I, págs. 469-483.

Ferreres, Rafael. "Peirona March, la hermana de Ausias" en *Revista de Archivos, Bibliotecas y Museos,* LXXXI, 1978, n.º 4.

Fullana, Luis. *El poeta Ausías March, su ilustre ascendencia, su vida y sus escritos.* Valencia, 1945.

Fuster, Joan. "Ausiàs March, el ben enamorat i el mal enamorat" en *Obres Completes,* I, Barcelona, 1968, pp. 213-284.

——. Prólogo a su *Antologia poètica* de Ausiàs March. Barcelona, 1959, págs. 7-50.

Guarner, Luis. "Suerte castellana de una estrofa de Ausias March" en *Mediterráneo,* V, 1944, 29-36.

Ivars, A. "Ausias March y Juanot Martorell" en *Erudición Ibero-Ultramarina,* I, 1930, 68-82, 173-206.

Lapesa, Rafael. *La trayectoria poética de Garcilaso.* Madrid, 1948.

Leveroni, Rosa. "Les imatges marines en la poesia d'Ausies March" en *Bulletin of Hispanic Studies,* XXVIII, páginas 152-66.

Martí Grajales, F. *Ensayo de un Diccionario biográfico y bibliográfico de los poetas que florecieron en el Reino de Valencia.* Madrid, 1927.

Menéndez y Pelayo, M. *Antología de poetas líricos castellanos.* Ed. Nacional, X, págs. 227-30, 253-67.

——. *Historia de las ideas estéticas en España.* Ed. Nacional, I, págs. 430-39.

Milà y Fontanals, M. "Ressenya Històrica y Crítica dels Antics Poetes Catalans" en *Obras completas,* III, y en *Estudis per la Historia de la Literatura Catalana antiga.* Barcelona, 1910, págs. 203-215.

Molas, Joaquim. Introducción (bilingüe) a *Obra poética* de Ausias March. Selección y traducción de Pere Gimferrer. Madrid, Alfaguara, 1978.

Montoliu, Manuel de. *Ausiàs March.* Barcelona, 1959.

Morel-Fatio. *Auzias March et son œuvre.* Paris, 1882.

Pagès, Amédée. "Une tentative d'expropiation littéraire" en *Boletín de la Sociedad Castellonense de Cultura,* XV, 1934, pp. 276-81.

Pagès, Amédée. "Étude sur la chronologie des poésies d'Auzias March" en *Romania,* XXXVI, 1907, págs. 203-223.

———. *Commentaire des poésies d'Auzias March,* Paris, 1935.

———. "Documents relatifs à la vie d'Auzias March" en *Boletín de la Sociedad Castellonense de Cultura,* XVI, 1935, págs. 125-43.

———. "Les origines paternelles d'Auzias March d'après de nouveaux documents" en *Bulletin Hispanique* I, 1948, págs. 313-32.

———. Introducción a su edición de *Les obres d'Auzias March.* I, Barcelona, 1912, págs. 11-181.

———. "Les deux Auzías March" en *Boletín de la Sociedad Castellonense de Cultura,* XVI, 1935, págs. 338-53.

———. *Auzias March et ses prédésseurs.* Paris, 1912.

Paz y Melia, A. "Noticias para la vida de Ausias March" en *Revista de Archivos, Bibliotecas y Museos* V, 1901, págs. 309-14.

Perles Marti, F. G. *Ausias March, Genealogia.* Gandía, 1978.

Pijoan, Josep. "Auzias March l'any 1444 era a Nàpols" en *Revista de Bibliografia Catalana,* III, 1903, 39-44.

Quadrado, J. M. "Ausias March" en *Revista de Madrid,* 1874. Reproducido en *Museo Balear,* I, 1875.

Ramirez i Molas, P. *La poesia d'Ausiàs March. Analisi textual, cronologia, elements filosòfics.* Basilea, 1970.

Ribelles Comín, J. *Bibliografía de la lengua valenciana,* I, Madrid, 1915.

Riquer, Martín de. *Història de la literatura catalana.* II, Barcelona, 1964, págs. 471-567.

———. "Influencia de Ausias March en la lírica castellana de la Edad de Oro" en *Revista Nacional de Educación,* I, 1941, págs. 49-74.

Rubió i Balaguer, J. *De l'Edat Mitjana al Renaixement. Figures literàries de Catalunya i València.* Barcelona, 1948.

———. *La cultura catalana del Renaixement a la decadència.* Barcelona, 1964.

Rubió i Lluch, A. *Ausias March y su época.* Barcelona, 1876.

Rubió y Ors, J. *Ausias March y su época*. Barcelona, 1882.

Ruiz Calonja, J. *Història de la literatura catalana*. Barcelona, 1954, págs. 278-94.

Sanchis Guarner, M. "La lengua de Ausiàs March" en *Revista Valenciana de Filología*, VI, 1, 1963, págs. 85-99.

Tormo García, A. *Ausiàs March*. Temas Españoles, número 386, Madrid, 1959.

Vossler, Karl. *La soledad en la poesía española*. Madrid, 1941, pág. 52.

Zimmermann, Marie-Claire. "Les métamorphoses du maldit chez Ausias March" en *Iberica* I, Cahiers iberiques et ibero-americaines de l'Université de Paris Sorbonne, 1977, págs. 333-47.

NOTA PREVIA

DE acuerdo con las cordiales sugerencias que me han hecho don José Luis Yuste, Director Gerente de la Fundación Juan March —a quien debo el encargo de este trabajo— y el profesor Andrés Amorós, Director de Actividades Culturales de dicha Fundación, he reducido muy sensiblemente la extensión que tenía este estudio sobre Ausias March y notas a sus poesías. Se ha aligerado para que pueda interesar a un público más amplio. Así lo he hecho o he procurado hacerlo.

Debo dar las gracias por la ayuda que me han prestado tanto a consultas sobre dificultades —tantas— que presenta Ausias March como a préstamo de libros —¡siempre tan difícil trabajar en provincias!— en primer lugar a mis admirados y queridos maestros don Dámaso Alonso y Eugenio Asensio, y a mis buenos amigos los profesores Vicente Ferrís, Luis Guarner, M. Sanchis Guarner, Arturo Zabala, Vicente Gaos, Ramón Ferrer, al poeta Xavier Casp y, especialmente, a Guillermo Carnero.

ORDENACIÓN DE LAS POESÍAS

Dice la portada de la edición de Romaní que los poemas de Ausias March "están divididas en quatro canticas, es a saber, Cantica de Amor, Cantica Moral, Cantica de Muerte y Cantica Spiritual". Tal distribución que parece propia del traductor —aunque en algunos manuscritos aparece también esta clasificación—, corresponde a un criterio temático. Esta distribución de Romaní no tiene en cuenta la cronología de los poemas pero, por otra parte, ha quedado como tradicional.

Tal distribución ha suscitado, aun desde el punto de vista temático, ciertas discrepancias, así Pagès entre otros ya que *"es algunes vegades arbitraria y que tal o qual cançó d'amor podría ser posada amb més raó entre Cançons morals".* [1]

A. Pagès estableció una ordenación cronológica en su trabajo *Etude sur la Chronologie des poésies d'Auzias March.* [2] Esta ordenación es la que seguimos en nuestra edición.

Rechaza Pagès la clasificación por temas aceptada por los editores de 1539 a 1669, por no derivar "de cap manera", en absoluto, de Ausias March. Su minucioso estudio de los manuscritos, le lleva a basarse en los denominados F y N, pero en ocasiones tiene que recurrir a otros, especialmente al D a partir del canto XCII. En la *"Taula alfabética y concordancia de l'edició crítica amb els manuscrits, edicions antigues y traduccions principals"* [3] hallamos la situación de cada canto en sus respectivos manuscritos.

También ha tenido muy en consideración los poemas, escasos, en los que por su contenido pueden facilitar aproximadamente la fecha de su ejecución, por sus referencias a hechos históricos o alusiones personales. [4] Tales poemas que se pueden situar en su tiempo coinciden con el lugar que ocupan en los manuscritos que tiene en cuenta Pagès.

Insiste Pagès en la necesidad de situar la obra de un autor en el momento en que la escribió y a no al-

---

[1] *Les Obres d'Auzias March,* I, pág. 162.
[2] *Romania,* XXXVI, 203.
[3] *Les Obres d'Auzias March,* I, págs. 172-181.
[4] Ibídem, págs. 166-167.

terar el orden ya que si se hace no se ajusta al rigor crítico. Sin embargo, se nos ocurre pensar que el poema que en la ordenación de Pagès figura el XXXIX pudo ser escrito con la intención de prologar su obra y condicionar, preparar, al lector que la iba a leer. Así lo entendieron en las ediciones de 1543, 1545, 1560 y en la traducción de Montemayor, 1560:

> *Qui no es trist de mos dictats no cur*
> *o n'algun temps que sia trist estat...*

También pide un lector de corazón triste el poeta de *Razón de amor* al comienzo de sus versos:

> *Qui triste tiene su corazón*
> *benga oir esta razón...*

Y este tan conocido primer verso de Ausias March lo tomará el conde de Villamediana en el soneto que abre su obra poética. [5]

La ordenación de Pagès, aunque aceptada por editores y antólogos del poeta, ha suscitado algunas discrepancias. Pedro Bohigas, la encuentra satisfactoria pero da buenas razones para no estar de acuerdo en toda ella. [6] Martín de Riquer observa una actitud parecida. [7]

Ha sido el Dr. Pere Ramírez i Molas, en su admirable tesis doctoral *La poesia d'Ausià March* quien más detenidamente ha analizado esta ordenación encontrando la fragilidad y, en alguna ocasión, la poca base en que se sustentan ciertas afirmaciones que quedan, tan solo, en interpretaciones subjetivas y personales.

Desde luego parece que es posible situar —pero no siempre— los cantos que hablan de amores juveniles del

---

[5] *Obras.* Ed. Juan Manuel Rozas, Madrid, Castalia, 1969, pág. 77.
[6] *Poesies*, I, págs. 166-173.
[7] *Història de la literatura catalana*, II, págs. 484-489.

poeta de los que hablan de amores ya no posibles en la vejez, para desesperación suya. ¿Pero cómo datar, colocar en su exacto lugar, esos poemas doctrinales o esa estrofa o pocas estrofas de un canto que tan sólo es manifestación del estado momentáneo del poeta? Cualquier lector que al comienzo se sienta de acuerdo con Pagès en cuanto a la ordenación propuesta pronto vacila al leer los poemas. Vaya un par de ejemplos:

El canto VIII comienza: *Ja tots mos cants me plau metr.en oblit...*, lo que parece indicar que había escrito más de 328 versos que son la suma que da las seis composiciones anteriores pues, de lo contrario, poco era lo que podía echar al olvido. En el canto VI, los dos versos iniciales dan a entender, me parece, que la juventud ya largo tiempo le había dejado: *Molt he tardat en descobrir ma falta / per joventut que .m negà speriment*. Bastantes más ejemplos se podrían traer a cuenta que el lector, sin duda, apercibirá.

Edición del texto

Sigo el texto de Ausias March establecido por A. Pagès que, con considerables variantes, es el de Pere Bohigas. He aceptado gran parte de estas variantes. He tenido también en cuenta las rectificaciones que Ramírez i Molas hace a la edición de Bohigas.

En cuanto a la puntuación —tan problemática en la difícil redacción y entendimiento de bastantes pasajes— hay notable disparidad de criterios entre ambos editores. A veces es ligera o mínima. Con frecuencia donde Pagès pone punto, Bohigas lo modifica en punto y coma. También el editor catalán es mucho más propicio al empleo de la coma que el hispanista francés. Con todos los respetos a tan admirables ausiasmarquianos en algunas ocasiones he puntuado según mi —no sé si decir atrevido— parecer. También Ramírez i Molas propone su propia puntuación. Todas estas puntuaciones tienen sentido aunque no sea el mismo para todas. Seguro que el lector también participará en estas discrepancias.

Con el fin de facilitar la lectura he actualizado ligeramente la ortografía. He hecho las siguientes modificaciones: la *l* se convierte en *ll* cuando tiene valor palatal: *lengua, loch, despulat* (*llengua, lloch, despullat*) y a su vez la *ll* es *l* cuando es alveolar: *femenill* (*femenil*). Lo mismo la *r* con valor de *rr*: *carer, tera, càrech* (*carrer, terra, càrrech*). Se restituye la *h* a las palabras que la precisan: *é, à, aver, om, orrible* (*he, ha, haver, hom, horrible*) y a su vez se suprime donde no se precisa: *rahó, hobrar, hix, hull, hun* (*raó, obrar, ix, ull, un*). Aparecen sencillas las consonantes dobles *cc, ff, rr* y *ss* (esta última cuando es inicial de palabra): *peccat, ffet, offici, carra, ssi, sser, ssa* (*pecat, fet, ofici, cara, si, ser, sa*). El grupo *qua* cambia en *ca*: *fosqua, toqua* (*fosca, toca*). Desaparece la *u* tras la *g* en palabras como *guasta, folgua* (*gasta, folga*). En alguna ocasión se conserva la *u* como rima gráfica que no corresponde a la fonética: *aygua*: *raygua*: *escaygua, caygua* (XLII, 5, 8, 9, 12).

R. F.

Facsímile de la portada de la primera edición de
*Las obras del famosíssimo philosofo y poeta mossen
Osias Marco*. Valencia, 1539

I

I
Axí com cell qui·n lo somni ·s delita
e son delit de foll pensament ve,
ne pren a mi, que·l temps passat me té
l'imaginar, qu· altre bé no·hy habita.
Sentint estar en aguayt ma dolor, 5
sabent de cert qu·en ses mans he de jaure.
Temps de ·venir en negun bé ·m pot caure;
aquell passat en mi és lo millor.

II
Del temps present no·m trobe amador,
mas del passat, qu·és no-res e finit; 10
d'aquest pensar me sojorn e·m delit,
mas quan lo pert, s'esforça ma dolor
sí com aquell qui és jutgat a mort
e de llonch temps la sab e s'aconhorta,
e creure·l fan que li serà estorta 15
e·l fan morir sens un punt de recort.

III
¡Plagués a Déu que mon pensar fos mort,
e que passàs ma vida en durment!
Malament viu qui té lo pensament
per enamich, fent-li d'enuyts report; 20
e com lo vol d'algun plaer servir
li'n pren axí com dona ·b son infant,

3-12 Desarrolla el tópico de que el tiempo pasado es mejor
que el presente. Tal pensamiento se encuentra en *Ecclesiastes*, VII-10, en Jorge Manrique: "Cómo, a nuestro parecer, / qualquiera tiempo pasado / fue mejor". Comentaristas de Ausias March han traído a colación los famosos versos de Dante, puestos en boca de Francesca de Rimini: "Nessun maggior dolore / che ricordarsi del tempo felice / nella miseria" (*Infierno*, V, 121-123). Como antecedentes de ellos se citan pasajes de

I

I. Así como aquel que en el sueño se deleita y su deleite viene de loco pensamiento, me ocurre a mí, pues el tiempo pasado me retiene el imaginar que otro bien no existe. Sintiendo estar en acecho mi dolor, sabiendo con certeza que en sus manos he de caer. El porvenir ningún bien me puede traer, aquel pasado para mí es lo mejor.

II. Del tiempo presente no me encuentro amador sino del pasado, que no es nada y finito. Con este pensamiento me sosiego y deleito, mas cuando lo pierdo aumenta mi dolor de la misma manera que a aquel que está condenado a muerte y desde mucho tiempo lo sabe y se resigna, y creer le hacen que será indultado, pero lo ejecutan sin ningún sumario.

III. ¡Pluguiera a Dios que mi pensamiento estuviese muerto, y que pasase la vida durmiendo! Malamente vive quien tiene por enemigo al pensamiento haciéndole relación de enojos y, cuando le quiere algún placer servir, le ocurre así como a la mujer con su

---

Boecio (*De Consolatione philosophiae*, II, 4) y de Tomás de Aquino (*Summa theologica*, II, ii, 36, 1). Los citados versos de Dante fueron imitados por el Marqués de Santillana: "La mayor cuyta, que aver / puede ningun amador, / es membrarse del placer / en el tiempo del dolor" (*Infierno de los enamorados*, LXII). Sobre la considerable consecuencia que tuvieron en la literatura peninsular medieval véase p. 149 de *La poésie Lyrique espagnol*... de Pierre Le Gentil.

16 *recort* en el sentido de "enquête", como en provenzal y en el francés antiguo.

que si verí   li demana plorant
ha ten poch seny   que no·l sab contradir.

IV Fóra millor   ma dolor soferir 25
que no mesclar   poca part de plaer
entre ·quells mals,   qui·m giten de saber
com del passat   plaer me cové ·xir.
¡Las! Mon delit   dolor se converteix;
doble's l'afany   aprés d'un poch repòs, 30
sí co·l malalt   qui per un plasent mos
tot son menjar   en dolor se nodreix;

V com l'ermità,   qui ·nyorament no·l creix
d'aquells amichs   que tení· en lo món,
essent llonch temps   qu·en lo poblat no fon, 35
per fortuyt cars   un d'ells li apareix,
qui los passats   plaers li renovella,
sí que·l passat   present li fa tornar;
mas com se'n part,   l'és forçat congoxar:
lo bé, com fuig,   ab grans crits mal apella. 40

VI Plena de seny,   quant amor és molt vella,
absença és   lo verme que la gasta,
si fermetat   durament no contrasta,
e creura poch,   si l'envejós consella.

II

1 Pren-m· enaxí   com al patró qu·en platga
té sa gran nau   e pens· haver castell;
veent lo cel   ésser molt clar e bell,

41-44 La ausencia como motivo de enfriamiento amoroso u olvido es un lugar común. Así, Jorge Manrique:

Quien no'stuviere en presencia,
no tenga fe en confiança,
pues son olvido y mudança
las condiciones de ausencia.

pequeño que si llorando le pide veneno tiene tan poco juicio que no sabe negárselo.

IV. Fuera mejor sufrir mi dolor que no mezclar una poca parte de placer entre aquellos males que me privan saber cuándo me conviene salir del placer pasado. ¡Ay! Mi deleite se convierte en dolor, el afán es doble después de un poco de reposo, así como en el enfermo que por un apetitoso bocado toda su comida se nutre de dolor;

V. como el ermitaño que no le crece la añoranza de aquellos amigos que tenía en el mundo, haciendo mucho tiempo que no estuvo en el poblado, pero, por caso fortuito, uno de ellos se le presenta y los pasados placeres le renueva, de manera que el pasado le transforma en presente, mas cuando se va, acongojarse le es forzado: el bien cuando huye llama al mal con grandes voces.

VI. Muy sensata, cuando el amor es muy viejo la ausencia es el gusano que lo destruye si la firmeza obstinadamente no contrasta, y creerá poco si el envidioso aconseja.

II

I. Me ocurre así como al patrón que en la playa tiene su gran nave y cree tener castillo; viendo el

---

1-8 A. Pagès (*Auzias March*, p. 253) cita esta estrofa del trovador Folquet de Lunel, que muestra semejanza con la de nuestro poeta:

E pren m'en cum al marinier,
quant s'es empenhs en auta mar
per esperansa de trobar
lo temps que mais dezir'e quier,
e quant es en mar prionda,
mals temps e braus sa nau sobronda
tant quel perilh non pot gandir,
ni pot remaner ni fugir.

creu fermament   d'un· àncor· assats haja.
E sent venir   soptós un temporal
de tempestat   e temps incomportable;
lleva son jui: que si molt és durable,
cercar los ports   més qu· aturar li val.

II Moltes veus és   que·l vent és fortunal,
tant que no pot   surtir sens lo contrari,
e cella clau   qui·us tanca dins l'armari
no pot obrir   aquell matex portal.
Axí m'ha pres,   trobant-m· anamorat,
per sobres-alt   qui·m ve de vós, m· aymia:
del no amar   desalt ne té la via,
mas un sol pas   meu no·hy serà trobat.

III Menys que lo peix   és en lo bosch trobat
e los lleons   dins l'aygu· han llur sojorn,
la mi· amor   per null temps pendrà torn,
sol conexent   que de mi·us doneu grat;
e fiu de vós   que·m sabreu bé conèxer,
e, conegut,   no·m serà mal graida
tota dolor   havent per vós sentida;
lladonchs veureu   les flames d'amor créxer.

IV Si mon voler   he dat mal a parèxer,
creeu de cert   que ver· amor no·m lluny;
pus que lo sol   és calt al mes de juny,
ard mon cor flach   sens algun grat merèxer.
Altre sens mi   d'açò merex la colpa;
vullau-li mal,   com tan humil servent
vos té secret   per son defalliment;
cest és Amor   que mi, amant, encolpa.

17-18 Pagès (*Auzias March*, p. 253), cree ver una reminiscencia virgiliana de la *Egloga* I, 59-60:

Ante leves ergo pascentur in aethere cervi,
Et freta destituent nudos in litore pisces...

32 *cert* en el ms. F, palabra que mantiene Pere Bohigas en su edición. Pagès, en la suya, la sustituye por *cest*,

cielo estar muy claro y bello, cree firmemente que un áncora sea suficiente. Y sintiendo venir súbito un temporal de tempestad y un tiempo insoportable, razona que, si va a durar mucho, le conviene buscar los puertos más que estar inmóvil.

II. Muchas veces ocurre que el viento es tempestuoso, tanto que [la nave] no puede salir sin el [viento] contrario, y aquella llave que os cierra dentro del armario no puede abrir aquella misma puerta. Así me ha sucedido, encontrándome enamorado, por el exceso de placer que me viene de vos, mi amada: pesadumbre tiene el camino del no amar, mas un solo paso mío no será allí encontrado.

III. A menos que el pez sea encontrado en el bosque y los leones dentro del agua tengan su lugar, mi amor jamás cambiará, sólo sabiendo que de mí os sentís contenta; y fío en vos que me sabréis conocer bien y, conocido, no me será mal recompensado todo el dolor que por vos he sentido: entonces veréis crecer las llamas del amor.

IV. Si de mi querer he dado mala opinión, creed cierto que el verdadero amor no me aleja. Más que el sol que es caliente en el mes de junio, arde mi flaco corazón sin merecer algún contentamiento. Otro que no yo de eso merece la culpa; queredle mal, porque tan humilde servidor os lo tiene secreto por su falta: este es Amor que a mí, amando, inculpa.

---

que es la que aparece en los otros mss. Pere Ramírez i Molas (*La poesia d'Ausiàs March*, p. 21) se manifiesta, y creo que tiene razón, decididamente por el pronombre provenzal *cest*, pues "dóna un sentit més ple al v. 32 com a correlat del v. 29:

Altre sens mi   d'açò merex la colpa...
...cest és Amor   que mi, amant, encolpa.

142 AUSIAS MARCH

V Ma volentat   ab la raó s'envolpa
   e fan acort,   la qualitat seguint,
   tals actes fent que·l cors és defallint   35
   en poch de temps una gran part de polpa.
   Lo poch dormir magres· al cors m'acosta,
   dobla'm l'engýn per contemplar Amor;
   lo cors molt gras, trobant-se dormidor,
   no pot dar pas en aquest· aspra costa.   40

VI Plena de seny, donau-me una crosta
   del vostra pa, qui·m lleve l'amargor;
   de tot mengar   m'ha pres gran desabor,
   si no d'aquell qui molt· amor me costa.

III

I Alt e amor,   d'on gran desig s'engendra,
   sper, vinent   per tots aquests graons,
   me són delits, mas dóna'm passions
   la por del mal, qui·m fa magrir carn tendra;
   e port al cor sens fum contínuu foch,   5
   e la calor   no·m surt a part de fora.
   Socorreu-me   dins los térmens d'un· hora,
   car mos senyals demostren viure poch.

37-40 Sobre el enflaquecimiento del cuerpo a causa de las preocupaciones del enamorado, Pagès (*Auzias March*, p. 280) manifiesta lo extendida que estaba esta opinión en la época de nuestro poeta por lo tanto no cree que tuviera que inspirarse en el *Arte de Amar* de Ovidio (I, 729-733).

1-8 Esta estrofa está reproducida por Pere Torroella en su composición antológica en la que tras la intervención del poeta catalán, hablan distintos poetas: Jaume, Arnau y Ausias March, Jordi de Sant Jordi, Arnau Daniel, Bernat de Ventadorn, Francesc Ferrer..., el marqués de Santillana, Juan de Mena... Macías... Alain Chartier... (Pedro Barch y Rita, *The works of Pere Torroella*, Nueva York, 1930, pp. 100-132).

4 En la estrofa V del canto anterior ya ha hablado sobre el enflaquecer del enamorado inquieto.

v. Mi voluntad con la razón se envuelve y se ponen de acuerdo, siguiendo la cualidad, haciendo tales actos que el cuerpo se está privando, en poco tiempo, de una gran parte de pulpa. El poco dormir me trae magrez al cuerpo, me dobla el ingenio para contemplar a Amor. El cuerpo muy grueso, sintiéndose dormidor, no puede dar un paso en esta áspera cuesta.

vi. Muy sensata, danme una corteza de vuestro pan que me quite el amargor. De toda comida me ha venido un gran desabrimiento, excepto de aquella que mucho amor me cuesta.

III

i. Placer y amor, de donde se engendra gran deseo y esperanza, viniendo por todas estas gradas, me son deleites pero me da sufrimientos el miedo del mal, que me hace enflaquecer la tierna carne; y llevo en el corazón, sin humo, perenne fuego, y el calor no me sale al exterior. Socorredme inmediatamente porque mis señales demuestran que viviré poco.

---

5 Pere Bohigas (*Poesies*, nota a este verso) cree que el poeta ha querido referirse al fuego amoroso mantenido oculto y discrepa de la interpretación dada por Pagès *Commentaire...*, p. 5) como equivalente del amor puro y verdadero. Ambas interpretaciones son compatibles. Por otra parte el poeta paladinamente expone los males que soporta y el socorro inmediato que precisa ya que los síntomas que muestra le anuncian que vivirá poco. Por otra parte es un empleo de opósitos o antítesis, tan utilizado por Ausias March.

II Metge scient   no té lo cas per joch
   com la calor   no surt a part extrema;
   l'ignorant veu que lo malalt no crema
   e jutja'l sa,   puys que mostra bon toch.
   Lo pacient   no porà dir son mal,
   tot afeblit,   ab llengua mal diserta;
   gests e color   assats fan descuberta,
   part de l'afany, que tant com lo dir val.

III Plena de seny, dir-vos que·us am no cal,
    puys crech de cert que·us ne teniu per certa,
    si bé mostrau   que·us està molt cuberta
    cella per què   Amor és desegual.

IV

I Axí com cell   qui desija vianda
  per apagar   sa perillossa fam,
  e veu dos poms de fruyt en un bell ram,
  e son desig   egualment los demana,
  no·l complirà   fins part haja legida,
  sí que·l desig vers l'un fruyt se decant,
  axí m'ha pres   dues dones amant,
  mas elegesch   per haver d'Amor vida.

II Sí com la mar se plany greument e crida
   com dos forts vents la baten egualment,

> Este canto participa de la tensión o debate entre el cuerpo y el entendimiento.
> 1-4 Esta indecisión en el elegir tiene claros antecedentes. Pagès (*Auzias March*, p. 260), cita Aristóteles (*De coelo*, II, 13), Santo Tomás (*Sum Theol.*, I-II, 13, 6), Dante (*Paraiso*, IV, 1-3), y el conocido argumento del asno de Buridán.
> 7 *dues dones amant*: Pagès (*Commentaire*, p. 6) opina: c'est une soule et même femme, considerée tantôt dans son corps, tantôt dans son ame". Por su parte, Bohigas (*Poesies*, notas a este verso): "Es induptable, pel context, que els dos amors a què es refereix Ausiàs March, són de manera diferent: sensual l'un, espiri-

II. El médico sabio no toma por juego el caso cuando el calor no sale a la parte de afuera. El ignorante ve que el enfermo no arde y lo considera sano pues muestra un buen tacto. El paciente no podrá decir su mal, todo extenuado, con la lengua mal dispuesta. Los gestos y el color asaz descubren la parte de la angustia, que vale tanto como decirlo.

III. Muy sensata, no es menester deciros que os amo pues ciertamente creo que lo tenéis por cierto, si bien mostráis que os está muy oculta aquella [causa] por la cual el Amor es desigual.

IV

I. Así como aquel que desea comida para apagar su peligrosa hambre y ve dos pomos de fruta en una bella rama y su deseo igualmente los demanda, pero no lo conseguirá hasta que una parte haya elegido, de modo que el deseo se incline hacia uno de los frutos, así me ha sucedido amando a dos mujeres, pero elijo por tener vida amorosa.

II. Tal como la mar se plañe desabridamente y grita cuando dos fuertes vientos igualmente la baten,

---

tual l'altre. Comp. v. 14: *dos grans desigs han combatut ma pensa*".
Lo que sí parece evidente es que se trata de dos mujeres distintas, que mueven y atraen al poeta por sus especiales y distintas cualidades. Sobre estas dos mujeres (*Plena de seny* y *Llir entre carts*) en la obra de nuestro poeta, véase las pp. 70-72.

9-13 Pagès (*Auzias March*, p. 260) ve una imagen semejante de la mar combatida por vientos contrarios en Dante (*Infierno*, V, 29-30 ...*come fa mar per tempesta, / se da contrari venti è combattuto*). En Ausias March la comparación de los dos vientos opuestos está en razón de sus dos grandes deseos en lucha.

u de llevant   e altre de ponent,
e dura tant   fins l'un vent ha jaquida
sa força gran   per lo més poderós,
dos grans desigs   han combatut ma pensa,
mas lo voler   vers u seguir dispensa;   15
yo·l vos publich: amar dretament vós.

III E no cuydeu   que tan ignoscent fos
que no veés   vostr· avantatge gran;
mon cors no cast   estava congoxan
de perdre lloch   qui l'era delitós.   20
Una raó   fon ab ell de sa part,
dient qu·en ell   se pren aquest· amor,
sentint lo mal   o lo delit major,
sí qu· ell content,   cascú pot ésser fart.

IV L'enteniment   a parlar no vench tart,   25
e planament   desféu esta raó,
dient que·l cors,   ab sa complexió,
ha tal amor   com un llop o renart;
que llur poder   d'amar és limitat,
car no és pus   que apetit brutal,   30
e si l'amat   veeu dins la fornal,
no serà plant   e molt menys defensat.

V Ell és qui venç   la sensualitat;
si bé no és   en ell prim moviment,
en ell està   de tot lo jutgament: 35
cert guiador   és de la voluntat.
Qui és aquell   qui en contra d'ell reny?
Que voluntat,   per qui·l fet s'executa,
l'atorch senyor,   e si ab ell disputa,
a la perfí   se guia per son seny.   40

---

31 En el texto de Bohigas, *amant,* basándose en otros mss. y separándose del ms. F, que sigue Pagès. Sobre la preferencia de la variante *amat* en vez de *amant,* véase Pere Ramírez, *La poesía de Ausiàs March,* p. 22.

uno de levante y otro de poniente, y dura tanto hasta que un viento ha dejado su gran fuerza frente al más poderoso, dos grandes deseos han combatido en mi mente, pero el querer hacia uno a seguir se entrega. Yo os lo declaro: amaros honestamente.

III. Y no creáis que fuese tan inocente que no viera vuestra gran ventaja; mi cuerpo no casto se estaba acongojando de perder lugar que le era deleitoso. En él una razón hubo de su parte, diciendo que en él se siente este amor, sintiendo el mal o el mayor deleite, de modo que él contento, cada uno puede estar harto.

IV. El entendimiento no vino tarde a hablar y llanamente deshizo esta razón, diciendo que el cuerpo, por su complexión, tiene tal amor como un lobo o zorro; que su poder de amar es limitado, porque no es más que apetito brutal, y que si el amado ve dentro de la fragua, no será compadecido y mucho menos defendido.

V. El [el entendimiento] es quien vence la sensualidad, si bien no está en él el primer impulso, en él está el juicio de todo, seguro conductor es de la voluntad. ¿Quién es aquel que contra él pelea? Pues la voluntad, por la que se ejecuta el hecho, le considera señor, y si con él disputa a la fin se guía por su juicio.

VI Diu més avant   al cors ab gran endeny:
    "Vanament vols   e vans són tos desigs,
    car dins un punt   tots delits són fastigs,
    romans-ne llas,   tots jorns ne prens enseny.
    Ab tu mateix   delit no pots haver: 45
    tant est grosser   qu·Amor no n'és servit;
    volenterós   acte de bé és dit,
    e d'aquest bé   tu no sabs lo carrer.

VII Si bé complit   lo món pot retener,
    per mi és l'hom   en tan sobiran bé,   50
    e qui sens mi   sperança· l reté
    és foll o pech   e terrible grosser".
    Aytant com és   l'enteniment pus clar,
    és gran delit   lo que per ell se pren,
    e son pillart   és suptil pensamén,   55
    qui de fins pasts   no·l jaqueix endurar.

VIII Plena de seny,   no pot Déu a mi dar,
    ffora de vós,   que descontent no camp;
    tots mos desigs   sobre vós los escamp:
    tot és dins vós   lo que·m fa desijar.   60

V

I   Tant he amat,   que mon grosser enginy
    per gran treball   de pensa és suptil.
    Llexant a part   aquell sentiment vil
    qu·en jorn present   los enamorats ciny,
    só tant sabent,   que sé ben departir   5
    amor d'aquell   desig no virtuós,
    car tot desig,   retent hom congoxós,
    no ·s ver· amor   ne per tal se deu dir.

---

47 Santo Tomás. (*Sum Theo.* I-II, 26, 4): *Amare est velle alicui bonum* (Pagès, *Auzias March*, p. 293).

vi. Dice más adelante al cuerpo con gran desdén: "vanamente quieres y vanos son tus deseos, porque en un instante tus deleites son hastíos, quedas lacio, cada día lo aprendes. Contigo mismo deleite no puedes tener: tan grosero es que el Amor no está servido; [el amor] es dicho un voluntarioso acto hacia el bien, y de este bien tú no sabes el camino.

vii. Si el bien cumplido puede el mundo retener, por mí el hombre está en tan soberano bien y quien sin mí la esperanza lo retiene es loco o necio y terriblemente grosero". Tanto cuanto más claro es el entendimiento es gran deleite lo que por él se logra, y su pilar es sutil pensamiento que de finos manjares no le deja ayunar.

viii. Muy sensata, nada puede darme Dios, fuera de vos, que no quede descontento. Todos mis deseos sobre vos los derramo: en vos se encuentra todo lo que me hace desear.

V

i. He amado tanto que mi rudo ingenio, por el gran trabajo del pensamiento, es sutil. Dejando aparte aquel vil sentimiento que en el día presente sujeta a los enamorados, soy tan sabio que sé separar bien el amor de aquel deseo que no es virtuoso, pues todo deseo que tiene al hombre congojoso no es amor verdadero, ni por tal se debe decir.

II Axí com Déu, qui no·l plach descobrir
stant enclòs en lo virginal ventre, 10
e quant isqué defora d'aquell centre,
may lo Setan lo poch ben discernir,
ans, quant en ell veya·l cors de natura,
creya de cert aquell no ésser Déu,
mas ja retut son sperit en creu, 15
sabé·l mester que paradís procura.

III Per mals parlés he tret saber e cura
de retenir lo foch d'amor sens fum,
e per açò he cartejat volum
d'aquell saber que sens amor no dura. 20
Viscut he molt sens ésser conegut
per molts senyals que fictes he mostrats,
mas quant seré per hom foll publicats,
serà ben cert lo tart apercebut.

IV Sia en vós aytant de bé caygut, 25
obrant en vós arreglada mercè,
que veent mi despullat de tot bé,
no·m despreeu, pel dan a mi vengut;
e si per vós he nom de foll atès
e contra mi só restat malmirent, 30
sia per vós cregut savi sabent,
puys, que per vós mon seny hauré despès.

V Si per amar a vós haví· atès
honor e béns, bellea y saviesa,
l'amor que·us he tendria per ofesa 35
si tal senblant en vós no paregués.
Ma voluntat en si tal càrrech porta
que no serà sens la vostra contenta,

---

18 Véase III, 5.
19-20 Sobre los posibles libros a que se aluden en estos versos, véase Pagès, *Auzias March*, pp. 228-29.
24 *tart apercebut*, provenzalismo: 'difícilmente visto'. Bohigas (*Poesies*): "Aleshores s'adonaran del que no havien vist".

II. Así como a Dios, que no le plugo descubrirse estando en el vientre virginal y, cuando salió fuera de aquel centro, nunca Satán lo pudo discernir bien, al contrario cuando el cuerpo humano veía de Él, con seguridad creía que aquel no era de Dios, pero ya entregado su espíritu en la cruz, supo el misterio que procura el paraíso.

III. A causa de maldicientes he aprendido y cuidado a retener el fuego amoroso sin humo, y por eso he hojeado el libro de aquel saber que no dura sin amor. He vivido mucho sin ser conocido por las muchas actitudes fingidas que he mostrado, pero cuando seré conocido por loco, será, muy cierto, apercibido tarde.

IV. Sea en vos, tan colmada de bien, obrando en vos ordenada merced, que viéndome despojado de todo bien, no me despreciéis por el daño que me ha venido; y si por vos el nombre de loco he alcanzado y soy mal considerado, sea tenido por vos por sabio sabiendo, pues, que por vos el seso habré gastado.

V. Si por amaros hubiera alcanzado honor y bienes, belleza y sabiduría, el amor que os tengo lo tendría por ofensa si tal opinión en vos no pareciera. Mi voluntad en sí tal carga lleva que no estará

---

36 Sigo la puntuación de Pagès. Bohigas ofrece la siguiente: "*si, tal senblant, en vós no paregués*". Véase la nota de Bohigas a este verso en el que da su explicación.

e fora vós no·m pens que may consenta
que null desig li sodegue la porta.   40

VI Plena de seny, natura no·m comporta
que tal dolor no decresca ma vida.
Si Déu pregàs, ma veu sería oida;
oÿu-la vós, pus veritat reporta.

VI

I Molt he tardat en descobrir ma falta,
per joventut que·m negà speriment.
En un cas nou l'hom és mal conexent
e, ja pus fort, havent raó malalta
per gran esforç de folla voluntat;   5
car, tant com és la voluntat moguda,
hom deu haver del seny major ajuda
si virtuós deu ésser nomenat.

II Qui son camí verdader ha errat
per anar lla on vol sojorn haver,   10
és-li forçat que prenga mal sender
e may venir a son lloch desijat.
Tal cas m'ha pres, volent-me contentar
mon ferm voler per altre tal amant:
no ha trobat lo seu propi senblant,   15
car son esguart és verament amar.

III L'enteniment en qui·l juý no ·s clar
forçadament ha pendr· opinions;
voluntat mou sufístiques raons,
fent-les valer e per bastans passar.   20

1-2 Estos versos los tiene Pagès (*Auzias March*, pp. 105-06 y *Obres* I, p. 165) como testimonio de que el poeta comenzó a escribir pasados los 35 años. Ramirez i Molas (*La poesia d'Ausiàs March*, p. 25) rechaza lo propuesto por Pagès y argumenta que en el verso 2 la

contenta sin la vuestra y fuera de vos no pienso que nunca consienta que ningún deseo le toque a la puerta.

vi. Muy sensata, natura no me permite que tal dolor no amengüe mi vida. Si a Dios pregase mi voz sería oída: oídla vos puesto que verdad manifiesta.

VI

i. Mucho he tardado en descubrir mi falta, por juventud que me negó experiencia. En nuevo caso el hombre es mal conocedor y aun más difícil teniendo la razón enferma por el gran esfuerzo de una voluntad loca; ya que tanto como la voluntad se mueve, el hombre debe tener mayor ayuda del juicio si debe ser considerado virtuoso.

ii. Quien ha equivocado su verdadero camino para ir allá donde quiere tener descanso, forzoso le es que tome mal sendero y nunca venir al lugar deseado. Tal me ha sucedido, queriéndome contentar mi firme querer con otro tal amando: no ha encontrado su propio semejante, porque su condición es verdaderamente amar.

iii. El entendimiento, en quien el juicio no es claro, forzosamente ha de tomar consejos. La voluntad mueve razones sofisticadas haciéndolas valer y pasar por

---

palabra *negà*, tal como aparece en las ediciones de Pagès y Bohigas, debe leerse *nega* como presente y no pasado. "Pensem que sí, i ens ho fa més plausible la variant *negue* (*AK*), que no pot ésser sinó present. En lloch d'una declaració de maduresa tindríem llavors una confessió de juventut!"

Sí com florí, qui bona color ha,
e no val res, coneguda sa lley,
n'ha pres a mi qu·en pensa muntí rey,
faent raons quals veritat desfà.

IV E si pas mal, bon dret ho consentrà, 25
puys és dit foll cell qui serveix senyor
qui no pot fer content bon servidor
e per null temps negun dret juý fa;
e més que mal administrador és:
al cavador dóna lloguer de metge; 30
en los llochs plans fa durar l'estret setge
e fort castell en terra tost l'ha mes.

V Pren-m· enaxí com al grosser pagès
que bon sement en mala terra met;
ultracuydat, pens· haver bon splet 35
d'aquell terreny qui buyda los graners.
Assats ha seny qui no ha sentiment
per encercar e trobar la raó,
e pren esment de mal del conpanyó:
per cas passat jutja lo seu present. 40

VI Seguint l'estil que natura consent
e ço que·l seny en veure clar abasta,
negre forment no dóna blanca pasta,
ne l'ase ranch és animal corrent;
tanpoch serà que nulla dona senta 45
ne veja prim lo fin secret d'Amor,
si per amar no sofir gran dolor
y en sentiment triada ·n millers trenta.

VII Plena de seny, si algú mi esmenta,
tots los oents dien que só mellor, 50
pus flach e fort e callant amador,
ma voluntat faent d'Amor sirventa.

43 *negre forment no dóna blanca pasta,* refrán.
44 *l'ase ranch no és animal corrent,* refrán.

suficientes. Así como el florín que tiene buen color y no vale nada [es falso], conocida su ley, me sucede a mí que en imaginación me elevé a rey, componiendo razones que la verdad deshace.

IV. Y si lo paso mal, buena razón lo consentirá, pues loco es llamado aquel que sirve a señor que no puede contentar al buen servidor y nunca hace ningún juicio justo; y más que es mal administrador: al enterrador da jornal de médico, en lugares llanos hace durar el peligroso cerco, y fuerte castillo lo ha puesto en una ladera.

V. Tómame así como al rudo labrador que pone buena simiente en mala tierra; presuntuoso, piensa tener buena cosecha de aquel terreno que deja vacío los graneros. Asaz juicio tiene quien no tiene sentido para buscar y encontrar la razón y toma cuidado del mal del compañero: por el caso pasado juzga su presente.

VI. Siguiendo el estilo que natura consiente y aquello que el sentido alcanza ver claro, negro trigo no da blanca masa, ni asno cojo es animal corredor; ni tampoco será que ninguna mujer sienta ni vea justamente el secreto fin de Amor, si por amar no sufre gran dolor y en el sentimiento una escogida entre treinta mil.

VII. Muy juiciosa, si alguien me nombra todos los oyentes dicen que soy el mejor, más débil y fuerte y silencioso amador: mi voluntad está al servicio de Amor.

VII

I Sí com rictat   no porta béns ab si,
   mas val aytant   com cell qui n'és senyor,
   Amor no val   mas tan com l'amador:
   manxa bufant   orgue fals no ret fi.
   Amor val poch   com tot enamorat
   ha falsedat   en son pits fals enclosa,
   o és ajunt   ab una tal esposa:
   peguea és   son dret nom apellat.

II Amor no pot   haver desordenat
    ço que Déus fa,   Natura migançant,
    car home pech   no pot ser fin amant
    ne lo suptil   contra sa calitat.
    Mal pendrà pint·   en l'aygua sa figura,
    molt menys Amor   pendrà lo no dispost,
    ne pot estar   l'aygua dins un lloch rost:
    ¡axí Amor   en cap d'hom foll atura!

III Per ben amar   ab angoxossa cura,
     en temps passat   eren lladonchs volguts;
     Ovidi·l prous   dix qu·amor és crescuts
     per altr· amor   demostrant sa factura.
     Verdader fon   son dit e sos presichs,
     tant quant Amor   fon prop de conexença,
     mas en est cas   entr· ells ha malvolença
     tal que no creu   null temps sien amichs.

IV Si fóssem nats   vós e yo entre·ls antichs,
    lay quant Amor   amant se conqueria
    sens praticar   alguna maestria,
    lo vostre cor   no fóra tan inichs.
    En vós conech   gran disposició

---

19 Pagès (*Auzias March*, p. 228), respecto a esta cita del poeta latino, dice: "Mais, chose curieuse, on chercherait en vain une idée de ce genre dans les différents

VII

I. Así como la riqueza no lleva bienes consigo, mas vale tanto como aquel que es el poseedor, amor no vale sino tanto como el amador: soplando los fuelles el órgano falso no suena afinado. El amor vale poco como todo enamorado que tiene falsedad encerrada en su falso pecho o está unido con una tal esposa: necedad es llamado por su justo nombre.

II. No puede haber amor desordenado en lo que Dios hace, mediando Natura, ya que el hombre necio no puede ser fino amante ni sutil contra su calidad. Mal cuajará pintada su figura en el agua, mucho menos Amor tomará lo no dispuesto, ni puede permanecer el agua en terreno pendiente: así dura amor en cabeza de hombre loco.

III. Por bien amar con cuidado angustioso, en tiempos pasados eran entonces queridos; el esforzado Ovidio dice que el amor se aumenta con otro amor demostrando su hechura. Verdadera fue su sentencia y sus prédicas, tanto cuanto Amor estuvo cerca de conocimiento, pero en este caso hay entre ellos malquerencia, tal que se cree que nunca sean amigos.

IV. Si vos y yo hubiéramos nacido entre los antiguos, allí cuando el Amor amando se conquistaba sin practicar ningún artificio, vuestro corazón no sería tan inicuo. Conozco en vos gran disposición para hacer

---

poèmes d'Ovide. C'est qu'Auzias March l'a puisée dans une des nombreuses imitations que suscita, en France, son *Ars amatoria* et qui contribuèrent au développement de la conception médiévale de l'amour".

de fer tot ço que gentilea mana, 30
mas criament veg que natura ·ngana,
car viur· ab mals és d'hom perdició.

V Per mal grair ne per mala saó
mon cor no pot Amor desemparar;
devotament los me plau remembrar 35
aquells passats, a qui dón Déus perdó;
e com seré trespassat d'aquest món,
lletres diran sobre la mia tomba:
"Plena de seny, no tinguau a gran bomba
car per vós muyr e vag no sabent on." 40

VI Enveja ·s tal que tot primer confon
a tots aquells qui ab si la s'ajusten;
los envejats un poch ne molt no gusten
aquell mal tast que·ls envejosos fon.
Tal és Amor, car yo qui la'm ajust, 45
sent grans dolors dant-me folls moviments,
e vós haveu d'açò tals sentiments
com fort destral ha de tallar molt fust.

VII Sí com Adam pres mal del vedat gust,
com sa muller li mostrà mal camí, 50
dient: "Adam, mengem d'aquest bocí,
e semblarem a Déu, qui és tot just",
ne pren a mi, car mon seny ha cregut
la voluntat, fent-li promissió
que ben servint aconsegria do 55
que per null temps tal no fon conegut.

VIII Per mal servir no crech l'haja perdut,
car si·lls treballs hagués soferts per Déu,

57-59 Lo mismo dice a su dama el trovador Guillem de Cabestany (Pagès, *Auzias March*, p. 239):

> S'ieu per crezensa
> Estes vas Dieu tan fis,
> Vius ses falhensa
> Intrera en Paradis...

todo lo que gentileza ordena, mas la cortesía veo que engaña la natura, ya que vivir con malos es la perdición del hombre.

v. Por mal agradecer ni por mala sazón no puede mi corazón desamparar a Amor; devotamente me place recordar aquellos muertos, a los que Dios dé perdón. Y cuando seré traspasado de este mundo letras dirán sobre mi tumba: "Muy juiciosa no lo tengáis a gran vanagloria, pues por vos muero y voy no sabiendo dónde".

vi. La envidia es tal que primeramente confunde a todos aquellos que la acomodan consigo; los envidiados no gustan un poco ni un mucho aquel mal sabor que hubo en los envidiosos. Tal es Amor, porque yo que lo tengo siento grandes dolores que me dan los locos movimientos, y vos habéis de esto tales sentimientos como la fuerte hacha que ha de cortar mucha madera.

vii. Así como Adán que obtuvo mal del prohibido gusto, cuando su mujer le mostró el mal camino, diciendo: "Adán, comamos de este bocado y nos pareceremos a Dios, que es completamente justo", me ocurre a mí pues mi juicio ha creído a la voluntad, haciéndole promesa de que sirviendo bien conseguiría un don que nunca tal fue conocido.

viii. Por mal servir no creo lo haya perdido, porque si los trabajos hubiera sufrido por Dios, fuera

cors gloriós   fóra ·n lo regne seu,
e ja plorant   sovínt me trobe mut.   60
Si·m fos donat   aquest temps en entendre
los grans secrets   enclosos en natura,
no fóra ·l món   cosa que·m fos escura;
dels fets divins   gran part ne pogr· atendre.

IX Plena de seny,   tot mon seny vull despendre   65
amant a vós   sens algun grat cossegre,
e durarà   fins que del riu de Segre
l'aygua corrent   amunt se puga stendre.

VIII

I Ja tots mos cants   me plau metr· en oblit,
foragitant   mon gentil pensament,
e fin· amor   de mi·s partrà breument,
e sí com fals   drut, cercaré delit.
Axí·s conquer   en aquest temps, aymia: 5
cobles e lays,   dances e bon saber
lo dret d'Amor   no poden conquerer;
passà lo temps   que·l bo favor havia.

II Seguiré·l temps   ab afanyós despit,
si co·l dançant   segueix a l'esturment   10
e mostra bé   haver poch sentiment
si per un temps   dança rostit, bullit.
En temps passat,   mudança no sentia;

---

1 Si es seguro que esta composición es de las primeras que escribió, según opina Pagès, cosa que parece dudosa, pronto se cansó el poeta de su obra.

4 *fals drut*, provenzalismo. Pagés (*Auzias March*, p. 253) cita esta expresión en los versos del trovador Folquet de Lunel. En el DCVB, aparece con la definición de "home que comet adulteri". Ademàs del empleo de Ausias March se citan pasajes de Ramón Llull y Jordi de Sant Jordi.

12 *dança rostit bullit*. Bohigas (*Poesies*) da esta interpretación: "de qualsevol manera, sense seguir el moviment

cuerpo glorioso en su reino, y ya llorando frecuentemente me encuentro mudo. Si me fuese en este tiempo dado entender los grandes secretos encerrados en natura, el mundo no fuera cosa que me fuese oscura; de los hechos divinos gran parte pudiera alcanzar.

IX. Muy juiciosa, toda mi inteligencia quiero emplear amándoos sin pretender ninguna satisfacción y durará hasta que el agua corriente del río Segre pueda discurrir hacia arriba.

VIII

I. Ya todos mis cantos me place poner en olvido, echándolos de mi gentil pensamiento, y de mí el fino amor se alejará rápidamente y, como falso amante, buscaré el placer. Así se conquista en este tiempo, amada. Coplas y lays, danzas y buen saber no pueden conquistar el derecho de Amor: pasó el tiempo en que el bueno favor había.

II. Seguiré el tiempo con afanoso despecho, así como el danzante sigue al instrumento y muestra tener muy poco sentido si durante un tiempo danza inflamado, excitado. En el pasado mudanza no sentía, de

---

de la música", que coincide con la traducción de Montemayor: "que hace a cualquier son una mudanza". Cabe, también, este entendimiento: que "danza inflamado, excitado". Para *bullir,* con el sentido de estar excitado, véase DCVB.

d'açò·m reprench e·m tinch per molt grosser,
cuydant saber tot quant era mester: 15
foll és perfet qui·s veu menys de follia.

III Sí com l'infant qui tem mal esperit
com li defall companyia de gent,
prení ·a mi, qui duptava·l turment
que·m dav· Amor acostant-se la nit, 20
e desigé ço qu ·ésser no poria,
car fermetat en ell no pot haver,
puys no és pus que destemprat voler
e dura tant com la passió ·l guia.

IV Sí com quell qui sta·l bosch escondit, 25
robant les gents, matant lo defenent,
e cuyda sser a Déu humil servent,
faent retret del temps qui·l ha servit,
n'ha pres a mi que vós, Amor, servia,
passant afanys, esperant lo plaer, 30
amant molt ferm, ab un escur esper;
puys he pecat, yo meresch punit sia.

V Molt me reprench com d'Amor he mal dit
ne diré mal de don· al món vivent,
e si lo sol és calt naturalment, 35
si no és fret, no deu ser corregit.
Per què d'Amor yo mal ja no diria,
qu·en ell no és de ben fer lo poder,
car fermetat de dona hy és mester,
e si la ves, per déu l'adoraria. 40

VI Per sa bondat, prech la verge Maria
qu·en son servir cambie mon voler,
mostrant-me clar com han perdut carrer
los qui·n amor de les dones han via.

esto me reprendo y me tengo por rudo, procurando saber todo cuanto era menester: es un perfecto loco quien se ve falto de locura.

III. Así como el niño que teme al demonio, cuando le falta compañía de gente, me ocurrió a mí que dudaba el tormento que me daba Amor al acercarse la noche; y desee lo que no podría ser porque en él no puede haber firmeza, pues no es más que destemplado querer y dura tanto como la pasión le guía.

IV. Así como aquel que está escondido en el bosque, robando a la gente, matando al que se defiende, y cree ser un humilde servidor de Dios, haciendo retracción del tiempo que le ha servido, me ocurre a mí que, a vos, Amor, servía, pasando afanes, esperando el placer, amando muy firme, con una oscura esperanza; pues he pecado, yo merezco que castigado sea.

V. Mucho me reprendo cuando he dicho mal del Amor, ni diré mal de mujer que en el mundo vive, y si el sol es caliente por naturaleza, no debe ser corregido si no es frío. Porque de Amor yo mal ya no diría, que en él no está el poder de hacer bien, ya que es necesario firmeza de mujer, y si la viese, por dios la adoraría.

VI. Por su bondad, ruego a la Virgen María que en su servicio cambie mi querer, mostrándome claro como se han extraviado los que se han encaminado al amor de las mujeres.

IX

I Amor se dol   com breument yo no muyr,
pus no li fall,   per ésser de mi fart,
car sos mals ginys   m'han portat en tal part
que mon delit   és quant de plor abuyr;
e de mon dan   yo no só malmirent   5
car só forçat   d'entrar dins tal presó,
que·l seny tinch pres,   l'arbitre y la raó;
Amor ho té   per seu forçadament.

II Yo fas tot quant   me diu lo pensament,
e si hagués   tant seny com Salamó,   10
fóra tot poch   no dar ocasió
que no temés   a son gran manament.
Cell qui no sent   què pot fer molt amar,
yo li perdó   si de mi·s va trufan;
Píramus volch   morir passat d'un bran,   15
e per senblant   mort Tisbe volch passar.

III Si no és pech,   ¿qui·s deu maravellar
d'algun cas fort   qu· esdevenga ·n l'aman?
L'hom fora seny   no pot ser ben usan:
Tal me confés;   donchs no·m vullau reptar.   20
Amor ha pres   lo carch, si·n res fallesch,
car só abstret   de seny e de saber
e res no faç   en contra son voler;
desijant bé,   la dolor li graesch.

IV Stant a part   e sol yo m'enpeguesch,   25
ymaginant   ço que deuria fer;

15-16 Ovidio (*Metamorfosis*, IV, 55-166) cuenta la lamentable historia amorosa de Píramo y Tisbe. Esta leyenda tuvo amplia repercusión literaria a partir de la Edad Media. Píramo y Tisbe han concertado una cita nocturna junto a la tumba de Nino. Tisbe, que llega primero, es ahuyentada por un león. En su huida ha dejado su manto que el león mancha con su propia sangre. Píramo cree

IX

I. Amor se queja cómo yo no muero rápidamente, aunque no le falto, por estar harto de mí. Ya que sus malas artes me han llevado a tal estado que mi deleite es cuando abundantemente lloro, y yo no soy merecedor de mi daño, porque forzado estoy a entrar en tal prisión, que el sentido, el arbitrio y la razón me tienen preso; Amor, forzosamente, los tiene por suyos.

II. Yo hago todo cuanto me dice el pensamiento, y si tuviera tanto juicio como Salomón todo fuera poco para no dar motivo para que no temiese su gran mandamiento. Aquel que no siente lo que puede hacer el mucho amar, yo le disculpo si se va burlando de mí. Píramo quiso morir traspasado por una espada y, por semejante muerte, Tisbe quiso pasar.

III. Si no se es necio ¿quién se puede maravillar que algún caso difícil suceda en el amante? El hombre sin juicio no puede actuar bien. Tal me confieso, entonces, no me queráis reprender. Amor ha tomado el cargo, si en algo falto, porque estoy abstraído de seso y de conocimiento, y nada hago en contra de su voluntad: deseando el bien, le agradezco el dolor.

IV. Estando apartado y solo, yo me avergüenzo imaginando eso que debería hacer; no debo tener es-

---

que su amada ha sido muerta por el león y, desesperado, se quita la vida con su espada. Lo que también hace Tisbe cuando encuentra moribundo a su amante. G. Hart, *Die Pyramus- und Thisbe Sage in Holland, England, Italien und Spanien,* 1891. Elisabeth Frenzel, *Diccionario de Argumentos de la literatura universal.* Madrid, Gredos, 1976.

d'executar   no dech haver esper,
puys lo primer   assaig no enseguesch·
L'imaginar   Amor me vol rependre,
tan llargament   ab vergonya ·m refrena·   30
¿Com se farà   que ab cara serena
haja poder   de ma raó estendre?

V Los fets d'Amor   yo no pusch ben entendre;
de grans contrasts   m· opinió és plena;
hor· ha ·n lo jorn   que no sent ulla pena,   35
pensant en ço   que vinch a l'arma rendre.
Si altra veu   l'imaginar m'hi porta,
per dar senyal   que yo sia cregut,
suplich la mort   qu·en tal cas me ajut;
e si no·m val,   ma veritat jau morta.   40

VI Llir entre carts,   fins a veure la porta
de mos delits   sobirans són vengut;
no·hy he tocat,   ans me'n torn com a mut,
e per tornar   ja trob la via torta.

X

I Sí com un rey,   senyor de tres ciutats,
qui tot son temps   l'ha plagut guerrejar
ab l'enemich,   qui d'ell no·s pot vantar
may lo vencés,   menys d'ésser-ne sobrats,
ans si·l matí   l'enemich lo vencia,   5
ans del sol post   pel rey era vençut,
fins qu·en les hosts   contra·l rey fon vengut
un soldader   qui lo rey desconfia;

II lladonchs lo rey   perdé la senyoria
de les ciutats,   sens ulla posseir,   10
mas l'enemich   dues li'n volch jaquir,
dant fe lo rey   que bon compte·n retria
com a vassall,   la renda despenent

peranza de actuar pues al primer intento no persevero. El imaginar que Amor me quiere reprender tan largamente con vergüenza me refrena. ¿Cómo se hará que, con serena cara, tenga poder para que extienda mi razón?

v. Yo no puedo entender bien los hechos de Amor, mi opinión está llena de grandes contrastes; no hay hora en el día que no sienta ninguna pena, pensando en eso vengo a rendir el alma. Si otra voz me lleva a imaginar por dar señal de que sea creído, suplico a la muerte que en tal caso me ayude, y si no me vale, mi verdad yace muerta.

vi. Lirio entre cardos, hasta ver la puerta de mis deleites soberanos he venido; no he llamado, antes vuelvo como mudo y, para volver, encuentro ya equivocado el camino.

X

i. Así como a un rey, señor de tres ciudades, que siempre le ha complacido guerrear contra el enemigo, el cual no se puede alabar de haberle vencido jamás, menos de ser superior, pues si por la mañana el enemigo lo vencía antes de ponerse el sol era vencido por el rey, hasta que a las huestes contrarias al rey hubo llegado un mercenario que derrotó al rey;

ii. entonces el rey perdió el señorío de las ciudades, sin poseer ninguna, pero el enemigo dos le quiso dejar, comprometiéndose el rey que buen tributo pagaría como vasallo, gastando la renta a voluntad del

    a voluntat   del desposseïdor;
    del altra vol   que no·n sia senyor   15
    ne sia vist   que li vinga ·n esment.

III Llonch temps Amor   per enemich lo sent,
    mas jamés fon   que·m donàs un mal jorn
    qu·en poch instant   no li fes pendre torn,
    foragitant   son aspre pensament.   20
    Tot m'ha vençut   ab sol esforç d'un cors,
    ne·l ha calgut   mostrar sa potent força;
    los tres poders   qu·en l'arma són me força,
    dos me'n jaqueix,   de l'altr· usar no gos.

IV E no cuydeu   que·m sia plassent mos   25
    aquest vedat,   ans n'endure de grat;
    si bé no puch   remembrar lo passat,
    molt és plassent   la càrreg· a mon dors.
    Jamés vençó   fon plaer del vençut,
    sinó de mi   que·m plau qu·Amor me vença   30
    e·m tinga pres   ab sa ·nvisible llença,
    mas paren bé   sos colps en mon escut.

V De fet que fuy   a sa mercè vengut,
    l'Enteniment   per son conseller pres
    e mon Voler   per alguazir lo mès,   35
    dant fe cascú   que may serà rebut
    en sa mercè   lo companyó Membrar,
    servint cascú   llealment son ofici,
    sí que algú   d'ells no serà tan nici
    qu·en res contrast   que sia de amar.   40

VI Plena de seny,   vullau-vos acordar
    com per Amor   vénen grans sentiments,
    e per Amor   pot ser hom ignoscents,
    e mostre·hu yo   qui·n he perdut parlar.

---

19 *pendre torn*. Bohigas (*Poesies*) da esta interpretación:
"no el fes tornar enrera". Propongo la siguiente: le
hiciese cambiar. Esta locución no figura en el DCVB.
31 *llença*. Bohigas (*Poesies*) dice que es una licencia

que le despojó. De la otra [ciudad] quiere que no sea señor, ni que sea visto ni que le venga a la memoria.

III. Largo tiempo siento Amor por enemigo, pero jamás ocurrió que me diera un mal día que inmediatamente no le hiciese cambiar, expulsando su áspero pensamiento. Todo me ha vencido con solo el esfuerzo de un cuerpo, ni le ha hecho falta mostrar su potente fuerza; los tres poderes que en el alma hay me fuerza, dos me deja, el otro no oso emplear.

IV. Y no penséis que me sea bocado agradable este que me es vedado, antes ayuno con gusto; si bien no puedo recordar el pasado, muy placentera es la carga sobre mi espalda. Jamás la derrota fue placer del vencido, sino para mí que me place que Amor me venza y me tenga preso en su invisible red, mas paran bien sus golpes en mi escudo.

V. Así que fui a su merced sometido, el Entendimiento tomó por consejero y mi voluntad la puso de alguacil, prometiendo cada uno que nunca sería recibida en su merced el compañero Recuerdo, sirviendo cada uno lealmente su oficio, de manera que ninguno de ellos será tan necio que nada oponga que sea amar.

VI. Muy sensata, quereos acordar como por Amor vienen grandes penas, y que por Amor puede el hombre ser inocente, y lo pruebo yo que he perdido el habla.

---

poética, por *llança,* ya que debe rimar con *vença. Llança* aparece en los mss. B, F, H. *Llença* es un término marinero que significa bramante de pesca con cebo. Este mismo sentido tiene *lènza* en italiano (Angelico Prati, *Vocabolario etimologico italiano,* Torino, 1951).

XI

I ¿Quins tan segurs consells vas encercant,
   cor malastruch, enfastijat de viure
   amich de plor e desamich de riure,
   com soferràs los mals qui·t són davant?
   Acuyta't, donchs, a la mort qui·t espera,   5
   e per tos mals te allongues los jorns;
   aytant és lluny ton delitós sojorns
   com vols fugir a la mort falaguera.

II Braços uberts és exid· a carrera,
   plorant sos ulls per sobres de gran goig;   10
   melodiós cantar de sa veu oig,
   dient: "Amich, ix de casa strangera.
   En delit prench donar-te ma favor,
   que per null temps home nat l'ha sentida,
   car yo defuig a tot home que·m crida,   15
   prenent aquell qui fuig de ma rigor."

III Ab ulls plorant e cara de terror,
    cabells rompent ab grans udulaments,
    la vida·m vol donar heretaments
    e d'aquests dons vol que sia senyor,   20
    cridant ab veu horrible y dolorosa,
    tal com la mort crida ·l benauyrat,
    car, si l'hom és a mals aparellat,
    la veu de mort li és melodiosa.

IV Bé·m maravell com és tan ergullosa   25
   la voluntat de cascun amador.
   No demanant a mi qui és Amor,
   en mi sabran sa força dolorossa.
   Tots, maldient, sagramentegaran

---

25 *Bé·m maravell*, expresión muy usada en la poesía provenzal y por Ausias March que la emplea muchas veces.

XI

I. ¿Qué consejos tan seguros vas buscando, corazón desventurado, enojado de vivir? Amigo del llanto y enemigo del reír, ¿cómo sufrirás los males que te han de llegar? Apresúrate, pues, a la muerte que te espera, y para tus males te alargas los días. Tan lejos está tu deleitoso descanso como quieras huir de la Muerte halagadora.

II. Con los brazos abiertos ha salido al camino, llorando sus ojos por abundancia de gran gozo. Oigo el melodioso cantar de su voz, que dice: "amigo, sal de casa extranjera. Siento deleite en darte mi favor, que jamás ningún hombre lo ha sentido, porque yo huyo a todo hombre que me llama, tomando a aquel que huye de mi rigor".

III. Con ojos llorosos y cara de terror, mesando los cabellos con grandes aullidos, la vida quiere darme heredades y de estos dones quiere que sea señor, llamando con voz horrible y dolorosa, tal como la Muerte llama al bienaventurado, ya que si el hombre está aparejado con los males, la voz de la muerte le es melodiosa.

IV. Mucho me maravillo de cómo es tan orgullosa la voluntad de todo amador. No preguntándome quién es Amor, en mí sabrán su fuerza dolorosa. Todos, mal-

   que may Amor   los tendrà ·n son poder,   30
e si·ls recont   l'acolorat plaer,
lo temps perdut,   sospirant, maldiran.

v Null hom conech   o don· a mon senblan,
que dolorit   per Amor faça plànyer;
yo són aquell   de qui·s deu hom complànyer,   35
car de mon cor   la sanch se'n va llonyan.
Per gran tristor   que li és acostada,
seca's tot jorn   l'humit qui·m sosté vida,
e la tristor   contra mi és ardida,
e·n mon socors   mà no s'hi trob· armada.   40

vi Llir entre carts,   l'hora sent acostada
que civilment   és ma vida finida;
puys que del tot   ma sperança ·s fugida,
m· arma roman   en aquest món dampnada.

XII

I Ja no esper que si· amat,
car mon voler no·us veu report
per mon esforç, qui no ·s tan fort
que dir que·us am haja gosat.
Per vós me só mès en amar,   5
e mon ull no·m vol descobrir,
molt menys ma llengua volrà dir
ço que·l gest no gosa mostrar.

II Volgr· haver l'ull tan esforçat
ab què·us mostràs lo que dins port,   10
e que·us fes venir en acort
què diu l'esguart enamorat.
De mon cor no puch compte far

    En el m. F, junto al título y con una letra posterior se encuentra: "No es de Ausias March".

diciendo, jurarán que nunca Amor los tendrá en su poder, pero si les digo el engañoso placer, el tiempo perdido, suspirando, maldecirán.

v. No conozco ningún hombre o mujer a mi parecer que, dolorido por Amor, mueva a compasión; yo soy aquel a quien se debe compadecer porque mi corazón se va desangrando. Por la gran tristeza que le ha acontecido siempre está seco el humor que me sostiene la vida y la tristeza se muestra denodada contra mí, y en socorro mío no se encuentra mano armada.

vi. Lirio entre cardos, siento la hora cercana en que civilmente mi vida estará terminada; ya que del todo mi esperanza ha huido, mi alma permanece condenada en este mundo.

XII

i. Ya no espero ser amado porque mi querer no os ve corresponder a mi esfuerzo, que no es tan animoso que haya osado decir que os amo. Por vos estoy puesto en amar, pero mis ojos no lo quieren descubrir; mucho menos mi lengua querrá decir eso que el gesto no osa mostrar.

ii. Quisiera tener los ojos tan atrevidos de forma que os mostrasen lo que llevan dentro, y que os hicieran estar de acuerdo con lo que dice la mirada enamorada. No puedo dar cuenta de mi corazón, ni

ne de ma llengua per lo dir;
dien que·s deu l'ull atrevir, 15
car mills se'n pot atràs tornar.

III Sobre vós és tot bé cargat,
mas feu semblant no voler port
de la mercè qui·l càrrech tort
ab son bell giny ha redreçat. 20
¿Qui pot ne deu tal feix portar,
volent tal pena soferir?
E la mercè no hy vol suplir
per lo gran càrrech parençar.

IV ¿Qui és aquell tan malfadat 25
que sens esper li fall conort,
e no s'esforç contra·l cas fort,
puys en aquell és desperat?
E yo no·m puch aconortar,
ans prench tot giny per no sentir 30
los grans afanys qui·m sent venir
en part venguts per no gosar.

V No puch recollir lo desgrat
que·m ve de mi, sens fer-me tort;
faent menys mal, vey passar mort 35
a molt mesquí desventurat;
car no·m só mè en assajar
d'ésser lo mils nat en ahuyr,
per no poder mi enardir
en passions d'amor mostrar. 40

VI Les dones prech vullen pensar
cascun· ab quin esguart la mir:
en lo gest me vull enardir
puys que Amor m'ha tolt parlar.

de mi lengua para decirlo. Decían que los ojos se deben atrever ya que mejor se puede volver atrás.

III. En vos está acumulado todo bien, pero ponéis gesto de no querer la actitud piadosa para quien la torcida carga con su buen ingenio ha enderezado. ¿Quién puede ni debe tal carga llevar, queriendo sufrir tal pena? Y la piedad no lo quiere suplir por ostentar la gran carga.

IV. ¿Quién es aquel tan desventurado que sin esperanza le falta consuelo, y no se esfuerza contra el difícil caso pues en él está desesperado? Yo no me puedo consolar, antes me ingenio completamente por no sentir las grandes ansias que me siento venir, en parte venidas, por no atreverme.

V. No puedo aceptar el desagrado que procede de mí, sin hacerme daño; haciendo menos mal veo morir a muchos desventurados muy infelices; ya que no estoy puesto a intentar ser el mejor nacido en augurio por no poderme enardecer en pasiones para mostrar el amor.

VI. Ruego a las mujeres que cada una quiera pensar con qué mirada las contemplo; con el gesto me quiero enardecer pues Amor me ha quitado el hablar.

XIII

I Colguen les gents   ab alegria festes,
   lloant a Déu,   entremesclant deports;
   places, carrers   e delitables horts
   sien cercats   ab recont de grans gestes;
   e vaja yo   los sepulcres cercant,   5
   interrogant   ànimes infernades,
   e respondran,   car no són companyades
   d'altre que mi   en son contínuu plant.

II Cascú requer   e vol a son senblant;
    per ço no·m plau   la pràtica dels vius.   10
    D'imaginar   mon estat són esquius;
    sí com d'hom mort,   de mi prenen espant.
    Lo rey xipré,   presoner d'un heretge,
    en mon esguart   no és malauyrat,
    car ço que vull   no serà may finat,   15
    de mon desig   no·m porà guarir metge.

III Cell Texion   qui·l buytre·l menga·l fetge
     e per tots temps   brota la carn de nou,

---

3 *deleitables horts*: "Les *jardins deleitables* étaient quelque chose d'analogue à ce que l'on a appelé chez nous les *cours d'amour* —terme qui n'implique pas l'existence de *tribunaux* d'amour au sens prope, mais désigne ces réunions mondaines oú l'on parlait d'amour en présence des dames, souvent prises pour arbitres dans les discussions. Sur ce problème, qui a fait couler beaucoup d'encre, voir l'excellent résumé de M. Jeanroy, *La poésie lyrique des troubadours*, II, p. 273". Pierre Le Gentil, *La poésie lyrique espagnole et portugaise a la fin du Moyen Age*, Rennes, 1949, I, p. 466.
5-8 Pagès (*Auzias March*, p. 259) cree que en estos versos hay influencia de Dante, especialmente del *Infierno*, que es la parte que parece haber dejado más huellas en su poesía. Trae a colación el llanto desesperado de las almas penadas que reclaman, con sus gritos, una segunda muerte (*Infierno*, I, 115-117). En este pasaje tremendo, de gran plasticidad, es el cementerio el lugar y todo pensado. Tales versos parecen anticiparse al príncipe Hamlet en la memorable escena del cemen-

XIII

I. Celebren fiestas las gentes con alegría, alabando a Dios, entremezclando diversiones; plazas, calles y deleitables jardines sean buscados con narración de grandes gestas; y vaya yo buscando los sepulcros, interrogando almas infernadas que me contestarán, ya que no están acompañadas de otro sino de mí en su continuo llanto.

II. Cada uno busca y quiere a su semejante; por eso no me place el trato con los vivos. Esquivan imaginar mi estado, lo mismo que de un muerto, de mí sienten espanto. El rey chipriota, prisionero de un hereje, a mi parecer no es desdichado ya que lo que quiero no terminará nunca, de mi deseo no podrá sanarme el médico.

III. Como a Ticio, cuyo hígado le come el buitre e incesantemente le crece la carne de nuevo y en su

---

terio y a los románticos amigos del paisaje y tema sepulcral. Menéndez y Pelayo acertadamente consideró al poeta valenciano como un romántico anticipado.

13 Alude al rey de Chipre Janus de Lusignan hecho prisionero el 7 de julio de 1426, en la batalla de Chierochitia. Fue llevado a El Cairo, donde permaneció prisionero hasta el 20 de mayo de 1427, en que fue rescatado. Pagès (*Commentaire*, pp. 18-19).

17 Tityus (Texion y Tixion en los mss. ausiasmarquianos) fue un famoso gigante, hijo de Júpiter. Ticio intentó violentar a Letona por lo que fue muerto por los hijos de ella. Condenado al infierno los buitres constantemente le devoraban las entrañas. Otras versiones dicen que era una serpiente la que incesantemente comía su hígado. Ticio aparece en la literatura greco-latina (*Odisea* 7, v. 325; Virgilio, *Eneida* 6, v. 525; Ovidio, *Metamorfosis* 4, v. 457; Horacio, 3, *Oda* IV, v. 77, etcétera). El que este gigante aparezca en Dante (*Infierno*, XXXI, v. 124) inclina a Pagès (*Auzias March*, p. 259) a pensar en una posible influencia del poeta italiano.

en son menjar aquell ocell may clou;
pus fort dolor d'aquesta·m té lo setge, 20
car és un verm qui romp la mia pensa,
altre lo cor, qui may cessen de rompre,
e llur treball no·s porà enterrompre
sinó ab ço que d'haver se defensa.

IV E si la mort no·m dugués tal ofensa 25
— fer mi absent d'una tan plasent vista —,
no li graesch que de terra no vista
lo meu cors nuu, qui de plaer no pensa
de perdre pus que lo ymaginar
los meus desigs no poder-se complir; 30
e si·m cové mon derrer jorn finir,
seran donats térmens a ben amar.

V E si·n lo cel Déu me vol allogar,
part veura Ell, per complir mon delit
serà mester que·m sia dellay dit 35
que d'esta mort vos ha plagut plorar,
penedint-vos com per poca mercè
mor l'ignoscent e per amar-vos martre:
cell qui lo cors de l'arma vol departre,
si ferm cregués que·us dolrríeu de se. 40

VI Lir entre carts, vós sabeu e yo sé
que·s pot bé fer hom morir per amor;
creure de mi, que só en tal dolor,
no fareu molt que hy doneu plena fe.

XIV

I Malventurós no deu cercar Ventura;
croar-se deu lo front com l'anomenen,

1-8 Pere Ramírez (*La poesia de Ausiàs March,* p. 31)
opina que la dificultad de esta octava desaparece con
la puntuación que propone:

> Malventurós no deu cerquar Ventura;
> croar-se deu lo front com la nomenen.

comer aquella ave nunca acaba, más fuerte dolor que éste me tiene cercado, ya que es un gusano que roe mi pensamiento, otro el corazón, que nunca cesan de roer, y su trabajo no se podrá interrumpir sino con lo que está vedado tener.

IV. Y si la muerte no me produjese tal ofensa, al privarme de una tan placentera contemplación [de la amada], no le agradezco que no cubra de tierra mi cuerpo desnudo, pues no piensa en el placer que pierde, sino que mis deseos no se podrán cumplir; y si me conviene terminar mi último día, serán dados términos al bien amar.

V. Y si Dios en el cielo me quiere acoger, aparte de ver a Él, para conseguir mi deleite será preciso que allá me digan que esta muerte os ha movido al lloro, arrepintiéndoos de cómo por poca piedad muere el inocente y por amaros mártir: aquel que querría separar el cuerpo del alma, si firmemente creyera que os doleríais de él.

VI. Lirio entre cardos, vos sabéis y yo sé que bien se puede hacer al hombre morir por amor; creedme, pues estoy en tal dolor, no haréis mucho si dais plena fe.

XIV

I. El desventurado no debe buscar Ventura: debe de hacer en la frente la señal de la cruz cuando la

---

No desloant los qui favor ne prenen
entreposant lur bon enginy e cura,
negú no deu son juy tan prest aver
que cell desllou qui Ventura vol fènyer
no virtuós, denegant-li atènyer
ço que sos fills han menys d'algun saber.

La puntuación dada por Bohigas (*Poesies*) discrepa de la de Pagès (*Obres*) en cambiar el punto y coma (v. 1) por dos puntos y en suprimir la coma al final del v. 3.

no deslloant los qui favor ne prenen
entreposant llur bon enginy e cura.
Negú no deu son juý tan prest haver
que cell desllou qui Ventura vol fènyer,
no virtuós, denegant-li atènyer
ço que sos fills han menys d'algun saber.

II Eleix-me, donchs, d'ésser aventurer,
si bé no·m pusch tant retraure ne strènyer
qu·en contra d'ell me pogués tant empènyer,
sí que fugís a son peu molt llauger.
Senyor és gran, béns mundans regidor,
e son juý és al ull amagat,
ferint-vos lla d'on sereu delitat,
e que·l delit vengués tot per Amor.

III Llonch és lo temps del contínuu dolor
a part detràs, car són cinch anys passats
que·m fuig delit com hy suy acostats,
fent-me sentir fret aprés de calor,
diverssitat de cassos aportant
per desgastar d'Amor lo benifet;
dels béns d'Amor conservador se'n ret:
fóra content yo qui só desijant.

IV A Déu ne·l món no só d'Amor clamant,
car bé ha dat aygu· a ma granda set,
no sadollat, mas compte li'n és fet
no pot complir ço que só desijant;
e no mereix algun repreniment,
car del cel terç eguals forces nos fa
segons cascú a ·mar dispost està,
e tant com pot estreny son manament.

18 Pagès (*Obres*, I, p. 166) opina que empleando el lenguaje convencional del *Gay Saber*, "declara que fa més de cinc anys que es enamorat, es a dir poeta". Deducción que le parece demasiado arriesgada a Pere Ramírez (*La poesia de Ausiàs March*, p. 32).
30 *cel terç*, el cielo de Venus. Desde allí irradiaba la diosa el amor sensual al mundo (Dante, *Paraíso*, VIII, 3).

nombran, no censurando a los que alcanzan su favor mediante su buena habilidad y cuidado. No debe nadie tener la opinión tan presta para censurar a quien Ventura quiere burlar, no virtuoso, negándole lograr lo que sus hijos tienen sin ningún conocimiento.

II. Déjome, pues, de ser buscador de Ventura, si bien no me puedo tanto retraer ni limitar que hacia ella no me pudiera lanzar tanto que huyera con su pie muy ligero. Gran señora es, regidora de los bienes mundanales y su juicio lo hace con los ojos vendados, hiriéndoos allí donde os producirá deleite y que el deleite viniera todo por Amor.

III. Largo es el tiempo pretérito del continuo dolor, pues cinco años son pasados que me huye el deleite cuando a él me acerco, haciéndome sentir frío después de calor, presentando diversidad de situaciones para destruir el beneficio de Amor; se considera conservador de los bienes de Amor: fuera contento yo que estoy deseando.

IV. No estoy clamando contra Amor, a Dios ni al mundo, porque bien ha dado agua para mi gran sed, no saciada, pero cargo le es hecho pues no puede cumplir lo que estoy deseando; y no merezco ninguna represión, porque el tercer cielo nos da iguales fuerzas según está dispuesto a amar cada uno, y tanto como puede constriñe su mandamiento.

v Fortuït cas m'ha fet ésser absent
del foch d'Amor qui ja·m il·luminà;
en millor cas Ventura·l apagà, 35
e yo són cert qu·Amor ne fon dolent;
per què no·m clam d'Amor, mas de Ventura,
car son poder me ha desfavorit;
en abandó no·m vol haver jaquit
ans persegueix amor e ma gran cura. 40

vi Llir entre carts, del món deu perdre cura
qui li cové d'Amor perdr· esperança,
e tal o qual és d'Amor la fermança
ab lo desig que li dóna punctura.

XV

i Si prés grans mals un bé ·m serà guardat,
mos guays e plants delits se convertran:
aprés los mals, los béns mellors parran,
e bé no val tant com no és preat.
Rey pot ser dit lo pobre dins sa pensa 5
per un petit do que·l sia ofert,
e lo rich hom, de llarguesa desert,
gran suma d'or pobretat no·l defensa.

ii Mon pensament, enbolt en amor, pensa
com tot son bé d'aquest lloch pusca traure; 10
no piadós, Amor lo veu mort jaure;
durar no deu lo comport d'est· ofensa.
Per mal de mi romp sos costums Amor

---

2 *guays*, 'ayes'. Ausias March ha convertido en sustantivo plural la exclamación de dolor francesa y provenzal *guai* (tomada del gótico wai). En castellano el arcaísmo "guayas".
12 *durar*. Bohigas (*Poesies*) propone que se traduzca por 'sofrir', y *comport* por 'el fet de suportar'. Creo que *durar* tiene el mismo sentido que le damos hoy —y así

v. Un caso fortuito me ha hecho estar ausente del fuego de Amor que ya me iluminó; en mejor caso Ventura lo apagó, y estoy seguro que Amor se sintió dolorido, por lo que no clamo contra Amor sino contra Ventura, porque su poder me ha perjudicado; en abandono no quiere haberme dejado antes persigue el amor y mi gran cuidado.

vi. Lirio entre espinas, debe perder cuidado del mundo quien le conviene perder la esperanza de Amor, y tal o cual es la firmeza de Amor con el deseo que le da cuidado.

XV

i. Si después de grandes males un bien me será concedido, mis ayes y llantos en deleites se convertirán: después de los males los bienes parecerán mejor y el bien no vale sino tanto como es apreciado. Rey puede ser llamado el pobre en su pensamiento por un pequeño don que le sea ofrecido, y el hombre rico, carente de largueza, gran cantidad de oro no le defiende de miseria.

ii. Mi pensamiento, envuelto en amor, piensa cómo pueda sacar todo su bien de esta situación; no piadoso, Amor lo ve caer muerto; no debe durar el comportamiento de esta ofensa. Por mi mal, Amor

---

lo emplea el poeta en otras ocasiones—. En cuanto a *comport* hay que darle el sentido que tiene en provenzal de 'conducta, acción', que es el 'comportar' castellano. El sujeto de "durar no deu" es "lo comport", a mi juicio y no "mon pensament" como cree Bohigas.

    e fa mentir   los qui d'ell han escrit;
    esperiment   en mi és defallit: 15
    Amor desdiu   ser en tal cas senyor.

III Sí com lo sol   escalf· ab sa calor
    totes les parts   que són dejús lo cell,
    escalf· Amor   cascun cor de bon zel,
    sinó·l de vós,   qui és ple de fredor.   20
    ¿D'on ve lo glaç,   qui tanta fredor porta,
    faent contrast   al calt que Amor gita?
    Los ermitans   fa surtir del ermita;
    los grans delits s'entren per esta porta.

IV Del foch d'amor   Phedra no fonch estorta,   25
    requerre volch   Ypòlit son fillastre,
    e Lançalot   hac en amor tal astre
    que fon request   per dona qui·n fo morta.
    ¡O cruels fats!   vós qui fés jutjament
    que yo amàs   un cor de carn tan dur,   30
    feu-lo ser moll,   manau-li que no dur
    que ab ull cast   denegue mon talent.

V Amor és tal   que fets injusts consent,
   mas jamés fon   tan injust com aquest,
   car yo guayment,   mon cervell romp lo test,   35
   e vós sóu prop   que·m siau mal volent.
   Ma pensa és   en vos amar enbolta,
   és-li forçat,   d'altra part no la tiren,
   e vostres ulls   en guardar mi no·s giren
   e mostren bé   que pensa teniu solta.   40

25 *Phedra*, su historia y culpable amor por su hijastro
   Hipólito, fueron ampliamente conocidos en la Edad
   Media. Antes de 1396 se fecha la traducción en prosa
   valenciana que el estrenuo caballero Antoni de Vila-
   ragut hizo de las tragedias de Séneca, entre ellas la de
   Fedra, véase *Las tragedias de Séneca*, Edición de M. Gu-
   tiérrez del Caño, Valencia, 1914.
27 *Lançalot*. Los amores de Lanzarote y de la reina Gi-
   nebra, esposa del rey Arturo, tuvieron gran resonancia
   en la literatura medieval y posterior. Es leyendo la

rompe sus costumbres y hace mentir a los que sobre
él han escrito; experiencia ha fallado en mí: Amor
desdice ser en tal caso señor.

III. Así como el sol calienta con su calor todas
las partes que están debajo del cielo, calienta Amor
cada corazón de buen celo, menos el de vos que está
lleno de frío. ¿De dónde viene el hielo, que tanto
frío contiene, haciendo contraste al calor que Amor
arroja? Los ermitaños hace salir de la ermita; los
grandes deleites se entran por esa puerta.

IV. Fedra no fue librada del fuego del amor, re-
quiere el querer de Hipólito, su hijastro, y Lanzarote
tiene tal hado en amor que fue requerido por mujer
que estaba muerta. ¡Oh crueles hados! Vosotros que
justamente hicisteis que amase un corazón de carne tan
duro, hacedle que sea blando, mandadle que no resista
y que con ojos castos deniegue mi deseo.

V. Amor es tal que consiente hechos injustos, pero
nunca fue tan injusto como ahora, porque yo me la-
mento, mi seso rompe el cráneo, y vos estáis cerca de
que me sigáis mal queriendo. Mi pensamiento está
puesto en amaros, le es forzoso, nada hay que de esto
le saque, y vuestros ojos no se vuelven a mirarme y
bien muestran que tenéis libre el pensamiento.

---

historia de estos amores como surge la pasión adúltera
entre Paolo y Francesca de Rímini, que tanto dolor
causa a Dante al conversar con ellos en el *Infierno*
(V, 127-142).
32 *talent*, provenzalismo: 'deseo, apetito de algo'.
35 *test*, provenzalismo: 'cráneo, testa'. Para *guayment*,
véase la nota 2 a este canto XV.

VI Si amat só,   festa ·n deu ésser colta,
    car en lo món   un cors serà guanyat:
    axí lo cel   fa gran solempnitat
    com del infern   un· arma ·n pot ser tolta.
    Los cantadors   ab melodia canten,   45
    los trobadors   a fer dictats acuyten,
    los aldeans   salten, corréguen, lluyten,
    los amadors   d'amor bé no s'espanten.

VII Plena de seny,   molts hòmens són qui·s vanten
    que han ben vist   Amor e conegut,   50
    portans d'aquell   escrits en llur escut;
    no·l han sentit,   e de sos fets s'espanten.

XVI

I   Junt és lo temps   que mon goig és complit
    en lo esguart   del qu· he yo desijat,
    car vist he ço   d'on era desperat,
    e molt pus bell   que dins mi no fón dit.
    Mas de present   caych en dolor no llenta: 5
    fort és e tant   que·l cap me fa mudar;
    torbat del tot,   mos passos he cuytar
    e trob remey,   mas de mi no s'absenta.

II Sí com l'exorch   qui a Déu no esmenta
    que li dón fills   assenats e adrets,   10

43-44 Bohigas (*Poesies*), respecto a estos versos, recuerda a San Lucas (XV, 7): "Os digo, que así habrá más gozo en el cielo de un pecador que se arrepiente, que de noventa y nueve justos, que no necesitan arrepentimiento".

6 *fa mudar*, provenzalismo, 'hace morir'.

9 *exorch* o *eixorch*, 'estéril' (DCVB), también en provenzal (*eisorc*) Romaní, en la traducción de esta estrofa, da esta equivalencia: "Como el contrecho que sta a Dios rogando / que le de hijos muy sesudos y derechos"..., teniendo en cuenta, seguramente, que un hombre estéril no puede pedir tener hijos y menos lograrlos. Montemayor da esta versión:

vi. Si soy amado solemnizada fiesta se debe hacer ya que un cuerpo será ganado para el mundo, por eso el cielo hace gran solemnidad cuando un alma puede ser salvada del infierno. Los cantadores canten con melodía, los trovadores se apresuren a hacer sus versos, los aldeanos brinquen, corran, luchen, los amadores no se espanten de bien amar.

vii. Muy juiciosa, son muchos los hombres que se vanaglorian de que a Amor bien han visto y conocido, llevando en su escudo escritos de él; no lo han sentido y de sus hechos se espantan.

XVI

i. Es llegado el tiempo que mi gozo está cumplido en la mirada de la que yo he deseado ya que he visto aquello por lo que estaba desesperado, y mucho más bello pues no fue dicho en mi interior. Pero ahora caigo en no blando dolor: y es tan fuerte que la cabeza me hace morir; completamente turbado, he de apresurar mis pasos y encuentro remedio, pero no se ausenta de mí.

ii. Así como el mezquino que a Dios no tiene presente para que le dé hijos sensatos y sanos y cuan-

---

A Dios el hombre estéril no importuna
le dé hijos derechos ni avisados;
y no hay paciencia en él después ninguna,
si los vee tuertos, locos y turbados;
pues yo que desseava amar alguna,
a do mi amor cupiese y mis cuydados,
quando la veo, muero, y no hay paciencia
en ver que nunca havrá de mi clemencia.

He traducido *l'exorch* por un sinónimo de estéril como el inútil o el mezquino.

        e quant los veu   ésser folls e contrets
        nova dolor   davant ell se pressenta,
        n'ha pres a me,   qui tostemps desigé
        dona servir   on cabés tot mon alt,
        e, quant la veg,   mon cor s'ajau malalt,   15
        creent de cert   que no·s dolrà de me.

III De gran tristor   sobresdolor me ve
        que·m cal fugir   de cascun lloch escur,
        e de gran por   ma pens· ha fet tal mur
        que·ls penssaments   dapnosos li deté;   20
        e són aytals   que, si d'ells no·s defèn,
        ben enfortint   la força mal defesa,
        tots entraran   sients a taula mesa:
        ¡tremolar sent   ja mon enteniment!

IV D'ésser vençut   o sobrat no·s defèn;   25
        és lo tardar,   que·ls pensaments són glots:
        sens fer-se lloch   entrar volrien tots
        e no·s pot fer   d'ells ensemps passamén.
        E si·l pus flach   pensament és primer,
        l'enteniment   forçarà de fugir: 30
        en llur debat   és mon ben avenir;
        llur pau és port   d'aquell jorn meu derrer.

V Pejor que mort   és vida sens plaer,
        mas no·m acús   que fenesca ma vida,
        car, mentre visch,   no pot ésser perida   35
        una dolor   jut· ab algun esper;
        ne sé d'on ve,   mas de por de natura
        que no consent   contra mort gran esforç,
        e per açò   contra mon cas m'esforç
        per no complir   la mia desventura.   40

VI Plena de seny,   en home foll atura
        la molt· amor   ab vana esperança,
        car pren tal born   que cerca tota França;
        d'aquest gran vol   la raó ne murmura.

do los ve estar locos y lisiados nuevo dolor se presenta ante él, me ha ocurrido a mí que siempre deseé servir mujer donde cupiera todo mi contento, y cuando la veo mi corazón se enferma, creyendo con certeza que no se compadecerá de mí.

III. De gran tristeza me viene muy extremado dolor que me obliga a huir de todo lugar oscuro y del gran miedo mi pensamiento ha hecho tal muro que detiene a los pensamientos dañosos; y son tales que, si no se defiende de ellos, fortaleciendo bien la fuerza mal defendida, todos entrarán, sentándose a la mesa servida; temblar siento ya mi entendimiento.

IV. No se defiende de ser vencido o derrotado; es la tardanza, pues los pensamientos son glotones, sin hacerse sitio entrar querrían todos y no se puede hacer para ellos paso a la vez. Y si el más débil pensamiento es el primero, el entendimiento forzará huir: de su lucha depende mi buen futuro; su paz es el puerto de aquel mi día postrero.

V. Peor que la muerte es la vida sin placer, mas no me acuso de que fenezca mi vida ya que mientras viva no puede dejar de existir un dolor junto con alguna esperanza: no sé de dónde viene, sino del miedo de la natura que no consiente gran esfuerzo contra la muerte, y por esto contra mi situación me esfuerzo para no cumplir mi desventura.

VI. Muy sensata, en hombre loco dura mucho el amor con vana esperanza ya que toma tal camino que recorre toda Francia; de este gran vuelo murmura la razón.

XVII

I   Si Déu del cors   la mi· arma sostrau,
no·m planyeran   sinó mos cars parents,
car mos amats   no·m són tan benvolents
qu·en aquell cas   no·ls calga dir: "¡Plorau!"
Escàs lloguer   és dat a mon treball   5
com no só plant   de pena sostenguda,
e si rahó   pot ésser coneguda,
culpa no han,   puys bon voler los call.

II   E d'açò·m planch   e quedament treball,
e dins mi plor   e calle com a mut,   10
e fir-me cell   qui·m degra ser escut,
trencant mon cor,   e crit de mi no sall.
D'Amor ho dich,   qui·m trenca lo pensar
que per null temps   seré per vós amat,
e per açò   yo·m trob desesforçat   15
car tot assaig   se causa d'esperar.

III   Dels amadors   me vull ben informar
on és amor   en desesperat cor,
e si és viu,   per què de fet no mor,
com per amor   no pot amor mostrar.   20
No diré pus,   mas contenple cascú
l'estat d'aquell   qui en tal cas se veu.
Mas, ¡guay de mi!   que tot lo cas és meu;
donchs no deu ser   que no·m plore algú.

IV   Los mals d'amor   són pochs al jui comú,   25
car en pochs cau   aquesta passió,
e tal dolor   no la sent la raó;
sinó a si,   no pot jutjar algú.

---

3 *amats*, provenzalismo, 'amigos queridos'.
5 *lloguer*, provenzalismo en el sentido de dar una recompensa.
10 *sall*, del provenzal *salhir*, 'lanza, sale'.

XVII

I. Si Dios saca mi alma del cuerpo, no me llorarán sino mis queridos parientes ya que mis amadas no me son tan bienquerientes que en aquel caso no sea necesario decirles: "¡Llorad!" Escasa paga es dada a mi trabajo cuando no soy llorado con pena sostenida, y si la razón puede ser conocida, no tienen culpa, pues buen amor les enmudece.

II. Y de esto me duelo y silenciosamente sufro, y dentro de mí lloro y callo como un mudo, y me hiere aquel que debería ser escudo, rompiendo mi corazón, pero de mí no sale un grito. De Amor lo digo, pues me quiebra el pensar que nunca seré amado por vos, y por esto me encuentro sin fuerzas ya que todo intento se motiva en la esperanza.

III. De los amadores me quiero bien informar dónde está el amor en el corazón desesperado, y si está vivo por qué en realidad no muere cuando con amor no puede amor mostrar. No diré más: pero cada uno contemple el estado de aquel que en tal caso se ve. Mas, ¡ay de mí!, que todo ese caso es el mío; entonces, no debe ser que alguien no me llore.

IV. Los males de amor son pocos en la opinión común, porque en pocos se encuentra esta pasión, y tal dolor no lo siente la razón; si no es así nadie lo puede juzgar. Conoce el dolor de la muerte aquel que

Aquell coneix la dolor de la mort
qui·n força és, volent-li donar volta, 30
e cell qui ha sa vida ·n delits bolta,
de tal dolor no pot fer bon report.

V És veritat: si portam en recort
que molts passats morir ne sostengueren,
conexerem quanta dolor hagueren 35
puys que morir los fon millor soport.
Sens causa gran null acte gran se fa;
per ço cascú pot haver conexença
que·l hom, havent de mort poca temença,
tan foll gosar gran dolor lo portà. 40

VI Metg· en lo món saber no li bastà
sentir lo mal que lo malalt soferta,
mas per senyals en la part descuberta
porà jutjar l'hom en quin punt està.
Enaxí ·n pren al hom d'amor puncell; 45
no pot sentir passió, mas veu l'acte
d'ayçell que·n si porta lo gran caracte
d'Amor, qui may contra si vol consell.

VII Sí com empeny ballesta lo quadrell
aytant com pus la sua força basta, 50
la voluntat del hom o dona ·s casta,
tant quant Amor sa força ·sten en ell.
Encontr· Amor no valgué saviesa;
sinó, David se'n fóra bé deffès,
e savis molts no hagren tant amprès 55
si contr· Amor valgués alguna ·mpresa.

---

30 *donar volta*, se pregunta Ramírez i Moles (*La poesía de Ausiàs March*, p. 34) si no significa un suplicio no infrecuente en el siglo XV que consistía en colgar cabeza abajo. Cita en capítulo 146 de *Tirant*: "*li donà sentència de mort e que fos penjat cap avall...*" Siquiendo un poco después: "*e Diafebus pres l'home... que ja estava en l'escala per dar-li la volta*".

en la horca está, queriéndole poner la cuerda al cuello, pero aquel que tiene la vida envuelta en deleites de tal dolor no puede dar buena cuenta.

v. Es verdad: si tenemos en cuenta que muchos antepasados soportaron el morir conoceremos cuánto dolor tuvieron, puesto que morir les fue mejor auxilio. Sin gran causa ningún gran acto se hace, por esto cada uno puede tener conocimiento que el hombre teniendo poco temor de la muerte, tan loco gozar gran dolor le trajo.

vi. En el mundo el saber no le es suficiente al médico para conocer el mal que sufre el enfermo, pero por los síntomas en la parte descubierta podrá juzgar en qué situación está el hombre. Lo mismo le ocurre al hombre virgen en amor, que no puede sentir pasión mas ve en el acto aquello que en sí lleva el gran carácter de Amor, que nunca contra sí quiere consejo.

vii. Así como el cuadrillo arroja la ballesta tanto más como su fuerza basta, la voluntad del hombre o de la mujer es casta tanto cuanto Amor su fuerza en él se extiende. En contra de Amor no valió sabiduría, si no David bien se hubiera defendido y muchos sabios tanto no hubieran aprendido si contra Amor valiese alguna empresa.

---

45 *puncell* o *poncell* (en provenzal *piusel, pulsel, punsel*), 'muchacho virgen'.
47 *ayçell*, provenzalismo, 'aquel'.
47 *caracte*, licencia poética o falsa rima, para rimar con *acte*.

VIII Plena de seny,   per no ésser entesa
    la mi· amor   porà scapar sens mèrit;
    e sab-me greu, com no haureu demèrit
    per mon parlar no faent-la·us palesa.   60

XVIII

I Fantasiant,   Amor a mi descobre
   los grans secrets c·als pus suptils amaga,
   e mon jorn clar als hòmens és nit fosca,
   e visch de ço que persones no tasten.
   Tant en Amor l'esperit meu contempla,   5
   que par del tot fora del cors s'aparte,
   car mos desigs no són trobats en home
   sinó en tal que la carn punt no·l torbe.

II Ma carn no sent aquell desig sensible
   e l'esperit obres d'amor cobeja;   10
   d'aquell cech foch qui·ls amadors s'escalfen,
   paor no·m trob que yo me'n pogués ardre.
   Un altr· esguart lo meu voler pratica
   quant en amar· vos, dona, se contenta,
   que no han cells qui amadors se mostren   15
   passionats e contr· Amor no dignes.

III Si fos Amor substança raonable
    e que·s trobàs de senyoria ceptre,
    béns guardonant e punint los demèrits,
    entre·ls mellors sols me trobara fènix;   20
    car yo tot sols desempare la mescla
    de lleigs desigs qui ab los bons s'enbolquen.
    Càstic no·m cal, puys de assaig no·m tempten;
    la causa llur en mi és feta nulle.

---

11 *cech foch*, véase la nota al III, 5. En la edición de
   Romaní aparece *sech foch*, que él traduce "seco fuego".
20 Sobre el considerarse superior, véase las pp. 59-60.

VIII. Muy sensata, por no ser mi amor entendido podrá escapar sin mérito; y me duele, como no tendréis demérito por mi hablar no manifestándolo a vos.

XVIII

I. Fantaseando, Amor me descubre los grandes secretos que a los más sutiles esconde, y mi día claro es noche oscura a los hombres, y vivo de lo que las personas no prueban. Tanto mi espíritu contempla en Amor que parece que fuera del cuerpo todo se separe, pues mis deseos no son encontrados en el hombre sino en aquel que la carne nada le turba.

II. Mi carne no siente aquel deseo sensual y el espíritu obras de amor anhela; de aquel ciego fuego en que los amadores se queman no me encuentro temeroso de que pueda arder. Otra actitud mi voluntad considera cuando en amaros, señora, se contenta, que no tienen aquellos que apasionados amadores se muestran y no son dignos de Amor.

III. Si fuese Amor sustancia racional y tuviese cetro de señoría, premiando los bienes y castigando los males, sólo entre los mejores me encontrara fénix, porque únicamente yo rechazo la mezcla de sucios deseos que se envuelven con los buenos. Castigo no me es menester, pues de ponerme a prueba no me tientan, su causa es nula en mí.

IV Sí com los sants, sentints la llum divina,   25
    la llum del món conegueren per ficta,
    e menyspreants la glòria mundana
    puys major part de glòria sentien,
    tot enaxí tinch en menyspreu e fàstig
    aquells desigs, qui complits, Amor minva,   30
    prenint aquells que del esperit mouen,
    qui no ·s lassat, ans tot jorn muntiplica.

V   Sí com sant Pau Déu li sostragué l'arma
    del cors perquè vés divinals misteris,
    car és lo cors del esperit lo carçre   35
    e tant com viu ab ell és en tenebres,
    axí Amor l'esperit meu arrapa
    e no.hy acull la maculada pensa,
    e per ço sent lo delit qui no·s canssa,
    sí que ma carn la ver· amor no·m torba.   40

VI Pren-m· enaxí com aquell philosophe
    qui, per muntar al bé qui no·s pot perdre,
    los perdedors llançà en mar profunda,
    creent aquells l'enteniment torbassen.
    Yo, per muntar al delit perdurable,   45
    tant quant ha·l món gros plaer de mi llance,
    creent de cert que ·l gran delit me torba
    aquell plaer qu·en fàstig, volant, passa.

VII Als naturals no par que fer-se pusquen
    molts dels secrets que la deytat s'estoja,   50
    que revelats són stats a molts martres,
    no tan suptils com los ignorants y aptes.
    Axí primors Amor a mi revela,
    tals que·ls sabents no basten a compendre,
    e quant ho dich, de mos dits me desmenten,   55
    dant aparer que folles coses parle.

30 2 *Corintios*, 12, 1-4.
38 *maculada*, cultismo.
41-44 Pagès: "Ce philosophe n'est autre que le cynique Cratés à qui saint Thomas (II-II, 186, 3) attribue ce beau

IV. Así como los santos, sintiendo la luz divina, conocieron la luz del mundo por ficticia, y despreciaron la gloria mundana pues sentían una parte mayor de gloria, así completamente tengo en desprecio y fastidio aquellos deseos que acabados merma Amor, tomando aquellos que del espíritu salen, que no está fatigado, al contrario, se multiplica siempre.

V. Así como a san Pablo Dios le sacó el alma del cuerpo para que viese divinales misterios, ya que el cuerpo es la cárcel del espíritu y, tanto como vive, en él está en tinieblas, así Amor mi espíritu arrebata y no acoge el manchado pensamiento, y por eso siento el deleite que no se cansa, así que mi carne no me turba el verdadero Amor.

VI. Sucédeme lo mismo que aquel filósofo que por subir al bien que no se puede perder, lanzó a la mar profunda los que se pierden creyendo que estos le turbarían el entendimiento. Yo, para subir al deleite perdurable, arrojo de mí cuanto hay en el mundo de grosero placer, creyendo, con certeza, que me turba el gran deleite aquel placer que en fastidio, volando, pasa.

VII. A los humanos no les parece que puedan realizarse muchos de los secretos que guarda la divinidad y que han sido revelados a muchos mártires, no tan sutiles como los sabios y los ignorantes: así Amor me revela sutilezas que los sabios no alcanzan a comprender, y, cuando lo digo, mis palabras me desmienten dando a entender que hablo de cosas sin sentido.

---

gest, d'après saint Jerôme" (*Auzias March*, p. 307). Tanto Romaní como Montemayor en sus traducciones dan el nombre de Diógenes.

VIII Llir entre carts,   lo meu voler se tempra
      en ço que null   amador sap lo tempre;
      ço fay Amor,   a qui plau que yo senta
      sos grans tresors;   sols a mi·ls manifesta.   60

XIX

I   ¡Oiu, oiu,   tots los qui bé amats,
    e planyeu mi   si deig ésser plangut,
    e puys veeu   si és tal cas vengut
    en los presents   ne·n los qui són passats!
    Doleu-vos, donchs,   de mi, vostre semblant   5
    en soferir   la dolor delitable,
    car tost de mi   se dolrà lo diable
    com veurà mi   semblant mal d'ell passant.

II ¿Qui és l'hom viu,   tal dolor sufertant,
    que desig ço   de què se desespera?   10
    Aytant és greu   que no par cosa vera
    desijar ço   de qu· és desesperant.
    Ne só ·nganat   de mon mal estament:
    tot quant pratich   tornar me sent en dan;
    menys de poder   me trob, havent-lo gran,   15
    car no·m esforç   per mostrar mon talent.

III Mon primer mal   és mon esperdiment,
    per què·m air   e per no res m'acús;
    e lo segon   és terrible refús
    que vós mostrau   si·us feya ·nqueriment.   20
    Portat me trob   a molt prop de ma fi,
    puys mon voler   cas inpossible guarda;

---

6 Define el amor como un "dolor deleitable", tópico en la poesía provenzal y posterior.
9-17 Para estos versos véase Pagès, *Auzias March,* p. 302, que cita a Santo Tomás como esclarecedor de lo que dice el poeta.
16 *talent,* provenzalismo, 'apetito, deseo, intención, inclinación'.

VIII. Lirio entre cardos, mi querer se templa en aquello que ningún amador sabe el temple; eso hace Amor, a quien le place que yo sienta sus grandes tesoros; sólo a mí los manifiesta.

XIX

I. ¡Oíd, oíd, todos los que bien amáis, y compadecedme si debo ser compadecido y después ved si un caso tal ha sucedido en los [tiempos] presentes ni en los que son pasados! Doleos, pues, de mí, vuestro semejante en sufrir el dolor deleitable, ya que presto de mí se dolerá el diablo cuando verá mi mal semejante al que él pasa.

II. ¿Quién es el hombre vivo, que sufriendo tal dolor, desea eso por lo que se desespera? Tan grave es que no parece cosa verdadera desear aquello por lo que se está desesperando. No me engaño de mi mal estado, todo lo que hago siento que en daño se me convierte, sin poder me encuentro, teniéndolo grande, porque no me esfuerzo en mostrar mi deseo.

III. Mi primer mal es mi perdición, porque me enfurezco y por nada me acuso; y lo segundo el terrible rechazo que vos mostráis si os hacía requerimiento. Me encuentro llevado muy cerca de mi fin, pues mi querer contempla el caso imposible, no tardará la hora,

no tardarà l'hora que ja fos tarda,
que tendré·ls peus en l'avorrit camí.

IV Si per null temps en contr· Amor fallí, 25
yo·n són reprès, planyent-me'n l'enemich,
e may vers mi poguí ésser amich,
car per null temps poder hi despenguí.
Hoc lo voler me trob en abundança,
mas del poder no·n sé pus enpobrit, 30
car yo peresch e són tan defallit
que no puch dir: "En vós és ma sperança."

V Una sabor d'agr· e dolç Amor llança
que lo meu gust departir-le's no sab:
dins mos delits dolor mortal hy cap, 35
e tal dolor ab delit ha lligança.
Mas yo·m reprench com parlar m·ha plagut
de ço qu·en mi no basta la sciència;
sobres-amor me porta ignoscència:
vull e desvull sens cas esdevengut. 40

VI Llir entre carts, creeu l'amador mut
y al cambiant de punt en punt color,
e al pauruch com se menbra d'Amor;
del atrevit sia son temps perdut.

XX

I Alguns passats donaren si a mort
per escapar als mals que·l món aporta
e per haver ubert aquella porta
on los desigs tots vénen a bon port.
A mi no cal de aquest món exir 5

3-4 Bohigas (*Poesies*) respecto a estos versos hace referencia a la *Epístola* 70 de Séneca, "*la qual, recordant unes paraules de Virgili, compara la nostra vida a un viatge per mar*". Imagen que vuelve a aparecer en los vs. 36-40 de este canto.

que ya se retrasa, en que pondré los pies en el aborrecido camino [de la muerte].

IV. Si alguna vez contra el amor falté, yo me reprendo, lamentándome en el enemigo, y nunca pude ser amigo de mí mismo pues nunca puse en ello poder. También en el querer me encuentro en abundancia, pero de poder no sé de nadie más empobrecido porque yo perezco y estoy tan consumido que no puedo decir: "En vos está mi esperanza".

V. Amor lanza un sabor agridulce que mi gusto no lo sabe separar, en mis deleites cabe dolor mortal, y tal dolor tiene atadura con el deleite. Pero yo me reprendo de como me ha gustado hablar de eso para lo que me falta ciencia; abundancia de amor me lleva a inocencia; amo y desamo sin ningún motivo.

VI. Lirio entre cardos, creed al amador mudo y al que cambia progresivamente de color y al temeroso que se acuerda del Amor; el atrevido tenga su tiempo perdido.

XX

I. Algunos antepasados se entregaron a la muerte por escapar de los males que el mundo aporta y por haber abierto aquella puerta por donde todos los deseos llegan a buen puerto. Para mí no es necesario salir de este mundo para buscar el soberano bien: en

per encercar aquell sobiran bé:
en vós és tot, e no·m cal dar-hi fe,
car veu mon ull e sent-vos mon sentir.

II Grat faç a Déu com sens mort soferir
tinch davant mi lo goig del esperit: 10
ell és aquell mon sobiran delit
e lo derrer on me plau romanir;
ell és aquell qui desigs me sostrau,
ell és aquell on mals e béns fenexen;
mos penssaments de altra part no·s vexen 15
ne han per bo si res fora d'ell cau.

III Tant ma dolor és en sobiran grau,
com tinch present mon bé carestiós,
que si de mort vull ser volenterós,
no·l puch haver, car Mercè no·n té clau. 20
Gran Crueldat ab Grair poch n'han guarda,
per ço no toch a la porta que·m obren;
mos sentiments clarament me descobren
que la favor del alt Secret no·m guarda.

IV Cascun semblant ab son semblant se guarda; 25
donchs, aquest dret, ¿qui és aquell qui·l romp?
Yo, enclinat, gran desig me corromp,
y en desijar la que yo am ve tarda.
E tardarà si Amor no·l revela
los grans secrets qui·ls amadors pratiquen, 30
tals que sinó en cors gentils no·s fiquen,
obedients a Na Venus estela.

V Sí com lo foch, quant és en la canela,
mostra desig d'anar a sa esphera,

---

20 *car mercè no·n té clau,* parece tratarse de un refrán o frase hecha.
32 La estrella o planeta de Venus irradiaba a nuestro mundo, en la creencia de los antiguos, el amor sensual. Dante (*Purgatorio,* I, 19) lo llama "Lo bel pianeta che d'amar conforta".

vos está todo, y no preciso dar fe de ello porque ve mi mirada y os oye mi oído.

II. Gracias doy a Dios cuando sin sufrir muerte tengo delante de mí el gozo del espíritu: él es mi soberano deleite y lo último en que me place permanecer; él es el que me quita los deseos, él es aquel donde fenecen los males y los bienes; mis pensamientos, por otra parte, no se vejan ni tienen por bueno si algo hay fuera de él.

III. Mi dolor es en tan soberano grado cuando tengo presente mi encarecido bien, que si de la muerte quiero estar deseoso, no lo puedo haber pues Merced no tiene la llave. Gran Crueldad con poco Agradecimiento me separa, por eso no llamo a la puerta que me abren; mis sentimientos claramente me descubren que el favor del alto Secreto no me protege.

IV. Todo semejante en su semejante se mira, entonces, este derecho ¿quién es aquel que lo rompe? Yo, inclinado, en gran deseo me corrompo, y en desear, la que yo amo viene tarde. Y tardará si Amor no le revela los grandes secretos que los amadores practican, tales que sino en cuerpos gentiles no se meten, obedientes a la estrella de la señora Venus.

V. Así como el fuego, cuando está en la candela, muestra deseo de marchar a su esfera, mi voluntad

    ma voluntat   un moment no espera: 35
    tant com mils pot,   als vents dóna la vela
    per arribar   al port molt desijat;
    en altre port   a mi no té lo ferre,
    e si del tot   del port me desaferre,
    en esta mar   me trobaré negat. 40

VI Llir entre carts,   dich-vos la veritat:
    que si podeu   saber ma gran amor,
    creure no puch   no sentau gran dolor,
    ne·m fallirà   de ben amar lo grat.

XXI

I Tant en Amor   ma pens· ha consentit
    que sens aquell   en àls no puch entendre,
    a mi que plau   que d'àls no puch apendre:
    tot altr· afer   me corr· en gran despit.
    Los grans tresors   ne tot l'honor del món 5
    no·m plau haver   ab menys d'ésser amat,
    car, sens açò,   nom de benauyrat
    no és en mi,   car desig me confon.

II Pobre só, donchs,   molt pus que Job no fón,
    puys és dit rich   cell qui no ha desig; 10
    en passions   yo·m trob dins en lo mig,
    si desijar   ab desesper l'hom fón.
    Jamés Amor   hac axí avinent
    en bé mostrar   sa famosa virtut
    com alt muntar   mi, qui·m trob abatut, 15
    benauyrat   sus tots complidament.

---

11 La consideración de la escuela Peripatética de que en el medio está la virtud (Aristóteles, *Gran Ética,* I, cap. IX) es repetidás veces tenida en cuenta por Ausias March: vs. 17-22 de este canto, los 25-28 del XXXII; XXXII, 25; LVIII, 33-34; CIV, 217-18; CVI, 311, etcétera.

12 Bohigas (*Poesies*) discrepa de la interpretación que da Pagès de la palabra *fon* correspondiendo a *ruine*. Bohi-

un momento no espera: tanto como mejor puede, a los vientos da la vela para arribar al muy deseado puerto; en otro puerto áncora no hay para mí, y si completamente del puerto levanto el áncora, en este mar me enconrtaré ahogado.

vi. Lirio entre cardos, os digo la verdad: que si podéis saber mi gran amor, no puedo creer no sintáis gran dolor, ni me faltará la dicha del bien amar.

XXI

i. Tanto en Amor mi pensamiento ha consentido que sin él no puedo entender en otra cosa, a mí me place ya que de otras no puedo aprender: cualquier otro asunto me produce gran disgusto. Los grandes tesoros ni todo el honor del mundo no me place poseer a menos de ser amado, ya que. sin eso no existe para mí el nombre de venturoso ya que el deseo me confunde.

ii. Pobre soy, entonces, mucho más de lo que fue Job, puesto que es llamado rico aquel que no tiene ningún deseo; yo me encuentro en el medio de las pasiones, tanto desear con desesperación consume al hombre. Jamás Amor tiene así por conveniente mostrar a bien su famosa virtud de elevarme —pues me encuentro abatido— a bienaventurado cumplidamente sobre todos.

---

gas da *fondre, barrejar* como equivalentes. Creo que *fon* se puede traducir por consume, destruye. Este sentido tiene en el canto VII, vs. 41-44: *"Enveja·s tal que tot primer confon | a tots aquells qui ab si la s'ajusten; | los envejats un poch ne molt no gusten | aquell mal tast que·ls envejosos fon"*.

III Per dos extrems   Amor és malmirent:
    per molt e poch,   e lo mig se jaqueix;
    bé·s mostra pech   puys contra si falleix,
    car tot ço cau   qu· estrem és son tinent.   20
    Bé ·m maravell   si Amor no decau,
    puys qu·en estrems   vol qu· estiga son pes.
    Lo meu voler   és més que tota res,
    e·l vostr· és menys   que·l terç d'un punt de dau.

IV Durar no pot   si no m'és fet gran frau,   25
    trencant Amor   de natura costums;
    poch menys contrast   qu·en tenebres e llums
    en mon voler   y el de ma dona jau.
    ¡O Déu! ¿Per què   Amor és desegual,
    que no consent   que vostre voler cresca   30
    perquè lo meu   per negun temps peresca,
    si bé no·m sent   quant me venrà ·quest mal?

V Déu per bondat   vol ser tan cominal,
    que no conssent   un cor dur e salvatge
    ésser amat   a gran desavantatge   35
    d'aquell qui és   en amor son cabal.
    Per ço no pens   que amor en mi dur,
    car en amar-   vos he pres tot extrem,
    e vostre cor   és d'amor axí sem
    qu·en mi penssar   no crech jamés atur.   40

VI Plena de seny,   per l'amor que·us port, jur
    que si·m ve tart   la vostra benvolença,
    present de tots,   faré de mi sentença
    que sonarà   mentre·l món dels vius dur.

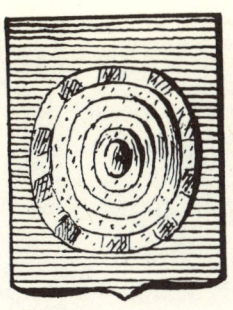

JAIME MARC.

TROBA 300.

o march, en que pesen les coses precioses,
Pinta Jaume March, en lo camp de blau,
En que es val del nom: les accions glorioses
Fetes en la guerra, é en les cenagoses
Terres de Cullera, senyor, no ignorau;
Perque vostron pare les ha referides
Alguna vegada en presencia mia,
Pera que per vos fosen agraides.
A Guillem son fill (si de les ferides,
Que en Biar rebé son pare, moria)
Vos lo acomaná: víu ara en Gandía.

Jaime March pintaba en su escudo un marco, con que acostumbran pesarse las cosas preciosas, en campo azul: propia significacion de su apellido. Os son notorias las acciones gloriosas hechas por él en la guerra, en especial en las tierras de Cullera. El Rey Don Jaime hizo recomendacion á vuestra Alteza en presencia mia de la persona de Guillem su hijo, por si moria el padre, de resultas de las heridas que recibió en Biar. Ahora tiene su domicilio en la ciudad de Gandía.

Escudo de los March, del libro *Trovas de Mossen Jaime Febrer*, Valencia, 1967

"Socarrat" realizado por Jaime de Scals, 1963

III. Por dos extremos Amor es denostado, por mucho y por poco y el medio se deja; bien se muestra necio ya que falta contra sí, porque todo esto cae pues lo extremo es su soporte. Mucho me maravillo si Amor no decae ya que en extremos quiere que esté su peso: mi querer es más que toda cosa, el vuestro es menos que el tercio de un punto de dado.

IV. Durar no puede si no me es hecho un gran fraude, rompiendo Amor las costumbres de la natura; poco menos contraste que entre tinieblas y luces existe entre mi querer y el que se encuentra en mi señora. ¡Oh Dios! ¿Por qué Amor es desigual, pues no consiente que aumente vuestro querer para que nunca perezca el mío, si bien no siento cuándo me vendrá este mal?

V. Dios, por bondad, quiere ser tan imparcial que no consiente que un corazón duro y salvaje sea amado con gran desventaja por aquel que tiene en amor su caudal. Por eso no creo que dure en mí el amor pues he tomado todo extremo en amaros, pero vuestro corazón está así tan seco de amor que en pensar en mí no creo que jamás se detenga.

VI. Muy sensata, por el amor que os tengo, juro que si me llega tarde vuestra benevolencia, ante todos, de mí haré sentencia que perdurará mientras dure el mundo de los vivos.

XXII

I Callen aquells que d'Amor han parlat,
e dels passats deliu tots llurs escrits,
e·n mi penssant meteu-los en oblits.
En mon esguart degú ·s enamorat,
car pas desig sens esperanç· haver. 5
Tal passió jamés home sostench;
per als dampnats nostre Déu la retench:
sol per aquells qui moren sens esper.

II Puys mon afany és entre tots primer,
Amor fa tort com se reté mon dret: 10
als folls e pechs no·n dóna fam ne set,
ne fret ne calt: tots han complit mester;
car no·n és u no trobe tot son alt,
mercè havent si jamés la demana,
e yo d'amor visch d'esperança vana, 15
si·m pens haver raó d'ésser-ne calt.

III No só empès ne temptat per desalt
de res qu·en vós los meus ulls hagen vist;
l'enteniment per lo vostr· és conquist:
en gran raó és causat aquest alt. 20
Vós no veeu ma pura ·ntenció,
car desamor vos enfosqueix la vista;
per ço romanch ab la mi· arma trista
com no meriu la mi· afecció.

IV Del Pare Sant no·m cal haver perdó, 25
car mon pecat és amar follament;

1-4 "C'est un sentiment analogue, plusieurs fois exprimé par les troubadours". Pagès, *Auzias March*, p. 227. Se manifiesta una vez más el primero entre los amadores y esta vanidad llega a su culminación en el v. 34: "*car seré spill de leals amadors*". Para esta actitud vanidosa véase las pp. 59-60.
11 En la ed. de Pagès se ha preferido la variante *folls* que aparece en los mss. B, D, N, y en las ediciones

XXII

I. Callen aquellos que han hablado de Amor y de los antiguos destruid todos sus escritos, y, pensando en mí, ponedlos en olvido. En mi opinión nadie está enamorado porque yo paso deseo sin tener esperanza. Jamás el hombre tal pasión sostiene; para los condenados nuestro Dios la retiene: sólo para aquellos que mueren sin esperanza.

II. Pues que mi afán es entre todos el primero, Amor hace injuria cuando se retiene mi derecho; a los locos y necios no les da hambre ni sed, ni frío ni calor: todos tienen lo necesario cumplido; porque no hay uno que no encuentre todo su placer, habiendo favor si alguna vez lo pide y yo vivo amorosamente de vana esperanza si me creo tener motivo para ser abrasado [por el Amor].

III. Por desagrado no soy empujado ni tentado de nada que mis ojos hayan visto en vos; el entendimiento está conquistado por el vuestro; con gran razón está causado este placer. Vos no veis mi pura intención ya que el desamor os entorpece la vista; por esto permanezco con mi alma triste como no merecéis mi afecto.

IV. Del padre santo no me hace falta tener perdón porque mi pecado es amar locamente; me lo pido a

---

II, III. Bohigas respeta la de *fals* que aparece en F y en los restantes mss. y ediciones, aunque considera más acertada la de *folls*.

deman-l· a mi,   c·ab mon consentiment
he fet d'Amor   cativa ma raó.
Sia content   Amor del cors sens pus,
e la raó   servirà son ofici;   30
mon sentiment,   qui·s veu prim, sia nici,
que no s'esguart   ab qui tinga l'ull clus.

v Fent bé a molts   a la mort me acús,
car seré spill   de lleals amadors
prenint remey   a totes llurs dolors,   35
car envers mi   tota dolor és jus.
Aytant com he   pus alt llevada pensa
e netament   hay en Amor entès,
seny femenil   fora si m'ha empès,
fent a si tort   e a mi gran ofensa.   40

vi Plena de seny,   yo vull e Déu dispensa
que per Amor   yo fenesca mos jorns;
mas, si·m escap,   per null temps daré torns
per dona que   ver· Amor se defensa.

XXIII

i Llexant a part   l'estil dels trobadors
qui, per escalf,   trespassen veritat,
e sostraent   mon voler afectat
perquè no·m torb,   diré ·l que trob en vós.
Tot mon parlar   als qui no·us hauran vista   5
res no valrà,   car fe no hy donaran,
e los veents   que dins vós no veuran,
en creur· a mi,   llur arma serà trista.

ii L'ull del hom pech   no ha tan fosca vista
que vostre cos   no jutge per gentil;   10

---

35 *llurs,* provenzalismo, 'sus'.
1-4 Para el alcance que se ha dado a estos versos por diferentes críticos, véase pp. 45-46, 85-86.

mí porque con mi consentimiento mi razón he hecho cautiva del Amor. Esté del cuerpo contento el Amor sin más, y la razón servirá su oficio; mi sentimiento que se ve sutil, sea necio, pues no se contempla con quien tenga los ojos cerrados.

v. Haciendo bien a muchos a la muerte me acuso, porque seré espejo de leales amadores poniendo remedio a todos sus dolores ya que en mí todo dolor está debajo. Tanto como he puesto muy elevado pensamiento y limpiamente he entendido en Amor, el seso femenil me ha empujado fuera de sí, haciéndose agravio y a mí gran ofensa.

vi. Muy sensata, yo quiero y Dios dispensa que por Amor yo acabe mis días; mas, si escapo, por nunca jamás me preocuparé de una mujer que se defiende del verdadero Amor.

XXIII

i. Dejando aparte el estilo de los trovadores, los que, por pasión, exceden la verdad, y evitando mi conmovido querer para que no me turbe, diré lo que encuentro en vos. Todo mi hablar para los que no os habrán visto no valdrá nada, porque no darán fe, y los que os vean, que vuestro interior no verán, al creerme su alma estará triste.

ii. El ojo del hombre necio no tiene tan oscura vista que vuestro cuerpo no tenga por gentil; no lo

no·l coneix tal com lo qui és suptil:
hoc la color, mas no sab de la llista.
Quant és del cors, menys de participar
ab l'esperit, coneix bé lo grosser:
vostra color y el tall pot bé saber, 15
mas ga del gest no porà bé parlar.

III Tots som grossers en poder explicar
ço que mereix un bell cors e honest;
jóvens gentils, bons sabents, l'han request,
e, famejants, los cové endurar. 20
Lo vostre seny fa ço c· altre no basta,
que sab regir la molta subtilea;
en fer tot bé s'adorm en vós Perea;
verge no sou perquè Déu ne volch casta.

IV Sol per a vós basta la bona pasta 25
que Déu retench per fer singulars dones:
fetes n'ha ·ssats molt sàvies e bones,
mas compliment dona Teresa ·l tasta;
havent en si tan gran coneximent
que res no·l fall que tota no·s conega: 30
al hom devot sa bellesa encega;
past d'entenents és son enteniment.

V Venecians no han lo regiment
tan pascifich com vostre seny regeix
suptilitats, que·l entendre·us nodreix, 35
e del cors bell sens colpa·l moviment.
Tan gran delit tot hom entenent ha

---

12 *llista,* para Bohigas equivale a 'mostra, dibuix' (*Poesies*). A. Pagès, en la traducción francesa que da de este poema (*Auzias March,* pp. 108-209), traduce por "trame". En provenzal tiene también el significado de bordado.
16 *lo gest.* Pagès (*Auzias March,* p. 212) señala la falsa traducción de Montemayor por "rostro" y añade: "Le gest, comme tout mouvement, a son principe, suivant les scolastiques, dans l'âme même dont il est comme l'expression". Y da esta cita: "Et ideo oportet quod

conoce igual como el que es sutil: sí el color pero no sabe del lienzo. Cuanto es del cuerpo, sin participar con el espíritu, el grosero lo conoce bien: vuestra color y el talle puede saber bien, mas ya de la actitud no podrá hablar bien.

III. Todos somos groseros para poder explicar lo que merece un cuerpo bello y honesto; jóvenes gentiles, buenos conocedores, lo han pretendido y, hambrientos, les conviene ayunar. Vuestra cordura hace lo que otro no abasta, pues sabe regir la mucha sutileza; en hacer todo bien en vos se adormece Pereza; virgen no sois porque Dios quiso linaje [de vos].

IV. Sólo para vos basta la buena masa que Dios retuvo para hacer singulares mujeres; bastantes ha hecho sabias y buenas, pero cumplidamente [la perfección] doña Teresa la alcanza; teniendo en sí tan gran conocimiento que nada le falta para que toda se conozca; su belleza ciega al hombre devoto; pasto para entendidos es su entendimiento.

V. Los venecianos no tienen un gobierno tan pacífico como vuestro juicio cuando rige las sutilezas (pues el entender os nutre) y el movimiento, sin culpa, del bello cuerpo. Tan gran deleite tiene todo hombre

---

creatura corporalis a spirituali moveatur". Santo Tomás, *Sum. Theol.*, I, 110, 1.
17-20 La influencia del soneto 224 de Petrarca (*Cara la vita e dopo lei mi pare | Vera onestà che'n bella donna sia*), en estos versos de Ausias March, según Amador de los Ríos (*Historia de la literatura española*, VI, p. 500) es rechazada, con buenas razones, por A. Pagès (*Auzias March*, pp. 264-265).
28 *dona Teresa*. Sobre esta aún desconocida señora, véase pp. 71-72.

e ocupat   se troba ·n vós entendre,
   que lo desig   del cors no·s pot estendre
   a lleig voler,   ans com a mort està   40

VI Llir entre carts,   lo meu poder no fa
   tant que pogués   fer corona ·nvisible;
   meriu-la vós,   car la qui és visible
   no·s deu posar   lla on miracl· està.

XXIV

I No sech lo temps   mon pensament inmoble,
   car no ·s trespost   de un ésser en altre.
   Fortuna vol   son torn variat perdre,
   sí qu·amistat   ab Fermetat acapta.
   Quant m'ha sentit   al pus jus de son centre,   5
   aspres ha fets   los corrons de sa roda,
   per c' allissant,   en altre torn no munte
   a seure lla   on és lo gran desorde.

II Com l'envejós,   qui soberch dan vol rebre
   perquè major   dan son desamich senta   10
   e pren delit   del mal que veu soferre,
   tant que no sent   lo mal qui·l és proisme,
   tal semblant cas   Fortun· ab mi pratica:
   faent procés   a son delit denulle,
   muda lo nom   que pren d'ésser no ferma,   15
   per son plaer   qu· és no dar temps al vogi.

III Sí com aquell c· adorm ab artifici
   son cors perquè   la dolor no suferte,
   volgr· adormir   los penssaments qui·m porten
   coses a què   ma voluntat s'enclina,   20
   causant en mi   cobejança terrible,
   passionant   l'arma qui és ajunta
   en sofertar   aquest turment tan aspre
   ab lo meu cors,   qui·n tal cas l'acompanya.

que entiende y ocupado se encuentra en comprenderos que el deseo corporal no puede extenderse al grosero querer, por el contrario, está como muerto.

vi. Lirio entre cardos, mi poder no alcanza tanto que pudiese hacer una corona invisible; la merecéis vos ya que la que es visible no se ha de poner allá donde está el milagro.

XXIV

i. No sigue el tiempo mi inmoble pensamiento porque no se traspone de un ser en otro. Fortuna quiere perder su voluble rueda así que pide amistad con Firmeza. Cuando me ha sentido en lo más bajo de su centro ha hecho ásperos los rodillos de su rueda, para que alisando, en otra rueda no suba a sentarme allá donde está el gran desorden.

ii. Como el envidioso que gran daño quiere recibir para que mayor daño sienta su enemigo y goza del mal que ve sufrir, tanto que no siente el mal de quien es su prójimo, tal semejante caso Fortuna en mí ejecuta: haciendo proceso a su deleite menoscaba, muda el nombre que toma de no ser firme, pierde su placer que es no dar tiempo a la rueda.

iii. Así como aquel que con artificio adormece su cuerpo para que no sufra el dolor, quisiera adormir los pensamientos que me traen cosas a las que mi voluntad se inclina, causándome terrible deseo, apasionando el alma que está unida en sufrir este tormento tan áspero con mi cuerpo, que en tal caso la acompaña.

IV Sí co·l castor   caçat, per mort estorçre,   25
    tirant ab dents   part de son cors arranca,
    —per gran instint   que Natura li dóna
    sent que la mort   li porten aquells membres—,
    per ma raó   volgr· haver conexença,
    posant menyspreu   als desigs qui·m turmenten,   30
    matant lo cors,   enpecadant-me l'arma,
    sí que jaquir   los me cové per viure.

V   En aquell punt   que·l cobejar me sopta
    volgra ser foll,   ab la pensa tan vana,
    que no pensàs   pus aventurat home   35
    Fortun· hagués   prosperat de béns mobles.
    En gran calor   lo fret tot hom desija,
    no creure pot   que jamés l'ivern torne;
    axí me'n pren   com dolors me congoxen:
    creure no pusch   qu·en part de content baste.   40

VI Llir entre carts,   si lo comun enginy
    és tan grosser   que no·us bast a compendre,
    vullau ab Déu   fer que si Fe los basta,
    sia remès   lo pecat d'amor folla.

XXV

I   No·m fall recort   del temps tan delitós
    qu·és ja passat;   pens que tal no venrà.
    Si·l conseguesch,   mercè no·m fallirà,
    car piatat   fet haurà pau ab vós.
    Preareu mi   qui·n temps antich preàveu,   5
    e confessant   que·us dolíeu de mi.
    Ara que us am   plus que jamés amí,
    tornau-vos lla   on de primer estàveu.

II Plus que dabans   me trobe desijós,
    e lo desig   en mi jamés morrà,   10
    car, per sa part,   mon cors lo sostendrà,
    l'enteniment   no·m serà despitós.

IV. Así como el castor cazado, destinado a la muerte, arranca, tirando con los dientes, parte de su cuerpo (por el gran instinto que le da natura siente que a la muerte le llevan aquellos miembros), para mi razón quisiera tener conocimiento, poniendo menosprecio a los deseos que me atormentan, matando el cuerpo, cubriendo de pecado el alma, pues así me conviene dejarlos para vivir.

V. En aquel momento que el desear me embiste quisiera estar loco, con el pensamiento tan vacío que no pensara más que como hombre dichoso que Fortuna hubiese prosperado en riqueza. En el gran calor todo hombre desea el frío, ni puede creer que nunca vuelva el invierno; así me ocurre cuando los dolores me acongojan: no puedo creer que en un lugar abunde el contento.

VI. Lirio entre cardos, si el común ingenio es tan grosero que no os basta a comprender, quered con Dios hacer que si la Fe le basta, sea perdonado el pecado de loco amor.

XXV

I. No me falta el recuerdo del tiempo tan deleitoso que ya está pasado; pienso que tal no volverá. Si lo consiguiera, merced no me faltará, porque la piedad habrá hecho paz con vos. Apreciaríais en mí lo que en tiempo pasado apreciabais y confesando que os dolíais de mí. Ahora que os amo más que jamás amé, volveos allá donde primero estabais.

II. Más que antes me encuentro deseoso, y el deseo jamás morirá en mí ya que por su parte mi cuerpo lo sostendrá, y el entendimiento no me será

Vós desijau a mi, qui desijàveu
per tal voler del qual yo·m contentí.
Ara que us am plus que jamés amí, 15
tornau-vos lla on de primer estàveu.

III E si raó fón que benvolgut fos,
mills ho meresch, mon ull no·m desmentrà,
car per gran dol moltes veus ne plorà,
e no plorant, mostrava'm dolorós. 20
E vós, de goig, lo Tedèum cantàveu.
Llagremejant, maldiccions cantí:
Ara que us am plus que jamés amí,
tornau-vos lla on de primer estàveu.

IV Comptar no deg les passades dolors, 25
car poca fe per vós tost hi serà:
qui ·s menys d'amor altr· amor no sentrà,
car no ha sguart lo rient al plorós.
Si ben amant lo terç d'un jorn passàveu,
hauríeu grat del que per vós passí. 30
Ara que us am plus que jamés amí,
tornau-vos lla on de primer estàveu.

V Reclam a tots los meus predecessors,
cells qui Amor llur cor enamorà,
e los presents e lo qui naxerà, 35
que per mos dits entenguen mes clamors;
e si en vós conexença justàveu,
mal grat haureu del que fés un matí.
Ara que us am plus que jamés amí,
tornau-vos lla on de primer estàveu. 40

VI Plena de seny, si·l cor me cartejàveu,
trobàreu clar que·us amaré sens fi.
Ara que·us am plus que jamés amí,
tornau-vos lla on de primer estàveu.

---

40 *cartejàveu*. Tiene el mismo significado que en el castellano antiguo, 'hojear los libros', ya que entonces 'se llamaban cartas cualquiera hojas de papel o pergamino', Dicc. R. A. E.

despechado. Vos me deseáis, pues deseabais para tal querer del cual yo me contenté. Ahora que os amo más que jamás amé, volveos allá donde primero estábais.

III. Y si razón fue que bien querido fuese, mejor lo merezco, mis ojos no me desmentirán porque por el gran duelo muchas veces lloran, y no llorando me mostraba doloroso. Y vos, de gozo, el Tedeum cantabais. Sollozando, maldiciones canté: Ahora que os amo más que jamás amé, volveos allá donde primero estabais.

IV. No debo contar los pasados dolores, porque poca fe por vos pronto tendré: quien está sin amor otro amor no sentirá, porque no tiene consideración el que ríe con el lloroso. Si amando bien pasaseis la tercera parte de un día, tendríais contentamiento del que por vos pasé. Ahora que os amo más que jamás amé, volveos allá donde primero estabais.

V. Reclamo a todos mis predecesores, a aquellos que Amor su corazón enamoró, y a los presentes y al que nacerá, que por mis dichos comprendan mis clamores; y si en vos conocimiento ajustaseis mal contentamiento tendréis de lo que hicisteis una mañana. Ahora que os amo más que jamás amé, volveos allá donde primero estabais.

VI. Muy sensata, si en el corazón me leyeseis, encontraríais claro que os amaré sin fin. Ahora que os amo más que jamás amé, volveos allá donde primero estabais.

XXVI

I Yo crit lo bé   si·n algun lloch lo sé,
   callant lo mal   sens passar-ne despit,
   car en maldir   mon cor no pren delit
   ne·m cal cridar,   puys no veig lo per què;
   no per aytant   que molts béns yo no senta,   5
   mas poch val crit   entre lo sort e·l mut,
   per què·l bon hom   per tal no és sabut
   e sa valor   en lo món no·l augmenta.

II Menys que la lley   crestiana ·s presenta
   als africans   ne la volen oir,   10
   veig la virtut   en null esment venir:
   l'hom viciós   e·l pech l'han dat empenta.
   Salamó diu   qu·en pochs és saviesa;
   los enemichs   són molts de la virtut,
   dients que sou   home foll conegut   15
   si del costum   se llunya vostr· abtesa.

III Lo vici ·s tant   que virtut ha empesa,
   e lo profit   honor ha tret del món,
   en tan pochs és,   e poch a poch se fon;
   no hy ha calor   contra·l fret de peresa.   20
   Lo nombr· és tant   d'aquells qui la deshonren,
   que ja no·hy val   empara de algú;
   e si voleu   que·us diga ·l crit comú:
   "Peresquen cells   qui d'honor no s'aombren!"

IV Als hòmens morts   d'actes bons no desombren,   25
   car dels absents   no·ls cal haver enveja;
   pair no·s pot   aquesta cosa lleja
   dins los ventrells   qui d'envejar s'escombren;
   no dan llaor   al viu qui la percaça,

---

29 *percaça,* el equivalente castellano es percanza, alcanza.

XXVI

I. Yo voceo el bien si en algún lugar lo sé, callando el mal sin sentir despecho, porque mi corazón en censurar no toma deleite ni me es necesario gritar, pues no veo el por qué; no porque no sienta los muchos bienes, pero poco vale el grito con el sordo y el mudo, porque el hombre bueno por ello no es sabio, su valor no lo aumenta en el mundo.

II. Aunque la ley cristiana se ofrece a los africanos no la quieren oír, veo la virtud venir sin ninguna atención: el hombre vicioso y el pecador la han dado rechazo. Dice Salomón que hay sabiduría en pocos; los enemigos de la virtud son muchos, diciendo que sois conocido como hombre loco si de la costumbre se aleja vuestra conducta.

III. El vicio es tanto que ha empujado la virtud y el provecho ha sacado honor del mundo, que en pocos está, y poco a poco se hunde. No hay calor contra el frío de la pereza. Es tanta la cantidad de aquellos que la deshonran que ya no vale para amparo de nadie; y si queréis que os diga el grito común: "¡Perezcan aquellos que del honor no se asombran!"

IV. No desmerecen los actos de los hombres muertos porque de los ausentes no les precisa tener envidia: esta cosa fea no se puede digerir dentro de los vientres de los que se abstienen de envidiar. No dan alabanzas al vivo que la percanza, antes inventan razones de

ans fan raons com la·hy poran sostraure, 30
e si·l ben fer del món no poden raure,
dien-ne mal, tant que lo bé desfaça.

V Bondat, virtut, han perduda sa raça,
cossos humans han molt disminuit,
Déu és per nós mal honrat e servit, 35
e ja la mort pus estret nos abraça.
Tot quant per Déu és jus lo cel creat
ha molt perdut de son propi cabal:
saber se pert, speriment no val,
lo viure curt, que·l mig és tost passat. 40

VI ¿On és l'enginy d'Aristòtil trobat,
d'Origenès, Sèneca e Plató?
¿Qui mostrarem semblant al fort Samssó?
¿On és tan bell com Absalon trobat?
Línceus fón qui res no·l escapava 45
que no fos vist per sa vista suptil:
dins en la mar veya de milles mill.
Lo viure llur més que·l present durava.

---

40 *tost*, adv. provenzal, 'pronto'.
41-44 Pagès (*Auzias March*, 283-284) ve en estos versos una imitación del poema *Rhythmus de Contemptu mundi*, que tuvo amplia influencia en otros poetas:

> *Die, ubi Salomon, olim tam nobilis?*
> *Vel ubi Samson est, dux invincibilis?*
> *Vel pulcher Absalon, vultu mirabilis?*
> *Vel dulcis Jonathas, multum amabilis?*
>   *Quo Caesar abiit celsus imperio?*
> *Vel Dives splendidus, totus in prandio?*
> *Dic, ubi Tullius, clarus eloquio?*
> *Vel Aristoteles summus ingenio?*

Tanto en estos versos como en los de Ausias March tan sólo es una enumeración de nombres propios, añadiendo nuestro poeta a algunos de ellos la cualidad tópica por la que eran conocidos. De Aristóteles, sin embargo, da cuenta de su influencia en los cantos CVI, CXXVIII.

41 *Origenes* en el verso de Ausias March exige que la acentuación sea aguda. Ausias acentúa como en provenzal y en francés: *Origène*.

cómo la podrán quitar, y así el bien hacer del mundo no lo pueden roer, diciendo mal, tanto que el bien se deshaga.

v. Bondad, virtud, han perdido su casta, han disminuido mucho en los cuerpos humanos. Dios está mal servido y venerado por nosotros, y ya la muerte más estrechamente nos abraza. Todo cuanto está creado por Dios debajo del cielo ha perdido mucho de su propio caudal: el saber se pierde, la experiencia no vale, el vivir breve, que el medio [del camino de la vida] pronto es pasado.

vi. ¿Dónde se encuentra el ingenio de Aristóteles, de Orígenes, de Séneca y Platón? ¿A quién mostraremos parecido al fuerte Sansón? ¿Dónde se encuentra [alguien] tan bello como Absalón? Linceo fue a quien nada se le escapaba, que no fuese visto por su vista sutil; dentro del mar veía de las millas mil. Su vivir duraba más que el presente.

Jaume Roig en el *Llibre de los dones o Spill* (Ed. F. Almela i Vives, p. 74), acentúa en la penúltima sílaba:

> *Los quatre perns*
> *llatins doctós,*
> *grecs inventós,*
> *mestres d'Atenes,*
> *gran Orígenes*
> *ni Dionís,*
> *tants de París*
> *teòlegs grans...*

45 *Linceo*, uno de los Argonautas, famoso por su extraordinaria vista y de él se decía que podía distinguir las cosas a una distancia mayor de nueve millas. Ovidio, *Metamorfosis*, VIII, 304. El lince, de la misma raíz griega que la Linceo, en creencia de los antiguos tenía una vista que atravesaba las paredes.

VII Foll és aquell   qui no ymaginava
    que fallirem   puys fall ço per què som.   50
    Sí com decau   la rama e lo pom
    si la rael   del arbre hom tallava,
    fallirem nós,   puys lo que·ns sosté fall.
    Bé ·ns mostra Déu   que vol lo món finir,
    puys lo que·ns té   vol que ving· a perir: 55
    son poch a poch   Natur· a nós defall.

VIII Llir entre carts,   no·m basta l'escandall
    per trobar fons   en la vostra estima,
    e quant vos llou   no trob raó ne rima
    de què·m content,   e per ço yo me'n call.   60

XXVII

I Sobresdolor   m'ha tolt l'imaginar;
    l'enteniment   no·s dol ni·s pot esbatre:
    aytant és dolç   que·l ha calgut abatre,
    e mon afany,   plorant, no·s pot mostrar.
    No trob remey,   car ma dolor és tanta,   5
    que mon voler   en parts ne tinch partit,
    ne·n sol un lloch   lo·m trobe aunit
    sinó ·n morir   e viure que·s decanta.

II Sí com l'hom flach   qui·l és forçat triar
    ab qual de dos   hòmens forts s'ha combatre,   10
    no sab pensar   ab qual deja debatre,
    e, spaordit,   sos comptes no pot far,
    ne pren a· me   que lo viure m'espanta

---

2 *esbatre*. provenzalismo, 'amansar, dominar la pasión'.
En el francés antiguo tiene el sentido de agitar, divertir. R. Gramdsaignes, *Dictionnaire d'Ancien Français*,
Paris, 1947. En italiano significa ensombrecer, A. Prati,
Vocabolario etimologico italiano, Torino, 1951.
3 Bohigas (*Poesies*) ha preferido la variante *és dolç* de
los mss. B, H, que no acaba de hacer sentido. Pagès
(*Commentaire*, p. 41) considera *esdolc* pretérito per-

VII. Loco es aquel que no imaginaba que falleceremos pues fallece esto por lo que somos. Así como cae la rama y el fruto si la raíz del árbol el hombre talaba, falleceremos nosotros, pues lo que nos sostiene perece. Bien nos muestra Dios que quiere acabar el mundo pues lo que nos mantiene quiere que venga a perecer; con su poco a poco Natura nos destruye.

VIII. Lirio entre cardos, no me basta el escandallo para encontrar el fondo de vuestra estimación, y cuando os elogio no encuentro razón ni rima que me contente, y por eso me callo.

XXVII

I. El imaginar me ha quitado el excesivo dolor, el entendimiento no se duele ni se puede ensombrecer, tan dulce es que le ha sido necesario abatirse y mi afán, llorando, no se puede mostrar. No encuentro remedio porque es tanto mi dolor que mi voluntad la tengo partida en partes, ni en un solo lugar me la encuentro unida sino que se decanta entre morir y vivir.

II. Así como al hombre débil que le es forzoso escoger con cuál de dos hombres fuertes se ha de pelear, no sabe pensar con cuál debe combatir y, despavorido, sus reflexiones no puede hacer, me sucede a mí pues el vivir me espanta y el morir me será gran

---

fecto de *esdolrer* 'lamentarse'. Tal verbo, como observa Ramírez i Molas (*La poesia d'Ausiàs March*, p. 36), habría que leerlo *se dolc* "(no documentat), o acceptar la variant *dolt és*, que té el mateix sentit: 'l'enteniment ja no es dol ni pot lluitar: (fins ara) s'ha dolgut tant, que ha perdut les forces'". *Dolre*, en provenzal, como reflexivo, 'sufrir, probar el dolor'.

  e lo morir me serà gran despit.
  Com viure vull, la mort prench en delit: 15
  com vull morir, la vida tinch per santa.

III Sí com aquell qui és verí donant
  al mestre seu, e, quant veu sa dolor,
  ha pietat del mal de son senyor
  e sobr· aquell vol ésser ajudant, 20
  vós, penssament, per qui mon seny s'absenta,
  per los treballs dant-li alterament,
  a son afany donau acorriment,
  puys que sos mals per migà vostre ·ls senta.

IV Yo contrafaç nau en golf perillan, 25
  l'arbre perdent e son governador,
  e per contrast de dos vents no discor.
  Los mariners enbadalits estan,
  e cascú d'ells la sua carta tenta,
  e són discorts en llur acordament: 30
  u volgra ser prop terra passos cent,
  l'altre tan lluny com vent pot dar empenta.

V Ma voluntat, ab què·n la mar fuy mès,
  fallida és e pogra·m fer ajuda;
  ja ma raó de son lloch és cayguda: 35
  mos pensaments contraris m'han atès.
  Ja mos desigs no saben elegir
  vida ne mort, qual és la millor tria;
  natura ·n mi usa de maestria
  e pren la mort per major dan fugir. 40

VI Plena de seny, no·s pot ben soferir
  vida y dolor sens pendr· algun espay;
  lo meu desig se converteix en glay
  quant me recort que res vos haja dir.

pesar: cuando quiero vivir, la muerte siento con deleite; cuando quiero morir, la vida tengo por muy buena.

III. Así como aquel que está dando veneno a su patrón y, cuando ve su dolor, tiene piedad del mal de su señor y lo quiere remediar, vos, pensamiento, por quien mi juicio se ausenta dando alteración por los trabajos, dad auxilio a su afán pues que sus males los siente por medio vuestro.

IV. Yo remedo la nave que peligra en el golfo, perdiendo el mástil y su gobernante, y que por contraste de dos vientos no navega. Los marineros están espantados, y cada uno de ellos examina su carta de marear, y están desacordes en su acuerdo. Uno quisiera estar a cien pasos de la tierra, el otro tan lejos como alcanza el viento a dar empuje.

V. Mi voluntad, con la que en la mar fui metido, está fallida y podrá darme ayuda; ya mi razón de su lugar está caída; mis contrarios pensamientos me han alcanzado. Ya mis deseos no saben elegir entre vida o muerte cuál es la mejor elección; natura emplea artificio conmigo y la muerte toma para escapar del mayor daño.

VI. Muy sensata, no se puede sufrir bien vida y dolor sin tomar algún espacio. Mi deseo se convierte en espanto cuando me acuerdo de que algo os tenga que decir.

XXVIII

I
Lo jorn ha por de perdre sa claror
quant ve la nit qu· espandeix ses tenebres.
Pochs animals no cloen les palpebres,
e los malalts crexen de llur dolor.
Los malfactors volgren tot l'any duràs 5
perquè llurs mals haguessen cobriment,
mas yo qui visch menys de par en turment
e sens mal fer, volgra que tost passàs.

II
E, d'altra part, faç pus que si matàs
mil hòmens justs, menys d'alguna mercè, 10
car tots mos ginys yo solt per trair-me;
e no cuydeu que·l jorn me'n escusàs,
ans en la nit treball rompent ma penssa
perquè ·n lo jorn lo traiment cometa.
Por de morir ne de fer vida streta 15
no·m toll esforç per donar-me ofensa.

III
Plena de seny, mon enteniment pensa
com abtament lo llaç d'Amor se meta;
sens aturar, pas tenint via dreta;
vaig a la fi si mercè no·m defensa. 20

XXIX

I
Sí com lo taur se'n va fuyt pel desert
quant és sobrat per son semblant qui·l força,
ne torna may fins ha cobrada força
per destruir aquell qui l'ha desert,
tot enaxí ·m cové llunyar de vós, 5

---

1 *taur*, provenzalismo, 'toro'. DCVB considera *taur* latinismo.
4 *desert*. Bohigas (*Poesies*) dice que viene de *deservir*, 'mal servit, perjudicat'. Creo que es una forma pro-

XXVIII

I. El día tiene miedo de perder su claridad cuando viene la noche que expande sus tinieblas. Pocos animales no cierran los párpados y los enfermos aumentan en su dolor. Los malhechores quisieran que durase todo el año para que sus delitos hubiesen encubrimiento, pero yo que vivo en sin par tormento y sin hacer daño, quisiera que pasase pronto.

II. Y de otra parte, hago más que si matase mil hombres honrados sin ninguna piedad, porque liberto todas mis artimañas para traicionarme, y no penséis que el día me lo impide, al contrario, durante la noche trabajo esforzando mi pensamiento para que durante el día cometa la traición. El miedo de morir ni tener una vida miserable no me quita el esfuerzo de darme ofensa.

III. Muy sensata, mi entendimiento piensa cómo hábilmente se ponga el lazo de Amor; sin parar, teniendo paso al camino derecho, voy al fin si la merced no me defiende.

XXIX

I. Así como el toro que va huido por el desierto cuando es superado por su semejante que le fuerza, y no vuelve nunca hasta que ha conseguido la fuerza para destruir a aquel que le ha hecho desertar, completamente así me conviene alejarme de vos, porque

---

venzal que significa 'malparado, aniquilado'. También este sentido en el francés medieval, *Dictionnaire d'Ancien Français* por R. Grandsaignes, Paris, 1947.

car vostre gest   mon esforç ha confús.
No tornaré   fins del tot haja fus
la gran paor   qui·m toll ser delitós.

XXX

I   Vengut és temps   que serà conegut
l'hom qui son cor   haurà fort o covart,
e ja negú   no cuyt saber tal art
que, si és flach,   tal no sia sabut;
car, desastruch,   al perill de la mort,   5
lladonchs no·l val   enginy ne maestria
per ben cobrir   sa strema covardia,
ans elegeix   fugir per ser estort.

II   Ans del perill   se deu fer lo cor fort;
emprenent risch,   hom ha dels bons paria,   10
aconseguint   honor e senyoria,
faent venir   los Cèssars en recort.
Les armes fan   los prous hòmens valer
e·ls puja tost   un semblant de momén;
aquest és lloch   d'on lo covart dexén: 15
més prop de si   és les dones veer.

III   Renom d'ardit   volrà lo parencer,
mas no serà   comportat son engan,
car los qui més   de tals afers sabran
diran quin nom   sobre si deu haver,   20
e baxament   entre si volran dir:
"Hom virtuós   no deu ser nomenat,
mas prenedor   del que no ha guanyat
entre aquells   qui no·l veuran fallir".

13-16 Pagès (*Auzias March*, 306) encuentra estos versos muy
  oscuros y dice que toman un sentido aceptable si se
  los relaciona con la *Etica Nicomaquea* (III, 9) "où
  Aristote soutient que la forme la plus belle de courage

vuestra actitud ha confundido mi esfuerzo. No volveré hasta que del todo haya ahuyentado el gran pavor que me priva de ser dichoso.

XXX

I. Llegado es el tiempo en que será conocido el hombre que tendrá su corazón fuerte o cobarde, pues ya nadie cuida saber tal arte de que si es débil, tal cosa no sea sabida, porque, desdichado, ante el peligro de la muerte, entonces no le vale ingenio ni artimaña para ocultar bien su extrema cobardía, antes elige huir para estar a salvo.

II. Antes del peligro se debe hacer el corazón fuerte; emprendiendo el riesgo, el hombre tiene compañía de los buenos, consiguiendo honor y señorío, haciendo venir el recuerdo de los césares. Las armas hacen valer a los hombres de pro y rápidamente los eleva en semejante momento; este es el lugar donde dejan al cobarde: más cerca de sí está el parecer mujeres.

III. Renombre de ardido querrá el falso pero no será tolerado su engaño porque la mayoría sabrá de tales asuntos y dirán qué nombre sobre sí debe tener y bajamente entre sí querrán decir: "No debe ser llamado hombre virtuoso sino usurpador de lo que no ha ganado entre aquellos que no le verán fallar".

---

consiste à affronter les périls de la guerre, mais que cependant celui qui supporte une longue maladie fait aussi preuve de courage. D'où l'idée d'Auzias que c'est en face de la mort que se révèle le couard".

IV L'home tastart   qui no tembrà morir,   25
    no faent fruyt,   son perill assajat,
    grau de virtut   volrà en si possat;
    mas en aquest   se deu mils soferir,
    puys ab perill   molt gran de sa persona
    cuyda guanyar   lo que no·l da son dret,   30
    car la virtut   en lo mig lloch se met
    e los estrems   per vicis abandona.

V   Guanya virtut   qui son cors a mort dóna
    per un gran bé   o de molts benifet;
    pensar no deu   compte li'n sia fet: 35
    virtut, de si,   lo virtuós guardona.
    L'hom de cor flach   meta ·l perill a part,
    car son honor   lluny de perill està,
    e lo tastart,   per temps, venir porà
    en ser temprat   e usar de renart.   40

VI Quant dels passats   llig alguns fets e guart
    los per venir,   gràcia Déu nos fa
    com som en temps que·l món dispost està
    per grans afers   e de cascuna part;
    especial   per nostre gran senyor,   45
    qui, festejant,   la gent ab por lo mira.
    Tot gran senyor   dintre son cor sospira
    creent qu· ell vol   ser dels senyors major.

VII Fortuna és   soptós cambiador,
    negú no sab   on son voler la tira   50
    e lo semblant   de son amor és ira;
    sa ira és   moltes veus gran amor.
    Negú no·s pot   regir per son penell,
    sinó que·ls flachs   de sa cort foragita,
    e·l coratjós   de sos béns lo delita,   55
    havent esforç,   veent-la contra d'ell.

31-32 Pagès (*Auzias March*, 375) cita esta consideración aristotélica que aparece varias veces en nuestro poeta: XXXII, 26-28; LXXII, 13, 15; CVII, 77; CXIII, 23. También XXI, 11. *Gran Ética*, I, cap. IX. El hombre

IV. El hombre determinado que no temerá morir, no haciendo provecho, probado su peligro, querrá la condición virtuosa en sí puesta; mas en esto mejor se debe sufrir, pues con muy gran peligro de su persona procura ganar lo que no le da su derecho porque la virtud se sitúa en el medio y abandona los extremos por viciosos.

V. Gana virtud quien su cuerpo da a la muerte por un gran bien o beneficio de muchos; no debe pensar que se le tenga en cuenta. La virtud, de por sí, galardona al virtuoso. El hombre de corazón débil margine el peligro porque lejos del peligro está su honor y el determinado, con el tiempo, podrá llegar a ser moderado y actuar como una zorra.

VI. Cuando leo de los pasados algunos hechos y contemplo los del futuro, Dios nos hace la gracia de que estamos en tiempo que el mundo está dispuesto para grandes empresas y de todas partes; especialmente por nuestro gran señor, a quien, festejando, la gente le mira con temor. Todo gran señor suspira en su corazón creyendo que él quiere ser el mayor de los señores.

VII. Fortuna es súbitamente cambiante, no sabe nadie dónde su voluntad la lanza y el semblante de su amor es ira: su ira es muchas veces gran amor; nadie se puede regir por su veleta, sino que a los débiles expulsa de su corte, y al valeroso de sus bienes lo deleita, teniendo esfuerzo, viéndola en contra de él.

---

fuerte se encuentra en el medio de los dos extremos: los audaces y petulantes por una parte, y los tímidos y pusilánimes, por la otra.
45 Alusión al rey Alfonso el Magnánimo (Bohigas, *Poesies*).

VIII Contra la mort és aquest aparell:
menyspreu del mon e no tembre Fortuna,
tenir sa lley, e, si és moro, çuna,
e Déu lladonchs lo farà segur d'ell. 60

XXXI

I Molts hòmens oig clamar-se de Fortuna
e malair aquella per sos actes,
volents ab ley fer amigables pactes
donant-los bé e que tostems fos una,
no recordant sa pròpria natura 5
qu·és l'alt baxar e lo baix muntar alt;
e qui d'açò se dóna gran desalt,
llexe los béns portants ab si fretura.

II A Déu no plach haver del món tal cura
que no hy jaquís de terribles afanys: 10
pèrdues són en nombre més que·ls guanys,
n· esguart del ver lo seny és oradura;
e l'hom girat al mundanal saber
ýdoles creu, donant-hy plena fe.
En béns mundans creu ésser complit bé, 15
volent morir solament per haver.

III S· algú pogués de Fortuna tener
ab un fort clau sa roda quant és sus,
fóra-li bo anar amunt e jus,
soferint mals, per trobar tal mester; 20
mas los metalls no han tanta vigor
que tan gran pes ab llur força retinguen,
ne ginys no fan que d'alt en baix no vinguen
los qui seuran en la falssa honor.

---

59 *çuna*. La ley que observan los mahometanos sacada de
los dichos y sentencias de Mahoma.
3 *ley*, provenzalismo, 'ella'.
5-6 Entre los autores latinos que han escrito sobre los
caprichos de la Fortuna, A. Pagès (*Auzias March*,

VIII. Contra la muerte está este aparejo: menosprecio del cuerpo y no temblar ante Fortuna, tener su ley y, si es moro, zuna, y Dios entonces lo hará seguro de sí.

XXXI

I. Oigo a muchos hombres clamar contra la Fortuna y maldecirla por sus actos, queriendo hacer con ella amistosos pactos, y que dándoles bien siempre fuese una; no recordando su propia naturaleza que es al alto bajar y al bajo levantar alto: y quien de esto se toma un gran disgusto que deje los bienes que llevan consigo necesidad.

II. A Dios no le place tener tal cuidado del mundo pues no le quita de terribles afanes: las pérdidas son en número mayor que las ganancias, en comparación con la verdad el juicio es locura; y el hombre vuelto al mundanal saber, ídolos cree, dando fe entera. Cree estar en los bienes mundanos cumplido bien, queriendo morir únicamente por tener.

III. Si alguien pudiera detener la Fortuna con un fuerte clavo cuando su rueda está en alto, le fuera bueno ir arriba y abajo sufriendo los males por encontrar tal menester; pero los metales no tienen tanto vigor que tan gran peso retengan con su fuerza, ni artificios hacen que de arriba a abajo no vengan los que se asentaron en el falso honor.

---

p. 281); respecto a estos versos de Ausias March, cita a Horacio:

Praesens (Fortuna) vel imo tollere de gradu
Mortale corpus, vel superbos
Vertere funeribus triumphos.

Carm., I, XXXV, 2-4

IV Per negun temps   perdrà Fortun· ardor   25
    de fer llochs plans   de les timpes e munt,
    e quant del tot   son desijat és junt
    e no pot fer   pus ab sa gran furor,
    torna refer   deshabitada casa
    qu·en poch espay   havia feta buyda,   30
    e l'hom desert,   qu· enrequir jamés cuyda,
    umple graners,   olis e vins embasa.

V   En son costat   no deu portar espasa,
    com a foll hom   deu franch arbitre perdre
    qui no creu cert   que Fortuna pot perdre   35
    los béns movents   e los sients arrasa;
    mas l'hom del món   per Fortuna mirat
    ab lo esguart   de riallosa cara,
    la part del plor   no ha vista encara;
    creu que sos ginys   l'han de béns prosperat.   40

VI Llir entre carts,   propi só comparat
    a Tantalús   per contínuu desig;
    no sé per què   tots dies hi afig
    puys que m'és prop   compte desesperat.

XXXII

I   L'home pel món   no munta ·n gran valer
    sens haver béns,   bondat, llinatge gran,
    mas la del mig   val més que lo restan

---

42 *Tantalús,* acentuación aguda necesaria para el primer
hemistiquio que, como se sabe, debe llevar acento sobre
la cuarta sílaba. *Tantalus,* en la mitología griega, fue
hijo de Júpiter y padre de Pélope y de Niobe. Fue
castigado en el infierno con una intensa sed y situado,
con la cara cerca de un lago, cuyas aguas se retira-
ban cuando intentaba beber. Tampoco podía satisfacer
su hambre ya que la rama con frutos que tenía al
alcance de su mano se alejaba al querer cogerlos. El
motivo de tal castigo es diverso: se dice que reveló

iv. Nunca perderá Fortuna el ardor de hacer de los precipicios y cimas lugares llanos y cuando del todo es alcanzado su deseo y no puede hacer más con su gran furor, vuelve a rehacer la deshabitada casa que en poco tiempo había vaciado, y el hombre solitario, que jamás se preocupa en enriquecerse, llena graneros, aceites y vinos envasa.

v. En su costado no debe llevar espada, como hombre loco debe perder el libre albedrío quien no cree cierto que Fortuna puede perder los bienes muebles y los inmuebles arrasa; pero el hombre del mundo mirado por Fortuna con la mirada de risueña cara, la parte del lloro aún no la ha visto y cree que sus habilidades le han prosperado en bienes.

vi. Lirio entre cardos, soy comparado al propio Tántalo por el continuo deseo; no sé para qué todos los días lo aumento pues que me está cerca la situación desesperada.

XXXII

i. En el mundo el hombre no se eleva a gran valer sin tener riqueza, bondad, gran linaje, pero lo del medio [la bondad] vale más que lo restante, pero

---

el secreto de los dioses o robóles néctar y ambrosía que dio a los mortales o que mató a su hijo Pélope y ofreció su carne a los dioses para que la probasen. En castellano (Tántalo) y en catalán y valenciano (Tàntal) conservan el acento griego. En francés es *Tantale*.

La influencia aristotélica en este canto es muy considerable. Pagès la ha estudiado detenidamente (*Auzias March*, pp. 61, 296, 303, 304, 369, 374-376). También Ramírez i Molas (*La poesia d'Ausiàs March*, pp. 36-38) analiza el contenido aristotélico y la actitud del poeta.

    e no val molt   sens les altres haver;
    per ella ·s fan   les dues molt prear,   5
    car poder val   tant com és ministrat,
    llinatge val   aytant com és honrat:
    la valor d'hom   ho fa tot graduar.

II Mas no serà   l'hom sabent de sonar
    si·n algun temps   no sona esturment,   10
    car per voler   sonar lo nom no·s pren,
    mas l'esturment   sonant, bé acordar;
    tot enaxí   aquell qui dins si val,
    pobre de béns   e d'avillat llinatge,
    no té ·ls arreus   per mostrar gran coratge   15
    en la virtut   que·s nomena moral.

III Són e seran   molts d'un altre cabal:
    havents molts béns   e d'alta·sanch favor,
    e valent poch   han la part no mellor,
    car sens l'hom bo,   quant pot haver és mal;   20
    e moltes veus   ha ·n la colpa natura,
    car fóra bo   tal que valer no sab;
    negun saber   no pot viur· en llur cap;
    sens colpa llur,   de valer han fretura.

IV Entre·ls estrems   al mig virtut atura,   25
    molt greu d'obrar   y entre pochs conegut;
    per ell saber   no ·s hom per bo tengut
    mas fets obrant   forans dins tal mesura.
    Aytant és llarch   l'hom menys de fer llarguesa
    com és escàs   si no fall en despendre: 30
    vicis, virtuts   per actes s'han a pendre;
    aprés lo fet   és llur potença presa.

V   No conqueran   virtuts per gran abtesa,
    no les hauran   poetes per llur art:

9-12 Estos versos, en los que también encuentra Pagès influencia de Aristóteles le sirven para asegurar del conocimiento musical del poeta. Tal afirmación nos parece, sólo por este testimonio, vaga.

no vale mucho sin tener las otras; por ella las dos se hacen preciar mucho, porque el poder vale tanto como está administrado, el linaje vale tanto como es venerado: el valor del hombre lo hace graduar todo.

II. Pero no será el hombre competente en tocar si durante algún tiempo no toca un instrumento, porque con querer tocar no se consigue el nombre, sino tocando el instrumento, bien acordado; de la misma manera el que dentro de sí vale, pobre de bienes y de avilantado linaje no tiene los arreos para mostrar gran coraje en la virtud que se llama moral.

III. Son y serán muchos de otra condición: teniendo muchos bienes y el favor de noble sangre, pero valiendo poco no tienen mejor calidad porque sin ser hombre bueno, cuanto puede tener es malo; y muchas veces en la natura está la culpa, porque sin lo bueno no sabe de tal valer: ningún conocimiento puede vivir en su cabeza; sin culpa suya, tienen falta del valer.

IV. Entre los extremos, en el medio, se encuentra la virtud, muy desabrida al obrar y conocida de pocos; por el conocimiento el hombre no es tenido por bueno sino por las acciones externas, dentro de tal medida. Tanto es el hombre liberal sin hacer generosidad como es mezquino si no descuida en gastar: vicios, virtudes por acciones se han de tomar; después de lo hecho es sabida su potencia.

V. No conquistarán virtudes con gran abstinencia, no las tendrán con su arte los poetas: las tienen aque-

han-les aquells metents vicis a part, 35
obran virtut per amor de bonesa,
res no dubtant viciosa vergonya
mas solament amant virtuós preu;
e l'home pech en aquest banch no seu,
e qui n'és lluny lo gran delit se llonya. 40

VI Llir entre carts, tostemps faré ma ponya
que la dolor jamés de mi ·s partesca,
e no penseu que mon cas enferesca,
car major dan mereix ma gran vergonya.

XXXIII

I Sens lo desig de cosa deshonesta,
d'on ve dolor a tot enamorat,
visch dolorit, desijant ser amat,
e par-ho bé que no·us vull deshonesta.
Ço que yo am de vós és vostre seny 5
e los estats de vostra vida casta;
molt no deman, car mon desig no basta
sinó en ço que honestat ateny.

II L'enteniment a vós amar m'enpeny
e no lo cors ab voler deshonest; 10
tira'm a vós un amigable gest,
ab sentir prim, qui desperta desdeny.
Tant està pres lo meu enteniment
per molta part del vostre que li alta,
que·m toll sentir e·m fa la carn malalta 15
d'un tal dormir que pert lo sentiment.

III No cessarà lo meu egual talent,
puys mou de part que no·s canssa ni·s farta,

---

17 *talent*, provenzalismo, 'apetito, deseo'. Bohigas (*Poesies*) da la equivalencia de 'voler': 'egual talent', 'voler inalterable'.

llos que ponen los vicios aparte, practican la virtud por amor de la bondad, no dudando nada de abundante vergüenza sino solamente amando la virtuosa prez; el hombre necio en este banco no se sienta, y quien está lejos del gran deleite se aleja.

v. Lirio entre cardos, siempre haré mi esfuerzo para que el dolor de mí jamás se aparte, y no penséis que mi caso infiera porque mayor daño merece mi gran vergüenza.

XXXIII

i. Sin el deseo de cosa deshonesta, de donde viene dolor a todo enamorado, vivo dolorido, deseando ser amado, y lo muestro bien que no os quiero deshonesta. Lo que yo amo en vos es vuestra inteligencia y los estados de vuestra vida casta; no pido mucho porque mi deseo no alcanza sino a lo que atañe a la honestidad.

ii. El entendimiento me empuja a amaros y no el cuerpo con querer deshonesto; me inclina a vos un amigable gesto, con un sentir sutil que despierta desdén. Mi entendimiento está tan prendido del vuestro por mucha parte que le agrada, que me quita el sentir y la carne me pone enferma de un tal dormir que pierde el conocimiento.

iii. No cesará mi igual deseo pues procede de una parte que no se cansa ni se harta, porque el espíritu

car l'esperit   tot lo finit aparta:
no és en cors   lo seu contentament.   20
De vós deman   la voluntat guanyada,
cella qui és   en l'arma infinida.
La part d'amor   que pot ésser perida,
en lo meu cor   no s'hi troba sforçada.

IV Sí com lo foch   creix la sua flamada   25
    quant li són dats   molts fusts perquè·ls aflam,
    e lladonchs creix   e mostra major fam,
    com pot sorbir   cosa que·l sia dada,
    ne pren a mi,   car ma voluntat creix
    per los desigs   presentats en ma penssa,   30
    e, remoguts,   seria'ls fer ofenssa,
    car d'altra part   ma voluntat no·s peix.

V   Mon penssament   mostra que m'entristeix
    quant entre gents   estich mut e pensiu,
    lladonchs Amor   peix sos fills en lo niu   35
    que dins mon cap   és llonch temps que nodreix.
    Cest és aquell   voler sens negun terme,
    per ço Amor   de mi no·s partirà;
    aquell· Amor,   qu·en nostra carn està,
    no met al cor   lo no cansable verme.   40

VI Plena de seny,   mon enteniment ferme
    en ço que may   amador lo fermà,
    e si fallesch,   ver· amor fallirà:
    "mellor de tots"   hauré nom, si·m conferme.

XXXIV

I   Tots los desigs   escampats en lo món
    entre les gents,   segons for de cascú,
    ab trencat peu,   a pas van detràs u,
    qui és lo meu   e llonch temps ha que fón.
    Sí com los puigs   poran fugir al vent,   5

todo lo acabado aparta: no está en el cuerpo su contentamiento. De vos solicito la voluntad ganada, aquella que está en el alma infinita; la parte amorosa que puede perecer no se encuentra esforzada en mi corazón.

IV. Así como el fuego crece su llamarada cuando son puestos muchos maderos para que los queme, y entonces crece y muestra mayor hambre, pues puede consumir cosa que se le entregue, me ocurre a mí, porque mi voluntad crece por los deseos aparecidos en mi pensamiento y, removidos, sería hacerles ofensa, porque de otra parte, mi voluntad no se alimenta.

V. Mi pensamiento muestra que me entristezco cuando entre gente estoy mudo y pensativo, entonces Amor alimenta a sus hijos en el nido que dentro de mi cabeza mucho tiempo hace que nutre. Este es aquel querer sin término ninguno, por esto Amor no partirá de mí; aquel amor que en nuestra carne está no pone en el corazón el incansable gusano.

VI. Muy sensata, mi entendimiento afirmo en lo que jamás amador lo mantuvo, y si fallezco, el verdadero amor faltará: "el mejor de todos" el nombre tendré, si me confirmo.

XXXIV

I. Todos los deseos esparcidos por el mundo entre la gente, según la ley de cada uno, con quebrado pie, a paso, van detrás de uno, que es el mío, y ha largo tiempo que fue. Así como los cerros podrán huir del

    ma voluntat   d'ell poria campar;
en un lloch ferm   li cové d'esperar:
no·l pot minvar   aquell mal pensament.

II En remeyar   no·m conech sentiment
si bé l'assaig   he yo sperimentat;   10
per mon esforç   pogra ser delliurat
d'una gran part   de la dolor que sent.
Amor suplich   que·m lleix donar a ·ntendre
lo sobresalt   que de vós, dona, ·m ve,
entenent vós   quin· obra fa dins me   15
e com, sens mort,   yo no me'n puch defendre.

III Passar puch, donchs,   sens honestat ofendre,
mostrant virtut,   com res no cast no vull;
si bé·l desig   no casta penss· acull,
no·m trop en punt   que res pens de vós pendre;   20
sos moviments   negú pot esquivar
— servents no són   de nostre franch juý —;
¿donchs, com serà   que jo fuja de mi?
Colpa no·us tinch   si forçat són d'amar.

IV Aquest· amor   tant se pot esforçar   25
que·l amador   a mort farà venir;
¿on és l'hom fort,   potent a resestir
les passions   que vol Amor donar?
E, donchs, ¿per què   yo só desacordant
mostrar a vós   la voluntat que·us port?   30
Ma llengua té   la vida e la mort;
lo meu voler   no·m val essent· bastant.

V Sí com aquell   qui està Déu pregant
que ploga fort   sens lo temps nuvolós,
vull ser amat   sens dar occasiós,   35

---

35 *occasiós*. Los mss. y ediciones dan diferentes variantes de esta palabra: *occasios* A, B, F, L; *noccassions* D; *nocasios* E, G²; *ocasios* I; *notassios* II, III; *notasios* IV, V. M. Sanchis Guarner ("La lengua de Ausiàs March", en *Revista Valenciana de Filología*, VI, 1959-

viento, mi voluntad de él podría escapar; en un lugar firme le conviene esperar; no le puede menguar aquel mal pensamiento.

II. Para remediarlo no conozco ningún sentimiento si bien yo he experimentado el intento; por mi esfuerzo pudiera ser liberado de una gran parte del dolor que siento. Suplico a Amor que me deje dar a entender el supremo placer que de vos, señora, me viene, entendiendo vos qué efecto hace dentro de mí y cómo, sin la muerte, yo no me puedo defender.

III. Pasar puedo, pues, sin ofender la honestidad, mostrando virtud, pues nada no casto quiero; si bien el deseo acoge no casto pensamiento, no me encuentro dispuesto pues nada pienso tomar de vos; sus movimientos nadie los puede esquivar —servidores no son de nuestro libre albedrío—; entonces, ¿cómo será que yo huya de mí? Culpa no tengo si soy forzado a amar.

IV. Este amor tanto se puede esforzar que al amador a muerte hará venir. ¿Dónde está el hombre fuerte, potente a resistir las pasiones que Amor quiere dar? Y, entonces, ¿por qué yo estoy en conflicto para mostraros la voluntad que os traigo? Mi lengua tiene la vida y la muerte; mi querer no me vale siendo suficiente.

V. Así como aquel que está rogando a Dios que llueva intensamente sin tiempo nublado, quiero ser amado sin dar ocasión, y no se puede hacer encu-

---

1962, p. 91), al tratar de esta palabra, dice: "Ausiàs March emplea alguna vez este tipo de plural occitano sin -n, por conveniencias de la rima". Como forma plural lo entiende en ms. D: *noccassions*. No está claro si esta palabra está empleada como singular o plural.

        e no·s pot fer   lo meu voler celant.
        L'enteniment   e calitat s'acorden
        amar a vós   en qui és llur semblança,
        e los volers   han gran desacordança:
        contra raó   en tanta part discorden.   40

VI   Llir entre carts,   los escurçons no morden
        ab tant fort mos   com és lo de Amor;
        si bé·ls morduts   no passen tal cuyçor,
        perden lo seny   e les vistes exorben.

XXXV

I   Sia cascú   per ben oir atent
        e no ymagín   que yo·l vulla decebre,
        car, de tot cert,   per mi porà percebre
        grans novitats   e de nou sentiment,
        tals que no sé   los mijans qui·ls atracen,   5
        mas solament   resta ·n mi lo sentir;
        sí co·l malalt,   qui sa dolor sab dir,
        no sab los mals   qui la mort li percacen.

II Aquells afanys   qui·ls amadors acacen
        e són comuns e casi manifests   10
        no són en mi,   ne desenblants d'aquests
        no·m fan paor   ne sol mi no menacen.
        Dolors he tals   qu·en amadors no vénen,
        car yo peresch   com ja no pusch amar;
        solament bast   mi de mort airar   15
        per mos defalts   qu·en ira mi encenen.

III No sé quins són   los delits qui·m sostenen,
        com no·m acuyt   metre lo món a part;
        car d'airar-   me jamés no·m veig fart.

---

19 *airar-me*, con el sentido provenzal de 'dolerme, entristecerme, atormentarme'.

briendo mi querer. El entendimiento y la calidad concuerdan en amaros en quien está su semejanza, y los quereres tienen gran discordancia: contra la razón en tanta parte están en desacuerdo.

vi. Lirio entre cardos, los alacranes no muerden con tan fuerte mordedura como es la de Amor; si bien los mordidos no pasan tal escozor, pierden el sentido y los ojos ciegan.

XXXV

i. Esté cada uno atento para oír bien y no imagine que yo lo quiera engañar, porque completamente cierto, por mí podrá entender grandes novedades y de nuevo sentimiento, tales que no sé los medios que las causan, sino solamente queda en mí sentirlo; así como el enfermo que sabe decir su dolor, no sabe los males que le traen la muerte.

ii. Aquellos afanes que persiguen a los amadores y son comunes y casi manifiestos no están en mí, ni desemejantes de éstos me dan pavor ni amenazan sólo a mí. Tengo tales dolores que no llegan a los amadores, porque yo perezco cuando ya no puedo amar; solamente me basta airarme contra la muerte por mis faltas que en ira me encienden.

iii. No sé cuáles son los deleites que me sostienen cuando no me apresuro a dejar el mundo, porque de enojarme jamás me veo harto, ¡pensad los bienes que

¡Pensau los béns   qu·en esta penssa· s prenen!   20
Morir me plau   car no·m té prou lo viure,
lo mils de mi   és com en res no pens,
e, tant com pusch,   de penssar me defens;
consell no·m cal,   si·m deig per foll escriure.

IV Sí co·l precís   que no·s de mort delliure,   25
veent-se prop   d'aquell seu jorn derrer,
ne prega Déu   li sia mercener
e sab que va   on null hom se pot riure,
ne pren a me,   qui fuig a la mercè
d'Amor en qui   s'esclou tot lo meu ésser: 30
¡tant envers ell   me só volgut irèxer
per lo fallir   qui és comès per me!

V Sí com l'hom pech   qui ha pensat dins se
de l'hom sabent   a son saber atènyer,
e com veu si   qu·en tant no·s pot empènyer,   35
lo malaeix   e si mateix d'on ve,
ne pren a mi   no bastant ser atès
lay on tots temps   he tengut mon camí;
tot per defalt   qu· és atrobat en mi,
air Amor   e volgra ser no-res.   40

VI Llir entre carts,   lo bé qui m'és defès,
Amor lo·m féu   en primer desijar,
e follament   de tant preu estimar
que no ymagín   que haver se pogués.

XXXVI

I ¡O mort, qui est   de molts mals medecina
e lo remey   contra mala fortuna,

---

25 *precís*. "adj. ant., forma incorrecta, per *prescit*." DCVB.
38 *lay* o *lai*, adv. provenzal 'allá, allí'.
40 *air Amor*, con el sentido que también tiene en castellano de aborrecer, alejar de la gracia y amistad; desterrar. DRAE.

en este pensamiento se toman! Me place morir pues el vivir no me compensa bastante; lo mejor para mí es cuando en nada pienso, y, tanto como puedo, de pensar me defiendo. Consejo no me hace falta si debo inscribirme como loco.

iv. Así como el precito que no es librado de muerte, viéndose cerca de aquel su postrer día, ruega a Dios que le sea piadoso pues sabe que va donde ningún hombre se puede reír, me ocurre a mí, que huyo de la merced de Amor en quien se encierra todo mi ser: ¡tanto contra él he querido airarme por la falta que se ha cometido conmigo!

v. Así como el hombre necio que, dentro de sí ha pensado alcanzar su sabiduría a la del hombre sabio, y cuando así ve que en tanto no se puede igualar, lo maldice y así mismo de donde viene, me sucede a mí no bastando haber alcanzado allí donde siempre he tenido mi camino; todo por falta que se ha encontrado en mí: odio el Amor y nada quisiera ser.

vi. Lirio entre cardos, el bien me está prohibido, Amor me lo hizo primero desear, y locamente de tanto precio estimar, que no imagino se pudiese tener.

XXXVI

i. ¡Oh muerte, que es de muchos males medicina y el remedio contra la mala fortuna, contra mí tuvie-

encontra mi   hagues lley e no çuna,
puys vinch a tu,   l'orell· a mi enclina!
Mas tu defugs   al hom qui a tu crida,   5
amant a ·quell   qui del encontre ·s lunya.
Per tu ·ncontrar   nit e jorn faç ma punya
per ser plagat   de ta dolça ferida.

II Ma dolor gran   no pot ésser perida
sinó per mal   qu·en quantitat la passe;   10
per altr· afany   no crech mon cor se lasse
e sia tant   que·m dón pena ·nfinida,
torbant mon seny   fins que dolor no senta:
lladonchs remey   yo pens aconseguesca;
altra dolor   me plau que sia fresca,   15
o prech la mort   que morir me consenta.

III L'imaginar   per null temps no m'esmenta
altra dolor,   e que apert no sia
a donar plor   perdent tot· alegria;
fuig de les gents,   no·m plau que algú ·m senta.   20
Deman de vós   que de mi us vullau dolre;
açò deman   que lleument pusch atènyer,
e no és poch,   ab què no·m vullau fènyer,
gran part del mal   vós me poreu dissolre.

IV Dona, tal sou   que per vós me vull tolre   25
tots los delits   que·l món als jóvens dóna;
a vostr· amor   lo meu cor s'abandona,
lo vostre cors   per deessa vull colre;

---

3 *çuna,* La ley que observan los mahometanos sacada de los dichos atribuidos a Mahoma. En el canto XXX, 59 aparece también. Ahora Ausias March le da un sentido de doctrina falsa o secta. Así la emplean diferentes autores: "Aquesta çuna o secta..." San Vicente Ferrer, *Sermons,* edición J. Sanchis Sivera, I, 104. "La doctrina que donà Mahomet, no era ley, mas tenebra" San Vicente Ferrer, *Quaresma de Sant Vicent Ferrer predicada a València l'any 1413.* Ed. J. Sanchis Sivera, XLIV, 133. "Que vós lexàs ley per suna" *El Cancionero Catalán de la Universidad de Zaragoza,* ed. M. Baselga y Ramírez, Zaragoza, 1896, 70. *Tota llur çuna | llei, art*

ses ley y no perfidia, pues voy a ti, el oído a mí inclina! Pero tú huyes del hombre que te llama, acudiendo a aquel que del encuentro se aleja. Por encontrarte mi esfuerzo hago noche y día para ser llagado por tu dulce herida.

II. Mi gran dolor no puede ser finito sino por mal que en cantidad lo supere; por otro afán no creo que mi corazón se canse y sea tanto que me dé pena infinita turbando mi sentido hasta que el dolor no sienta: entonces pienso que el remedio consiga; otro dolor me place que sea reciente o ruego a la muerte que morir me consienta.

III. El imaginar nunca me trae a la memoria otro dolor y que presto no sea para dar llanto perdiendo toda alegría; huyo de la gente, no me gusta que alguien me oiga. Os pido que no queráis doleros de mí, eso pido que fácilmente puedo alcanzar, y no es poco; con que no os queráis burlar, gran parte del mal vos me lo podréis disipar.

IV. Señora, tal sois que por vos me quiero privar de todos los deleites que el mundo da a los jóvenes; mi corazón se abandona a vuestro amor, vuestro cuerpo quiero venerar como diosa, y si de esto viese Dios

---

    e manya, | pràctica stranya, | hipocresia | e ronceria | te vull mostrar | e declarar | com en semblances, Jaume Roig, *Llibre de les dones o spill.* Ed. F. Almela i Vives, p. 121.
23 Las ediciones de Pagès y la de Bohigas siguen la variante de los mss. y ediciones A, D, E, G¹, N, II, III, IV, V "ab què no·n vullau fènyer" 'no me queráis engañar', frente a la de los mss. F, K, L, que es la que damos nosotros teniendo en cuenta la observación de Ramírez i Molas (*La poesía d'Ausiàs March,* p. 38).
28 Esto de adorar a la mujer como un dios o diosa lo manifiesta también en XXXVII, 37-40.

e si d'açò   ves Déu comet ofensa,
yo me'n confés,   a penedir no baste: 30
la gran sabor   del penident no taste;
la vostra, pens,   ser de verins defensa.

V   Tot lo revers   muda ma vana penssa,
pregant-vos molt   que mi no vullau plànyer,
e si, resclús,   me veu la gent complànyer,   35
de sos delits   me peix Amor e·m penssa.
Amor a mi   tan cominal se mostra,
que fa que foll   qui de mon mal se planga;
e, donchs, enug   de mi no·us ne atanga:
ma fort dolor   serà menys sens la vostra.   40

VI Llir entre carts,   Amor los mals me mostra
tots quants venir   en un amador poden;
reb-los mon cor   tots quants e·n penssa ·m roden,
e quant los call,   aquella és llur mostra.

XXXVII

I   La mia por   d'alguna causa mou.
Per bé que·l juy   se meta ·n bon esper,
mon sentiment,   profeta verdader,
de bon penssar   mon penssament remou.
¿Què és açò   que·m veda tot repòs,   5
e lo dormir   la congoxa no·m tol,
e ma raó   cuyda morir per dol,
com en remey   jamés donar ha clos?

II Dolor me puny   que·m dón· al cor gran mos,
ne causa veig   del avenidor dan;   10
mon esperit   és mal prenostican
generalment,   qu· especial no·l pos.
Quant me despert,   me sembla que·m desperta
una dolor,   ab agut punyiment;
familiar   he tant est penssament   15
que·l dan vinent   ja tinch per cosa certa.

que cometo ofensa, yo me confieso, que a arrepentirme no alcanzo: el gran sabor del penitente no pruebo; el vuestro [sabor], pienso, prohíbe ser venenoso.

v. Todo al revés lo cambia mi vano pensamiento, rogándoos mucho que no queráis doleros de mí, y si, recluido, me ve la gente lamentar, Amor me alimenta de sus deleites y me recuerda. Amor conmigo tan común se muestra que loco hace a quien de mi mal se duela. Y, entonces, mi enojo no os alcanza: mi intenso dolor será menos sin el vuestro.

vi. Lirio entre cardos, Amor los males me muestra todos cuantos pueden venir a un amador; mi corazón los recibe todos cuantos en el pensamiento ruedan y cuando los silencio, aquello es su muestra.

XXXVII

i. Mi miedo por alguna causa se desata. Por mucho que el juicio se ponga bien esperanzado, mi sentimiento, profeta verdadero, del buen pensar remueve mi pensamiento. ¿Qué es eso que me priva de todo reposo, y el dormir no me quita la congoja, y mi razón piensa morir por el dolor, cuando jamás ha terminado en dar remedio?

ii. El dolor me punza y me da gran mordedura en el corazón, no veo la causa del venidero daño; mi espíritu está pronosticando el mal —generalmente, pues especial no puede—. Cuando me despierto, me parece que me despierta un dolor, con agudo pinchazo; es tan familiar este pensamiento que el daño que viene ya tengo por cosa cierta.

III Yo són ben cert que vós no sou ben certa
   de mon voler, del qual me só callat;
   ma colpa és, com no·m só clar mostrat,
   e tal amor no mereix ser cuberta. 20
   Ja só pus lluny de mon voler mostrar;
   a poch a poch mon esforç sent descréxer;
   lo que de mi sabeu no pot merèxer
   qu·en mi penseu amar ne desamar.

IV Sobresamor de vós m'ha fet llunyar 25
   e dintre si vol ésser departit;
   per molt amar mon voler no he dit,
   e sentiment d'ell a vós no vol dar.
   Vós no sabeu lo meu voler secret;
   vós no sentiu, e sobresdolor sent; 30
   Amor ho fa sens ús d'enteniment,
   fartant a vós, dant a mi fam e set.

V Los mals tan grans que Amor me promet,
   esforç no sé qui·ls gosàs emparar;
   yo am lo dan vengut per vós amar, 35
   penssar deveu quant més lo benifet.
   A vós ador, si no me'n repreneu;
   dexau a mi càrrech de consciença:
   en tan estrem és ma gran benvolença,
   que vos confés per un terrenal déu. 40

VI Jamés diré que siau lo mal meu,
   car tot lo mal yo prench en molt gran bé;
   si mon amich del meu mal semblant té,
   yo per son bé volgr· abans fos en creu.
   Amor me fa lo càrrech sostenir, 45
   yo·l malaesch si per null temps me fall,
   e si mon cors pert virtut per treball,
   no li dón mort per son mal no finir.

37-40 Véase la nota 28 del canto XXXVI.

III. Yo estoy muy seguro de que vos no estáis muy segura de mi querer, del que me estoy callado; es culpa mía, pues no me he mostrado claramente, y tal amor no merece estar encubierto. Ya estoy más lejos de mostrar mi querer; poco a poco siento disminuir mi esfuerzo: lo que de mí sabéis no puede merecer que a mí penséis amar ni desamar.

IV. Inmenso amor por vos me ha hecho alejar y dentro de sí quiere estar partido; por mucho amar no he dicho mi querer y a vos no quiere dar sentimiento de él. Vos no sabéis mi secreto querer; vos no sentís y siento extremado dolor; Amor lo hace sin uso del entendimiento, hartando a vos, a mí dando hambre y sed.

V. Los males tan grandes que Amor me promete, no sé el esfuerzo de quien los osase amparar; yo amo el daño venido por amaros, pensar debéis cuanto más el beneficio. A vos adoro, si no me reprendéis; dejad para mí el cargo de conciencia: en tal extremo está mi gran benevolencia que os declaro como un dios terrenal.

VI. Jamás diré que seáis el mal mío, porque todo mal yo lo acepto como muy gran bien; si mi amigo tiene mal semejante al mío, yo, por su bien, quisiera que antes estuviese en la cruz. Amor me hace el peso sostener, yo lo maldigo si alguna vez me falta y si mi cuerpo pierde virtud por la fatiga no le doy muerte para que no acabe su mal.

VII Llir entre carts,   tot quant de vós yo mir
     e quant me pens   me fa créxer d'amor;   50
     delit me sent   a las veus sens dolor,
     e puys me dolch   tant com pusch soferir.

XXXVIII

I   Si bé mostrau   que mi no avorriu,
    ans vos altau   de ma simpla paraula,
    e mos escrits   no creeu ésser faula,
    e·us plau de mi   si algun hom bé ·n diu,
    quant ymagín   que per vós yo amar   5
    avorresch mi,   que res no·hy fall d'entregue,
    en aquell punt   tot mon bon voler negue
    puys que vostr ·alt   no passa ·n bé amar.

II Conort bastant   en mi no pusch penssar,
    e si per temps   alguna part n'atench,   10
    serà per ço   com part d'Amor tal prench
    que·l sabrà mal   si·l he desemparar;
    hauré Amor   de mi desposseit,
    que per null temps   tal servent cobrará;
    aquest penssar   conort me portarà: 15
    durarà tant   com ser enfellonit.

III Ço que deman   mereix preu infinit;
    no·l vull haver   ab res no merexent:
    l'ànima us dó   qu· és a Déu bell present,
    ella no·l plau   haver lo cors jaquit.   20
    No·us prech d'amor,   mas que la'm demostreu;
    del qu· és en vós   hauré singular grat;
    si bon voler   me teniu amagat,
    tant am lo mal   ab que·l me amagueu.

IV Yo són ben cert   que vós mi conexeu   25
    e los tres temps   de mi no ignorau,
    mos penssaments   yo creu que sapiau;

VII. Lirio entre cardos, todo cuanto yo miro de vos y cuanto pienso me hace crecer en amor: deleite siento, a veces sin dolor, y después padezco tanto como puedo sufrir.

XXXVIII

I. Si bien mostráis que no me aborrecéis, antes os contentáis de mi simple palabra, y no creéis que mis escritos son fábula, y os place si algún hombre habla bien de mí, cuando imagino que por amaros me aborresco, pues nada falta en la entrega, en aquel instante niego todo mi bien querer, pues vuestro contento no pasa al bien amar.

II. Bastante consuelo no puedo pensar en mí, y si por algún tiempo alguna parte consigo, será por eso como tal parte tomo del Amor que le sabrá mal si le he de desamparar; tendré a Amor desposeído de mí, y nunca tal servidor cobrará; este pensar consuelo me traerá: durará tanto como el estar enojado.

III. Eso que pido merece precio infinito; no lo quiero tener por nada no mereciendo: el alma os doy que es un bello presente para Dios, a ella no le place haber dejado el cuerpo. No os pido amor, sino que me lo demostréis, del que está en vos tendré singular contentamiento; si buen querer me tenéis escondido, tanto amo el mal conque me lo escondéis.

IV. Yo estoy bien seguro que vos me conocéis y los tres tiempos míos no ignoráis, mis pensamientos yo creo que sabéis; no os vanagloriéis, entonces, si no

no·us preeu,   donchs, si no·m regonexeu.
Lo meu voler   ab infinit s'acosta;
serà content   del vostre poch o molt: 30
donchs, envers mi·   no·us cal amar d'escolt;
lo camí ·s pla   sens barranch ne gran costa.

v Vostra valor   tot quant pusch dar me costa,
no·m resta pus   que·l viure dolorós;
dos grans contrasts   de volers veig en vós: 35
mon viure·us plau,   de mort és la resposta.
Los ulls tinch cluchs,   no conech nit ne jorn,
ne tinch hom prop   qui del temps me avise,
ne sent res ferm   ab què lo temps divise;
ab tot açò   ma pensa no pren born.   40

vi Llir entre carts,   dins mi porte un forn
coent un pa   d'una dolça sabor,
y aquell mateix   sent de gran amargor;
tot açò ·m pren   deu hores en lo jorn.

XXXIX

1 Qui no és trist,   de mos dictats no cur,
o ·n algun temps   que sia trist estat,
e lo qui és   de mals passionat,
per fer-se trist   no cerque lloch escur:
llija mos dits   mostrans penssa torbada,   5

1-8 El quizá más antiguo poema lírico castellano del siglo XIII, "Razón de Amor", tiene coincidencias con esta estrofa de Ausias March. Ambos comienzan de la misma manera y luego se oponen al manifestarse como están escritos. El del poeta valenciano "sin ningún arte":

> Qui triste tiene su coraçón
> benga oir esta razón.
> Odrá razón acabada
> feita d'amor e bien rimada. (vs. 1-4)

Esta octava de Ausias March fue de las más imitadas por los poetas del Siglo de Oro. Como lema lo emplea Menéndez y Pelayo en una poesía escrita en su adolescencia (*Poesías*, Santander, 1955, I, p. 345) y Enrique Azcoaga (*El canto cotidiano*, Madrid, 1943, p. 15) como

me reconocéis. Mi querer al infinito se acerca; estará contento del vuestro, poco o mucho: entonces, hacia mí no os hace falta ir con escolta, el camino es llano sin barranco ni gran cuesta.

v. Vuestra valía me cuesta todo cuanto puedo dar, no me queda más que el vivir doloroso; dos grandes contrastes de quereres veo en vos: mi vivir os place pero muerte es la respuesta. Los ojos tengo cerrados, no conozco noche ni día, ni tengo junto a mí hombre que me advierta del tiempo, ni siento nada firme conque el tiempo distinga: con todo esto no toma camino mi pensamiento.

vi. Lirio entre cardos, dentro de mí llevo un horno cociendo un pan de un dulce sabor, y en él mismo se siente gran amargor; todo esto me toma diez horas del día.

XXXIX

I. Quien no esté triste no cuide de mis versos, o que haya estado triste en algún tiempo, y quien está apasionado por males para entristecerse no busque lugar oscuro: Lea mis versos que muestran pensamien-

---

comienzo de un soneto dedicado al Conde de Villamediana que, con la imitación de este comienzo de la octava de Ausias March, escribió el soneto "Nadie escuche mi voz y triste acento..." Véase Juan Manuel Rozas, "Petrarca y Ausias March en los sonetos-prólogo amorosos del siglo de Oro", en *Homenajes. Estudios de Filología española*, Madrid, 1964, pp. 57-75. Y, del mismo autor, su edición de *Obras* de Villamediana, Madrid, Castalia, 1969.
Hasta la edición de A. Pagès todas las anteriores iniciaron los poemas de Ausias March con este canto. Es posible que cronológicamente le corresponda el lugar en que lo sitúa Pagès aunque bien pudiera ser, por la intención que contiene, que Ausias March lo quisiera como prólogo o canto introductor de sus poesías.

sens algun· art,   exits d'hom fora seny,
e la raó   qu·en tal dolor m'enpeny
Amor ho sab,   qui n'és causa estada.

II Alguna part,   e molta, és trobada
    de gran delit   en la pensa del trist,   10
    e si les gents   ab gran dolor m'han vist,
    de gran delit   m'arma fón conpanyada.
    Quant simplament   Amor en mi habita,
    tal delit sent   que no·m cuyt ser al món,
    e com sos fets   vull veure de pregon   15
    mescladament   ab dolor me delita.

III Prest és lo temps   que faré vida ·rmita
    per mils poder   d'Amor les festes colre;
    d'est viur· estrany   algú no·s vulla dolre,
    car per sa cort   Amor me vol e·m cita.   20
    E yo qui·l am   per si tant solament,
    no denegant   lo do que pot donar,
    a sa tristor   me plau abandonar
    e per tostemps   viur· entristadament.

IV Traure no pusch   de mon enteniment   25
    que sia cert   e molt pus bell partit
    sa tristor gran   que tot altre delit,
    puys hi recau   delitós llanguiment.
    Alguna part   de mon gran delit és
    aquella que   tot home trist aporta,   30
    que, planyent si,   lo plànyer lo conforta
    mes que si d'ell   tot lo món se dolgués.

V   Ésser me cuyt   per moltes gens reprès
    puys que tant llou   viur· en la vida trista,
    mas yo qui he   sa glòri· a l'ull vista   35
    desig sos mals   puys delit hy és promès.
    No·s pot saber,   menys de la speriença,
    lo gran delit   qu· és en lo sols voler
    d'aquell qui és   amador verdader
    e ama si   veent-s· en tal volença.   40

to turbado, sin arte alguno, brotados de hombre sin juicio, y la razón que a tal dolor me empuja, Amor sabe de quién ha sido la causa.

II. Se encuentra alguna parte, y mucha, de gran deleite en el pensamiento del triste, y si las gentes con gran dolor me han visto, de gran deleite mi alma estuvo acompañada. Cuando simplemente Amor habita en mí, tal deleite siento que no creo estar en el mundo, y cuando quiero ver sus hechos en lo hondo, mezcladamente con el dolor me deleita.

III. Pronto será el tiempo en que haré vida ermitaña para poder mejor venerar las fiestas del Amor; nadie se quiera apenar de este extraño vivir porque Amor para su corte me quiere y me emplaza. Y yo, que le amo por sí tan solamente, no desechando el don que puede dar, me place abandonarme a su tristeza y para siempre vivir tristemente.

IV. No puedo apartar de mi entendimiento que sea cierto y mucho más bello partido su gran tristeza que todo otro deleite, pues allí recae deleitosa languidez. Alguna parte de mi gran deleite está en aquella que lleva todo hombre triste, que, lamentándose, el lamento le conforta más que si todo el mundo se doliera de él.

V. Me creo ser censurado por mucha gente, pues tanto ensalzo vivir en vida triste, pero yo que, tan cerca, he visto su gloria, deseo sus males pues deleite prometen. No se puede saber, sin la experiencia, el gran deleite que existe en tan sólo querer de aquel que es verdadero amador y ama así viéndose en tal voluntad.

VI Llir entre carts,   Déu vos dón conexença
    com só per vós   a tot estrem posat;
    ab mon poder   Amor m'ha ·nderrocat
    sens aquell seu   d'infinida potença.

XL

I   Cell qui d'altruy   reb enug e plaer
    e perdre vol   totalment s· amistat,
    és-li mester   haja per oblidat
    tot lo plaer,   havent-ne desesper,
    e tot primer   que·s lluny de sa presença   5
    e del plaer   no sia recordant,
    car si aquell   l'és present al davant,
    enyorament   dobla sa benvolença.

II Tres coses són   que llunyen bon voler:
    dan, e desalt   e gran iniquitat.   10
    Al propi bé   hom és tan inclinat
    que no vol bé   d'on gran dan pot haver.
    En gran desalt   no·ns basta la potença
    que cell amem   qui·ns és desagradant;
    lo nostre sforç   no sab fer en nós tant   15
    que·l prim voler   no vinga ·n malvolença.

III Iniquitat   met l'hom en desesper,
    avorrint Déu,   senyor qui·l ha creat;
    ço fa lo seny   del hom quant és irat,
    se avorrint,   amant-se tant primer.   20
    Aprés de si,   l'hom ama sa semença,
    tant que lo nan   cuyda ésser gigant,
    e tant pot ser   envers nós mal usant,
    qu·en mal voler   giram nostra sciença.

A. Pagès (*Auzias March*, pp. 296, 297) señala la influencia de Aristóteles en los vs. 5, 8, 16, 18, 20, 21, 43.
22 *lo nan cuyda ser gigant,* parece ser una expresión popular o refrán.

vi. Lirio entre cardos, Dios os dé a conocer de cómo por vos estoy puesto a todo extremo; Amor, con mi propio poder, me ha derribado sin la infinita potencia del suyo.

XL

i. Aquel que de otro recibe enojo y placer y quiere perder completamente su amistad, necesario le es que tenga por olvidado todo el placer, manteniendo la desesperación; y muy primeramente que esté lejos de su presencia y que del placer no se esté recordando, porque si delante le está presente, la añoranza dobla su benevolencia.

ii. Tres cosas son las que alejan el buen querer: daño y desagrado y gran iniquidad. El hombre está tan inclinado al propio bien pues no quiere el bien de donde gran daño puede haber. La potencia no nos basta en gran desagrado para que amemos a aquel que nos está desagradando; nuestro esfuerzo no sabe hacer tanto en nosotros que el primer querer no se convierta en malquerencia.

iii. Iniquidad pone el hombre en desesperación, aborreciendo a Dios, señor que le ha creado —esto hace el seso del hombre cuando está airado, aborreciéndose, primero amándose tanto—. Después de sí, el hombre ama su semejanza, tanto como el enano cuida ser gigante, y tanto puede ser empleando el mal contra nosotros que en mal querer cambiamos nuestra ciencia.

IV Sí com l'hom fort   qui ·s egual de poder   25
    ab l'enemich   qui l'és davant posat
    fins que·l un d'ells   és per l'altre sobrat,
    algú no pot   negun dret juý fer;
    tot enaxí   no puch donar sentença
    entre Amor   ab Oy desacordant: 30
    cascú d'aquests   en mi és tant poxant,
    que mon saber   no·hy coneix diferença.

V   Amor al camp   no fón lo pus derrer,
    mas Oy vench lla   d'armes tan esforçat
    c·al pus estrem   del camp l'he derrocat,   35
    que yo·m penssí   no·s pogués may refer;
    mas no·l fallí   Amor sopta valença:
    mon foll Voler   li fon prest ajudant;
    Oy donà crit   dient: "¡O llas, e quant
    tarda Raó   qui·m tolga de temença!"   40

VI Suplich a Déu   que·m tolga conexença,
    o, volent Ell,   us yo de passió,
    d'aquella que   sia prop de raó,
    llexant Amor   qui·m traeix en creença.

XLI

I   Volgra ser nat   cent anys o pus atràs,
    perquè són cert   qu· és pijorat lo món;
    aytan poch val   qu·ell mateix no sab on
    s· aulesa gran   en pus baix lloch baxàs;

---

30 Pagès (*Auzias March*, p. 272) rechaza la interpretación que da Bernardo Sanvisenti de este verso (*I primi influssi di Dante del Petrarca e del Boccaccio sulla Letteratura Spagnuola*, Milano, 1902, p. 387). Según Sanvisenti "il March mi sembra scherzi sul nome dell'amata nei versi (prendo questo esempio che non ho visto messo innanzi da altri)

entre amor aB Oy desacoradant (Canto XXXII)
diu que menjant carn de Bou, ó Llebra (c. LXXXV)

IV. Así como el hombre fuerte que tiene igual poder que el enemigo que le han puesto delante hasta que uno de ellos es por el otro superado, nadie puede hacer ningún juicio justo, exactamente así no puedo dar sentencia entre Amor y Odio contrapuestos: cada uno de estos es tan pujante en mí que mi saber no les conoce diferencia.

V. Amor no fue el último en el campo [de batalla] pero el Odio vino allá tan esforzado de armas que en lo más extremo del campo lo ha derrotado, tanto que yo me creí que no pudiese rehacerse nunca; mas no le fallé a Amor en súbita valentía: mi loco querer pronto le estuvo ayudando. El Odio dice gritando: ¡Ay de mí, y cuánto tarda Razón que me saque de temor!

VI. Suplico a Dios que me quite el conocimiento, o, queriendo Él, yo use de pasión, de aquella que esté cerca la razón, dejando a Amor que me engaña en creencia.

XLI

I. Quisiera haber nacido cien años o más antes, porque estoy cierto que el mundo ha empeorado, y tan poco vale que él mismo no sabe dónde su gran maldad a más bajo lugar bajará. Y veo un motivo de

---

come fece più volte il Petrarca, p. e. nel son. V."
La numeración de Pagès corresponde a los cantos XI y CXIX.
1-2 Repite una vez más (VII, 25-28, VIII, 5-8) el tópico de que "cualquiera tiempo pasado / fue mejor". "Nunca digas: ¿Qué es la causa que los tiempos pasados fueron mejores que éstos?" *Eclesiastés*, VII, 10.

  e veig un cas de raó apartat: 5
  que lo mal hom fa casa prop la forca
  e l'ome just fuig e·s met en cavorca
  per aquell mal que jamés ha pensat.

II Foll és aquell qui vol haver usat
  de mal saber on serà ben entès;   10
  ymaginar deu que serà reprès
  e sens murmur no deu ser comportat.
  E lo mal hom deu ser cridat ab trompa,
  per ço que un e l'altre no engan:
  ¡tants són aquells qui per bons hòmens van 15
  que, difamats, cessaria llur pompa!

III Lo just voler pensa com entorrompa
  ficte voler, acolorat de bé,
  e lladonchs és guardada bona fe
  com lo lleig fet acusador lo trompa. 20
  Aquell és dit misericordiós
  que guarda ·ls bons que no·ls sia tort fet;
  perdonador al qui lleig fet comet
  d'infinits mals dóna occasiós.

IV Fama tement l'hom és dit virtuós,   25
  e ço no cau en hom desvergonyit;
  donchs, lo mal dir no deu ser en oblit
  puys que virtut mostra l'hom viciós.
  A vici som moguts naturalment
  e costreny nós por de la mala fama. 30
  ¡Beneyt aquell qui·l bé sa boca brama
  e diu lo mal com bé n'és conexent!

V És mal senyal del qui és desplasent
  e mor d'enuig com mal dir s'acostuma
  e li desplau si·ns ne ou dir la suma 35
  d'algun lleig fet veent si malmirent:

---

24 *occasiós*, sobre esta forma provenzal véase XXXIV, nota 35.

razón singular: que el hombre malo hace su casa cerca de la horca y el hombre justo huye y se esconde en caverna por aquel mal que jamás ha pensado.

II. Loco es aquel que quiere haber usado de mal saber donde será bien entendido; debe imaginar que será reprendido, y no debe ser tolerado sin murmuración; y el hombre malo debe ser pregonado con trompa para que no engañe a nadie: ¡tantos son los que pasan por hombres buenos que, descubiertos, cesaría su pompa!

III. El justo amor piensa cómo interrumpa el querer fingido, coloreado de bueno, y entonces es guardada buena fe cuando el feo hecho el acusador lo pregona. Es llamado misericordioso aquel que cuida que a los buenos no les sea hecho agravio; que perdona al que comete fea acción que da ocasión de infinitos males.

IV. El hombre que teme a la Fama es llamado virtuoso, y esto no ocurre en el hombre desvergonzado; entonces decir lo malo no debe estar en olvido pues que el hombre vicioso muestra virtud. Al vicio estamos inclinados naturalmente, pero nos constriñe el miedo de la mala fama. ¡Bendito aquel que el bien brama su boca y dice el mal cuando está conociendo el bien!

V. Es mala señal del que se muestra disgustado y muere de enojo cuando se acostumbra a decir el mal, y le desagrada si oye decir la suma de alguna acción fea, viéndolo tan condenable: así como aquel

sí com aquell   qui·n forca veu morir
son companyó,   qui no·l passà de mal,
e diu qu· és molt   cosa descominal
que per tal fet   deja mort sostenir.   40

VI Ja, de present,   delit no pusch sentir
sinó semblant   a ·quell del temps passat;
e com lo cerch   e tal no l'he trobat,
a mi mateix   e tot lo món air.

XLII

[MALDIT]

I Vós qui sabeu   de la tortra ·l costum,
e si no·hu feu,   plàcia'l-vos oyr:
quant mort li tol   son par, se vol jaquir
d'obres d'amor,   ne beu aygua de flum,

En el ms. E, al margen, "Es opinio no esser de Ausias March esta obra".
El ms. M, al título, *Maldit*. La denominación de *maldit* en la poesía catalano-valenciana o *maldecir*, en la castellana, es una consecuencia del *sirventés* provenzal ya que en una de sus clases era simplemente una sátira personal, así para Raimon Vidal: *Cantio facta vituperio alicujus* (Alfred Jeanroy, *La Poésie Lyrique des Troubadours*, II, p. 177). Sobre la autenticidad de que sea de Ausias March, presenta sus dudas, sin resolverse, Ramírez i Molas basándose, especialmente, en el vocabulario y rimas que de manera aislada presenta este poema frente a los otros del poeta valenciano (*La poesia d'Ausiàs March*, pp. 39-40 y, especialmente, 245-248). En cuanto a lo propio de este *Maldit* comparado con sus precedentes provenzales véase Marie-Claire Zimmermann ("Les métamorphoses du Maldit che Ausias March", en *Iberica* I, Cahiers iberiques et ibero-americaines de l'Université de Paris Sorbonne, 1977, pp. 333-347).
1-6 *tortra*, provenzalismo 'tórtola'. DCVB da esta forma como dialectal ya que en catalán es *tórtora*. *Tortra* se encuentra también en otros escritores valencianos: Jaume Roig, *Llibre de les dones o Spill* (com tortra casta, / en verd no's posa, Ed. Almela i Vives, p. 122,

que en la horca ve morir a su compañero, que no le superó en el mal, y dice que es cosa muy descomunal que por tal hecho deba la muerte soportar.

vi. Ya de ahora el deleite no puedo sentir sino semejante a aquel del tiempo pasado, y como lo busco y tal no lo he encontrado, me odio a mí mismo y a todo el mundo.

XLII

i. Vos que sabéis la costumbre de la tórtola, si no que os plazca oírla: cuando la muerte le quita su pareja se quiere dejar de asuntos amorosos, no bebe agua de río, antes, en los hoyos, enturbia pri-

---

10), J. Martorell, *Tirant lo Blanch* (*Com a trista tortra desemparada del spos*). *Tortra* aparece en el *Diccionario Valenciano-Castellano*, de Sanelo y no *tórtola*, que es la forma más usual ahora en el valenciano. Sobre la castidad de la tórtola y su repercusión en la literatura española véase Néstor A. Lugones, "Algo más sobre la viuda tortolica", en *Rev. de Archivos, Bibliotecas y Museos*, LXXX, 1977, n.º 1, enero-marzo, pp. 99-111. En este excelente trabajo se encuentra abundante bibliografía sobre el tema.

El conocido romance de "Fonte-frida" repite, como Ausias March, la conducta de la tórtola viuda:

> que ni poso en ramo verde,
> ni en prado que tenga flor;
> que si el agua hallo clara,
> turbia la beba yo;
> que no quiero haber marido,
> porque hijos no haya, no;
> no quiero placer con ellos
> ni menos consolación.

2 *feu*, está empleado como forma enfática para afirmar o negar.

ans en los clots   ensutza primer l'aygua,   5
ne·s possa may   en vert arbre fullat.
Mas contr· açò   és vostra qualitat,
per gran desig   no cast qu·en vós se raygua.

II E no cuydeu,   dona, que bé·us escaygua
que, puys hagués   tastat la carn gentil,   10
ha mercader   liuràs vostre cors vil;
e son dret nom   En Johan me pens caygua.
E si voleu   que·us ne dón conexença:
sa faç és gran,   ab la vista molt llosca,
sos fonaments   són de llagost o mosca;   15
cert no merex   draps vendre de Florença.

III E conexent   la vostra gran fallença,
volgué's muntar,   en amar, cavaller;
e sabent ell   tot vostre fet en ver,
en vós amar,   se tengr· a consciència,   20
sabent molt clar   la ·nsutzeada vida,
prenent publich   les pagues del peccat.
Vostre cors lleg   per drap és baratat;
vostre servir   és bo sol per a dida.

IV E no cuydeu   filla·us hagués jaquida,   25
vós alletant   aquell· ab vostra llet,
car vostre cors   és de verí replet,
e mostren-hó   vostres pèls fora mida;
car si·us jaquiu   vostra barba criada

17-40 Estos versos, los de las estrofas IV y V, sitúan a Ausias
  March, para ciertos críticos como un poeta misógino.
  No creo en tal consideración ya que el amor hacia
  ellas, en su poesía y en su vida, fue fundamental. Todo
  lo más que en este aspecto cabe considerarle es como
  un maldiciente y esto cuando se encuentra despechado
  o no correspondido en la medida que desea. No puede
  situársele como un pre-torroellista en el maldecir o tacha
  de mujeres, de tanta consecuencia en la poesía espa-
  ñola. Ausias March figura entre los 13 poetas enemigos
  de la mujer en *Lo conort* de Francesch Ferrer, contem-

mero el agua, no se posa nunca en frondoso árbol verde. Mas contra eso es vuestra condición por el gran deseo no casto que en vos arraiga.

II. Y no penséis, señora, que os sienta bien que, pues hubieseis gustado la carne gentil, a mercader entreguéis vuestro cuerpo, y su exacto nombre creo es el de don Juan. Y si queréis os doy información: su cara es grande, con la vista muy oscura, sus fundamentos son de langosta o de mosca: cierto que no merece vender paños de Florencia.

III. Y conociendo vuestra gran falta, se quiso, en amar, elevar a caballero, pero sabiendo él en verdad vuestro hecho en amaros se dedicará a conciencia, sabiendo muy bien la vida puerca, públicamente tomando las pagas del pecado. Vuestro feo cuerpo por paño es trocado. Vuestro servir es solamente bueno para nodriza.

IV. Y no penséis que os hubiera dejado la hija, amamantándola vos con vuestra leche porque vuestro cuerpo está repleto de veneno y lo muestran vuestros pelos desmesurados; porque si os dejáis vuestra criada

---

poráneo de Ausias. En este *Conhort* se reproduce la estrofa V que, obviamente, no es un ataque a la mujer sino a determinada mujer, la desconocida aun para nosotros, a pesar de los esfuerzos de la crítica, Na Monbohí. El texto de *Lo conort* se encuentra en *Memorias para ayudar a formar un Diccionario Crítico de los escritores catalanes* por Félix Torres Amat, Barcelona, 1836. Hay edición facsímil, Barcelona-Sueca, 1973.
Véase Martín de Riquer, "Miscelánea de poesía medieval catalana", en *Boletín Real Academia Bellas Letras,* Barcelona, 1954-1956, pp. 151-68. En este trabajo se analiza la estrofa V del poeta valenciano al comentar el citado *Conhort* de Francesch Ferrer.

e la·us toleu,   puys, ab los pèls dels braços,   30
poran-se'n fer   avantajosos llaços,
prenints perdius   e tortra o bequada.

v Quant oÿreu: "Alcavota provada!",
responeu tost,   que per vós ho diran;
e puys per nom   propi vos cridaran,   35
ja no·us mostreu   en l'oyr empatxada,
enterrogant: "Amichs, ¿e què voleu?
En dret d'amor   ¿ha·hy res que yo fer pusca?
Tracte semblant   jamés me trobe cusca,
presta seré   a quant demanareu."   40

vi Tots los qui trob   acunçament volreu
en fets d'amor,   enprau Na Monbohí;
ella us farà   tot lo que féu a mi:
no·s pot saber   l'endreç que·hy trobareu.

XLIII

i Coratge meu,   a pendr· esforç molt tart,
no piadós   de tots los qui·t sostenen;
l'arma y lo cos   a departir-se vénen
per tu ser flach,   lo cos de viur· és fart;
mos ulls no són   lliberts fer son ofici,   5
mon pas és tolt,   ma llengua no·m profita
e de açò   la Vergonya ·s delita,
com só plagat   de tan vergonyós vici.

---

41 Sigo la variante de la ed. de Pagès. En la ed. de Bohigas es "Tots los qui trob acunçament volreu". Ramirez i Molas (*La poesia de Ausiàs March,* pp. 39-40), se inclina con buenas razones a la variante de la ed. de Pagès con la elección de las variantes *trop* (ms. A, E, M) o *trob* (ms. D, G¹, II, III), "que podría ésser un substantiu de *trobar*", en vez de *torb* (ms. B, H), en el sentido de 'pertorbació'.

42 *Na Monbohí*. La identificación hecha de Teresa Bou por algunos críticos es rechazada, creo que con razón,

barba y os la cortáis, pues, con los pelos de los brazos podrán hacerse aventajados lazos, cogiendo perdices y tórtola o becada.

v. Cuando oiréis: "alcahueta probada", responded presto, que por vos lo dirán; y pues por nombre propio os llamarán, no os mostréis al oírlo turbada, preguntando: "¿Amigos, y qué queréis? ¿En cuestión de amor hay algo que yo pueda hacer? En trato semejante jamás me encuentro perezosa, dispuesta estaré a cuanto pidáis".

vi. Todos los que me encuentro que arreglo queráis en los hechos amorosos, solicitad a la señora Monbohí; ella os hará todo lo que me hacéis a mí: no se puede saber el arreglo que allí encontraréis.

XLIII

i. Coraje mío, muy tarde para tomar esfuerzo, no [eres] piadoso para todos los que te sostienen: el alma y el cuerpo a separarse vienen por ser tú débil, el cuerpo de vivir está harto. Mis ojos no están libres para hacer su oficio, mi paso está impedido, mi lengua no me aprovecha y Vergüenza se deleita de esto, pues estoy llagado de tan vergonzoso vicio.

---

por Pagès: "Il nous faut décidément renoncer à reconnaitre la belle Thérèse sous l'image repoussante de l'ignoble Na Monbohi" (*Auzias March*, p. 211). Por otra parte Marie-Claire Zimmermann, en el trabajo citado en el comienzo de estas notas (p. 334): "Gardons-nous d'affirmer comme Amadeu Pagès. [...] N'oublions pas un seul instant que nous sommes en littérature".
La razón que da esta ilustre crítica no nos resulta muy convincente.

II Paor me sent, gran suor me comença;
surtint, mon cor lo pits me cuyda rompre;
no·m trob esforç per Vergonya corrompre,
ésser no pot ma Sperança Por vença.
No puch mostrar lo secret de ma pensa,
e vanament he por de la resposta;
lo meu duptar major dupte m'acosta,
femenil gest ardiment me defenssa.

III Alguns han dit que Vergonya no·s troba,
mas yo·n pusch fer d'aquella testimoni:
de vista no semblant és al dimoni:
part de mos senys e parlar me derroba;
dón· a sentir de si alguns forts actes,
segons de molts havem oÿdes gestes,
creent los tals qui descolen les festes;
senyor és meu, Amor ferma ·ls contractes.

IV E si posqués l'obediença tolre
—que per son colp la mi· amor jàu morta;
car no parent, l'és altr· mor estorta,
no sé quin déu dampnat sant me fa colrre—,
yo hagra sforç de metre tost en obra
lo que no gos mostrar, una parença;
ab gran esforç Vergonya ·m fa temença,
sí c· ardiment un poch en mi no sobra.

V En tots aquells on gran amor no penja,
son giny no pot de Vergonya ne força;
a mi e pochs a son voler nos força,
nostre voler nostres enemichs venja.
Aquest voler Desig i Amor sostenen,
causa d'aquests sou vós, a qui s'esguarden;
creure no pusch vostres sentiments tarden
en descobrir los mals que per vós vénen.

---

19 La puntuación de este verso presenta distinta interpretación, tal es la que ofrece la edición de Pagès: *"De vista no semblant es al dimoni;"* y la que adoptamos, siguiendo a Bohigas.

II. Pavor siento en mí, gran sudor me comienza; mi corazón, saliendo, el pecho me procura romper; no me encuentro con esfuerzo para Vergüenza destruir, no puede ser que mi Esperanza venza al Miedo. No puedo mostrar el secreto de mi pensamiento y, vanamente, tengo miedo de la respuesta. Mi dudar me trae mayor duda, un gesto femenino me priva de ardimiento.

III. Algunos han dicho que Vergüenza no se encuentra, pero yo puedo dar testimonio de ella: personalmente, no. Es parecida al demonio. Me priva parte de mis sentidos y el hablar. Da a conocer de sí algunos extremados actos, según las muchas gestas que de muchos hemos oído, creyendo a los tales que no guardan las fiestas; es mi señora [la Vergüenza], Amor fortalece los contrastes.

IV. Y si pudiese quitarme la obediencia —que por su golpe mi amor yace muerto, porque no le es visible el otro amor libre, no sé qué condenado dios como santa me la hace venerar—, yo tuviera fuerza para poner pronto en acción lo que no oso descubrir, una apariencia. Con gran fuerza Vergüenza me da temor, así que un poco de ardimiento no me sobra.

V. En todos aquellos donde gran amor no pende, con su artimaña no puede Vergüenza, ni la fuerza; a mí y a unos pocos a su voluntad nos fuerza, nuestro querer venga a nuestros enemigos. Este querer Deseo y Amor lo sostienen, causa de estos sois vos, a quien se someten. No puedo creer que vuestros sentimientos tarden en descubrir los males que por vos vienen.

VI O foll· Amor,   aquells dolors sostenen
   que cerquen fi   llà on fi no pot ésser;
   de llur treball   no·s mostra res en ésser,
   e són aquests   los qui de vós s'encenen.

XLIV

I Tot metge pren   càrrech de consciença
   si lo perill   al malalt té secret;
   lo cors hi pert,   mas l'arma ·n bon lloch met;
   comptes mortals   porte ·n reconexença.
   Vós qui sabeu   clarament lo meu ésser,   5
   feu-m· ésser cert de l'esdevenidor;
   yo vull saber   què·m té cubert Amor;
   mon mal e bé   de fet me feu conèxer.

II Mon ignorar   bé no·m farà merèxer,
   e per null temps jamés bé aportà,   10
   e tart o breu   mon mal a fi venrà,
   e d'esperar   mon mal poria créxer.
   Si plau a vós   que bé·m deja venir,
   no·m detardeu   haver-ne sentiment,
   e per tardar   aquest conexíment   15
   no·m percebesch de mon voler cobrir.

III Tarda de temps   no·m fa d'Amor jaquir;
    los temps en mi vençr. Amor no poran,
    tots los meus jorns un moment semblaran:
    corre lo sol,   no·s mou a mon albir.   20
    Si pert Amor   per forçat desesper,
    vós me dolreu   y ell no vist perdut temps;
    donchs, vós y Amor   acordau-vos ensemps,
    tot prestament, què·us plaurà de mi fer.

IV Llir entre carts, qui mal o bé vol fer,   25
   no deu penssar   algun dan si·l segueix,
   car lo voler   en dos parts se parteix,
   e cor partit   degun fet no requer.

vi. ¡Oh loco Amor!, los dolores sostienen a aquellos que buscan el fin allá donde el fin no puede estar; su trabajo muestra no ser nada, y son estos los que de vos se encienden.

XLIV

i. Todo médico toma cargo de conciencia si tiene secreto el peligro al enfermo: el cuerpo pierde pero el alma la pone en buen lugar; cuentas mortales llevo en reconocimiento. Vos que conocéis claramente mi ser, hacedme estar cierto del porvenir: yo quiero saber que me tiene oculto Amor; mi mal y bien de hecho me hacéis conocer.

ii. Mi ignorar no me hará merecer el bien pues nunca jamás el bien trajo, y tarde o pronto a término llegará mi mal pues de esperar mi mal podría crecer. Si os place que el bien me deba venir, no me detardéis haber sentimiento que por tardar este conocimiento no me percibo de querer cubrir mi querer.

iii. La tardanza del tiempo no me hace dejar al Amor; el tiempo no podrá en mí vencer al Amor, todos mis días un momento parecerán: corre el sol, no se mueve a mi albedrío. Si pierdo Amor por forzada desesperación vos os doleréis y el no visto tiempo perdido; así, vos y Amor poneos de acuerdo a la vez, muy rápidamente, que os placerá hacer de mí.

iv. Lirio entre cardos, quien mal o bien quiere hacer, no debe pensar si le sigue algún daño porque el querer en dos partes se parte, y corazón partido no requiere ningún hecho.

XLV

I   Los ignorants   Amor e sos exemples,
    creent que·ls fets   d'aquell són estats faula,
    reprenen mi   perquè·m tresport en altre,
    prenint delit   en franch arbitre perdre.
    A llur semblant   un gran miracle sembla,   5
    e majorment   alguns pus forts articles;
    descreen mort   ésser de grat suferta
    e qu·en dolor   d'amor delit se mescle.

II Foch amagat,   nudrit dins en les venes,
    faent gran fum   per vya dreta y torta;   10
    ira dins pau,   e turment molt alegre,
    llum clar e bell   ab si portant tenebres:
    aquests contrasts   los fins amadors senten.
    Dins en un temps   Amor dins ells alloga,
    e tots aquells   no creents ser possible,   15
    sols d'ésser nats   natura pren vergonya.

III Veent lo cel,   ma natura disposta,
    volch influir   dos poders separables
    a mi vinents   ab manera diversa,
    cascú prenent   la part a ell condigna.   20
    Faent amar   simplament la mi· arma
    lo seu semblant   sentit de vici munda,

9-13 Sobre estos opósitos o contrastes véase pp. 62-65.
21-22 Tres interpretaciones se encuentran sobre esta estrofa
    dada su oscuridad, especialmente en los vs. 21-22. Pagès
    (*Commentaire*, p. 61): "Passage obscur. En voici le sens
    probable: (Le Ciel) faisant aimer simplement mon âme,
    purifie de tout vice ce qu'il reconnait semblable à lui
    c'est-à-dire l'esprit) et, l'autre partie (le corps) ne reste
    point isolée en moi et dans le désir (*voler*) du corpos
    lâme impose son décret".
    Bohigas (*Poesies*) en nota a estos versos (en cuya ed.
    aparece el verso así puntuado: "lo seu semblant, sentit
    de vici munda,"): "La natura predisposa el poeta a
    l'amor espiritual. L'ànima estima el seu semblant, és a
    dir, una altra ànima. Aquest amor espiritual purifica
    el sentit ("sentit de vici munda")."

XLV

I. Los que ignoran Amor y sus ejemplos creyendo que sus hechos han sido fábula, me reprenden porque me transformo en otro alcanzando deleite en perder el libre albedrío. A su parecer un gran milagro parece, y mayormente algunos más intensos casos: no creen ser muerte de gran sufrimiento y que en dolor se mezcle deleite amoroso.

II. Fuego escondido, alimentado dentro de las venas, haciendo gran humo por camino derecho y torcido; ira dentro de la paz y tormento muy alegre, luz clara y bella en sí conteniendo tinieblas: estos contrastes sienten los finos amadores. Dentro a la vez, Amor se aloja dentro de ellos y todos los que creen no ser esto posible tan sólo por ser nacidos la naturaleza se avergüenza.

III. Viendo el cielo mi natura dispuesta quiso influir dos poderes separables llegando a mí de manera diversa, tomando cada uno la parte a él condigna: haciendo amar simplemente mi alma a su semejante, sentida limpia de vicio, pero la otra parte en mí no

---

Por su parte Ramírez i Molas (*La poesia de Ausiàs March*, pp. 41-42) discrepa de las dos citadas interpretaciones:
"Contra *Comment*. cal remarcar que el subjecte del *fahent amar* no és pas *lo cel*, sinó el primer dels dos poders *separables* (v. 18), que ja són el subjecte de *vinents* (v. 19) i l'antecedent del *cascú* (v. 20).
La interpretació de *Poesies* sembla més planera, però hi ha dos motius per a no acceptar-la: 1) el mot *sentit* no es substantiu ni significa 'sensus', concepte que Ausiàs March expressa sempre amb el mot *seny*; 2) el v. 23 comença dient *e l'altra part* (és a dir, 'els senys'), cosa que el poeta no diria si ja n'havia parlat al vers anterior. Per aixó creiem que *sentit* ha d'ésser un participi, com ens suggereixen els passatges semblants *100*, 196 i *105*, 207 [...]"

e l'altra part   en mi no roman solta,
y en son voler   son decret l'arma posa.

IV Aquell· amor   que·s diu voluntat bona   25
    e solament   sguarda part honesta,
    aquest amor   ha fet a mi amable
    per mon semblant   e·l mijançant ministre.
    E l'altr· amor   qu·en delit s'entitola
    e d'honestat   és enimich rebel·le,   30
    m·arma e cors   per ell prenen ses armes,
    aportants pau   e guerra tot ensemble.

V   Aquest· amor   per nostres senys nos entra
    e fa present   al comú seny, e passa
    lo presentat,   per sos migs, al entendre,   35
    d'on voler creix   tant com l'hom s'hi delita;
    mas perquè ·n grau   delitós l'amant puge
    dins en l'hostal   que Venus lo alleuja,
    totes virtuts   e seny de la persona
    són desijats   en servitut de l'acte.   40

VI Cells qui amor   bestialment pratiquen
    sens acollir   en part delit d'entendre,
    sol per la carn   llur apetit se lliga
    que, sinó brut,   plaer no·ls acompanya.
    Qui vol trobar   amor, qui null temps folga,   45
    no la cerch lla   on lo poder se vença,
    car tota res,   perdent la sua causa,
    no és trobat   de aquell algun ésser.

VII Alguns elets,   en molt espocat nombre,
    qui solament   d'amor d'espirit amen,   50

25-26 Sobre el amor, como voluntad buena o *benevolentia*
    empleado por los trovadores y Ausias March, véase
    Pagès, *Auzias March*, pp. 291-293 y 337.
38 *Hostal* o *temple de Venus,* 'casa de placer':

> *Desig' natural tenim que ens inclina*
> *del temple de Venus ésser tots devots,*
> *i, entrant en aquell, votam los tres vots:*
> *primer, que tendrem amor per reïna;*

queda suelta y en su querer el alma se somete a su decreto.

IV. Aquel amor que se dice voluntad buena y solamente considera la parte honesta, este amor me ha hecho amador para mi semejante y el medianero ministro. Y el otro amor que en deleite se intitula y de la honestidad es enemigo rebelde, mi alma y cuerpo por él toman sus armas, aportando muy juntamente paz y guerra.

V. Este amor nos entra por nuestros sentidos y se manifiesta al sentido común, y pasa lo manifestado, por sus medios, al entendimiento donde el querer crece tanto como allí el hombre se deleita; mas para que en grado deleitoso crezca el amante lo aloja dentro del hostal de Venus: todas las virtudes y seso de la persona están solicitadas en la servidumbre del acto.

VI. Aquellos que el amor bestialmente practican sin acoger en parte el deleite del entendimiento, solamente en la carne su apetito se liga que, si no es sucio, el placer no les acompaña. Quien quiera encontrar amor que nunca reposa, no lo busque allá donde se venza el poder porque toda cosa, perdiendo su causa, de ella no se encuentra algún ser.

VII. Algunos escogidos, en muy reducido número, que solamente aman el amor espiritual, de este amor

---

*après, lo segon, servant lo seu orde,
juram de deixar raó natural;
lo terç, que pendrem alegres lo mal
aixi com lo bé destent i desorde.*

Lo procés de les Olives, "Escriu Baltasar Portell a en Joan Moreno, defenent la part dels jóvens", estr. XV. Valencia, 1497. Edición facsímil, Valencia, 1973. Ausias March, canto CXVII, 73, vuelve a citar el hostal de Venus.

    d'aquest· amor   participen ab àngel,
    e tal voler   en per null temps se canssa.
    Los qui amor   ab cors e arma senten,
    amant lo cors   e més la part de l'arma,
    grau de amor   homenívol atenyen: 55
    sobre dos colls   lo jou d'Amor aporten.

VIII Puys arma y cors   donen ésser al home,
    prop de forçat   és entr· ells lo complaure:
    ame lo cors   a son semblant conforme,
    ne fa reptar   si·ls infinits no cerca.   60
    Nostre sperit   a son semblant cobeje,
    e de aquell   tots los actes que·n ixen;
    mas los volers,   que d'aquests composts naxen,
    són més punyents   que d'algun· amor simple.

IX De la virtut   és nostra vida ·xempta,   65
    sí que lo cors   vença l'arma batalles,
    y els pochs volers   lo seny del hom no tempra,
    e, donchs, ¡quant menys   los qui gran força porten!
    E tal amor   lo juí no escolta,
    tant de la carn   benivolença capta.   70
    Ab cor segur   de vençr· aquella tempta,
    ses blanes mans   los forts diamants pasten.

X   Si bé Amor   les passions avança,
    en ser primer   lo desig li da força,
    e puys delit   lo sosté dins son regne,   75
    fallint aquest   defall d'Amor lo ceptre.
    No sia ·ntès   present deshonest acte,
    car fin· Amor   d'altr· amor se contenta;
    si no l'ateny   viu d'esperança sola,
    e la gran por   segueix lo seu contrari.   80

XI Cell qui d'Amor   del tot no·s llexa vençre,
    sí que raó   de son consell no llunya,
    no mereix pas   la corona de martre
    d'aquells passius   no havents altre compte
    sinó pensar   haver llur vida terme,   85

Fachada de la Colegiata de Gandía

Puerta de la iglesia del monasterio de San Jerónimo de Cotalbax de Gandía, donde fueron enterradas las dos esposas del poeta

participan con el ángel, pues de tal querer nunca se cansa. Los que el amor sienten en el cuerpo y el alma, calidad de amor humano alcanzan: sobre dos cuellos llevan el yugo del Amor.

VIII. Pues alma y cuerpo dan ser al hombre, casi forzado es entre ellos complacerle: ame el cuerpo a su conforme semejante, no precisa reprobar si no busca los infinitos. Nuestro espíritu a su semejante desea, y de él todos los actos que salen; pero los quereres que de estos compuestos nacen son más penetrantes que los de algún amor simple.

IX. Nuestra vida está exenta de la virtud así que el cuerpo vence al alma en batallas, y los pequeños quereres el seso del hombre no templa. ¡Pues, entonces, cuanto menos los que gran fuerza contienen! pues tal amor no escucha la razón, tanta benevolencia pide de la carne. Con el corazón seguro de vencer aquella tentación, sus blandas manos los duros diamantes amasan.

X. Si bien Amor las pasiones avanza, en ser primero el deseo le da fuerza, y después el deleite lo sostiene dentro de su reino; faltando éste desaparece el cetro de Amor. No se considere presente el acto deshonesto, porque el fino amor en otro amor se contenta, si no lo alcanza vive sólo de esperanza, y el gran miedo sigue a su contrario.

XI. Aquel que de amor no se deja vencer del todo, así que la razón no se aleja de su consejo, no merece la corona de mártir de los apasionados no teniendo otra cuenta sino pensar tener término su vida, acabado

finit aquell   qui ·n tal estrem los mena,
creent de ferm   los fets del món ser ombra
d'aquell sol clar   qui tot llur cor escalfa.

XII ¡O bon· Amor,   a qui mort no triumpha,
segons lo Dant   hystòria recompta,   90
e negun seny   presumir no s'ocupe
contra tu fort   victòria consegre,
e cossos dos   ab un· arma governes
per la virtut   que d'amistat s'engendra!
Cell qui de tu   lo terme penss· atènyer   95
no sab de tu,   d'ignorança ·s dexeble.

XIII Llir entre carts,   tres són les grans carreres
on veritat   per negun temps passeja:
Ira i Amor   ab si no la consenten,
e l'altra és   general Ignorança.   100

XLVI

1 Veles e vents   han mos desigs complir,
faent camins   duptosos per la mar.
Mestre y Ponent   contra d'ells veig armar;
Xaloch, Llevant   los deuen subvenir
ab llurs amichs   lo Grech e lo Migjorn,   5
fent humils prechs   al vent Tremuntanal
qu·en son bufar   los sia parcial
e que tots cinch   complesquen mon retorn.

89-90 No está claro a qué pasaje determinado de Dante se refiere Ausias March. Pagès (*Auzias March*, p. 258) rechaza el episodio de Francesca de Rimini propuesto por Sanvisenti (*I primi influssi di Dante...*, p. 387) y por Arturo Farinelli (*Appunti su Dante in Ispagna...*, p. 37).
Ramírez i Molas (*La poesia d'Ausiàs March*, pp. 42-43) opina que en este poema hay claras alusiones autobiográficas. El considerar esta composición como, más bien, obra de madurez le inclinan a suponer o creer que el poeta estuvo en Nápoles, en la corte del Mag-

aquello que en tal extremo los trae, creyendo firmemente que los hechos del mundo son sombra de aquel sol claro que todo su corazón calienta.

XII. ¡Oh buen Amor, de quien la muerte no triunfa, según la historia que el Dante recuenta, y ninguna mente no se ocupe en presumir contra ti conseguir gran victoria, pues dos cuerpos con un alma gobiernas por la virtud que de la amistad se engendra! Aquel que de ti el término piensa alcanzar no sabe de ti: discípulo es de la ignorancia.

XIII. Lirio entre cardos, tres son los grandes caminos por donde la verdad jamás pasea: Ira y Amor que consigo no lo consienten, y la otra es general Ignorancia.

XLVI

1. Velas y vientos han de cumplir mis deseos haciendo caminos inseguros en el mar. Maestral y Poniente los veo armarse contra ellos; el Jaloque y Levante, los deben ayudar con sus amigos el Gregal y el Abrego, haciendo humildes ruegos al viento norteño que en su soplar les sea parcial para que todos los cinco realicen mi regreso.

---

nánimo después del triunfo de Alfonso (1443). "El cant hauria estat escrit poc abans del retorn, i adreçat possiblement a la mateixa dama dels poemes *89* i *100*". No parece segura esta suposición ya que una serie de documentos de 1439 (año en que murió su primera mujer dejándole una serie de pleitos y problemas como heredero) a 1444 (en 1443 había casado por segunda vez) acreditan la permanencia del poeta en Gandía, excepto los días que permaneció en Valencia en las Cortes. Véase Luis Fullana, *El poeta Ausias March*, pp. 160-174.

II Bullirà ·l mar   com la caçola ·n forn,
    mudant color   e l'estat natural,
    e mostrarà   voler tota res mal
    que sobre si   atur un punt al jorn;
    grans e pochs peixs   a recors correran
    e cercaran   amaguatalls secrets:
    fugint al mar,   on són nudrits e fets,
    per gran remey   en terra exiran.

III Los pelegrins   tots ensemps votaran
    e prometran   molts dons de cera fets;
    la gran paor   traurà ·l llum los secrets
    que al confés   descuberts no seran.
    En lo perill   no·m caureu del esment,
    ans votaré   al Déu qui·ns ha lligats,
    de no minvar   mes fermes voluntats
    e que tots temps   me sereu de present.

IV Yo tem la mort   per no ser-vos absent,
    per què Amor   per mort és anul·lats;
    mas yo no creu   que mon voler sobrats
    pusca esser   per tal departiment.
    Yo só gelós   de vostr· escàs voler,
    que, yo morint,   no meta mi ·n oblit;
    sol est penssar   me tol del món delit
    —car nós vivint,   no creu se pusca fer—:

V   aprés ma mort,   d'amar perdau poder,
    e sia tost   en ira convertit,
    e, yo forçat   d'aquest món ser exit,
    tot lo meu mal   serà vós no veer.
    ¡O Déu!, ¿per què   terme no hy ha ·n amor,
    car prop d'aquell   yo·m trobara tot sol?
    Vostre voler   sabera quant me vol,
    tement, fiant   de tot l'avenidor.

II. Hervirá el mar como la cazuela en el horno, cambiando el color y el estado natural, y mostrará querer mal toda cosa que sobre sí se detenga por un instante. Peces grandes y pequeños a salvarse correrán y buscarán secretos escondrijos: huyendo del mar, donde son alimentados y criados, como gran remedio a la tierra saldrán.

III. Los peregrinos, todos juntos, harán votos y prometerán muchas ofrendas hechas de cera; el gran pavor sacará a la luz los secretos que al confesor no serán descubiertos. En el peligro no me olvidaré de vos, antes haré votos al Dios que nos ha atado, de no disminuir mis firmes voluntades y de que siempre os tendré presente.

IV. Yo temo la muerte por no estar ausente de vos, porque el amor es destruido por la muerte aunque no creo que mi amor pueda ser superado por tal separación. Yo estoy celoso de vuestro escaso querer, que, yo muriendo, no me ponga en olvido. Sólo este pensamiento me quita el deleite del mundo, porque viviendo nosotros, no creo que pueda ocurrir.

V. Después de mi muerte, perded capacidad de amar y sea pronto en tristeza convertida y, yo forzado a salir de este mundo, todo mi mal será el no veros. ¡Oh Dios!, ¿por qué no existe un término en el amor porque cerca de él yo me encontrara completamente solo? Vuestro querer supiera cuánto me quiere, temiendo, fiando todo del futuro.

VI Yo són aquell   pus estrem amador,
    aprés d'quell   a qui Déu vida tol:
    puys yo són viu,   mon cor no mostra dol
    tant com la mort   per sa strema dolor.
    A bé o mal   d'amor yo só dispost,   45
    mas per mon fat   Fortuna cas no·m porta;
    tot esvetllat,   ab desbarrada porta,
    me trobarà   faent humil respost.

VII Yo desig ço   que·m porà ser gran cost,
    y aquest esper   de molts mals m'aconhorta;   50
    a mi no plau   ma vida ser estorta
    d'un cas molt fér,   qual prech Déu sia tost.
    Lladonchs les gents   no·ls calrà donar fe
    al que Amor   fora mi obrarà;
    lo seu poder   en acte ·s mostrarà   55
    e los meus dits   ab los fets provaré.

VIII Amor, de vós   yo·n sent més que no·n sé,
     de què la part   pijor me'n romandrà;
     e de vós sab   lo qui sens vós està.
     A joch de daus   vos acompararé.   60

XLVII

I Bé ·m maravell   com l'ayre no s'altera
   e com lo foch   per fexuch pes no cau,
   e com no·s mou   la que fexuga jau
   fermant son lloch   en la pus alta sphera.
   Major senyal   no pot mostrar lo món   5
   e digne molt   que l'hom se'n maravell;

   41 Sobre la condición de ser el más extremo amador,
   véase pp. 59-60.
   Bohigas (*Poesies*) ve en este poema "un violent atac
   contra l'amada del poeta" que le lleva a pensar su po-
   sible relación con el "maldit" de Na Montbohi, XLII.
   Por su parte rechaza la suposición de Pagès (*Commen-
   taire*, p. 63) del que el hombre necio que ama esta
   señora sea su marido, lo que sitúa a nuestro poeta en

vi. Yo soy el más extremado amador, después de aquel a quien Dios la vida quita; pues yo estoy vivo, mi corazón no muestra duelo tanto como la muerte por su extremo dolor. Al bien o al mal del amor yo estoy dispuesto, mas por mi hado la Fortuna no me da la ocasión. Todo desvelado, con desatrancada puerta, me encontrará contestando humildemente.

vii. Yo deseo aquello que me podrá ser muy costoso, pero esta esperanza me consuela de muchos males; a mí no me place que mi vida esté libre de un caso muy cruel, por el cual ruego a Dios sea pronto. Entonces no les será necesario a las gentes dar fe a lo que Amor fuera de mí obrará. Su poder con actos se mostrará y mis palabras con los hechos probaré.

viii. Amor, de vos siento más de lo que sé, y que la parte peor me quedará; y de vos sabe quien sin vos está. Al juego de dados os compararé.

XLVII

1. Bien me maravillo cómo el aire no se altera, y cómo el fuego por pesado peso no cae, y cómo no se mueve la que pesada yace afirmando su lugar en la más alta esfera. Mayor muestra no puede mostrar el mundo y muy digno que el hombre se maraville;

---

la línea de los trovadores, lo que, en opinión de Bohigas, resta originalidad a Ausias March.
Este poema, en nuestro parecer, está manifestando intensamente los celos del poeta valenciano y estos ciegos celos le dan motivo para las sospechas y las fuertes recriminaciones.

ab un poch més hauré creure per ell
que periran tots quants en lo món són.

II A mon juí, ses lleys Amor confon;
speriment ja del tot és errant.
Tot amador ama per son semblant;
lo contrafer en per null temps no fon.
¿Vós, qui bastant sou per un món regir,
porà's bé fer que ameu l'home pech?
¿Per acte lleig sentiment haureu cech?
No haveu pus excusa ·n lo meu dir.

III Mon creure ferm no pot bé soferir
un cas tan fort e per moltes raons,
mas tan bé sé que la carn ha sperons,
e no·us veig fre bastant a retenir;
e, d'altra part, Amor, per sa furor,
secretament, sens compte, lo cors lliga
en actes tals quals honestat castiga.
¿E pot esser ameu de tal amor?

IV Si ver serà, prech Déu que la calor
de tots los fochs creme la vostra carn,
si no teniu en un terrible escarn
que no vençau una tan gran error.
Mas vostre cors per ventura ·s delita
usar dels fruyts que Na Venus conrea,
mas vostre seny deuri· haver ferea
de fer tals fets, e gens n'han ja sospita.

V Per tal dolor no faré vida ·rmita,
palesament serà ma vid· activa,
e de parlar no tendré llengua squiva,
e ver parlar, de si gran dolçor gita.
Cells qui sabran mon ver complanyiment,
tots planyeran mi per ma causa justa,
e planyiment de si amor ajusta
e rependran natura si·u consent.

con un poco más habré de creer por ello que perecerán todos cuantos en el mundo están.

II. A mi juicio, Amor confunde sus leyes; la experiencia ya está completamente equivocándose. Todo amador ama por su semejante; hacer lo contrario nunca ocurrió. Vos, que sois suficiente para un mundo gobernar, ¿podrá ocurrir que améis al hombre necio? ¿Para el acto feo tendréis ciego el sentido? No tenéis ninguna excusa en mi opinión.

III. Mi firme creencia no puede sufrir bien un caso tan intenso, y por muchas razones, pero también sé que la carne tiene espuelas, y que no veo freno suficiente para frenar; y de otra parte Amor, con su furor, secretamente, sin percibir, el cuerpo liga en actos tales que la castidad castiga. ¿Y puede ser que améis de tal amor?

IV. Si fuera verdad, ruego a Dios que el calor de todos los fuegos queme vuestra carne si no tenéis en un terrible escarnio que no venzáis un tan grave error. Mas vuestro cuerpo, por ventura, os deleita emplear los frutos que la señora Venus acarrea, pero en vuestro seso debería haber temor de cometer tales hechos pues la gente tiene ya sospecha.

V. Por tal dolor no haré vida eremítica: manifestadamente será mi vida activa, y para hablar no tendré la lengua esquiva pues el verdadero hablar pone de sí gran dulzor. Los que sabrán mi verdadera lamentación todos se lamentarán de mí, debido a mi justa causa, pues la compasión se ajusta de sí con el amor y reprenderán a la natura si lo consiente.

VI ¡O foll· Amor!, de vós no són content,
e, ja molt menys, dels fets de la que am;
no sé de qui haver pus honest clam:
per no errar, maldich-vos egualment.

XLVIII

I Ab vós me pot Amor ben esmenar
del temps passat lo seu gran falliment;
sa fort dolor per mon mal pensament,
vós mi amant se pot acabalar.
Yo li perdon si m'ha dat mal dormir, 5
yo li perdon voler mal guardonat,
yo li perdon si m'ha d'amar forçat
dona tan vil que·m fos vergonya ·l dir.

II Si cossa fos llauger· a comportar
que yo de vós hagués tal vantament 10
que·m pogués dir esser vostre servent,
lo nom sens pus me bast· a contentar.
Tal me pareu que si de ferm vos mir,
lo meu desig roman tan alterat
que no vol res del que ha desijat, 15
ne del present ne del que pot venir.

III Creeu de ferm que no·m vull apartar
del que sabré que serà vós plasent,
e si·m manau cosa de gran turment,
serà molt lleus càrrech de suportar. 20
Donchs, en manar no·us cal molt enardir:
tot se farà lo que serà manat
ab que d'amar no sia defenssat,
car mon voler en àls no pot servir.

IV Acort no·us cal en voler mi amar, 25
si·us ne altau, ne de mon sentiment;
de mon voler creeu seguramnet

VI. ¡Oh loco Amor!, de vos no estoy contento y ya mucho menos de los hechos de la que amo. No sé de quién tener más honesta queja: para no errar igualmente os maldigo.

XLVIII

I. En vos me puede Amor bien compensar del tiempo pasado, de su gran decepción; su intenso dolor, por mi mal pensamiento, amándome vos se puede igualar. Yo le perdono si me ha dado mal dormir, yo le perdono querer mal galardonado, yo le perdono si me ha forzado a amar mujer tan vil que me causase vergüenza decirlo.

II. Si fuera cosa fácil sostener que yo de vos tuviera tal vanagloria que me pudiese considerar vuestro servidor, el nombre sin más basta para contentarme. Tal me parecéis que si firmemente os miro mi deseo queda tan alterado que no quiere nada de lo que ha deseado, ni del presente ni del [tiempo] que puede venir.

III. Creed firmemente que no me quiero apartar de lo que sabré que os será placentero, y si me mandáis cosa de gran tormento, será carga muy liviana de soportar. Entonces en mandar no os precisa mucho enardecer: se hará todo lo que sea mandado con tal que amar no sea prohibido, porque mi querer para otras cosas no puede servir.

IV. Resolución no os precisa para quererme amar si no os contentáis, ni de mi sentimiento; mi querer, creed con seguridad, que jamás os podrá desagradar.

que per null temps vos porà desaltar.
   Ell amarà e no farà mentir
   los meus escrits qui d'ell han tant parlat, 30
   ne scarnirà mon verdader dictat,
   ans en millor lo veureu afegir.

v A Déu no·l plach bellea vos donar
   sinó que fos de Amor serviment,
   car en tot l'àls llege·ha bastament 35
   en fer tot quant lo món li pot manar.
   No sabeu prou si llexau temps fugir,
   e temps perdut no pot ésser cobrat;
   e, donchs, restau ab voler termenat
   de ben amar lo qui us sabrà grair. 40

vi Llir entre carts, los meus jorns vull finir
   amant a vós, sol que me'n hajau grat;
   e si Amor d'amar ha mi lloat,
   creeu-lo ferm, car no hu fa desmentir.

XLIX

i A mal estrany és la pena estranya
   e lo remey hauria ser estrany,
   e qui de fret mor per entrar en bany
   haurà calor, si aygua freda ·l banya;
   e si·l començ ve per mig, inpossible 5
   lo mig segueix e la fi lo començ;
   ab forces tals Amor mi amant venç,
   que planament lo dir no·m és possible.

   37-38 Esta consideración sobre el tiempo perdido y no recuperable está dentro de la tradición, es lugar común y convertido en fundamental tema literario con el famoso *Carpe diem* horaciano. Sin embargo en Ausias March todavía no se encuentra el sentido que tiene a partir del Renacimiento: aprovechamiento de la vida en los años que plenamente se puede gozar. La vida tiene la fugacidad de una rosa.
   8 La variante del ms. H, "plenament", quizá da mayor

Él amará y no hará mentir mis escritos, que de él tanto han hablado, ni escarnirá mi verdadero verso, al contrario en mejor lo veréis aumentar.

v. A Dios no le plugo daros belleza sino para que estuviese al servicio de Amor ya que en todo lo otro hay fealdad suficiente para hacer todo cuanto el mundo le puede mandar. No sabéis bastante que si dejáis al tiempo huir, y el tiempo perdido no puede ser recobrado, pues, entonces, permaneced con voluntad firme de bien amar a quien os lo sabrá agradecer.

vi. Lirio entre cardos, mis días quiero acabar amándoos, sólo que me encontréis grato; si Amor por amar me ha loado, creedlo firmemente, porque no lo hace desmentir.

XLIX

i. A mal extraño es la pena extraña y el remedio habría de ser extraño, pues quien de frío muere, en meterse en el baño tendrá calor aunque agua fría le bañe; y si el comienzo viene por el medio, imposible que el medio le siga y el final al comienzo. Con fuerzas tales Amor a mí, amante, me vence, llanamente decirlo no me es posible.

---

sentido. También, puede ser, que el poeta manifiesta con cierta superioridad que los efectos o causas de amor precisan un lenguaje más intelectual. Lo que sí resulta claro que este verso define la mayor parte la condición de su poesía, y no sólo en esta ocasión: no saber o serle imposible decir las cosas llanamente.

II Encontra mi   Amor és molt horrible
    e tan plaent   que m'ha fet ser content,   10
    car davant mi   tinch bé complit present
    e d'altra part   me puny dolor terrible.
    Aquesta és   una dolor novella
    que dins mon cap   ha fet novella obra,
    desassentant   la mia pensa pobra   15
    que a sos mals   tenia sa jaella.

III Amor en mi   no fa gran maravella,
    fermant ses lleys   en temps passat posades;
    mas per lloch temps   eren ja oblidades:
    per mi Amor   son poder torna ·n sella;   20
    e sí com Déu   miracles volch mostrar
    perquè·ls jueus   fermament lo creguessen,
    faent parlar   los muts e que·ls cechs vessen,
    Amor li plau   que perda lo parlar.

IV Envers alguns   açò miracle par,   25
    mas si·ns membram   de Arnau Daniel
    e de aquells   que la terra ·ls és vel,
    sabrem Amor   vers nós què pot mostrar.
    Cella que am   en egual de la vida,
    mostre ·vorrir   en fets y en continent: 30
    quant li só prop,   és d'ella sbaÿment,
    ab continent   de haver-l· avorrida.

V   Dins en mi sent   una força ·nfinida,
    tant qu·és pus fort   que lo desig d'Amor;
    cascun d'aquests   d'Amor pren sa favor,   35
    mas egualment   entr· ells no és partida;
    car mon desig   no basta fer menaces
    a la gran por   qui·l bat fort e·l castiga;

---

25 Este es el poeta provenzal más citado y con mayores elogios de todos los trovadores: Dante (*Purgatorio*, XXVI, 115-148); Petrarca ("*Di portamenti et di volgari strani. / Fra tutti il primo Arnaldo Daniello / Gran maestro d'amor, ch'a a la sua terra / Ancor fa honor col suo dir novo et bello*". *Trionfo d'Amore*, IV, 40-44). Sobre la influencia de Arnaut Daniel en el poeta valen-

II. Contra mí Amor es muy horrible y tan placentero que me ha hecho estar contento, ya que ante mí tengo ahora el bien cumplido y de otra parte me punza un dolor terrible. Éste es dolor nuevo que en mi cabeza ha hecho una nueva obra, removiendo mi pobre pensamiento que para sus males tenía su yacija.

III. Amor en mí no hace gran maravilla, afirmando sus leyes en tiempos pasados puestas, pero por largo tiempo estaban ya olvidadas: por mí Amor su poder vuelve a ensillar. Y así como Dios quiso mostrar milagros para que los judíos firmemente creyesen, haciendo hablar a los mudos y que los ciegos viesen, a Amor le place que pierda el hablar.

IV. Para algunos esto parece milagro, pero si nos acordamos de Arnau Daniel y de aquellos que la tierra les es confusión, sabremos que nos puede mostrar. Aquella que amo lo mismo que la vida muestra aborrecimiento en hechos y en actitudes: cuando le estoy cerca, es de ella la repulsa con la manifestación de haberla cansado.

V. Dentro de mí siento una fuerza infinita, tanta que es más fuerte que el deseo de Amor. Cada uno de estos toma de Amor su favor, pero igualmente entre ellos no está separada, porque a mi deseo no le basta hacer amenazas al gran miedo que fuerte le

---

ciano, véase A. Pagès (*Auzias March*, pp. 232-233). Respecto a la pérdida del habla que Amor le impone: "C'est un thème fréquent dans la poésie provençale, mais sur lequel Arnaut Daniel insiste particulièrement dans deux de ses pièces, répetant á plusieurs reprises qu'Amour lui comande de se taire". Pagès (loc. cit., p. 233).

d'aquesta és   Amor tan gran amiga
que toll poder   al desig de sos braces.   40

VI Llir entre carts,   Amor no té pus llaces
que·m tinguen pres,   si de aquests escape;
ungles no té   ab què ma carn arrape,
mas dorm segur   de present en sos braces.

L

I   Sí com aquell   qui per sa ·nfinitat
no pot ésser   de res finit content,
sí que res fet,   ab algun element,
en son delit   no·l haurà contentat
—per inperfet   lo delit mundà posa   5
e sinó ·n Déu   sa penssa no s'atura—,
axí Amor,   vós amant, m'assegura;
tot lo restant   del món li fa gran nosa.

II En vós penssant   ma penssa és enclosa,
dompda's per vós,   ma voluntat no·s farta,   10
car ma raó   la té cativ· ab carta,
que res no vol   e demanar no gosa.
No·m maravell   si yo ame vós tant,
conexent vós,   veent-vos e sentint;
al meu voler   lo saber lo desmint,   15
lo meu saber   al voler va davant.

III Yo·m maravell   com no muyr desijant,
creent en vós   ésser un paradís,
e no sé hom   que·n vós aytant sentís
que no·s mostràs   de vós ésser amant.   20
No·m llou de tant   qu·en saber tots los pas,
mas per Amor   he sentit més en vós;

bate y le castiga, de esto es Amor gran amigo que quita poder al deseo de sus brazos.

vi. Lirio entre cardos, Amor no tiene lazos que me tenga preso, si me escapo de éstos. No tiene uñas con que arañe mi carne, mas duerme seguro ahora en sus brazos.

L

i. Así como aquel que por su infinitud no puede estar contento de nada finito, así que nada hecho, con algún elemento, no le habrá contentado —por imperfecto considera el deleite mundanal y si no en Dios su pensamiento no se detiene— lo mismo Amor, amándoos, me asegura. Todo lo demás del mundo le da gran enojo.

ii. Pensando en vos está encerrado mi pensamiento, domado está por vos, mi voluntad no se harta porque mi razón la tiene cautiva con documento, pues nada quiere y pedir no osa. No me maravillo si yo os amo tanto, conociéndoos, viéndoos y sintiendo; a mi querer el saber lo desmiente: mi saber precede al querer.

iii. Yo no me maravillo cómo no muero deseando, creyendo en vos ser un paraíso, y no conozco a nadie que en vos sintiera tanto que no se mostrase ser vuestro amador. No me alabo tanto que en saber a todos supere, pero a causa de Amor os he sentido

Amor ha fet,   dels seus bons servidós,
del pech, sabent,   e franch, del pus escàs.

IV A desijar   mon desig no és llas, 25
mas la valor   vostra més ne mereix;
en estimar   hom bé no la compleix,
no·us am· assats   qui amant no sclatàs.
Ja per Amor   amadors morts ne són,
e yo só viu;   en fet no rest egual: 30
la causa d'on   los vench aytant de mal
no és tan gran   com la que mi confon.

V E puys semblant   de vós jamés no fon,
yo degra ser   sus tots avantajat;
nou penssament   Déu me pogr· haver dat 35
que no servís   a pus a fer al món
sinó en vós   per tots temps contemplar,
car yo·m conech   que meriu vaga penssa,
e pas dolor   com no·m trob tal defenssa
que no·m jaquís   altra penss· acostar. 40

VI Llir entre carts,   ço que·m fa vós amar
no m'entra pas   solament per la vista;
vostr· esperit   és aquell qui·m conquista,
e com de mi   no·us mostrau desaltar.

LI

I Tal só com cell   qui penssa que morrà
e ja l'han llest   moltes veus la sentença,
mas per mercè   l'és donad· audiença:
creu e no creu   que mercè li valrrà;

23-24 A. Pagès (*Auzias March*, p. 247) cita estos versos de
N'At de Mons:

> *Sapchon li finayman*
> *Que per amor si fan*
> ... ...

más. Amor ha hecho, con sus buenos servidores, del necio, sabio, y generoso al más mezquino.

IV. En desear mi deseo no está lacio pues vuestro valor merece más; a estimarlo nadie lo alcanza bien, no os ama bastante quien amando no estalla. Ya por Amor hay amadores muertos, pero yo estoy vivo; de hecho no quedo igual: la causa de donde les viene tanto mal no es tan grande como la que a mí confunde.

V. Y pues semejante a vos jamás existió, yo debería ser aventajado sobre todos; nueva inteligencia Dios me podría haber dado que no sirviese para otra cosa en el mundo sino para contemplaros siempre, porque yo reconozco que merecéis libre pensamiento, y paso dolor cuando no me encuentro tal defensa que no me quite que se acerque otro pensamiento.

VI. Lirio entre cardos, lo que me hace amaros no me entra solamente por los ojos; vuestro espíritu es el que me conquista, y cómo no mostráis desagrado de mí.

LI

I. Tal estoy como aquel que cree que va a morir pues ya le han leído muchas veces la sentencia, mas por gracia le es dada audiencia: cree y no cree que la gracia le valdrá; el mal y el bien están delante del

---

Elh pec saben e cert.
... ...
Elh cobe franc de cor...

Otros versos, con semejantes pensamientos, de Aimeric de Peguilhan los cita Pagès en su *Commentaire*, p. 66.

lo mal e·l bé   van al mesquí davant,   5
que fermament   no·ls gosa esperar.
Axí no pusch   sens por vós desijar,
ne ser no·n puch   del tot desesperant.

II   Aytant com puch   iré vid· allargant
perquè l'estrem   de tots los mals és mort;   10
no·m trob esforç   per haver-ne conhort,
mes am dolor,   mort e vida dubtant.
E tant com pus   de ma dolor creeu
e lo remey   en vós lo deteniu,
lo meu esper   jau mort molt més que viu,   15
ans de sa mort   prega·us li perdoneu.

III   Lladonchs morré,   com parlar no·m volrreu,
e tinch per foll   qui de mort no·s defèn:
aquella és   derrer dan e turment;
no meresch yo   que los meus jorns fineu.   20
No guardeu mi,   sinó ma benvolença;
mi ofenent,   ofendreu lo voler
qui, vós amant,   de mi és homeyer,
e, conexent,   vos fall reconexença.

IV   ¿On és Jason   e sa desconexença?   25
¿On és Theseu,   que traí Adriana?

25-26 Este "movimiento interrogativo", parco en Ausias March y tan característico en otros poetas (Gómez y Jorge Manrique, Marqués de Santillana, Fernán Sánchez Talavera o Calavera, etc.) tiene precedentes muy antiguos anteriores a los provenzales. Unas veces es preguntarse dónde fueron la riqueza, gloria, poderío, juventud, etc. Otras es una enumeración de ciudades o de grandes personajes, como ocurre en estos versos de Ausias March, señalando lo que sobresalió en ellas o en ellos. Menéndez y Pelayo al estudiar este aspecto en Jorge Manrique (*Antología de poetas castellanos*, Santander, 1944, II, pp. 397-407) cita varios textos antiguos: así por ejemplo, esta poesía de la Edad Media:

> *Ubi Plato, ubi Porphyrius?*
> *Ubi Tullius aut Virgilius?*
> *Ubi Thales? Ubi Empedocles?*
> *Aut egregius Aristoteles?*

desdichado, pero firmemente no se atreve a esperar. Así sin miedo no puedo desearos, ni puedo estar desesperando del todo.

II. Tanto cuanto pueda iré alargando la vida porque el límite de todos los males es la muerte; no me encuentro fuerza para tener consuelo, más amo el dolor, la muerte y la vida vacilando. Pues tanto cuanto más en mi dolor creáis y el remedio en vos lo detenéis, mi esperanza yace muerta mucho más que viva, antes de su muerte os suplico la perdonéis.

III. Entonces moriré, ya que no me querréis hablar, pues tengo por loco quien de la muerte no se defiende: ella es el último daño y tormento; no merezco yo que mis días acabéis. No cuidéis de mí sino de mi bien amar; ofendiéndome, ofendéis el querer que, por amaros, es mi homicida, y, sabiéndolo, os falta reconocimiento.

IV. ¿Dónde es Jasón y su ingratitud? ¿Dónde es Teseo, que traicionó a Ariadna? Y Dido fue de espe-

---

Alexander ubi rex maxumus?
Ubi Hector Trojae fortissimus?
Ubi David, rex doctissimus?
Ubi Salomon prudentissimus?
... ...

También la poesía árabe-andaluza ofrecía estos pensamientos y movimiento estilístico: la conocida elegía de Abul-Beka, poeta de Ronda, en traducción de don Juan Valera:

¿Qué es de Valencia y sus puertos?
¿Y Murcia y Játiva hermosas,
y Jaén?

Jasón en la mitología griega, hijo del rey de Yolcos, Esón. Fue admirablemente educado por el centauro Quirón. Fue despojado del trono paterno por Pelias y

E Dido fonch   d'esperança tan vana
que la traí   Eneas en creença.
Los fets passats   de present me consolen.
Irat me trob   vers femení linatge;   30
los fins amans   no han en ell estatge:
sembren los bons,   cullen los mals e molen.

v   Savis són cells   qui les festes no colen
d'aquell amor   qui en les dones cau;
ab desleals   sovent elles han pau,   35
llexant aquells   qui per ben amar moren.
En recort és   aquell Pau de Bellviure
qui per amar   sa dona tornà foll;
tal camí tench,   soptat rompent lo coll.
De tot mon dan   dupte'm no·us veja riure.   40

vi Plena de seny,   no m'abreugeu lo viure,
car, mentre visch,   vostra llaor s'allarga,
e vós lloant   no·m trob la boc· amarga,
ne tart la mà   com de vós vull escriure.

---

fue jefe de los argonautas en la conquista del vellocino de oro, en Cólquide. Fue seducido por Medea a la que más tarde repudió para casar con Creusa, hija de Sísifo, rey de Corinto. La venganza de Medea fue terrible pues mató a los dos hijos que había tenido con Jasón. Jasón conquistó el reino de Yolcos. Según otra tradición terminó su vida de manera miserable y errante. Ovidio, *Metamorfosis*, VII, fábula 2,3, etc. Séneca, *Medea*.

Teseo, uno de los más celebrados héroes de la antigüedad, hijo de Egeo y rey de Atenas. Ha sido comparado a Hércules por los penosos trabajos que soportó con éxito. Salvó a Creta del sangriento dominio del Minotauro, al que mató, valiéndose de la eficaz ayuda de Ariadna, hija de Minos, que con un hilo que le había entregado pudo ser guiado en el laberinto de Creta donde se encontraba el monstruo. Más tarde abandonó a Ariadna en la isla de Naxos. Murió tras una vida extremadamente agitada. Por haber ofendido a Plutón fue condenado al infierno donde debía permanecer perennemente sentado. Ovidio, *Metamorfosis*, VII, 433; Virgilio, *Eneida*, VI, 617.

Dido, también llamada Elisa, hija de Belo, rey de Tiro y hermana de Pigmalion. Habiendo sido muerto su esposo, Siqueo, por Pigmalion, huyó y fue la funda-

ranza tan vana que la traicionó Eneas en su creencia. Los hechos pasados ahora me consuelan. Me siento airado contra el linaje femenino. Los finos amantes no encuentra en él firmeza: siembran los buenos, recolectan los malos y muelen.

v. Sabios son aquellos que no celebran las fiestas de aquel amor que en las mujeres hay; con los desleales con frecuencia ellas tienen paz, abandonando a los que por bien amar mueren. En la memoria está aquel Pau de Bellviure que por amar a su dama se volvió loco. Tal camino tengo, presto rompiendo el cuello. De todo mi daño dudo que no os vea reír.

vi. Muy sensata, no me abreviéis el vivir, porque, mientras vivo, vuestra alabanza se alarga, y alabándoos no me encuentro la boca amarga ni la mano tarda cuando de vos quiero escribir.

---

dora de Cartago. Su belleza y valentía alcanzó gran número de admiradores. Obligada a tomar nuevo esposo pidió tres meses de tiempo para contestar, dándose muerte en presencia de su pueblo por lo que ganó el nombre de Dido, *mujer valiente*. Según Virgilio (*Eneida*) y Ovidio (*Metamorfosis*, XIV, fábula 2) la muerte de Dido fue causada por la rápida marcha de Eneas, de quien estaba profundamente enamorada y del que no podía ser esposa a causa de la prohibición de los dioses.

32 Es un refrán.

37 *Pau de Bellviure*. De este poeta catalán se desconoce su biografía y su obra pues tan sólo queda de él una estrofa en *Lo Conort* de Francesch Ferrer (*Memorias para ayudar a formar un Diccionario Crítico de los Escritores Catalanes* por Félix Torres Amat. Barcelona, 1836, p. 236, donde aparece como Pau de Bellviura), que le muestra como un maldiciente de mujeres. Se conserva un poema suyo en el *Cançoner d'obres enamorades* de Paris (ms. esp. 225), que comienza *Dompna gentil, vós m'inculpats a tort. | Si m'ajut Déus, sóts-ne mal informada...* Pero éste, hasta hoy, tan poco conocido poeta debió haber producido considerable obra y excelente como se desprende de la consideración con que le trata el Marqués de Santillana en su *Proemio*.

LII

I ¡Clamar no·s deu   qui mal cerca e troba;
dons, vós, mon cor,   no us senta pus clamar!
Vostres gemechs   no·s poden conportar,
e vostres colps   se mostren sus ma roba.
Hajau esforç,   car lo pijor és mort;   5
puys a Déu plau,   preniu-hi paciença;
Ell és aquell   qui fa de vós sentença:
creure deveu   que no fa negun tort.

II Ans que lo món,   fon vostra mala sort,
puix fon en Déu   lo vostre cas present,   10
e lo saber   de Aquell no consent
que sia menys   vostre cas ne pus fort,
sinó aytal   com per Ell és sabut.
La tarda és   la vostra enemiga;
la que amau   vejau si·us és amiga: 15
llança li veig   portar e no escut.

III En aquell jorn   seré ·n pijor caygut,
car, yo morint,   tot mon delit morrà;
algun plaer   l'ull no·m aportarà,
que de aquest   moltes veus me'n ajut.   20
¿Com se farà   qu·en un tan gran risch meta
tot lo meu bé,   ab tal dupte de perdre?
Lo meu esforç   cascun jorn sent esperdre.
Null penssament   no veig que bé·m prometa.

IV Quant me ferí   Amor ab la sageta,   25
no viu lo llanç   ans de sentir dolor;
untada fon   de una gran dolçor,
material   dolç portava la treta.

1 *mal*. Pagès acepta la variante de F, *molt*, también en B y N. Bohigas discrepa de esta elección y prefiere la de los otros mss. y ediciones. "El context justifica plenament aquesta esmena". Efectivamente parece más claro el sentido que coincide con el refrán: quien busca

LII

I. ¡No debe quejarse quien el mal busca y encuentra, entonces, vos, corazón mío, que no os sienta clamar! Vuestros gemidos no se pueden soportar y vuestros latidos se manifiestan debajo de mi ropa. Tened fortaleza, porque lo peor es la muerte; pues a Dios place, tomadlo con paciencia. Él es aquel que os da la sentencia: debéis creer que no comete ninguna equivocación.

II. Antes que en el mundo, fue vuestra mala suerte, pues fue en Dios vuestro caso de ahora, y la sabiduría de Él no consiente que sea inferior vuestro caso ni más fuerte, sino tal como por Él es sabido. La tardanza es vuestra enemiga; la que amáis ved si os es amiga: lanza le veo llevar y no escudo.

III. El aquel día estaré caído en peor [estado], porque, yo muriendo, todo mi deleite morirá; algún placer la vista no me traerá, pues de éste muchas veces me ayudo. ¿Cómo hacer que en tan gran riesgo ponga todo mi bien con tal duda de perder? Mi esfuerzo cada día siento perder. No veo ningún pensamiento que el bien me prometa.

IV. Cuando me hirió Amor con la saeta, no vi el venablo antes de sentir el dolor; untado fue de un gran dulzor, materia dulce llevaba la saeta. No me

---

(o sigue) el mal, que no se queje. También tiene sentido, más complicado, la otra variante. En este verso seguimos a Bohigas.
25-28 Sobre la saeta alegórica amorosa, véase pp. 60-62.

No·m conselleu   si no·m consellau viure;
saber no·m plau   lo jorn de m· aspra fi.   30
Aquella que   veurà tal cas en mi,
sí que lo plor   haurà pus prop de riure.

V En un mal lloch,   amich, vos veig assiure,
   sí que tot hom   vos ne té per grosser,
   com vós creeu   que darà mal saber,   35
   quant de la mort   no·us veurà bé delliure.
   En ell· està   la vostra mort e vida;
   sapiau, donchs,   si·us vol haver mercè;
   no·us consell pus   sinó saber lo bé
   que·us vol la que   vós tant haveu servida.   40

VI Si bé del tot   porà ésser perida,
    per mon saber,   ma vida y ma sperança,
    e veig la mort   ab la vida ·n balança,
    llou lo consell   car és bo en partida.
    Negú no·s deu   llunyar de sa natura;   45
    al hom és dat   per son dret natural
    desijar bé,   volent saber lo mal;
    d'aquest saber   vull donchs haver gran cura.

VII Als amadors   Amor los assegura
     que no hauran   en ell seguretat;   50
     en llurs volers   no cabrà fermetat;
     donchs, ¿com serà   entr· ells cosa segura?

LIII

I Ab tal dolor   com l'esperit s'arranca
   e dins lo cors   comença fer camí,
   e roman fret   lo lloch d'on parteix si,
   la viva carn   s'altera·n groga y blanca,
   molt e pus fort   dolor mon desig sent   5
   com ha partir   de la mia sperança;
   no és del tot,   mas en lo camí ·s llança;
   ja mon esper   demostr· alterament.

aconsejéis si no me aconsejáis vivir; no me agrada saber el día de mi amargo final. La que verá tal caso en mí, aunque lo llore estará más cerca de reír.

v. En mal lugar, amigo, os veo sentado, así que todos os tienen por grosero, como vos creéis que dará mal conocimiento, cuando de la muerte no os veréis bien librado. En ella está vuestra muerte y vida; sabed, pues, si os quiere conceder gracia. No os aconsejo sino saber lo bien que os quiere la que vos tanto habéis servido.

vi. Si bien del todo podrá ser acabada, por mi conocimiento, mi vida y mi esperanza, pues veo la muerte y la vida en la balanza, alabo el consejo porque es bueno en parte. Nadie debe alejarse de su naturaleza; al hombre le es dado por su derecho natural desear el bien, queriendo saber el mal; de este saber quiero, pues, tener gran cuidado.

vii. A los amadores Amor les asegura que no tendrán en él seguridad. En sus quereres no cabrá firmeza; entonces, ¿cómo habrá entre ellos cosa segura?

LIII

i. Con tal dolor como el espíritu se arranca y dentro el cuerpo comienza a hacer camino, y permanece frío el lugar de donde parte de sí, la viva carne se altera en amarilla y blanca, mucho y más fuerte dolor siente mi deseo cuando ha de partir de mi esperanza. No del todo, pero al camino se lanza: ya mi esperanza muestra alteración.

II No·m pens que Déu   me done tal turment
    que·m veja·l món   si pert lo meu desig;   10
    no·m restarà   sinó que mude llig,
    car de tot l'àls   mon esforç és potent.
    Tots los assaigs   que amadors han fets,
    tots me són pochs   sinó mort acordada;
    si·m fall amor,   no·m fall pensa irada   15
    per castigar   mos passats malifets.

III Tan gran amor   hauria ·n desherets
    que tal afer   menys de senyal passàs.
    De bé o mal   se'n deu mostrar gran cas;
    Amor li plau   que·s mostren sos secrets.   20
    Tant mon voler   Amor ha obeÿt,
    que no·m dolrà   sa perillosa plaga,
    si per null temps   la fama no s'apaga,
    com sent Francesch,   de la su· ha jaquit.

IV Vós, dona, sou   mon déu e mon delit;   25
    donchs, no·us dolgau   si pert lo món per vós.
    No·m teniu tort   en les mies dolors,
    e, vós dolent,   me féu pus dolorit.
    Res no·m dol tant   com si de mi us doleu;
    llexau a mi   acomanat a ·mor,   30
    car de aquell   no·m trobe gran paor;
    de ira prech   que·m vulla guardar Déu.

V   Sí com al hom   frenètich l'és molt greu,
    quant a fer mal   se vol ésser llevat,
    lo fort lligam   que li hauran possat   35
    y ell mal no sent   fins la follia veu,

---

24 "Ma volonté, dit Auzias March, a tant obéi à l'amour
que je ne souffrirai point de sa dangereuse plaie, pour-
vu que la renommée ne s'en éteigne jamais, comme
pour saint François qui s'est depouillé de la sienne".
Pagès, *Auzias March*, p. 283.
La interpretación de Bohigas (*Poesies*) difiere de la
de Pagès: "L'amant es compara a sant Francesc. Igual
que aquest, es resigna a la seva ferida amorosa, mentre
sigui divulgada per la Fama".

II. No creo que Dios me dé tal tormento que me vea el mundo si pierdo mi deseo; no me quedará sino que cambie de atadura, porque de todo lo otro mi esfuerzo es potente. Todos los intentos que los amadores han hecho, todos me son pocos sino la muerte acordada; si me falta Amor, no me falta el airado pensamiento para castigar mis pasadas maldades.

III. Tan gran amor tendría sin secretos que tal asunto sin señal pasase. Del bien o del mal se debe mostrar gran hecho: a Amor le place que se muestren su secretos. Tanto mi querer a Amor a obedecido, que no me dolerá su peligrosa llaga si nunca la fama se apaga, como san Francisco que ha perdurado la suya.

IV. Vos, señora, sois mi dios y mi deleite; entonces no os lamentéis si por vos pierdo el mundo. No me tengáis ofendido en mis dolores, pues, vos doliente, me hacéis más dolorido. Nada me duele tanto como si de mí os doléis; dejadme encomendado a morir, porque de ella no encuentro gran pavor; de la ira ruego que me quiera guardar Dios.

V. Así como al hombre frenético le es muy penoso —cuando a hacer mal se siente llevado— la fuerte ligadura que le habrán puesto pues él no siente el mal hasta que ve la locura, me ocurre a mí cuando

---

No deja de sorprender que Ausias March establezca esta relación entre su llaga amorosa y los estigmas divinos de San Francisco de Asís. Por otra parte hay que tener en cuenta su perfecta obediencia al dios Amor y la absoluta proclamación del v. 25: "Vos, señora, sois mi dios y mi deleite".

       ne pren a mi   quant só torbat per ira:
       yo·m trob esforç,   tant que no sent treball;
       quant me jaqueix,   si bé tot jorn ho call,
       romanch tant llas,   que sol mon cor sospira.   40

VI   Llir entre carts,   ma voluntat se gira
     tant que yo·us vull honesta y deshonesta;
     lo sant aïr,   aquell del qual tinch festa,
     e plau-me ço   de què vinch tost en ira.

LIV

I   ¿Qui, sinó foll,   demana si·m enyor,
    essent absent,   d'aquella qui·m fa viure?
    E si no plor,   ¿qui és lo qui·m veu riure,
    si bé no pas   contínua dolor?
    Tots mos delits   en u he transportat;   5
    Amor li plau   en mi fer aquest cambi;
    lo món no té   res valent lo recambi
    del esperant   lo bé tan desijat.

II Tant és lo bé   qui m'és davant possat,
    que sens dolor   visch aquell esperant;   10
    si no·l atench,   seré tan malanant
    qu·en aquest món   infern hauré trobat.
    Contentament   la una part me dóna,
    per l'altra és   ma vida tribulada:
    ab mort està   en balança posada,   15
    tement que por   ma sperança confona.

III De punt en punt   ma sperança ·m bandona,
    e vença-me por   d'aquell mal que yo·m tem.
    ¿Qui és aquell   en poch amar estrem
    que segurtat   prenga per companyona?   20
    Per molt amar   en altre mi tresport,

---

44 *ira*. Doy la equivalencia de melancolía que también tiene en los trovadores provenzales.

estoy turbado por la ira: yo me encuentro esforzado, tanto que no siento fatiga; cuando me deja, si bien siempre lo callo, permanezco tan lacio que solo mi corazón suspira.

vi. Lirio entre cardos, mi voluntad gira tanto que yo os quiero honesta y deshonesta; lo santo odio, aquello por lo que tengo fiesta, y me place que eso se convierta pronto en ira.

LIV

i. ¿Quién, sino un loco, pregunta si añoro, estando ausente, a la que me hace vivir? Y si no lloro, ¿quién es el que me ve reír, si bien no paso continuo dolor? Todos mis deleites en uno los he puesto; a Amor le place hacer en mí este cambio; el mundo no tiene nada que valga el recambio del esperado bien tan deseado.

ii. Tanto es el bien que es puesto delante, que sin dolor vivo esperándolo; si no lo alcanzo seré tan malandante que en este mundo el infierno habré encontrado. Una parte me da contentamiento, por la otra está mi vida atribulada: con la muerte está puesta en la balanza, temiendo que el miedo mi esperanza confunda.

iii. De instante en instante mi esperanza me abandona, y me vence el miedo de aquel mal que temo. ¿Quién es aquel en el límite del poco amar que tome la seguridad por compañera? Por mucho amar en otra

sí qu· ésser pens   tot la person· aquella;
seria ·l món   una gran maravella
que no hagués   por de la mala sort.

IV Viur· en delit   port· ab si por de mort   25
   car d'aquell és   enemich sobirà,
   e si Amor   delit jamés portà,
   yo só aquell   qui·n puch fer lo report.
   ¡O Mort, qui est   de tots béns envejosa,
   y en tal voler   te segueix la Fortuna!:   30
   Cascuna prech   que mudeu lley alguna,
   no ressemblant   a la qui m'és dapnosa.

V Saber-se pot   ma vida perillossa,
   caent en mans   d'enemichs tan mortals,
   pobres e richs   senten sos aspres mals,   35
   e cascú d'ells   ab maner· argullossa.
   Seguesquen mi   tots los que amaran,
   mon ris o plor   qualque d'ells me seguexca,
   car yo són prest   de tastar fel o bresca
   per los qui mal   o bé d'Amor pendran.   40

VI Llir entre carts,   passions d'Amor fan
   Tembre y Fiar   estar dins un hostal;
   de gran remor   duptar un punt no cal,
   ¡e guay d'aquells   qu· entre llurs mans estan!

LV

I Per molt amar   ma vida és en dupte,
   mas no cregau   que de la mort me tema;
   a poch a poch   ma sperança ·s fa sema
   e·m vol fugir,   mas no·hu fa en orrupte.
   Haja mal grat   de sa compassió,   5
   puys no·m–serveix   a mon afany guarir;
   lo detardar   no veda lo venir,
   e creix desig   e dobla'm passió.

me enajeno, así que pienso ser completamente aquella persona. Sería el mundo una gran maravilla que no hubiese miedo de la mala suerte.

IV. Vivir en el deleite lleva en sí miedo de la muerte porque es de él soberano enemigo, y si Amor jamás trajo deleite, yo soy aquel que puede dar cuenta. ¡Oh Muerte, que es envidiosa de todos los bienes, y en tal voluntad te sigue la Fortuna. Ruego a cada uno que mudéis alguna ley, no semejante a la que me es dañosa.

V. Saberse puede mi vida peligrosa, cayendo en manos de tan mortales enemigos, pobres y ricos sienten sus amargos males y cada uno de ellos de manera orgullosa. Síganme todos los que amarán, cualquiera de ellos siga mi risa o lloro porque yo estoy presto para gustar hiel o panal de miel por los que mal o bien obtendrán de Amor.

VI. Lirio entre cardos, las pasiones del Amor hacen a Temer y Fiar estar dentro de un hostal; de gran alboroto no es preciso dudar lo mínimo, ¡y guay de aquellos que están entre sus manos!

LV

I. Por mucho amar mi vida está insegura, mas no creáis que me asuste de la muerte. Poco a poco mi esperanza se marchita y me quiere dejar, mas no lo hace de súbito. Haya mal agradecimiento por su compasión, pues no me sirve para curar mi afán; el detardar no veda lo por venir, y crece el deseo y me dobla en pasión.

II Déu m'ha donat tal disposició,
que mon voler s'esguarda sol amar,
e, faent àls, serveix a companyar
l'estat d'Amor en tot l'àls abandó.
Amor yo am, ell a mi punt no ama,
e per ell am linatge femení;
generalment sia entès axí:
aquella vull qu·en sa culpa ·m desama.

III Ab tort e dret mon cor d'Amor se clama,
tort en passat y ab dret gran de present:
no perquè fos en algun temps content,
per null temps hach tempre la mia flama.
Del temps passat yo no·m clam de Amor;
ell me valgué, mas noch-me la temença;
envergonyit, no mostrí benvolença,
ne fiu saber mon voler e dolor.

IV E per finir mos jorns ab gran tristor
e per haver d'Amor algun just clam,
yo, desamat, vol qu· estretament am,
sí que, amant, del món perda sabor,
mi avorrint ab abastat conhort,
e, fora vós, tot quant Déu haja fet.
Mon avorrir en compte vós no met:
més que mi·us am; si no·m creeu, feu tort.

V ¡O amadors, no·us cayga de recort
un fet tan car per sola stranyedat!
Yo, gran parler, dos anys só mut estat;
no cregau, donchs, que dolor done mort.
Yo són aquell qui·m fora desexit
del espirit, al cors carga fexuga;
mas no·m és lluny un· hora desastruga,
que perdre ·l món serà mellor partit.

---

35 Parece que este verso tiene valor autobiográfico.

II. Dios me ha dado tal disposición que mi voluntad se determina en sólo amar, pues haciendo otra cosa sirve para acompañar el estado amoroso; en todo lo otro, desamparo. Yo amo a Amor, él no me ama ni una pizca, y por él amo el linaje femenino; generalmente sea entendido así: quiero aquella que por su culpa me desama.

III. A tuerto o a derecho mi corazón se queja de Amor, sin razón en el pasado y con gran razón ahora: no porque fuera alguna vez contento, nunca tiene temple ni llama. Del tiempo pasado yo no me quejo de Amor, él me valió, mas me mueve el temor pues, avergonzado, no mostré buen amor ni hice saber mi querer y dolor.

IV. Y para acabar mis días con gran tristeza y para tener alguna justa queja de Amor, yo, desamado, quiere que rigurosamente ame, así que, amando, del mundo pierda el sabor, cansándome con suficiente consuelo, y aparte vos, de todo cuanto Dios haya hecho. Mi aborrecimiento no os tiene en cuenta: más que a mí os amo; si no me creéis, cometéis error.

V. ¡Oh amadores! No os desaparezca de la memoria un hecho tan valioso por sólo su extrañeza: yo, gran hablador, dos años estoy mudo; no creáis, pues, que el dolor da la muerte. Yo soy aquel que me fuera liberada el alma del cuerpo, carga pesada; pero no está lejos una hora desdichada pues perder el mundo será el mejor beneficio.

VI Llir entre carts,   molts trobadors han dit
    que·l bé d'Amor   és al començament;
    yo dich qu· està   prop del contentament:
    d'aquell ho dich   qui mor, desig finit.

LVI

I   Ma voluntat,   amant-vos, se contenta,
    havent desig   de posseir la vostra;
    e só content   de tal com se demostra.
    Lo freturós   desig prech Déu no senta,
    si bé d'amor   terme no pusch atènyer   5
    en aquell lloch on amadors conexen:
    llur gros desig complit, d'amor se llexen,
    e yo lladonchs   me sent d'amor estrènyer.

II Amor no·l cal   gemechs ne sospirs fènyer,
    veent penjar   son estat prim en l'ayre;   10
    cantar no deu   ab alegre becayre,
    mas ab bemols   alegria constrènyer.
    Sol en nós dos   Amor se manifesta,
    e nós vivents,   no li fallirà casa,
    e si del món   és nostra vida rasa,   15
    tolrà favor   a recort d'altra gesta.

III Lo meu delit   no cab en nulla testa,
    ne pot muntar   ma glòria ·n pus alt signe,
    pus no·m defall sinó que Déu consigne
    que fermetat   me sia ·n favor presta.   20

41-42 De esos muchos trovadores que han dicho que el bien del Amor está en el comienzo Pagès (*Auzias March*, p. 249) cita a Guiraut Riquier. Este poeta provenzal comentando una canción de Guiraut de Calanso en la que habla del amor carnal, dice: *Lo faitz* [el acto sexual] *per que mor l'amors*. Para G. Riquier el amor celestial es el supremo.

17 Amador de los Ríos (*Historia Crítica de la Literatura Española*, VI, p. 518) dice que este verso "Recuerda

VI. Lirio entre cardos, muchos trovadores han dicho que el bien de Amor está en el comienzo; yo digo que está cerca del contentamiento. De aquél lo digo que muere, terminado el deseo.

LVI

I. Mi voluntad, amándoos, se contenta, teniendo deseo de poseer la vuestra; y estoy contento de tal como se muestra. El necesitado deseo ruego a Dios no sienta, si no puedo alcanzar el término del amor en aquel lugar que los amadores conocen: cumplido su grosero deseo, se apartan del amor, y yo entonces me siento apretado por amor.

II. Al amor no le precisa fingir gemidos ni suspiros, viendo colgar su sutil estado en el aire; cantar no debe con alegre becuadrado mas con bemoles la alegría restringir. Sólo en nosotros dos Amor se manifiesta, y viviendo nosotros no le faltará casa; pero si del mundo es nuestra vida borrada, quitará el favor para memoria de otra gesta.

III. Mi deleite no cabe en ninguna cabeza, ni puede elevar mi gloria a más alto signo, mas no me falta sino que Dios consigne que la firmeza me sea en favor presta. Y si es verdad que diosa sea Fortuna,

---

de cerca el pensamiento de Petrarca: *Mio ben non cape in intelletto humano*", soneto 261. Pagès (*Auzias March*, p. 266): "La ressemblance est rélle. Mais il faut remarquer que Pétrarque dit de son bonheur qu'il ne saurait être compris de l'intelligence humaine, tandis qu'Auzias, parlant de son plaisir, prétend qu'il est seul à l'éprouver et que nul autre homme, *nulle autre tête* n'es est capable".

E si és ver   que déu sia Fortuna,
suplich-lo molt   repose son ofici:
l'alt derrocar   me par terrible vici,
faent morir   dos cors en vida una.

IV Tot simplament   e sens dolor alguna   25
visch en delit   ab ma voluntat solta,
que lo cor fosch   qui la tenia ·nbolta,
clar posseech,   fent-me llum sol e lluna;
e no·hy veig àls   que pur· amor entrega
sí transportant   en la person· amada;   30
res no·m defall   a vida contentada,
la mà de Déu   a mi res no denega.

V Volgra ser orb, faent Fortuna cega,
perdent lo pas   on tan alt m'ha fet metre,
e si del lloch   aquell me fa remetre,   35
en aquest temps   la mort me regonega.
Ans que·ls costats   senten la dura terra,
en est espay   ma vida pendrà terme;
lo meu estat   ab la mort lo conferme:
perdent aquell,   de la mort me plau guerra.   40

VI Llir entre carts,   en l'espay de la terra
no·hy ha delit   que dure ne contente;
sols és lo meu   que no vull que·s aumente;
mas del durar,   quant hy pens, dol m'aferra.

LVII

I Por de pijor   a molts fa pendre mort
per esquivar   mal esdevenidor;
si bé la mort   ressembla cas pijor,
cell qui la pren   la té per bona sort,
e de açò   Cató mostrà camí   5

---

5 El austero Catón Marcus, conocido como de Utica, por su muerte en esa ciudad, en el año 46 a. de J. C., fue biznieto de Catón el Censor. Cuando César cercó Utica, que él había fortificado, no quiso huir ni caer en manos de su enemigo. Después de leer un tratado de

suplícola mucho que repose su oficio: derrocar lo alto me parece terrible vicio, haciendo morir dos cuerpos en vida.

IV. Todo simplemente y sin dolor alguno vivo en mi deleite con mi libre voluntad, pues el corazón fosco que la tenía envuelta, claro poseo, dándome luz el sol y la luna; y no veo a nadie que el puro amor entregue así transportando a la persona amada; nada me falta para la vida contenta: la mano de Dios no me niega nada.

V. Quisiera estar ciego, haciendo ciega a la Fortuna, perdiendo el paso de donde tan alto me ha hecho poner, pues si de ese lugar me hace volver, en este instante la muerte me acoja. Antes que los costados [del cuerpo] sientan la dura tierra, en este espacio mi vida acabará. Mi estado con la muerte lo confirme: perdiendo aquél me place la guerra de la muerte.

VI. Lirio entre cardos, en el espacio de la tierra no hay deleite que dure ni contente, sólo está el mío que no quiero que se aumente, pero de durar, cuando lo pienso, el dolor me aferra.

LVII

I. El miedo a lo peor a muchos hace suicidarse para esquivar el mal venidero; si bien la muerte parece caso peor el que se mata lo tiene por buena suerte y de eso Catón muestra el camino y más, le

---

Platón sobre la inmortalidad del alma se suicidó. Contaba 49 años. Era seguidor de las doctrinas estoicas. Su personalidad ha tenido consecuencia en la literatura: Horacio, oda 21; Virgilio, *Eneida,* 6; Dante, *Infierno,* XIV, 15; *Purgatorio,* I, 31, II, 119.

e li mès nom   ús de la llibertat,
   car de tot àls pot hom ésser forçat
   sinó ·n morir, qu·és en lo franch juí.

II Algú la pren   e reb nom de mesquí,
   fugint perill qui l'és davant posat;
   altre serà   de cor nobl· animat
   que vol morir per la valor de si:
   venint en mans d'enemich seu potent,
   sobrat lo cors, guerrej· ab lo voler;
   de vencedor   encara ·s veu poder,
   vol perdre·l cors, per l'espirit vencent.

III Jhesús en creu fon pus fort e potent
    que no aquells qui·ll feren mort pasar,
    car son voler   no·l feren cambiar
    ne fon complit llur dampnat penssament.
    No roman fart   lo forçador del cors
    si voluntat   per cas semblant no força,
    ans és vencent aquell qui tant s'esforça
    que de la mort no vol tembre son mos.

IV Del viure llonch ja sent lo gran repòs
   qui d'aquest curt lo viure avorreix;
   e la dolor   de la mort se parteix
   com lo qui mor compte de mort ha clos.
   Lladonchs virtut la força multiplica
   del virtuós,   qui ·s opinió ferma
   en qualque part on virtut lo conferma,
   que sol a Déu de l'esperit suplica.

V Alguns passats que voluntat inica
  los féu morir, o l'opinió vana,
  aquests no llou, mas los de penssa sana
  volents morir per fer llur arma rica,
  perdent un poch per l'infinit atendre,
  guanyant lo goig que al Fill de Déu costa.
  Gran és lo bé, segons aquesta costa,
  que per la mort de tal Hom s'hagués vendre.

llama uso de libertad, porque de todo lo otro puede
el hombre ser forzado sino de morir, que está en el
libre albedrío.

II. Alguien se suicida y recibe el nombre de mez-
quino, huyendo del peligro que le está puesto delante;
otro estará animado de noble corazón, pues quiere
morir por su valentía: cayendo en manos de su potente
enemigo, vencido el cuerpo guerrea con la voluntad;
de vencedor aun se ve poder: quiere perder el cuerpo
para que venza el espíritu.

III. Jesús en la cruz fue más fuerte y potente que
no aquellos que le hicieron morir porque su voluntad
no la hicieron cambiar ni fue cumplido su condenado
pensamiento. No queda harto el forzador del cuerpo
si la voluntad en caso semejante no fuerza, antes está
venciendo el que tanto se esfuerza pues no quiere
temer el mordisco de la muerte.

IV. Del eterno vivir ya siente el gran reposo quien
de este corto el vivir aborrece; y el dolor de la muerte
desaparece cuando el que muere ha cerrado la cuenta
de la muerte. Entonces la virtud multiplica la fuerza
del virtuoso, que es opinión firme en cualquier parte
donde la virtud lo confirma, pues sólo a Dios suplica
el espíritu.

V. A algunos antiguos que la voluntad inicua los
hizo morir, o la vana opinión, a estos no alabo, sino
a los de pensamiento sano, queriendo morir por hacer
rica su alma, perdiendo un poco por alcanzar lo infi-
nito, ganando el goce que acerca al Hijo de Dios.
Grande es el bien según éste cuesta, pues por la muerte
de tal Hombre se hubiese de vender.

VI Dolor e por   són bastans per ofendre
totes virtuts   que l'ànima ·nbellexen;
los qui·n són nets,   en glòria tant crexen,
qu·en aquest món   no poden mal atendre.

LVIII

I Sí com l'hom rich   que per son fill treballa
e sol per ell   vol que·l haver servesca
e quant la Mort   vol que·l fill jorns fenesca,
dóna sos béns   e tot goig de si talla,
ne pren a me   qui llanç tot mon delit,   5
perdent a vós,   lo goig de mon entendre,
car mon voler   en àls no pot entendre,
ans tota res   m'és enug e despit.

II Amor a mi   vostre cors ha ·bellit
tant que lo blanch   d'altre cors negre par,   10
e la negror   qu·en l'ull belles· apar
sembla'm vermell,   mostrant cor enfortit.
A la valor   la fama és enganosa;
aytant valeu,   que no sé deïdor
que·us lloàs prou,   sino vostr· amador: 15
Aquest parlar   no us faça ergullosa.

9-10 "Une seule fois il parle de son teint blanc et de ses yeux noirs, et encore en termes tels que de tels que des doutes subsistent sur le bien fondé de l'interprétation". A. Pagès, *Auzias March*, p. 212.
Por su parte Bohigas: "No indiquen aquests versos que la dama cantada pel poeta sigui blanca i d'ulls negres, com preten Pagès, sinó que en comparació d'ella la blancor d'una altra li sembla negra, i la negror d'uns altres ulls li sembla rojor, signe de duresa de cor". Cf. Mariner, II, XXVII, p. 617: "Illa etiam nitidi nigreo, splendor ocelli, / vt rubram video, quae acria corda notat" (*Posies*).
Aun teniendo en cuenta la observación de Bohigas, creo que Pagès está en lo cierto al considerar a la

vi. Dolor y miedo son suficientes para ofender todas las virtudes que embellecen el alma. Los que están limpios, en gloria tanto crecen, que en este mundo no pueden esperar mal.

LVIII

i. Así como el hombre rico que por su hijo trabaja y sólo por él quiere que el capital sirva, pero cuando la Muerte quiere que el hijo en días muera, da sus bienes y todo goce de sí separa, me ocurre a mí que arrojo todo mi deleite, perdiéndoos, el gozo de mi entendimiento, porque mi querer otra cosa no puede entender, antes todo me es enojo y despecho.

ii. Para mí Amor vuestro cuerpo ha embellecido, tanto que la blancura de otro cuerpo negro me parece, y la negror que en los ojos belleza parece me semeja rojo, mostrando el corazón fortalecido. Al valor la fama es engañosa; tanto valéis que no sé poeta que os loase bastante, sino vuestro amador. Este hablar no os haga orgullosa.

---

dama blanca de piel y de ojos negros pues además de que así parece desprenderse del texto hay que tener presente que tales condiciones de color eran las que constituían el modelo de la mujer renacentista, añadiendo el cabello rubio. Así nos la ofrece Petrarca:

Ma l'ora e 'l giorno ch'io le luci apersi
Nel bel nero e nel bianco
Che mi scacciâr di là dove Amor corse

(XXIX, 22-24)

...quel raggio altero
Del bel dolce soave bianco e nero

(CLI, 6-7)

III Ma vida és amarga e plorosa
    si pert a vós e per vós pert lo món;
    tots los camins d'aquest tancats me són,
    si fall a mi la sperança duptosa.   20
    Lo malfactor, qui a sa sgleya cuyta,
    torbat, no·s mou si d'ella pert camí;
    ne pus ne menys de cert ne pren a mi:
    torbat me sent, perdent compte de fuyta.

IV Ma voluntat ab la raó no lluyta,   25
    cascuna fa lo més de son poder:
    ma voluntat pus d'amar no pot fer,
    son poder fa, e ma raó l'ha 'n cuyta.
    D'un ventre trist exir m'ha fet natura.
    Per vós amar fon lo meu naximent;   30
    no sé àls fats com no·ls fon de present
    en fer que vós d'amar haguésseu cura.

V   Sobresamor dos estrems me procura,
    e lo mig d'ells no pusch haver trobat:
    d'un poch esper no puch ésser llançat   35
    per gran desig que li dóna mesura;
    e, d'altra part, lo desig és tan gran
    que no consent ab si ferma creença
    que per null temps me hajau benvolença;
    de u en àls vaig axí redolan.   40

VI Lir entre carts, delits d'amor estan
    partits segons d'on surt la voluntat;
    algú d'ells mor ab lo desig finat,
    altre delit perdurable roman.

LIX

I   Sí co·l malalt que·l metge lo fa cert
    que no·s pot fer que de la mort escap,

---

29 Sobre este verso, al parecer autobiográfico, véase p. 23.

III. Mi vida es amarga y llorosa si os pierdo, pero por vos pierdo el mundo; todos los caminos de éste cerrados me son si me falta la dudosa esperanza. El malhechor que a su iglesia se apresura, turbado, no se mueve, si pierde el camino de ella; ni más ni menos ciertamente me ocurre a mí: turbado me siento, perdiendo cuenta de la huida.

IV. Mi voluntad con la razón no lucha, cada una hace lo más de su poder: mi voluntad más que amar no puede hacer, su poder hace y mi razón la apresura. De un vientre triste salir me ha hecho natura, para amaros fue mi nacimiento; no sé cómo otros hados no tuvieron presente hacer que vos de amar tuvieseis cuidado.

V. Excesivo amor dos extremos me procura, y el medio de ellos no pude haber encontrado: de un poco de esperanza no puedo ser arrojado por el gran deseo que le da la medida; y de otra parte el deseo es tan grande que no consiente en sí la firme creencia de que jamás me hayáis benevolencia: de uno en otro voy así rodando.

VI. Lirio entre cardos, los deleites del amor parten según de dónde surge la voluntad; alguno de ellos muere con el deseo terminado, otro deleite permanece perdurable.

LIX

I. Así como al enfermo que el médico le confirma que no se puede evitar que escape de la muerte si,

si donchs no beu de verí un anap
e lo perill no li està cubert,
ne pren a mi, qui vull esperiment 5
molt perillós e sens ell no pusch viure:
lo dilatar per mort se pot escriure,
e tem l'assaig ab la mort egualment.

II ¿Qui és aquell estimant lo turment
e lo perill en què m· arma està, 10
veent-se prop d'on veu que tost perdrà
ço perquè fon venguda ·l món present?
En dupt· estich; la mia mà tremola,
que no consent que mate mi mateix,
e, d'altra part, mort certa no·m jaqueix: 15
yo·m desesper de ma sperança sola.

III En lo meu coll veig penjar una mola
e lo gran fons on seré trabucat,
si donchs mercè no vol haver tallat
la corda fort, mas coltell no esmola. 20
Mercè deman ab veu espaordida,
mostrant negar al qui per mi ·s request;
vós no guardeu que mostra pauruch gest,
mas pietat sia en vós complida.

IV Puys que per vós pot ésser ben sentida 25
la part d'amor que yo no puch mostrar,
vullau un poch la pensa empaxar
en quin fil prim penja la mia vida.
Yo són aquell qui del carçre l'han tret
y ab torbat pas va pendre cruel mort, 30
que no he pus remey n· altre conhort
sinó mercè del qui·l juý ha fet.

23 "*mostra*, per *mostre*, primera persona singular del present indicatiu. No és probable, malgrat l'acord dels manuscrits enfront les antigues edicions, que ací el poeta hagi parlat en tercera persona". Bohigas, *Poesies*.

entonces, no bebe un vaso de veneno y el peligro no le está cubierto, me ocurre a mí, que quiero experiencia muy peligrosa y sin ella no puedo vivir: dilatarla como muerte se puede escribir [considerar], y temo el intento igualmente con la muerte.

II. ¿Quién es el que estimando el tormento y el peligro en que mi alma está, viéndose cerca de donde ve que pronto perderá eso para lo que fue venida al mundo de ahora? En duda estoy, mi mano tiembla, pues no consiente que me suicide, y, por otra parte, muerte cierta no me deja: yo me desespero con mi sola esperanza.

III. De mi cuello veo colgar una muela de molino, y el gran fondo donde estaré tirado, si, entonces, la gracia no quiere cortar la fuerte cuerda; pero el cuchillo no afila. Merced pido con voz despavorida, mostrando repulsa al que por mí es requerido; vos no esperéis que muestre temeroso gesto, pero la piedad sea en vos cumplida.

IV. Pues que por vos puede ser bien sentida la parte amorosa que yo no puedo mostrar, quered un poco con el pensamiento entender de que delgado hilo cuelga mi vida. Yo soy el que de la cárcel han sacado y, con turbado paso, va a tener cruel muerte, pues no tengo remedio ni otro consuelo sino la gracia de quien ha hecho el juicio.

"Les dues edicions modernes llegeixen *que mostra* al v. 23, variant incorrecta. Si no volem recórrer a la lliçó *que mostre* [de las ediciones], ens cal acceptar la del ms. E: *qui mostra*. Ramírez i Molas, *La poesia d'Ausiàs March*, p. 45.

v Jamés d'amor   fon un cas tan estret
   com és aquell   del qual no puch fugir:
   per u són cert   de la vida finir;   35
   l'altr· és verí   per apagar ma set.
   ¡O vós, qui sou   causa de mon perill
   e fins ací   no merexeu gran culpa:
   poca mercè   per avant vos enculpa,
   si per defalt   d'aquella prench exill!   40

vi Llir entre carts,   no veu degun perill
    fin amador,   e si·l veu, punt no·l tem.
    Tot cas és poch   essent lo pus estrem;
    la torre gran   li sembla gra de mill.

LX

I Mes voluntats,   en gran part discordants,
   dona, per vós   les he fetes concordes;
   per vós han pau   solent ésser discordes,
   per vós conech   l'error on er· abans,
   per vós conech   tot lo delit de viure.   5
   Mos penssaments   concòrdia ·n conexen,
   ja de contrast,   sí com dabans, no·s vexen,
   ans, als amichs,   de pau poden escriure.

II A ymaginar   no·m cal d'huymés assiure
    per aplegar   ma pensa molt confusa: 10
    de la virtut   de fermetat molt usa;
    de dos afanys,   del primer só deliure.
    Per encercar,   no·m cal treball de penssa:
    trobat és ja   tot obs de la mi· arma;
    e per guanyar   ses flaques mans fort arma,   15
    e per haver   al cors de mals defenssa.

III E si del cors   ma fortuna dispensa
     que per son mal   m· arma perda batalla,
     ja sab què fer   e ma llengua no hu calla:

v. Jamás de amor fue un caso tan rígido como es aquel del cual no puedo huir: por uno estoy seguro acabar la vida; el otro es veneno para apagar mi sed. ¡Oh, vos, que sois la causa de mi peligro y hasta aquí no merecéis gran culpa: poca piedad por adelantado os inculpa, si por falta de ella me destierro.

vi. Lirio entre cardos, no ve ningún peligro el fino amador, y si lo ve, en nada lo teme. Todo caso es poco siendo el más extremo: la gran torre le parece un grano de mijo.

LX

i. Mis voluntades, en gran parte discordantes, señora, por vos las he hecho concordes. Por vos tienen paz soliendo estar discordes, por vos conozco el error dónde estaba antes, por vos conozco todo el deleite de vivir. Mis pensamientos concordia conocen, no se inquietan, ya en contraste, así como antes, al contrario, a los amigos de paz pueden escribir.

ii. Detenerme a imaginar no me es necesario de hoy en adelante para unir mi pensamiento muy confuso: mucho usa de la virtud de firmeza; de los dos afanes, estoy libre del primero. Para inquerir, no me hace falta esfuerzo de la mente: ya está hallado todo lo preciso de mi alma; y para ganar sus flacas manos fuerte arma, y para tener al cuerpo defensa de los males.

iii. Y si del cuerpo mi fortuna dispensa que por su mal mi alma pierda batalla, ya sabe qué hacer y mi lengua no lo calla: vivir en el mundo tenerlo en

viur· en lo món   haver en gran ofenssa.   20
Mal consellat,   mon cors volch pendre llança,
e, ple de por,   ab ses armes volch noure,
mas pres consell   que les tornàs al foure;
prenint escut,   armes d'ofendre llança.

IV No m'ha jaquit   del tot ma esperança: 25
    ab ella ·nsemps   espirarà ma vida;
    mas yo conech   la mi· arma ·nfortida,
    que tot perill   se té ·n molt gran bonança.
    Dolga's tot hom   com yo bé no atench,
    no·s dolg· algú   de mon terrible mal;   30
    null juny[i]dor   no féu encontre tal
    d'on fos content   com yo veent lo rench.

V   Si mos mals fats   ab forç· altra no tench,
    malauyrat   no·m vull· algú jutjar;
    si vagabunt   me veu lo món anar,   35
    en tan segur   port home jamés vench.
    Mon desig és   en molta part complit,
    trobant molt més   del que fuy desigós;
    si no atench,   no pens algú que fos
    ab tal dolor   sens molt major delit.   40

VI Llir entre carts,   lo que de vós he dit,
    placi·a Déu   no·m faça mentidor,
    y el qu· he sufert   essent-vos amador,
    per mal esguart   no·m sia malgrait.

LXI

I ¡O fort Dolor!,   yo·t prench que mi perdons
   si no ·nseguesch   la tua voluntat:
   la que yo am   contra tu ha manat;
   donchs, si no muyr,   no·m despulls dels teus dons,
   puys a mi vull   en dues parts partir   5
   e dón a tu   l'enteniment per part,

gran ofensa. Mal aconsejado, mi cuerpo quiere tomar lanza y, lleno de miedo, con sus armas quiere dañar, pero toma consejo de que las vuelva a la vaina, tomando el escudo, las armas ofensivas arroja.

iv. No me ha dejado del todo mi esperanza: con ella juntamente expirará mi vida; mas yo conozco mi alma fortalecida pues todo peligro se tiene por muy gran bonanza. Duélanse todos de que yo el bien no lo alcanzo, no se duela nadie de mi terrible mal; ningún justador no tuvo encuentro tal que estuviese contento como yo viendo la liza.

v. Si mis malos hados con otra fuerza no rompo, nadie me quiera considerar desdichado; si vagabundo me ve el mundo caminar a tan seguro puerto jamás hombre llegó. Mi deseo está cumplido en mucha parte, encontrando mucho más de lo que estuve deseoso; si no lo alcanzo, no piense nadie que fuese con tal dolor sin un mucho mayor deleite.

vi. Lirio entre cardos, lo que de vos he dicho, plega a Dios, no me haga mentiroso, pues el que está sufriendo siéndoos amador, por mala consideración no sea mal agradecido.

LXI

i. ¡Oh, fuerte Dolor!, yo te pido que me perdones si no sigo tu voluntad: la que amo lo ha mandado contra ti; entonces, si no muero, no me despojes de tus dones, pues me quiero en dos partes separar, dándote por parte el entendimiento, y mi cuerpo lo

e lo meu cors   de la mort lo apart;
a fort Amor   yo no puch contradir.

II La que yo am   mi no consent morir;
dóna'm a tu,   llançat a ton voler,   10
e sab que tu   no·m seràs mercener;
no·m desempars   fins a vida finir!
En aquell punt   hagues compassió
d'aquella que   jamés de mi l'haurà;
com l'esperit   del cors exir volrà,   15
oblida mi,   menbre't de la qui só.

III En aquest món   la mi· ànima ·t dó
y els penssaments   que·t sabràs ocupar;
de res del cors   no·t vuyles empaxar,
car viure vol   e que digues que no.   20
Del cors mesquí   no sies descontenta,
car tot és teu,   sinó lo moviment,
e sos gemechs   no vaguen, yo durment;
ta voluntat   mon sopni la contenta.

IV Puys per mos crits   mercè de mi s'absenta   25
e Déu, per vós,   vol punir mos demèrits,
e los meus fats   contrasten a mos mèrits,
llicenciats   dolor qui·m desasenta.
Car una és   ma vida y ma sperança
e dóna'ls mort   qui·ls tol la companyia,   30
e vós dieu   que·us plau la vida mia;
ells departits,   la mort del món me llança.

V Creeu de ferm   que só ·n ferm· acordança
que perda·ls ulls   si pert a vós de veure,
e per null cas   llauger no vullau creure   35
que·m lluny de vós;   vida us dón per fermança.
Quant pens que mort   me pot fer ser absent
de vós qui·m sou   pus cara que la vida,
d'aquella fuig   a la qual ma veu crida;
guanyat me té   lo primer moviment.   40

aparto de la muerte; al gran Amor yo no lo puedo contradecir.

II. La que yo amo no me consiente morir; entrégate a mí lanzado a tu voluntad y sabe que no me serás acogedor; no me desampares hasta acabar la vida! En aquel momento tengas compasión de aquella que jamás la tendrá de mí; cuando el espíritu querrá salir del cuerpo, olvídate de mí, acuérdate de la que pertenezco.

III. Mi alma te doy en este mundo y los pensamientos que sabrás ocupar; nada del cuerpo no quieras empachar, porque quiere vivir y que digas que no. Del cuerpo mezquino no estés descontenta, porque todo es tuyo, sino el movimiento, y sus gemidos no cesen, yo durmiendo; tu voluntad mi sueño la contenta.

IV. Pues con mis gritos la gracia de mí se ausenta y Dios, por vos, quiere castigar mis indignidades pues mis hados contrastan a mis méritos, permitiendo el dolor que me desazona. Porque una es mi vida y mi esperanza y les da muerte quien les quita la compañía, y vos decís que os place la vida mía: partidos ellos, la muerte del mundo me lanza.

V. Creed firmemente que estoy de firme acuerdo en perder los ojos si pierdo el veros, y por ningún motivo ligero no queráis creer que de vos me aleje, la vida os doy como garantía. Cuando pienso que la muerte me puede ausentar de vos, que me sois más preciada que la vida, de ella huyo a la cual mi voz llama; ganado me tiene el primer movimiento.

VI Llir entre carts, tant vos am purament,
    que m'és dolor com no·m poreu amar
    sinó d'amor que solen praticar
    los amadors amant comunament.

LXII

I   ¿Qui·m mostrarà la Fortuna lloar
    del sobiran do per ella rebut?
    E tinch per foll tot hom e decebut
    que poch ne molt conteng· ab mi de par.
    Yo só molt prop de viure bé content;   5
    embarch no·m fa més d'una passió
    que sembla mi que ve menys de rahó,
    puys ha rael en vostre falliment.

II Ab mi no·s pot comparar hom vivent,
    puys la que am creem qu· és la mellor,   10
    ab molt gran seny e honestat de cor,
    e yo·l am tant qu· ella ·m és benvolent.
    En lo començ fon bona ma ventura,
    seguir-lo deu la fi a mon començ,
    e si no hu fa, mort, qui tota res venç,   15
    donarà mi la terra ·n vestidura.

III Mas Déu no sab en lo món creatura
    sens defallir alguna part de bé;
    d'on l'om és foll qui ha laugera fe,
    abandonant Aquell ultra mesura.   20
    Per què yo·m trob no fart de son voler,
    e no crech bé lo que m'és dit per ella,
    e cuyt haver d'açò justa querella,
    mas creure ferm no tinch en mon poder.

IV Term· en amor algú no pot saber,   25
    e cell qui·l creu en amor no sab res;
    qui·n tal camí a passejar és mès

vi. Lirio entre cardos, os amo tan puramente que me causa dolor cómo no me podéis amar sino con el amor que suelen practicar los amadores amando comúnmente.

LXII

i. ¿Quién me enseñará cómo alabar a la Fortuna por el soberano don que de ella recibí? Pues tengo por loco y engañado a todo hombre que poco ni mucho se tenga a la par conmigo. Yo estoy muy cerca de vivir muy contento; no encuentro impedimento más que en un sufrir que me parece que viene sin razón, pues tiene raíz en vuestra culpa.

ii. Conmigo no se puede comparar hombre viviente, pues la que amo creo que es la mejor, con muy gran sensatez y honestidad en el corazón, y yo la amo tanto que ella me es bienqueriente. Al comienzo fue buena mi ventura, seguir debe el fin a mi comienzo, y si no lo hace, muerte, que toda cosa vence, me dará la tierra por vestidura.

iii. Pero Dios no conoce criatura en el mundo sin que carezca de alguna parte de bien; de donde es loco el hombre que tiene ligera fe, abandonando a Aquél desmesuradamente. Porque no me encuentro harto de su querer y no creo bien lo que me es dicho de ella, y procuro tener de eso justa querella, pero el creer firme no tengo en mi poder.

iv. El final del amor nadie lo puede saber, y aquel que lo cree de amor no sabe nada; quien en tal camino se pone a pasear no encuentra fin, pero cree

no troba fi, e penss· aquell· haver.
Dos cors units en una voluntat
deu fer Amor, e lo qui se'n parteix, 30
en ell Amor de continent pereix;
no ama fort l'amador limitat.

V Amor se té per pus injuriat
per hom en qui trobe lo seu cor fret,
que per traydor on fos tot malifet, 35
puys lo forçàs d'esser enamorat.
Qui tèbeu és, d'Amor és enemich,
e port· ab si contr· Amor lo fallir.
Si no ·s cregut, tolga's d'enfellonir,
car de cor franch hom no creu l'hom enich. 40

VI Si lo meu hull no tinch per ver amich
e del que sé no vull ésser membrant,
no creuré vós ésser vers mi errant
e trobar-m'he de peguesa molt rich.
La mi· amor a mi creix la sospita, 45
e lo que sé, que de mi no·s pot tolrre,
e de mon cas no·us voleu assats dolre
per poc· amor que dintre vós habita.

VII M· opinió és en mon cor escrita,
que, si no vós, àls no la me'n pot raure; 50
vós me podeu en tot· arror fer caure,
puys que Amor forçar mi se delita;
e tant desig que si· amat per vós,
que m'és forçat duptar que axí sia;
Amor me fa de veritat falsia, 55
no bast· en pus qu·en ésser sospitós.

VIII ¡O foll· Amor! En l'hom molt desijós
cabre no pot en ell sats conexença;
sa passió li torba sa sciença,
e majorment lo qui és amorós. 60

tenerlo. Dos cuerpos unidos en una voluntad debe hacer el Amor, y el que se separa, en el Amor perece en seguida: no ama intensamente el limitado amador.

v. Amor se tiene por más injuriado por el hombre en el que encuentra su corazón frío que por el traidor donde todo fuese maldad, pues lo forzará a ser enamorado. Quien tibio es, de Amor es enemigo pues lleva consigo el faltar a Amor. Si no es creído, evite enojarse, porque el hombre de corazón franco no cree al hombre inicuo.

vi. Si mis ojos no tengo por verdaderos amigos y de lo que sé no quiero estar recordando, no os creeré estar sobre mí equivocada y me encontraré de necedad muy rico. Mi amor me hace crecer la sospecha, y lo que sé, que de mí no se puede quitar, y de mi caso no os queréis doler bastante por el poco amor que en vos habita.

vii. Mi opinión está en mi corazón escrita, tal que si no vos, otros no me la pueden raer; vos me podéis hacer caer en todo error, pues que Amor en forzarme se deleita; y tanto deseo ser amado por vos, que me es forzado dudar que así sea; Amor me hace de verdad falsía, no queda más que estar sospechoso.

viii. ¡Oh loco Amor! En el hombre muy deseoso no puede caber asaz conocimiento. Su pasión le turba su sabiduría y, mayormente, lo que le es amoroso.

LXIII

I   ¿Qui·m tornarà   lo temps de ma dolor
    e·m furtarà   la mia llibertat?
    Catiu me trob,   llicenciat d'Amor,
    e, d'éll partit,   tot delit m'és llunyat.
    Sí co·l senyor   avorreix lo servent,   5
    que null castich   ne càrrech li vol dar,
    axí Amor   me da bandonament,
    que son poder   en mi no·l plau mostrar.

II En ira sta   de Déu lo pecador
    com en est món   treball no li és dat;   10
    dels béns de Déu   no sia sperador:
    no ha lloguer   qui no ha treballat.
    Axí, d'Amor   qui no sent lo turment,
    en sos delits   no·s cure delitar;
    tot amador   prenga ·n açò esment: 15
    que sens tristor   no·s pot molt alegrar.

III Dolor és gran   de tot fin amador,
    com desesper   li és davant posat;
    mas, per mercè,   Amor l'és donador
    que d'esperar   delit no és llançat;   20
    goig e tristor   li estan de present,
    esper e por   lluny li volen mostrar
    son mal o bé,   dels quals u tostemps sent,
    e lo que pert   aprés torna cobrar.

IV Aprés lo mal,   qui sent de bé sabor   25
    no pot ser dit   del tot malauyrat;
    lo past d'amor   no ha tant· amargor
    que sus tot dolç   no sia stimat.
    De tal sabor   no·m conech sentiment,
    e pus amarch   que fel he de gustar,   30
    car yo sofir   dolor d'enyorament
    ne veig camí   per algun bé sperar.

LXIII

I. ¿Quién me devolverá el tiempo de mi dolor y me hurtará mi libertad? Me encuentro cautivo, licenciado de Amor, y, de él separado, todo deleite me está alejado. Así como el señor que aborrece al sirviente que ningún castigo ni carga le quiere dar, así Amor me da desampáro, pues no le place mostrar en mí su poder.

II. En ira de Dios está el pecador cuando en este mundo no le es dada fatiga; no tenga esperanza de los bienes de Dios: no tiene jornal quien no ha trabajado. Así, del Amor, quien no siente el tormento no piense deleitarse en sus deleites; todo amador debe recordar eso: que sin tristeza no se puede mucho alegrar.

III. El dolor es grande en todo fino amador cuando la desesperanza le es puesta delante; mas, por merced, Amor le otorga que no sea despojado de esperar el deleite; gozo y tristeza le están presentes, esperanza y miedo le quieren mostrar lejos su mal o bien, de los cuales siempre siente uno y el que pierde después lo vuelve a recuperar.

IV. Después del mal, quien siente el sabor del bien no puede ser llamado desventurado del todo. La comida del amor no tiene tanta amargor que pronto no sea estimada completamente dulce. No conozco la sensación de tal sabor, y más amarga que la hiel he de gustar porque yo sufro el dolor de la añoranza y no veo el camino para algún bien esperar.

v   Qui d'Amor fuig,   d'ell és encontrador,
    e yo qui·l cerch   dins mi, no l'he trobat;
    en llochs lo veig   difamat per traydor,   35
    e fuig de mi   qui l'he més qu· altr· honrat.
    Yo no·l deman   dona ·n lo món vivent,
    mas que dins mi   ell vulla reposar;
    sembla la mort,   qu· encalça lo fugent
    e fuig d'aquell   qui la vol encontrar.   40

vi Cremat vull ser   d'Amor per sa calor,
    car dins son foch   yo·m trobe refrescat,
    sí com lo sant,   havent en Déu ardor,
    en son turment   se troba consolat.
    Tant quant Amor   és fort y en mi potent,   45
    lo seu delit   prop mi sent acostar;
    si·l trob escàs,   altre m'ha fer content,
    fora de mi   mon delit he trobar.

vii Aytant pot fer   d'Amor sa gran favor,
    que bastarà   fer que l'enamorat   50
    no·l tocarà   esperança ne por:
    tant estarà   en goig present torbat.
    Yo·m só ·blidat   havent tal sentiment;
    propri ·s a mi   tal estat desijar;
    a l'ignorant   desig no·l ve ·n esment,   55
    enemich és   de Amor ignorar.

viii L'home no pot   ser al món vividor,
    si de humor   mal serà netejat;
    lo bo y el mal   conserven la calor
    d'hom radical,   que sens ells és gastat.   60
    Axí d'Amor,   qui lo seu mal no sent,

---

33 Pensamiento tópico que se encuentra en refranes y coplas populares.
58 *humor mal*, "De Galien, il a retenu, comme tout le Moyen âge, la théorie de l'humeur ou de l'humidité radical et celle des quatre tempéraments". A. Pagès, *Auzias March*, p. 279. Pagès cita a Santo Tomás (*S. Th.*, I, 119, 1): "Ad tertium quod ad humidum radicale intelligitur pertinere totum id in quo fundatur

v. Quien huye del Amor, lo encuentra, y yo, que lo busco dentro de mí, no lo he encontrado; lo veo en sitios difamado por traidor, y huye de mí que le he honrado más que nadie. Yo no le pido mujer que viva en el mundo, sino que dentro de mí quiera reposar; se asemeja a la muerte que alcanza al que huye y huye de quien la quiere encontrar.

vi. Quiero ser abrasado por el calor del Amor, pues dentro de su fuego me encuentro refrescado, lo mismo que el santo teniendo ardor de Dios se encuentra consolado en su tormento. Tanto cuanto Amor es fuerte y potente en mí, su deleite cerca de mí lo siento acercar; si lo encuentro escaso, otro me ha de hacer contento, fuera de mí mi deleite he de encontrar.

vii. Amor su gran favor tanto puede hacer que bastará hacer que al enamorado no le alcanzará la esperanza ni el miedo: ¡tan turbado en el gozo presente se encontrará! Yo no me acuerdo he haber tenido tal sentimiento; es natural que desee tal estado; al ignorante este deseo no le viene a la memoria: enemigo de Amor es ignorar.

viii. El hombre no podría vivir en el mundo si fuese limpiado de humor malo, lo bueno y lo malo conservan el calor del hombre radical, pues sin ellos está acabado. Así, de Amor, quien no siente su mal,

---

virtus speciei; quod si substrahatur, restui non potest..."
Los cuatro temperamentos que proceden del humor los especifica Ausias March en el poema XCIV, 17-20:

Dins lo cors d'hom les humors se discorden;
de temps en temps llur poder se transmuda:
en un sols jorn regna malencolia,
n·aquell mateix còlera, sanch e fleuma.

```
       no pot en ell    sa passió durar:
       desig lo té,    qui ·s de bé falliment,
       y el bé atès,    tal desig ha cessar.

IX  Amor, Amor,    yo só ver penident            65
    com de ingrat    vos he volgut reptar
    per no trobar    lloch a mi convinent:
    és lo defalt    com yo no pusch amar.
```

LXIV

```
I   Lo temps és tal    que tot animal brut
    requer amor,    cascú trobant son par;
    lo cervo brau    sent en lo bosch bramar,
    e son fér bram    per dolç cant és tengut;
    agrons e corps    han melodia tanta         5
    que llur semblant,    delitant, enamora;
    lo rossinyol    de tal cas s'entrenyora,
    si lo seu cant    s· anamorada spanta.

II  E, donchs, si·m dolch,    lo dolre'm és degut
    com veig amats    menys de poder amar,      10
    e lo grosser    per apte veig passar:
    Amor lo fa    ésser no conegut.
    E d'açò ·m ve    piadosa complanta
    com desamor    exorba ma senyora,
    no conexent    lo servent qui l'adora       15
    ne vol penssar    qual és s· amor ne quanta.

III No com aquell    qui son bé ha perdut,
    metent a risch,    si poria guanyar,
    é, vós amant,    que·m volguésseu amar
    delliberat:    no só ·n amor vengut.        20
    Tot nuu me trob,    vestit de grossa manta;
```

4 *fér* figura en F, y así aparece en la ed. de Bohigas, frente a *ferm*, que es la variante que acepta Pagès en su edición.

no puede en él su pasión durar: el deseo lo tiene, que es carencia del bien, y, conseguido el bien, ha de cesar tal deseo.

IX. Amor, Amor, yo estoy verdaderamente arrepentido de cuando os he querido reprender de ingrato por no encontrar para mí un lugar conveniente: es la falta por lo que yo no puedo amar.

LXIV

I. El tiempo es tal que todo animal irracional requiere amor, encontrando cada uno su pareja: se oye el ciervo bravo bramar en el bosque y su fiero bramido tenido es por dulce canto; garzas y cuervos tienen tanta melodía que a su semejante, deleitando, enamora; el ruiseñor de tal caso se duele si su canto espanta a su enamorada.

II. Y, entonces, si me duelo, el dolor me es debido cuando veo amados de menos capacidad de amar, y lo grosero por apto veo pasar: Amor lo hace no ser conocido. Y de eso me viene piadoso llanto cuando el desamor ciega a mi señora, no conociendo al servidor que la adora ni quiere pensar cuál es su amor ni cuánto.

III. No como aquel que su bien ha perdido, arriesgando, por si podía ganar, es, amándoos, que me quisieseis amar deliberadamente: no soy venido a amor. Completamente desnudo me encuentro, vestido con

---

21 Para esta antítesis, véase A. Pagès, *Auzias March*, p. 240, y *Commentaire*, 78.

ma voluntat　　Amor la té ·n penyora,
　　　e ço de què　　mon cor se adolora
　　　és com no veu　　ma fretura qu· és tanta.

IV　Lir entre carts,　　ab milans caç la ganta
　　　y ab lo branxet　　la lebre corredora:
　　　assats al món　　cascuna s vividora,
　　　e mon pits flach　　lo passi de Rams canta.

LXV

I　No só gosat　　en demanar mercè
　　　a ma dolor　　que del tot m'abandon;
　　　un poch espay　　la prech de temps que·m dón
　　　a poder dir　　lo mal que d'ella ·m ve.
　　　E si mon cor　　en sa força retorn
　　　y el torbament　　del enteniment pert,
　　　porà saber　　qui d'amor no és cert
　　　Ira i Amor　　com dins mi han contorn.

II　Sí com l'om cech　　no coneix nit ne jorn
　　　si dels vehents　　ell no és avisat,
　　　d'Ira y Amor　　no ssé qual m'à ssobrat;
　　　haja'n avís　　dels qui m'estan en torn!
　　　Yo desig molt　　qu· Amor m'abandonàs,
　　　car sola és　　la causa de mon mal,
　　　mas de poder　　Ira no té cabal
　　　qu· encontr· Amor　　yo tant me rebel·làs.

III　E si remey　　a ma dolor trobàs,
　　　fóra content,　　car yo·n desig exir:
　　　los vostres fets　　me fan vós avorrir

25-27 **A.** Pagès (*Auzias March*, p. 233) cita estos versos de
　　　Arnaut Daniel como tenidos en cuenta en la tornada:

*Ieu sui Arnautz qu'amas l'aura
E chatz la lebre ab lo bou
E nadi contra suberna.*

gruesa manta; mi voluntad Amor la tiene en prenda y eso de que mi corazón se adolece es cómo no ve que mi necesidad es tanta.

IV. Lirio entre cardos, con milanos cazo la cigüeña y con el braquete la liebre corredora: asaz en el mundo cada una está viva y mi pecho flaco la pasión de Ramos canta.

LXV

I. No oso demandar merced para que mi dolor me abandone completamente; un poco despacio de tiempo le ruego que me dé para poder decir el mal que de él me viene. Y si mi corazón a su fuerza vuelve y la confusión desaparece del entendimiento, podrá saber quien del amor no está seguro cómo Ira y Amor, dentro de mí, tienen trasiego.

II. Así como el hombre ciego no conoce noche ni día si de los videntes no es avisado, de Ira y Amor no sé cuál me ha aventajado; ¡tenga aviso de los que me están cerca! Yo deseo mucho que Amor me abandonase, porque es sólo la causa de mi mal, pero Ira de poder no tiene caudal para que yo, en contra de Amor, tanto me rebelase.

III. Y si remedio a mi dolor encontrase, estuviera contento porque yo deseo liberarme: vuestras acciones me hacen aborreceros pues no se puede conseguir

    e no·s pot fer que ab vós praticàs. 20
Mon partiment no pusch ben acabar:
en vós penssant, estrany turment n'atench,
e quant l'estat de mi saber m'estrench,
lladonchs yo caych en mi pus ignorar.

IV No sé remey potent mi consolar, 25
si altr· amor nova no conseguesch.
¡O tu, Amor, colp vell guareix ab fresch,
o de aquest me vulles bandonar!
Veges mon cor en quina dolor jau;
en ton hostal no mereix tan dur llit. 30
Qui és l'hom viu d'on sies mils servit?
Tant és humil, qu· esforç no·l pot fer brau.

V Plagués a Déu qu·ab mi mateix fes pau,
mi acordant ab cor ferm a la mort.
Yo mir e pens si·l món ha cas tan fort 35
com de Amor e d'Ira ser esclau.
Afany té sats l'hom dos senyors sirvent;
¿e quant més, donchs, essent ells enemichs?
Quant u complach, l'altr· és vers mi inichs;
no sé com bast complaure'lls egualment. 40

VI O foll· Amor! Si és ver que·l jovent
és ocasió de tu a mi forçar,
si bé lo món res tant no pot prear,
vellea ·m plau qui de mals és sement.

LXVI

I Algú no pot haver en si poder
altre amar contra sa voluntat,
ne·n ser tan fort, ab tanta potestat,
a deslligar los nuus c· Amor sab fer.

27 *colp vell guareix ab fresch,* parece referirse a un refrán.

que con vos platicase. Mi partida no puedo bien acabar: pensando en vos extraño tormento alcanzo, y cuando me esfuerzo en conocer mi estado, entonces me hundo en más desconocerme.

IV. No sé remedio potente para consolarme, si otra nuevo amor no consigo. ¡Oh, Amor, tu golpe viejo se cura con el reciente, o de éste me quieras desamparar! Mira mi corazón en qué dolor yace; en tu hostal no merece tan duro lecho. ¿Quién es el hombre vivo del que seas servido mejor? Tan humilde es que el esfuerzo no puede hacerle bravo.

V. Pluguiera a Dios que hiciese paz conmigo mismo, resolviéndome con firme corazón a la muerte. Yo miro y pienso si el mundo tiene algo tan duro como ser esclavo de Amor y de Ira. Asaz trabajo tiene el hombre sirviendo a dos señores; ¿y cuánto más, pues, siendo ellos enemigos? Cuando complazco a uno, el otro se me muestra malvado. No sé cómo bastarme para complacerles igualmente.

VI. ¡Oh, loco Amor! Si es verdad que la juventud es la ocasión tuya para forzarme, si bien el mundo nada puede apreciar tanto, me place la vejez que es semilla de males.

LXVI

I. Nadie puede tener poder en sí para amar a otro contra su voluntad, ni ser tan fuerte, con tanta potestad, para desatar los nudos que Amor sabe hacer.

¿Qui es lo foll   qui·m repte si no am?   5
¿Qui és lo foll   reptant-me de amar?
Tal passió   negú la pot forçar;
per què d'algú,   si bé no·m vol, no·m clam.

II ¡O ver· Amor!,   tu invoch e reclam:
puys m'has plagat,   vulles-m' abandonar   10
aquell engüent   que sol medecinar
los pacients   que per tu mal passam.
No sia sols   yo en ta desfavor!
Ta piatat,   mans juntes la requir;
no·m dons mercè,   mas guardó del servir.   15
Tant am quant pot   hom fer amar Amor.

III ¡O tu, qui est   sobirana dolor,
quant deseguals   los volers fas unir!
No·t veja tal,   o m'atorga morir:
dolça ·m serà   de la mort l'amargor.   20
Mostra'm la llum   de vera esperança,
no pas aytal   com de tu vana ·m ve,
mas que raó   la consenta prop sé.
No·m vulles dar   enganosa fiança.

IV Sí co·l malalt   de viure té fermança   25
per alguns mals   que familiars té,
si algun mal   d'altr· accident li ve,
en por de mort   l'imaginar lo llança,
ne pren a mé,   que·m era ja no res
lo mal d'Amor,   vivint sobre aquell,   30
e per mal nou,   a morir vinch per ell,
per no sser tal   e com molt major és.

V ¡O tu, Amor,   a qui Déus ha permès
que de infant   usar fas l'home vell,
e lo sabent   d'ignoscent no s'apell   35
puys que de tu   ell no sia defès!
Tu est aquell   ayre molt pestilent
portant al món   una plaga mortal;

¿Quién es el loco que me reprenda si no amo? ¿Quién es el loco reprendiéndome por amar? Tal pasión nadie la puede forzar; por eso no me lamento si alguien no me quiere bien.

II. ¡Oh verdadero Amor!, te invoco y requiero: pues me has llagado, quieras darme aquel ungüento que suele curar a aquellos pacientes que pasan mal por ti. ¡No sea yo solo en tu desfavor! Tu piedad, con las manos juntas, la solicito; no me des piedad sino galardón por el servicio. Amo tanto cuanto puede Amor hacer amar al hombre.

III. ¡Oh tú, que eres soberano dolor, qué desiguales amores haces unir! No te vea tal o concédeme morir: dulce me será la amargura de la muerte. Muéstrame la luz de verdadera esperanza, no tal como vana me viene de ti sino que razón la consienta cerca de sí. No me quieras dar engañosa confianza.

IV. Así como el enfermo tiene seguridad de vivir a pesar de algunos males que tiene por habituales, si, por accidente, algún otro mal le viene la imaginación lo lanza por miedo a la muerte, me ocurre a mí, que ya no significaba nada el mal de Amor, pues vivía con él y, por un nuevo mal, a morir vengo a causa de él, por no ser tal y mucho mayor.

V. ¡Oh tú, Amor, a quien Dios ha permitido que hagas actuar como niño al hombre viejo, y que el sabio no se llame inocente pues que de ti él no está protegido. Tú eres aquel aire muy pestilente que trae al mundo una llaga mortal; estar sin vista, antes del

ésser menys d'ulls,   ans del colp, molt hi val,
mas al ferit   mort sola ·s guariment.   40

VI Amor, Amor,   lo jorn que·l Ignoscent
per bé de tots   fon posat en lo pal,
vós me ferís,   car yo·m guardava mal,
penssant que·l jorn   me fóra defenent.

LXVII

I Ja de amor   tèbeu jamés no sia!
Fret o tan calt,   cremat tot fins en cendra,
al qui Amor   los seus estrems engendra,
no sent dolor   ne viu en malaltia.
Qui ama poch,   amor poca ·l contenta,   5
no és gelós,   compleix lo que desija
a bastament,   fins en tant que·s fastija;
tocar-se pot   ço d'on ell se contenta.

II L'alt amador   dolor punt no·l turmenta,
car la major,   de mort, no l'és estrema;   10
tant ardentment   lo foch d'amor lo crema,
que tot l'és fret   quant pot tocar ne senta;
ix fora si,   res de si no·l delita,
si donchs delit   en l'altre no li porta;
sa voluntat   envers si està morta,   15
en la gran cort   fa la vida ermita.

III Lo penssament   dels amadors cogita,
sí que un cors   fa dels dos qui molt s'amen,
los spirits   dins en aquells se clamen
com u· n lo cors   del altre no habita.   20
Tota res va   en lo lloch on cobeja,
fugint mals trists,   volents béns on reposa;

41-44 Sobre la herida amorosa que sufre Ausias March, similar a la de Petrarca, en un Viernes Santo, véase pp. 49-51.

golpe, vale mucho, pero para el herido sólo la muerte es curación.

vi. Amor, Amor, el día que el Inocente por el bien de todos fue puesto en el madero, vos me heristeis, porque yo mal me guardaba pensando que el día me estuviera protegiendo.

LXVII

i. ¡Ya jamás en amor tibio me encuentre! Frío o tan caliente, todo quemado hasta en ceniza, a quien Amor engendra sus extremos no siente dolor ni vive enfermo. Quien ama poco, amor poco le contenta, no está celoso, cumple lo que desea suficientemente, hasta en tanto que se hastía; tocarse puede eso en lo que él se contenta.

ii. Al apasionado amador el dolor nada le atormenta, porque el mayor, el de la muerte, no le es extremo: tan ardientemente el fuego del amor le quema que todo le resulta frío cuanto pueda tocar y sienta; sale fuera de sí, nada de sí le deleita, si entonces el deleite en otro no le viene; su voluntad para sí está muerta: en la gran corte hace vida eremítica.

iii. El pensamiento de los amadores piensa que así como un cuerpo se hace de los dos que mucho se aman, los espíritus, dentro de ellos, se claman puesto que uno en el cuerpo del otro no habita. Toda cosa va al lugar donde desea, huyendo tristes males, queriendo bienes donde reposa; mi alma que es en mí la

m· arma qui és en mi pus noble cosa,
lo vostre cors qui és son centre ·nveja.

IV Tal grau d'amor, qui no·l sent, no·l cobeja, 25
e per alguns se sab mils que no senten,
car per lo menys saben lo molt e tenten,
puys diferent l'espècia no·s veja.
No·s pot saber ab tantes circunstances
com lo sabent per dues conexences: 30
per passions e per veres sentences.
Lo no espert jutja ple d'ignorances.

V Pedra de toch tinch, e d'amor balances,
per saber ell quant és e sa natura,
mas vostr· amor és a mi cosa scura; 35
mon cor ubert vos està per ses llances
qui·m vol fer dir: "Lo vostre cors turmente;
llexe lo meu, car l'espirit no·l ama".
La mia carn, cremant-sse per gran flama,
yo sentré ·l mal de vostr· ull qu· ell· aumente. 40

VI No·m rept· algú si·l tèbeu no esmente;
sa voluntat no·s pot dir que bé ame,
n· és veritat que del tot ell desame;
no li escau que riga ne guaymente.
De filats vist, no cregau que nuu vaja; 45
creu ser vestit, no cerca pus què vista,
e lo tot nuu vol drap de bona llista,
e son poder tot quant pot fer assaja.

VII Amor, Amor, no pensseu que yo vaga,
buydes les mans, per mercè de vós pendre; 50
tot quant pusch dar, amplament vos vull rendre:
sembla'm gran dret que la que am yo haja.

---

33 *Pedra de toch,* la que emplean los plateros para reconocer la calidad del oro y de la plata.

más noble cosa, vuestro cuerpo, que es su centro, envidia.

IV. Tal condición de amor, quien no la siente no la desea, y para algunos se sabe que es mejor que no sientan, porque por lo menos saben lo mucho e intentan, mientras diferente la especie no se vea. No se puede saber con tantas circunstancias como el sabio por dos conocimientos: por pasiones y por verdaderas sentencias. El no experto juzga lleno de ignorancia.

V. Piedra de toque tengo y balanzas de amor para saber él cuánto es y su naturaleza, mas vuestro amor es para mí cosa oscura; mi corazón os está abierto por sus flechas y me quiere hacer decir: "Vuestro cuerpo atormente; deje el mío, porque el espíritu no le ama". Mi carne, quemándose en gran llama, yo sentiré el mal de vuestra mirada que la aumenta.

VI. No me reprenda alguien si al tibio no nombro, su voluntad no se puede decir que bien ame, ni es verdad que completamente desame: no le afecta que ría o se lamente. De redes viste, no creáis que vaya desnudo; cree estar vestido, no busca más que vista, y completamente desnudo quiere paño de buena trama, pues su poder todo cuanto puede hacer intenta.

VII. Amor, Amor, no penséis que yo vaya, vacías las manos, para tomar merced de vos; todo cuanto puedo dar, ampliamente os quiero rendir, me parece gran razón que la que amo yo tenga.

LXVIII

I
No·m pren axí   com al petit vaylet
qui va cercant   senyor qui festa ·l faça,
tenint-lo calt   en lo temps de la glaça
e fresch, d'estiu,   com la calor se met;
preant molt poch   la valor del senyor
e concebent   desalt de sa manera,
veent molt clar   que té mala carrera
de cambiar   son estat en major.

II
¿Com se farà   que visca sens dolor
tenint perdut   lo bé que posseÿa?
Clar e molt bé   ho veu, si no ha follia,
que may porà tenir estat millor.
Donchs ¿què farà,   puix altre bé no·l resta,
sinó plorar   lo bé del temps perdut?
Veent molt clar   per si ser decebut,
may trobarà   qui·l faça millor festa.

III
Yo són aquell   qui·n lo temps de tempesta,
quant les més gents   festegen prop los fochs
e pusch haver   ab ells los propris jochs,
vaig sobre neu,   descalç, ab nua testa,
servint senyor   qui jamés fon vassall
ne·l vench esment   de fer may homenatge,
en tot lleig fet   hagué lo cor salvatge,
solament diu   que bon guardó no·m fall.

1-8 A. Pagès señala la influencia del trovador Peire Ramon de Tolosa en la octava que comienza:

*Si com l'enfas qu'es alevatz petitz
En cort valen et honratz del seingnor...*

Auzias March, pp. 235-37, donde se reproduce la canción de Peire Ramon. También se encuentra en la antología de Martín de Riquer, *Los trovadores*, II, pp. 938-40.

LXVIII

I. No me ocurre así como al pajecillo que va buscando señor que le haga fiestas, teniéndole caliente en el tiempo de frío y fresco, en verano, cuando entra el calor; apreciando muy poco la calidad del señor y pensando con desagrado de sus maneras, viendo muy claro que tiene mal futuro cambiar su estado por otro mejor.

II. ¿Cómo se hará que viva sin dolor habiendo perdido el bien que poseía? Claro y muy bien lo ve, si no está loco, que no podrá nunca alcanzar una situación mejor. Entonces, ¿qué hará, pues otro bien no le queda, sino llorar el bien del tiempo perdido? Viendo muy claro estar engañado a causa suya, nunca encontrará quien le dé mejor trato.

III. Yo soy aquel que en tiempo de tempestad, cuando la mayoría de las gentes se divierten junto a las hogueras y puedo tener con ellas los mismos juegos, voy descalzo sobre la nieve, con la cabeza descubierta, sirviendo a un señor que jamás fue vasallo ni le vino preocupación de rendir nunca homenaje, pues en toda acción fea mostró corazón salvaje, solamente dice que buen galardón no me falte.

9-16 "Cette deuxième strophe manque dans les manuscrits et figure pour la première fois dans l'éd. 1555 de Juan de Resa (...). La comparaison avec les passages correspondants de Peire Ramon prouve qu'elle n'est pas apocryphe" (*Auzias March*, p. 237, nota). En apoyo de esta opinión de Pagès está también la métrica ya que sin esta octava no se corresponderían las rimas *cap-caudades*.

IV Plena de seny,   lleigs desigs de mi tall;   25
    herbes no·s fan   males en mon ribatge;
    sia entès   com dins en mon coratge
    los penssaments   no·m devallen avall.

LXIX

I   Clar és e molt   a tots los amadors,
    y a tots aquells   que de mi han sabut,
    que mon semblant   no és huy conegut.
    D'haver sentit   Amor e ses dolors
    no·m fa mester   testimonis haver,   5
    ne blan parlar   ab persuasions,
    ne falagar   orelles ab raons:
    favor ha gran   paraula dient ver.

II Perquè·ls estrems   ha cercats mon voler,
    en aquest món   no ha trobat semblant;   10
    los que·ls migs llochs   en Amor van cercant
    no·ls defallí   trobar tot llur mester.
    Amor en mi   tant ha lloch convinent,
    qu·en altra part   se veu esser estrany;
    son llauger pes   ja dóna ·l món afany: 15
    als muscles meus   és càrrech molt plaent.

III No farà molt   lo qui serà creent,
    veent d'Amor   en mi lo seu procés:
    la grossa part   d'Amor en mi gran és,
    de l'altra ·m call   qu· és fort dar a ·ntenent.   20
    Los actes grans   d'aquest· amor mostrats,
    jutjau-los tots,   vós qui més n'enteneu;
    los no tocats   perdon, si·m repreneu,
    car segur só   dels ben enamorats.

IV Mos sentiments   són axí alterats   25
    quant la que am   mon ull pot divisar,
    que no·m acort   si só ·n terra ne mar

IV. Muy sensata, corto de mí sucios deseos, no crecen malas hierbas en mi ribera, que se entienda como dentro de mi corazón los pensamientos no me caen abajo.

LXIX

I. Claro está y mucho para todos los amadores y para todos los que de mí han sabido que mi igual no es hoy conocido. De haber sentido a Amor y sus dolores no me hace falta tener testigos, ni blando hablar con persuasiones, ni halagar los oídos con razones: gran favor tiene la palabra diciendo lo verdadero.

II. Porque los extremos ha buscado mi querer, en este mundo no ha encontrado igual; los que los términos medios van buscando en Amor, no les falló encontrar toda su necesidad. Amor en mí tiene tan conveniente lugar que en otra parte se encuentra extraño; su ligero peso ya da afán al mundo: para mis espaldas es carga muy placentera.

III. No se esforzará mucho el que sea creyente, viendo en mí el proceso de Amor; la parte grosera de Amor es grande en mí, de la otra me callo pues es difícil darla a entender. Los grandes actos de este amor mostrados, juzgadlos todos, vosotros los que más entendéis; a los no afectados perdono, si me reprendéis, porque seguro estoy de los bien enamorados.

IV. Mis sentimientos están así de alterados cuando mis ojos pueden divisar a la que amo, que no sé si estoy en tierra o mar y los miembros lejos del corazón

y els membres lluny del cor tinch refredats.
Si·l trob en part on li pusca res dir,
yo crit algú perquè ab ell· escús 30
aquesta por, perqu· ella no·m refús,
creent mon mal de mala part venir.

V Tal pena, donchs, ¿qui la pot sostenir
com yo, veent que·m degra ser grait,
per molt amar, d'ardiment ser fallit, 35
e mon voler estrem veig desgrair?
Ans só jutjat hom pech e sens amor,
o sens calor alguna natural;
e, si no·m fos la fama cominal,
ja fóra mort per sobresgran dolor. 40

VI No trob en mi poder dir ma tristor,
e de açò n'ensurt un gran debat:
Lo meu cor diu que no·n és enculpat,
car del parlar la llengua n'és senyor.
La lengua diu qu· ella bé ho dirà, 45
mas que la por del cor força li tol,
que sens profit està, com parlar vol,
e, si h'o fa, que balbucitarà.

VII Per esta por vana la penssa sta,
sens dar consell per execució; 50
no és senyor en tal cas la raó,
l'orgue del cors desbaratat està.
La mà no pot suplir en lo seu cas,
mou-se lo peu no sabent lo per què,
tremolament per tots los membres ve, 55
perquè la sanch acorre al pus llas.

VIII ¡O tu, Amor, qui ab ulls cluchs estàs
quant vols partir tos amargosos dons!

> 30 Bohigas da esta nota: "*ab ell·escús:* amb la dama".
> En la ed. de Pagès aparece *ab ell escús.* Creo que este
> *ell* está en lugar de *algú.*

tengo enfriados. Si la encuentro en lugar donde algo le pueda decir, yo grito a alguien porque con él excuso este miedo, para que ella no me rechace, creyendo mi mal de mala parte procede.

v. Tal pena, entonces, ¿quién la puede aguantar como yo, viendo que se me debiera agradecer, por el mucho amar, estar falto de atrevimiento, y mi querer veo en extremo desagradecer? Antes soy juzgado por hombre necio y sin amor o sin algún calor natural; y si no me fuera la fama comunal, ya estaría muerto por grandísimo dolor.

vi. No encuentro en mí poder para decir mi tristeza, y esto me provoca un gran debate: mi corazón dice que no es culpable porque del hablar no es dueño de la lengua. La lengua dice que ella bien lo dirá pero que el miedo del corazón le quita fuerza, que sin provecho está, cuando hablar quiere, y que, si lo hace, balbuceará.

vii. Por este miedo el pensamiento vacío está, sin dar consejo para la ejecución; en tal caso no es dueña la razón, el órgano del cuerpo descompuesto está. La mano no puede suplir en su caso, muévese el pie no sabiendo el por qué, el temblor llega a todos los miembros porque la sangre acorre al más fatigado.

viii. ¡Oh tú, Amor, que con los ojos cerrados estás cuando quieres repartir tus amargos dones! No

       No compenssant   los mèrits e raons,
       ta voluntat   regeix fortunat cas;   60
       vulles pensar   l'inconportable dan
       que lo món reb   de tos fets deseguals.
       Qui pren de tu   delits, degr· haver mals,
       e plor· aquell   qui degr· anar trufan.

IX   Llir entre carts,   les coses periran   65
       que dintre si   estan en desacort.
       Y Amor a si   no guarda de fer tort;
       ¿com guardarà   lo qui·l serveix d'engan?

LXX

I   ¿Per què m'és tolt   poder delliberar?
       La mort no·ns fa   tant mal, a mon parer,
       com gran contrast   ab si mateix haver,
       d'on lo voler   usa d'arredolar.
       ¿Qual tan cruel   a mi no planyeria,   5
       havent passat   tal cas pròpriament?
       Tot lo saber   del món no·m convençria
       qu·en altre lloch   dolor fos més potent.

II   Del tot no pusch   m· aymia enculpar,
       ne de mercè   no puch haver poder;   10
       lo seu malfet   ab gran enginy lo quer,
       e quant lo trob,   no·m llou ne·m vull reptar.
       Dos enemichs,   ¿qui dins si ·ls portaria?
       Ira i Amor   dins mi van debatent;
       Ira d'Amor   li ve la senyoria: 15
       ¿com serà, donchs,   que pusca ser vencent?

III   Yo desig molt   ma gran dolor celar
       e cuyt morir   fins ella l'ha saber;
       quant no la veig,   muyr per ella veer,

       9 *aymia*, provenzalismo, 'amiga'.

recompensando los méritos y razones, tu voluntad rige el caprichoso caso; quieras pensar el insufrible daño que el mundo recibe de tus desiguales hechos. Quien toma deleites de ti, debería tener males, y llora el que debería ir burlando.

IX. Lirio entre cardos, perecerán las cosas que en sí están en desacuerdo. Y Amor a sí no cuida de hacer agravio; ¿cómo guardará de engaño a quien le sirve?

LXX

I. ¿Por qué me es quitado poder deliberar? La muerte no nos causa tanto mal, en mi opinión, como tener consigo mismo gran contraste, por lo que el querer acostumbra a dar vueltas. ¿Quién tan cruel no me plañiría, habiendo pasado justamente tal situación? Todo el saber del mundo no me convencería que en otro lugar el dolor fuera más potente.

II. Del todo no puedo culpar a mi amada, ni gracia puedo poder alcanzar, su mala acción con gran habilidad la busco y cuando la encuentro, no me alabo ni me quiero reprender. Dos enemigos, ¿quién dentro de sí los llevaría? Ira y Amor, en mí van debatiendo; a la Ira le viene del Amor su dominio: ¿cómo será, pues, que pueda estar venciendo?

III. Yo mucho deseo mi gran amor celar y pienso morir hasta que ella lo ha de saber; cuando no la veo, muero por verla, y si a ella me acerco, me es

  e si·l m'acost, forçat m'és d'espantar. 20
  Yo li vull bé, lo seu mal me plauria;
  no sé que·m plau determenadament;
  voler morir de gran recors seria.
  ¡Mate'm dolor, o lleix-me tal turment!

IV Quant Amor plau que d'ell m'he acordar, 25
  Ira ·s ab ell en orde pus derrer;
  a mon sentir no sé qual és primer:
  tant prestament llurs actes sent passar.
  Campar no pusch, si·l pensar no perdia;
  axí d'Amor no hauré sentiment, 30
  car no·m pot dar Amor punt d'alegria
  qu· Ira no·m dó tant de mal soptament.

V Aquells remeys que solen ajudar
  al amador del mal qu· Amor sab fer,
  són convertits en mortal desplaer, 35
  e dos volers en mi sent treballar.
  Ignor si am: sens Amor no·m dolria;
  air e am molt e mescladament;
  puys yo·m ignor, qui·hu sab, mon cas me dia,
  e sia·m dit si só ·n lo món present. 40

VI Bon passament ha qui·s pot delitar
  veent l'amat, y en son propri voler
  tot amador no·l fall un poch esper,
  e pren delit en s· aymia mirar.
  De tals delits no·m plau llur companyia; 45
  muyr per dolor quant bon voler me sent,
  e·m esbaesch com he veure m· aymia,
  e son voler me porta marriment.

VII Si mon dictat veu algú variar,
  en ira stich rebolt e·n bon voler; 50
  en dos moments cascú ·m té ·n son poder;
  d'ell tot a si no·m pot algú portar.
  Llexen-me tots, o vença qual que sia,

forzado espantarme. Yo la quiero bien, su mal me placería; no sé determinadamente qué me place; querer morir gran recurso sería. ¡Máteme el dolor o déjeme tal tormento!

IV. Cuando a Amor place que con él he de acordar, Ira está con él en orden más atrás; en mi sentir no sé cuál está primero: ¡tan prestamente sus actos siento pasar! Escapar no puedo si no pierdo el pensar, así de Amor no tendré sentimiento porque Amor no me puede dar algo de alegría que Ira no me dé súbitamente tanto de mal.

V. Aquellos remedios que suelen ayudar al amador del mal que Amor sabe hacer, se convierten en mortal disgusto pues dos voluntades siento en mí actuar. Ignoro si amo; sin Amor no me dolería; odio y amo mucho y mezcladamente; pues yo no sé, quién lo sabe, mi caso me diga, y me sea dicho si estoy presente en el mundo.

VI. Buen estado tiene quien se puede deleitar viendo a la amada pues en su propio querer a todo amador no le falta un poco de esperanza y recibe deleite en mirar a su amada. De tales deleites no me gusta su compañía; muero de dolor cuando siento un buen amor, y me desvanezco cuando he de ver a mi amada pues su querer me produce alteración.

VII. Si en mis versos alguien ve contradicción, revuelto estoy en ira y buen querer; en dos momentos cada uno me tiene en su poder; ninguno de ellos todo para sí me puede llevar. Déjenme todos o venza el que sea o pase el tiempo mucho más apresuradamente; he

o pas lo temps molt pus cuytadament;
oït he dir que tot mal fa sa via, 55
si llonch espay de temps és atenyent.

VIII Veent Amor, ab dret yo li diria
que no·m ha dat mon ver mereiximent;
e de tot cert ell a mi respondria:
"No puch entrar qui no ha ·nteniment". 60

LXXI

I ¿Què·m ha calgut contemplar en Amor,
e bé sentir sos amagats secrets?
¿De mos treballs quins comptes me són fets?
¡Vanament he despesa ma dolor!
Tot lo meu seny, franch arbitre, l'he dat; 5
lo mèu jovent, servint ell, he despès;
fins a present no me'n só may reprès,
preant un mal per bé gran estimat.

II Un gran voler ha tengut mi cegat,
e, fins haver en vós esperiment, 10
molt he tardat en sentir lo que sent.
Enyor lo temps que no pot ser cobrat.
En tot aquest no·m puch d'Amor clamar,
sinó de vós a qui he bé volgut;
haveu-m· entès e mal guardó retut. 15
¿Qui és lo dolç que dona vol amar?

III Si ·nteniment ha volgut Déu mostrar
en don· al món, d'aquell no freturau;
sí Déus és ver, del meu no·us desaltau:
en calitat ab mi·us veig acordar. 20

---

55 *tot mal fa sa via*, refrán. En castellano: "Todo mal
acaba o se acaba".
1-3 En la ed. de Pagès aparecen signos de admiración
donde en la de Bohigas son de interrogación. Ambas

oído decir que todo mal desaparece si largo espacio de tiempo se alcanza.

VIII. Viendo a Amor, con razón yo le diría que no me ha dado mi verdadero merecimiento; y completamente seguro él me respondería: "No puedo entrar en quien no tiene entendimiento".

LXXI

I. ¿Qué me ha valido contemplar a Amor y sentir bien sus escondidos secretos? ¿De mis fatigas qué cuentas me han sido hechas? Vanamente he empleado mi dolor; todo mi seso, libre albedrío, le he dado. Mi juventud, sirviéndole, he derrochado. Hasta ahora no me siento nunca arrepentido, apreciando un mal por un bien muy estimado.

II. Un gran querer me ha tenido cegado y hasta tener experiencia con vos mucho he tardado en sentir lo que siento. Añoro el tiempo que no puede ser recuperado. De todo esto no puedo clamar a Amor, sino a vos, a quien bien he amado; me habéis comprendido pero he recibido mal galardón. ¿Quién es el dulce que mujer quiere amar?

III. Si entendimiento ha querido Dios mostrar al mundo en la mujer, de él no habéis menester; como hay Dios, no os desagradéis del mío: en cualidad conmigo os veo concordar. No puedo pensar que vues-

---

interpretaciones tienen sentido. Sigo el criterio de Bohigas.
4 Bohigas cambia la admiración de este verso, que figura en la de Pagès, por dos puntos.

Penssar no pusch que lo vostre voler
volgués may res per mi no fos complit,
e sia ·ntès ací aquell delit
que·ls amadors de carn han llur esper.

IV Aquell delit que l'arma pot haver 25
    en contentar en Amor sa gran part,
    per mon sentir regles n'he dat e art
    als amadors freturans de saber;
    e vós he vist exir de vostre seny,
    en mi prenint delit y en tot mon dir, 30
    e vèyeu clar aquell jamés fallir,
    ans mon voler en més que·ls dits ateny.

V   Si·l fort castell gent d'armes lo costreny,
    ¿com és segur lo burch sens mur ne vall?
    E si en vós la fermetat defall, 35
    no és al món algú d'açò no reny.
    ¿Com porà ·mar qui no és entenent?
    ¿Com serà ferm lo qui és tremolant?
    Vós entenent, ferma, vós variant,
    de tot dich ver, mas de ferma yo ment. 40

VI D'altres amors só més que penident,
    lo remembrar tinch en abusió;
    en cap orat he cerquada raó,
    y enteniment on Déu may no hu cossent.
    Lo bon voler cerquí, no sabent on; 45
    los apetits he trobat en molt lloch,
    durant aytant com lo veur· e lo toch,
    mas, yo absent, no, sí Déus me perdon.

VII ¡O amadors, recort-vos lo que fon
    de tots aquells qui primer són passats, 50
    los degradats casos d'amor estats

27-28 Sobre este considerarse superior o maestro, véase páginas 59-60.
43 Parece un refrán.

tra voluntad quisiera nunca cosa que por mí no fuera cumplida pero sea aquí entendido aquel deleite en el que los amadores carnales tienen su esperanza.

IV. De aquel deleite que el alma puede tener en contentar en amor su mayor parte, a mi parecer, las reglas he dado y arte a los amadores necesitados de saber; y he visto saliros de sí tomando en mí deleite y en todo lo que digo, y veis claro aquel jamás fallar, al contrario, mi querer alcanza aun más que los decires.

V. Si el fuerte castillo gente de armas lo fuerza ¿cómo está seguro el arrabal sin muro ni foso? Pues si en vos la firmeza falta no hay nadie en el mundo que no regañe de esto. ¿Cómo podrá amar quien no está experimentado? ¿Cómo estará firme quien está temblando? Vos con conocimiento, firme, vos variando, en todo digo la verdad, pero de firme yo miento.

VI. De otros amores estoy más que arrepentido, recordarlo tengo por abusión; en cabeza loca he buscado razón y entendimiento donde Dios nunca lo consiente. El buen amor busqué, no sabiendo dónde; los apetitos he encontrado en muchas partes, durando tanto como verlo y tocarlo, pero, yo ausente, no, así Dios me perdone.

VII. ¡Oh amadores, os recuerdo lo que fue de todos aquellos que primero han sido, los desastrados casos de amor ocurridos y los males tan grandes que

y els mals tan grans qu·en gestes escrits són!
Ressemblant és a fort pluja d'estiu,
portant remor de trons, mostrant rellamps,
y en poch espay los grans barranchs e camps 55
aygua no han que trameten al riu.

VIII ¿Quals són aquells amadors que yo viu
que de amor durable porten jou?
Fort voler, cech, molt poch durant, los mou,
ço que volran llur apetit desdiu; 60
puys res, en part, no toquen de virtut
e l'espirit part no té ·n sos delits:
veent, tocant, llurs desigs són complits
e tal voler és tost fart e vençut.

IX Qui en amor és ben apercebut, 65
sab que jamés dona tench voler ferm:
cor deshonest y enteniment enferm
los toll Amor e no l'han percebut.
Com res del món sens honestat no dur,
e delitar sens entendr· hom no pot, 70
e dones han poca part de tal dot,
Amor no pot en elles fer atur.

X L'animal brut serà molt pus segur
d'est apetit que dona no serà,
car solament en l'acte se mourà, 75
sentint aquell qui·n lo plaer l'adur.
Ella, penssant en algun passat cas,
mourà ·petit en fet luxuriós,
e son voler és aytant desijós
tant quant en ell més se adelitàs. 80

XI Puys en tal fet dona de tant sobràs
l'animal brut, membrant aquell abús,
raó d'amor pot muntar l'hom tant sus
que son voler d'amar no freturàs,

---

65 *apercebut*, provenzalismo, 'inteligente, avisado, hábil'.

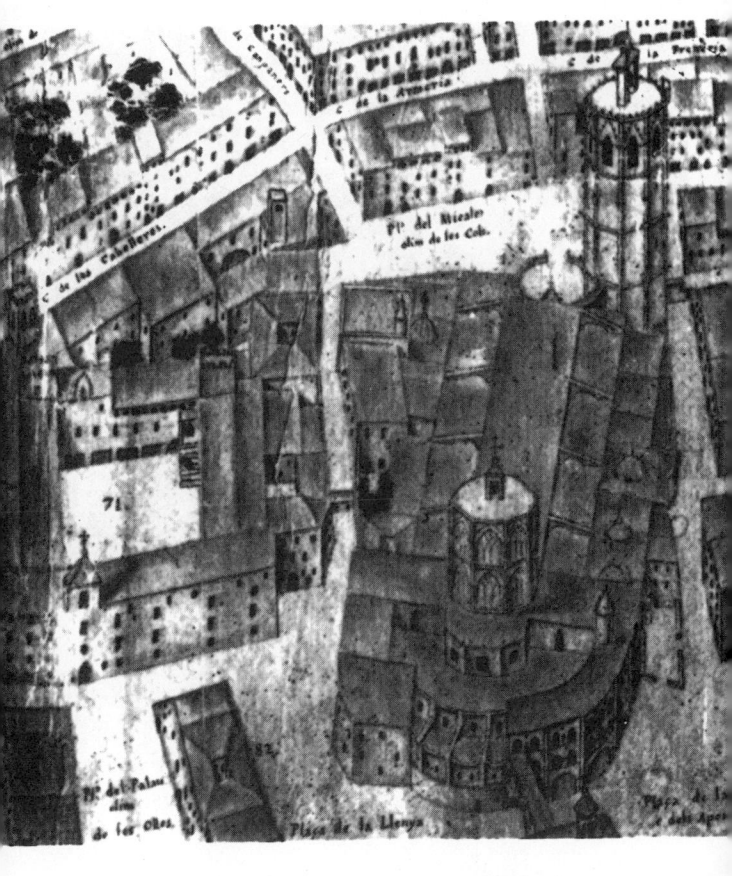

Aspecto parcial del barrio de la Catedral donde vivió el poeta
(Plano de Valencia del P. Tosca)

Calle de Cabillers según el plano de la ciudad de Valencia del Padre Tosca. Las casas de Ausias March se supone son las que se encuentran a la derecha del campanario

están escritos en las gestas! Semejante es a fuerte lluvia de verano, que trae zumbido de truenos, produciendo relámpagos, pero en poco tiempo los grandes barrancos y campos no tienen agua que llevar al río.

VIII. ¿Cuáles son aquellos amadores que yo vi que yugo llevan de amor durable? Gran querer, ciego, muy poco duradero, les mueve, lo que querrán desdice su apetito; pues no les acerca, en nada, a la virtud y el espíritu no participa en sus deleites: viendo, tocando están colmados sus deleites y tal querer pronto está saciado y vencido.

IX. Quien en amor es muy avisado sabe que jamás la mujer tiene un querer firme: corazón deshonesto y entendimiento sin firmeza las aparta del Amor pues no lo han percibido. Como nada en el mundo sin honestidad dura, pues nadie sin entender puede deleitarse, y las mujeres tienen poca parte en tal dote, Amor no puede tener en ellas duración.

X. El animal irracional estará mucho más seguro de este apetito que lo estará la mujer, porque solamente por el acto se moverá, sintiendo el que al placer le lleva; ella, pensando en algún caso pasado, moverá el apetito hacia hecho lujurioso, pues su voluntad está tan deseosa tanto cuanto en él más se deleitó.

XI. Pues en tal hecho la mujer tanto sobrepasa al animal irracional, recordando aquel abuso, la razón amorosa puede elevar al hombre tan alto que su querer amoroso no precisará, imaginando tales dichos, con-

forjant tals dits, continences e fets 85
que l'espirit perfet amor concep,
e tals que·l cors jau en cadena y cep,
sí qu· és ben dit ells en amar perfets.

XII Per honestat dona no tench estrets
los seus volers, que aquells no complís, 90
mas per haver por que, si·n ells fallís,
no rebés dan o menyspreu ser-li fets.
Gloriejar en llur ben fet en sé
los és defès: tals les ha fetes Déu;
lo prim motiu és lo maestre seu, 95
e cor pauruch, d'on bé, si han, los ve.

XIII Graesch a Déu faent-me tant de bé
que mon voler no·s delita ·n llur cor,
hoc en lo cors, e no·m dupte que·n plor,
car per son preu yo só cert que·n hauré. 100
Llur cap no val, perquè no hy ha cervell,
tot l'àls és bo segons a què serveix:
linatge d'hom, mijançant elles, creix;
llur ésser fon per aumentar aquell.

XIV Maldich lo temps que fuy menys de consell, 105
dones amant més que a mi mateix;
ama-les tal qui bé no les coneix,
e yo·m confés que fuy lo foll aquell.

LXXII

I Paor no·m sent que sobreslaus me vença,
lloant Aquell qui totes llengües lloen,
guardant honor a ·quell eternal ésser

---

95 *lo prim motiu,* el instinto sexual.
1 *sobreslaus* o *sobrelaus,* provenzalismo, 'alabanza exagerada', canto ditirámbico En *Leys d'Amor* se censura estos cantos si no van dirigidos a Dios o a la Virgen, en cuyo caso toda alabanza es corta.

tingencias y hechos, que el espíritu concibe el amor perfecto, y tales que el cuerpo se encuentra con cadena y cepo, así que está bien dicho que ellos en amar son perfectos.

XII. Por honestidad la mujer no tiene austeras sus voluntades, pues aquéllas no cumple, sino para tener por qué, si en ellas falta, no recibe daño o menosprecio se le haga. Glorificar en sí su acción buena les está privado: tales las ha hecho Dios; el instituto primario es su maestro, y el corazón temeroso, de donde el bien, si tienen, les viene.

XIII. Agradezco a Dios, haciéndome tanto bien, que mi querer no se deleita en su corazón, sí en el cuerpo, y no dudo que con lloro, porque su precio estoy cierto que lo tendré. Su cabeza no vale, porque no hay cerebro, lo demás es bueno según para lo que sirve: el linaje del hombre, mediando ellas, crece; su existencia fue para aumentarlo.

XIV. Maldigo el tiempo que estuve falto de consejo, amando a las mujeres más que a mí mismo; ámelas quien bien no las conoce y yo me acuso que fui aquel loco.

LXXII

I. Pavor no siento de que el ditirambo me venza alabando a Aquel que todas las lenguas loan, guardando honor a aquel eternal ser donde en Él toda

on tota res   en Ell és pus perfeta
que·n si no és,   obrant, quan pot, natura;   5
ans he paor   que mon parlar no cumpla
en publicar   part de sa justa fama,
tal com requer   y els mèrits seus l'atracen.

II L'hom envejós   son ofici reposa,
car d'egualtat   ab Ell negú pareja;   10
en Ell penssant,   cascú si justifica,
tallant de si   l'amor a sa persona.
Tant són en ell   les virtuts manifestes,
qu· és d'ira cech   l'hom qui bé no les veja:
per los migs va,   qu·en los estrems no toca.   15
En temps dels déus,   en vida, l'adoraren.

III E Déus, veen   la perllongada honta
que·ls grans senyors   encontra d'Ell cometen,
tenints ab fraus   e tiranes maneres
les parts del món,   los pochs e gran realmes,   20
ha dat voler   al justificat Home
qu·en breu espay   haja la monarchia.
Clar lo nomèn   ab aquest· altra ·nsenya:
com de tot cert   és dels hòmens pus savi.

IV Per ço que mills   a totes gents se mostre,   25
mostrant-l' a ·quells   qui vaques e bochs guarden,
Ell és Aquell   qui·n sa joventut tendra
sobrà ·n aquells   qui saviesa colen,
e, despocat   de nombre de gent d'armes,
les multituts   d'aquelles ha fet retre.   30
Tot quant pot fer   virtut de fortalesa
dins un cos d'hom,   en lo seu ho demostra.

13-15 La influencia aristotélica de que el medio se encuentra la virtud, es opinión muy tenida en cuenta por Ausias March, XXXII, 26-28; CVII, 77; CXIII, 23.

cosa es más perfecta que no es en sí, obrando, cuanto puede, la naturaleza; al contrario tengo pavor que mi hablar no cumpla en proclamar parte de su justa fama, tal como requiere y sus méritos lo causan.

II. El hombre envidioso su oficio reposa porque nadie con Él en igualdad se parece; pensando en Él cada uno se justifica, separando de sí el amor a su persona. Las virtudes tanto se manifiestan en Él, que es ciego de ira el hombre que bien no las vea: por los medios va pues los extremos no toca. En tiempos de los dioses, en vida, lo adoraron.

III. Y Dios, viendo la prolongada afrenta que los grandes señores contra Él cometen, teniendo con fraudes y tiranas maneras las partes del mundo, los pequeños y grandes reinos, ha dado potencia al justificado Hombre para que en breve espacio haya monarquía. Claro lo dice en esta otra demostración: como del todo cierto es el más sabio de los hombres.

IV. Por eso para que mejor a todas las gentes se muestre, mostrándola a aquellos que guardan vacas y machos cabríos, Él es Aquel que en su tierna juventud excedió en sabiduría a aquellos que la cultivan, y sin número de gente de armas ha hecho rendir multitudes de aquéllas. Todo cuanto la virtud de fortaleza puede hacer dentro de un cuerpo de hombre, el suyo lo demuestra.

---

21 *justificat Home*, Cristo.
27-28 El asombro que causó el niño Jesús a los doctores en el templo. *San Lucas*, II, 46-47.

v En gran defalt   és lo món de poetes
   per enbellir   los fets dels qui bé obren;
   nós freturants   de bella eloqüença,   35
   l'orella d'hom   afalach no pot rebre.
   D'aquest valent   una gran trompa sona
   que·ls indians   ab un poch no exorda;
   oen-l' aquells   qui són a Tremuntana
   y els de Ponent   e de Llevant los pobles.   40

vi Foll és aquell   qui fa juí ·n los hòmens,
   segons que d'ells   la Fortuna ordena;
   aquells afers   que no són en l'arbitre,
   colpa no hy cau   si vénen per contrari.

LXXIII

i No pens algú   que·m' allarch en paraules
   e que mos fets   ab los dits enferesca,
   ans prech a Déu   que de present peresca,
   si mon parlar   atany en res a faules.
   Mos fets d'amor   ab los romans acorden,   5
   que foren més   que los escrits no posen.
   Cells qui d'amor   en lo mal se reposen,
   en creure mi,   consciences no·ls morden.

ii Sens amor són   aquells c· ab mi discorden
   e la dolor   de amor temoregen,   10
   e quant hi són,   exir d'ella cobejen
   e per tots temps   de si mateys recorden.
   Poch és amant   qui dolor lo turmenta,

33-36 Los poetas son los que pueden dar inmortalidad de
   los hechos. Juan de Mena también se queja de falta
   de poetas:

> *las grandes fazañas de nuestros mayores,*
> *la mucha costançia de quien los más ama,*
> *yaze en tinieblas, dormida su fama,*
> *dañada de olvido por falta de auctores.*

v. En gran falta está el mundo de poetas para embellecer los hechos de los que obran bien; nosotros careciendo de la bella elocuencia, el oído del hombre el halago no puede recibir. De este valiente suena una gran trompa que a los indios con un poco no ensordece; óyenla los que están en Tramontana y los pueblos de Poniente y de Levante.

vi. Loco es aquel que hace juicio de los hombres, según lo que la Fortuna ordena en ellos; en aquellas acciones que no son libres, la culpa no les corresponde, si vienen impuestas.

LXXIII

i. Nadie piense que me extiendo en palabras y que encarezca mis hechos con los versos, antes ruego a Dios que muera en seguida si mi hablar atañe en lo más mínimo a fábulas. Mis hechos amorosos concuerdan con los romanos, que fueron más de los que ponen los escritos. Aquellos que reposan en el mal amoroso, no les remuerdan las conciencias al creerme.

ii. Sin amor están aquellos que discrepan de mí y temen el dolor amoroso, y cuando allí se encuentran desean salir de él y siempre de sí mismos se acuerdan. Poco amante es quien el dolor le atormenta, así qui-

---

María Rosa Lida, *Juan de Mena, poeta del prerrenacimiento español*. Méjico, 1950, p. 537. También de la misma autora, *La idea de la fama en la Edad Media castellana y sus antecedentes*. Méjico, 1952.
5 Pagés (*Auzias March*, pp. 60 y 230) opina que en este verso se alude a las novelas caballerescas. Por su parte, Bohigas (*Poesies*), cree que se refiere "al poble de Roma, els fets del qual, d'igual manera que els amors del poeta, són superior al que sobre ells hom havia escrit".

sí que volgués   menyscabar de aquella;
dins la dolor   és una maravella   15
que no sé com   lo delit s'hi presenta.

III Dolor d'amor   a mi tant no turmenta
qu· exir volgués   de son amargós terme,
e si devant   me veig d'absença verme
e lo conhort   contr· amor dant empenta,   20
yo·m dolch en tant   de guarir de la plaga
que cerch verins   per què lo conhort muyra,
y en gran delit   mon cor jamés abuyra
fins que·n amor   ma penssa està vaga.

IV Un gran delit   als amadors s'amaga,   25
a tots aquells   que·n molt· amor no vénen:
en llur voler   delit d'amor no prenen,
no senten bé,   si esper no·ls falaga.
No és al món   tan gran delit de penssa
com lo penssar   en la persson· amada,   30
e qui l'ateny,   tota caus· oblidada,
sí que a si   no troba mentre hy penssa.

V Tèbeu voler   delit d'amor defenssa;
los estrems han   de bé complit semblança:
lo poch voler   no ha por ne sperança,   35
rebre no pot   gran bé ne molt· ofenssa;
e l'alt estrem   ell si mateix delita:
no recordant,   del bé venint espera.
Cascú d'aquests   ha la sua carrera,
e lo del mig   no sab on se habita.   40

VI Yo só aquell   servent qui no despita,
si no ateny   del servey conexença:
tot és aquell   on ha sa benvolença
y en son voler   tot lo seu habilita.
Tant en amor   ma penssa ·n alt grau munta   45
que m·arma és   dins en lo cors que ama,
e só content   de qualsevulla fama:
en res de mi   voluntat he defunta.

siera disminuirlo: es una maravilla el dolor interior y no sé cómo el deleite se presenta.

III. El dolor amoroso tanto no me atormenta que quisiera salir de su término amargo y si delante de mí veo el gusano de la ausencia y el confortamiento dando empujón contra el amor, me duelo tanto de sanar de la llaga que busco ponzoñas para que muera el confortamiento y mi corazón nunca rebosa en el gran deleite hasta que mi pensamiento vaga en el amor.

IV. Un gran deleite se oculta a los amadores, a todos aquellos que no alcanzan mucho amor; no logran, en su querer, deleite amoroso, no sienten bien si la esperanza no les halaga. No hay en el mundo tan gran deleite de pensamiento como pensar en la persona amada, y quien lo alcanza, toda otra cosa tiene olvidada, así que, mientras en ello piensa, no se encuentra a sí.

V. El tibio querer prohíbe el deleite amoroso; los extremos tienen apariencia completa de bien. El poco querer no tiene miedo ni esperanza, no puede recibir gran bien ni mucha ofensa, mientras el gozoso extremo él, en sí mismo, se deleita; no recordando, espera el bien futuro. Cada uno de estos [quereres] tiene su camino y el del medio no se sabe dónde se encuentra.

VI. Yo soy aquel sirviente que no está despechado si no alcanza reconocimiento de su servicio: todo está en aquel que tiene su bienquerencia y en su querer todo el suyo habilita. A tan alto grado amoroso se eleva mi pensamiento que mi alma está dentro del cuerpo que ama, y estoy contento de cualquier fama: en nada tengo muerta mi voluntad.

VII Dins si mateix   veu gran glòria junta
     qui de amor   bé ne mal no espera,   50
     altre amant   ab voluntat sancera,
     per ses virtuts,   sens passió conjunta.
     Nostr· esperit   sols béns e virtuts guarda
     quant solament   usa de sa natura,
     amant per si   aquella creatura   55
     que les virtuts   als vicis li són guarda.

VIII Llir entre carts,   qui d'amor se pren guarda,
     tres parts se'n fan,   dues seguint natura:
     la una mor,   e l'altra tostemps dura,
     la terça és   que fals apetit guarda.   60

LXXIV

I   Als fats coman   tot quant serà de mi,
    puys só estolt   de ma elecció;
    mon seny és mort,   a qui Déu no perdó,
    puys al començ   del tot me derrenclí.
    Ja no és temps   tenir frens al voler,   5
    malalta és   ma bona voluntat,
    e vaig en lloch   on no vull ser portat:
    só descontent   de tot quant pusca fer.

II Sí com al hom   no li basta poder,
    paralitich,   quant és en peus llevat,   10
    anar al lloch   on vol ésser anat,
    ans cau o tort   va contra son mester,
    ne pren a mi   que faç lo que no·m plau
    y aquell voler   de la raó ·s vençut,
    e si·l complach   mon delit és perdut,   15
    per què sens cor   faç quant de mi vejau.

III Sí com als vents   és donada la nau,
    mentr· és debat   als mariners vengut,
    lladonchs la nau   son camí ha tengut

vii. Dentro de sí mismo ve junta gran gloria quien no espera ni bien ni mal amoroso, amando a otro con voluntad entera, por sus virtudes, sin unida pasión. Nuestro espíritu sólo mira bienes y virtudes cuando solamente usa de su natura, amando por sí a aquella criatura a la cual las virtudes la guardan de los vicios.

viii. Lirio entre cardos, quien toma consideración del amor, en tres partes se hacen, dos que siguen natura: una muere, la otra dura siempre, la tercera es la que mira el falso apetito.

LXXIV

i. A los hados encomiendo todo cuanto será de mí, pues estoy privado de mi elección; mi seso está muerto, al que Dios no perdonó, pues al comienzo me abandoné del todo. Ya no es tiempo de tener frenos para el querer, enferma está mi buena voluntad, y voy al lugar donde no quiero ser llevado; estoy descontento de todo cuanto pueda hacer.

ii. Así como al hombre paralítico no le basta el poder, cuando está levantado de pie, para ir al lugar donde quiere llegar, antes cae o va torcido contra su menester, me ocurre a mí que hago lo que no me gusta pues la voluntad está vencida por la razón, y si la complazco mi deleite está perdido, porque sin corazón cuanto hago de mí veis.

iii. Así como la nave a los vientos es entregada, mientras la lucha comienza entre los marineros entonces la nave su camino ha hecho tal como iba antes de

per senya tal   qual ans del contrast jau,   20
ne pren a mi,   car mon enteniment
ha gran debat   ab lo voler del cos;
determenar   llur debat clar no gos,
proejant lo temps,   l'apetit vaig siguent.

IV Passà lo temps   que fuy d'Amor content,   25
    si bé tostemps   sentí ses grans dolors,
    mescladament   dolçós ab amargors:
    creya rey ser,   veent-me d'ell sirvent.
    Yo fuy content   de sos mals sens los béns,
    per bé que·l mal   sens bé no pot venir,   30
    mas yo amprench   per ell més que morir:
    malament viu   qui·n mal fer no té frens.

V   ¡O tu, Amor,   qui ton poder m'estens
    axí fortment   que no·t puch resistir,
    ix fora mi,   puys en plaer no gir   35
    ma voluntat   a fer tos manaments!
    ¡Vulles haver   encontra mi ergull!
    ¡Llexa vasall   qui no·t vol per senyor!
    ¿Quin moviment   vença aquesta dolor,
    fent-me jaquir   ben fer, de qui·m despull?   40

VI Aquest meu fet   bona fi no l'acull,
    e lo present   és ple de gran tristor;
    aquesta ve   del dan avenidor
    que de present   lo tinch davant mon ull.
    Yo·l soferré   si, ab cor molt ardit   45
    la que yo am   per mi passa lo mal,
    sens penedir   qui·s penit grat no val;
    lladonchs la mort   no·m serà sens delit.

VII Llir entre carts,   gran és lo meu delit
    mentre no pens   lo que poríeu fer;   50
    tot act· és prop   de lla on és poder,
    si al voler   governa l'apetit.

35 *ix fora,* pleonasmo.

la disputa, me ocurre a mí porque mi entendimiento tiene gran lucha contra el amor corporal: determinar no oso su claro debate, yendo con viento, el apetito voy siguiendo.

IV. Pasó el tiempo en que estuve contento de Amor, si bien siempre sentí sus grandes dolores, mezcladamente dulzuras y amarguras: creía ser rey, viéndome su servidor; yo estuve contento con sus males sin los bienes, aunque el mal sin el bien no puede venir, pero yo solicito de él más que morir: malamente vive quien en el mal hacer no tiene frenos.

V. ¡Oh tú, Amor, que tu poder me extiendes fuertemente así que no te puedo resistir: sal fuera de mí, pues en el placer no cambio mi voluntad para hacer tus mandamientos! ¡Quieras tener orgullo contra mí! ¡Deja al vasallo que no te quiere por señor! ¿Qué impulso vence este dolor, haciéndome dejar el bien hacer, de quien me despoja?

VI. A este hecho mío buen fin no le alcanza pues el presente está lleno de gran tristeza; ésta viene del daño venidero que ahora lo tengo ante mis ojos. Yo lo sufriré, con el corazón muy animoso, si la que yo amo pasa el mal por mí, sin arrepentirse (quien está arrepentido de grado no vale) entonces la muerte no me será sin deleite.

VII. Lirio entre cardos, grande es mi deleite mientras no pienso lo que me podríais hacer; toda acción está cerca de allá donde está el poder, si a la voluntad gobierna el apetito.

LXXV

I
¿Qui és aquell qui en Amor contemple
com yo qui sent sos delits on abasten?
¿Qui són aquells qui dolç· amargor tasten,
e, juntes mans, l'adoren fora temple?
Yo só tot sol a qui natura streny 5
a no poder àls fer ne pus entendre
sinó amar, e, volent-me'n defendre,
no·m vol seguir a res àls fer null seny.

II
Si·m don solaç, creeu ferm que yo·l feny,
si no hy acull Amor al delit pendre; 10
les potestats del Cel han volgut vendre
e fer catiu de mon voler lo seny.
No·m rept· algú, car tots veig solaçar,
segons cascú sa qualitat requer;
qui·n aquest món honor vol e diner, 15
tinga's esment, ja té causa d'errar.

III
Lo temps dels déus se vol ara mostrar,
car dintre si un déu cascú vol fer,
e dels desigs on corre lo voler,
solemnes déus a tots veig adorar; 20
e sobre tots Venus és mils servida,
car nostra carn no coneix altre déu.
Bacus, en part, sa favor no l'és greu;
Ceres, muller, no n'és enfellonida.

IV
Juno del món té una gran partida; 25
diu que deu ser pus colt·' al juí seu.

20 *Venus,* diosa de la belleza, madre del amor, reina de la risa, dueña de las gracias y de los placeres y patrona de las cortesanas.
23 *Bacus,* dios del vino y de los bebedores. Casó con Ariadna después de que fue abandonada por Teseo en la isla de Naxos.
24 *Ceres,* diosa de la mies y de las cosechas. De su unión con su hermano Júpiter nació Proserpina, reina de los

LXXV

I. ¿Quién es aquel que contemple a Amor como yo, que sienta que sean suficientes sus deleites? ¿Quiénes son aquellos que la dulce amargura prueban y, manos unidas, le adoran fuera del templo? Yo soy completamente solo a quien natura restringe a no poder hacer otra cosa ni entender sino a amar, y, queriéndome defender, no me quiere seguir ningún sentido a hacer otra cosa.

II. Si me da solaz, cree firmemente que yo le burlo, que acojo Amor para tomar deleite. Las potestades del Cielo han querido vender y hacer cautivo el sentido de mi querer. No me censure nadie porque a todos veo solazarse, cada uno según su cualidad requiere; quien en este mundo quiere honor y dinero, que lo tenga presente: ya tiene causa equivocada.

III. El tiempo de los dioses se quiere ahora mostrar, ya que dentro de sí un dios cada uno quiere hacer, pues por donde corre la voluntad de los deseos, solemnes dioses a todos veo adorar; y sobre todos Venus es la mejor servida porque nuestra carne no conoce otro dios. Baco, en parte, su favor no le es desabrido; Ceres, su mujer, no es enojada.

IV. Juno tiene una gran parte del mundo, dice que debe ser más venerada, en su opinión. Saturno y

---

infiernos por ser mujer de Plutón, que la había raptado. Tuvo por hijas a las Furias.
25 *Juno,* hermana de Júpiter, con quien casó por lo que se convirtió en la reina de los dioses y señora del cielo y de la tierra.

Saturn e Mars no torben sa gran veu;
a llur poder Juno y Venus dan mida.
Mas Venus diu: —Yo són rey natural,
ab alguns déus, senyors jus mi sients; 30
per mi són bons e per si no valents;
los altres han poder accidental.—

v Mercuriús e Pal·las veu no·ls cal,
desfalagant l'orella del oent;
Diana és de favor menys potent; 35
mas en lo món Déu los ha dat cabal:
que llur gran nom pel món és preÿcat,
e totes gens d'aquestes manen festa:
colta no és, car de cascú no·ls resta
sinó un troç de carn dins dens tancat. 40

vi En gran discort està lo món possat.
Venus del món se trau la fina llesta;
tot home bo en son hostal se resta,
e val-se poch qui no hy és albergat.
Juno té gent en dues parts gitada: 45
prop de la mort, cobejosa de viure;
altres, que veig, de baix estat delliure,
fam· atenyents ab lleig vici guanyada.

vii Ceres, quant és a Venus ordenada,
e son marit, qui Bacus se fa scriure, 50
als peus del déu Venus se deuen siure;
stants per si, llur secta ·s difamada,
car, no guardant a Venus reverença,
són menyspreats en lo món e maldits;

---

27 *Saturn,* padre de Júpiter, famoso como devorador de sus hijos por la promesa que había hecho a Titán. Destronado por su hijo Júpiter, se refugió en el Lacio donde hizo florecer la paz y la abundancia y enseñó la agricultura. Este período de su vida se ha considerado como edad de oro.
Mars, hijo de Júpiter y Juno, dios de la guerra.
29 *rey natural,* soberano, dueño por derecho.

Marte no turban su gran voz [la de Juno]; a su poder dan medida Juno y Venus. Pero Venus dice: —Yo soy reina natural de algunos dioses, señores que debajo de mí se sientan; por mí son buenos y no valientes de por sí; los otros tienen poder accidental.

v. A Mercurio y a Palas la voz no les precisa, desagradando la oreja del oyente; Diana es menos potente de favor; mas en el mundo Dios les ha dado caudal: que su gran nombre es predicado por el mundo y de éstos todas las gentes hacen fiesta: solemnizada no es, porque no les queda de cada uno sino un trozo de carne dentro de los cerrados dientes.

vi. En gran discordia está puesto el mundo, Venus saca la fina tela del mundo; todo hombre bueno en su hostal permanece pues poco se vale quien no está allí albergado. Juno tiene gente en dos partes echada: cerca de la muerte, deseosa de vivir: otras, que veo, de bajo estado libre, alcanzando fama ganada con feo vicio.

vii. Ceres, cuando está a Venus ordenada, y su marido, que Baco se hace escribir, a los pies de la diosa Venus deben sentarse; estando por sí su secta difamada porque, no guardando a Venus reverencia, en el mundo son despreciados y malditos; el animal irra-

---

33 *Mercuriús,* con acentuación aguda como en provenzal, dios del comercio, de la elocuencia y de los ladrones. *Pal·las,* uno de los nombres dados a Minerva, diosa de la sabiduría, de la guerra y de todas las artes liberales.
35 *Diana,* diosa de la caza. Obtuvo permiso de su padre Júpiter para permanecer soltera. Los dolores que vio sufrir a su madre en un parto le llevó a aborrecer el matrimonio.
43 *hostal de Venus,* lugar de placer.

l'animal brut no·n vol estrems delits,   55
e lo cors d'hom ne passa penitença.

VIII Saturn e Mars per si no han potença,
mas per dos déus són estrem favorits:
guardant honor a Venus són servits,
e per haver a Juno ·n reverença.   60
Mars a Saturn humilment obeeix,
e l'obeir entr· ells molt se cambia.
De Pal·las yo parlar gens no volria
de son estat, car pietat me'n creix.

IX L'imperfet hom a Diana serveix   65
e tots aquells on la vida ·s devia,
car Venus ha tan dolça parleria,
que tot voler a si lo redueix.
Los públichs prechs s'endrecen a Diana,
la voluntat és de Venus entrega;   70
al temple seu, si·l jorn clar fos nit cega,
los grans barranchs foren carrera plana.

X Aquelles gents ab la pensa molt vana
que ab raó jamés en pau ne brega,
per llur cor flach, de vergonya fan plega,   75
qui·lls met un fre donant-los vida sana;
e si lo giny de Venus romp tal fre,
saben-li grat com axí ·s veen soltes,
qu·en son servir no·s mostren ser enboltes,
fent-li present del millor de llur bé.   80

XI En lo començ, por e Diana·ls té,
mas si lo vel d'ignorants les ha toltes,
Venus colents, Març e Saturn a voltes,
entre llurs peus Diana va e ve.
Lladonchs en fet colen Venus deessa,   85

---

74 Bohigas, en su ed., ha preferido la variante de los mss. A, B, D, E y las ediciones. Así *q. a. r. j. han p. n. b.*

cional no quiere deleites extremos, y el cuerpo del hombre pasa penitencia.

VIII. Saturno y Marte de por sí no tienen potencia pero por dos dioses son extremadamente favorecidos: observando honor a Venus son servidos y por tener a Juno reverencia. Marte a Saturno humildemente obedece, pero el obedecer mucho se cambia entre ellos. De Palas, yo no querría nada hablar de su estado porque la piedad me crece.

IX. El hombre imperfecto sirve a Diana y todos aquellos donde la vida se desvía, porque Venus tiene tan dulce palabrería que toda voluntad hacia sí la reduce. Los ruegos públicos se dirigen a Diana, la voluntad se entrega a Venus: al templo suyo, si el claro día fuese noche ciega, los grandes barrancos fueran camino llano.

X. Aquellas gentes con el pensamiento muy vano que con la razón jamás tienen paz ni brega por su flaco corazón, hacen cosecha de vergüenza que les pone un freno dándoles vida sana; pero si el ingenio de Venus rompe tal freno, contentamiento les da cuando así se ven libres, pues en su servicio no se muestran estar envueltos, haciéndole presente del mejor de su bien.

XI. En el comienzo, el miedo y Diana los tiene, pero si el velo de ignorantes les ha quitado, honrando a Venus, Marte y Saturno a veces, entre sus pies Diana va y viene. Entonces de hecho honran a la diosa Venus, cuidando tener la batalla muy justa contra

cuydant haver la batalla molt justa
contra tot hom, qui del cas l'ajusta,
e per tots temps por e vergonya cessa.

XII Senyal de bé en tota dona cessa,
com dins son cor vergonya no s'ajusta; 90
y al savi hom és vici qui·l asusta:
la raó pert, qui és en ell princessa.

LXXVI

I ¿On és lo lloch on ma penssa repose?
¿On serà, on, que mon voler contente?
Ab escandall yo cerch tot fons e tente,
e port no trob on aturar-me gose.
Lo que dabans de tot vent me guardava 5
és envers mi cruel plaja deserta;
vagabunt vaig la casa qui m'és certa;
treball és gran en part on yo vagava.

II ¿On és aquell delit, quan yo pensava
ésser amat de la qui·m entenia? 10
Tot mon voler y el seu no·m defenia
d'amar, en tant com son poder bastava.
Tots los senyals c· amor donen entendre,
en ella viu, no tolent-ne la obra.
¿Qui és aquell qu·en amor tant descobra, 15
que no·n pogués d'ella sentiment pendre?

III Ja res del món dolor no·m pot defendre,
perdut és ja tot lo goig de mon viure,

---

87 Tanto Pagès como Bohigas han preferido en sus ediciones la variante del ms. K, que tiene el posible castellanismo *asusta*, frente a la variante de los otros mss. y ediciones que ofrecen *afusta* (D, E, F, G², II, III, IV, V) y *affusta* (A), 'fustiga, tacha'. Pere Ramírez (*La poesia d'Ausiàs March*, pp. 57-58) rechaza el texto propuesto por Pagès y Bohigas y firmemente se inclina,

todos que del caso les recrimina, y para siempre el miedo y la vergüenza cesa.

XII. La señal de bien en toda mujer cesa cuando dentro de su corazón no se ajusta la vergüenza; y al hombre sabio es vicio que le asusta: la razón pierde, que es en él princesa.

LXXVI

I. ¿Dónde está el lugar donde mi pensamiento repose? ¿Dónde será, dónde, que mi querer contente? Con escandallo yo busco todos los fondos y los tientos, pero no encuentro puerto donde ose detenerme. Lo que, antes, me guardaba de todo viento es para mí cruel playa desierta; vagabundo voy a la casa que me es segura; trabajo es grande en la parte donde yo vagaba.

II. ¿Dónde está aquel deleite, cuando yo pensaba ser amado de la que me entendía? Todo mi querer y el suyo no me defendía de amar tanto como su poder bastaba. Todas las señales dan a entender que amor en ella vive, no evitando su obra. ¿Quién es aquel que en amor tanto descubra que no pueda de él tomar sentimiento?

III. Ya nada del mundo me podrá defender del dolor, ya está perdido todo el gozo de mi vivir, a mis

---

creo que con razón, por el de la casi totalidad de los mss. y ediciones. Sigo el parecer de Ramírez y modifico el de los citados editores.
90 También propone Ramírez que *asusta* sea reemplazado por *afusta,* sin embargo, como ofrece cierta dificultad en esta modificación, sigo a Pagès y a Bohigas.

a mos amichs   de tristor puch escriure,
no·m basta temps   a poder-me'n rependre. 20
Tant la tristor   ha falagat ma penssa,
que tot m'és trist   quant puch oir ne veure,
tant que m'és greu   que yo vinga en creure
que a tristor   yo pusc haver defenssa.

IV Puys que Amor   ab lo cor ferm dispensa 25
que sos delits   follament los espere,
e per açò   del món me desespere,
car sens amor   tot delit m'és ofenssa,
l'arma coman   a Déu, lo qui l'ha feta,
llexant lo cors   desastruch per mal astre, 30
ja no li plau   de sos volers lo rastre,
puys ab dolor   viu per ell, no discreta.

V Sí com l'hom vell,   qui·n son temps vid· ha feta
sats plaentment   en algun· art apresa,
e per fort cas   aquella l'és defesa 35
no sab en què   son giny de viure meta,
ne pren a mi   que no sé com me visca,
perquè d'Amor   me veig tancada porta,
ne sé pus fer,   ne·l voler me comporta
que d'aquest ús   per altre yo·m desisca. 40

VI O foll· Amor,   malament se arrisca
qui per virtuts   vol amar nulla dona;
sa calitat   y el lloch la fan ser bona,
car en raó,   ¿qual serà la que·hy visca?

LXXVII

I No pot mostrar   lo món menys pietat
com en present   desobre mi pareix:
tot· amor fall,   sinó a si mateix;

3 Bohigas sigue la variante de A, D, E, H, I, II, III, IV, V, *mateix*, que también seguimos nosotros. En los mss. B, G¹, *matex*.

amigos de tristeza puedo escribir, no me basta tiempo para poderme reprender. Tanto la tristeza ha halagado mi pensamiento, que todo me es triste cuanto puedo oír o ver, tanto que me es desabrido que yo llegue a creer que de la tristeza yo pueda tener defensa.

IV. Pues que Amor con el corazón firme dispensa que sus deleites locamente los espere y por eso del mundo me desespere, porque sin amor todo deleite me es ofensa, el alma encomiendo a Dios, quien la ha hecho, dejando el cuerpo desdichado, por mala estrella; ya no le place el rastro de sus quereres, pues con dolor vive por él, no discreto.

V. Así como el anciano que en su tiempo ha hecho vida asaz apaciblemente en algún arte aprendido pero por gran motivo aquel le es prohibido (no sabe en qué poner su destreza para vivir) me ocurre a mí que no sé cómo viva porque me veo cerrada la puerta de Amor, no sé hacer más, ni el querer me comporta que de este uso, por otro, yo desista.

VI. ¡Oh loco Amor!, malamente se arriesga quien por virtudes quiere amar a alguna mujer. Su calidad y el lugar la hacen ser buena, porque, con razón, ¿cuál es la que allí viva?

LXXVII

I. El mundo no puede mostrar menor piedad como la que ahora sobre mí se muestra. Todo amor falla, excepto el de sí mismo; todo el mundo está

d'enveja és   tot lo món conquistat.
Hom sens afany   no vol fer algun bé: 5
¿com lo farà   contra si, ab gran cost?
Cascun cor d'hom   yo veig pus dur que post;
algú no·s dol   si altre null mal té.

II Lo qui no sab,   no pot haver mercè
d'aquell qui jau   en turment e dolor;   10
donchs yo perdon   a cascú de bon cor,
si no són plant   del que mon cor sosté.
Secretament,   ab no costumat mal,
ventura ·m fa   sa desfavor sentir;
d'Amor no·m clam,   si bé ·m port· a morir;   15
bé y mal penssats,   yo·n reste cominal.

III Altre socors   de vostr· amor no·m val
sinó que·ls ulls   me demostren voler,
ne res pus cert   de vós no puch saber,
ans si més cerch,   per ser content no·m cal.   20
Yo veig molt hom   sens amar ser amat,
y el mentidor   tant com vol és cregut;
e yo d'Amor   me trob axí vençut,
que dir no pusch   quant só enamorat.

IV Amor, Amor,   un hàbit m'he tallat   25
de vostre drap,   vestint-me l'espirit;
en lo vestir,   ample molt l'he sentit,
e fort estret,   quant sobre mi ·s posat.

LXXVIII

I No guart avant   ne membre lo passat:
un punt estret   guarda mon pensament;
no guart la fi,   tenint mon seny torbat

9-12 Para la relación de estos versos con Fray Luis de
León, véase Rafael Ferreres, "La influencia de Ausias
March en algunos poetas del Siglo de Oro" en *Estudios
sobre literatura y arte dedicados al profesor Emilio*

conquistado por la envidia; si el hombre, sin afán, no quiere hacer ningún bien, ¿cómo lo hará a gran costa de sí? El corazón del hombre lo veo más duro que un madero: nadie se duele si otro tiene algún mal.

II. Quien no lo sabe, no puede tener piedad de aquel que cae en tormento y dolor; entonces yo perdono a todos sinceramente si no soy compadecido por lo que sufre mi corazón. Secretamente, con mal no acostumbrado, Ventura me hace sentir su disfavor; no clamo contra Amor, si bien me lleva a morir; bienes y males pasados, yo me mantengo indiferente.

III. Ningún auxilio me vale de vuestro amor, sino que vuestros ojos me demuestren querer, ni nada más cierto puedo saber de vos, antes, para estar contento no me es necesario buscar más. Yo veo a muchos hombres ser amados sin amar, y el mentiroso es creído tanto como quiere; y yo de Amor me encuentro tan vencido, que no puedo decir cuán enamorado estoy.

IV. Amor, Amor, un hábito me he hecho de vuestra tela, vistiéndome el espíritu; al ponérmelo muy ancho lo he sentido, y muy estrecho, cuando está puesto en mí.

LXXVIII

I. No miro el porvenir ni recuerdo el pasado: un instante angustioso contempla mi pensamiento; no mira el fin, teniendo mi mente turbada ahora por el

---

Orozco Díaz, Universidad de Granada, 1979, I, p. 475.
16 Siguiendo a Bohigas, *penssats* y no *passats,* aceptada por Pagès según el ms. H.

per lo voler   afectat al present.
No solament   colpa del mal oblit,
ne la tristor   ne·l dan que me'n vendrà.
Passionat   per un present delit,
no·m jaqueix temps   per veure ·l que serà.

II Ja no conech   mon dan o mon profit,
perquè·l voler   en res no dubtarà;
qui·m da consell   de seny és defallit,
oynt de mi   lo que oyr porà.
Quant ma raó   féu contrast al voler,
per aquell fon   sobrada en la fi;
d'ella senyal   en mi no·s pot saber:
voler vencé,   raó de mi fugí.

III Mon pensament   és en vós més qu·en mi,
e mon delit   per vós passa primer;
jamés aquell   ans que vós yo sentí,
ma voluntat   a mi troba derrer.
Yo són content   si veig contenta vós,
e tant en mi   aquest desig és gran,
que·l sentiment   és perdut de mon cos
fins que·l voler   vostre ·s va sadollan.

IV Delit no sent   la vostra carn tocan,
tant mon voler   del vostr· és desijós;
tal passió   d'açò ·m veig al davan,
que lo meu cor   ne resta tremolós;
e tant desig   que assats me ameu,
que no·s pot fer   me basteu contentar;
e, si·m acost   a vós, veure poreu
que mon esforç   és menys, per mass· amar.

V No ymagín   de mi us pusquau altar,
car dintre mi   yo creu que no veeu;
pens que no bast   plaure-us al praticar
e muyr de por   que de mi us contenteu.
E quant d'algú,   de sa virtut m'acort,
o d'alguns béns,   o que sia molt bell,

afectado querer. No solamente olvida la culpa del mal, ni la tristeza ni el daño que me vendrá: apasionado por un presente deleite no me deja tiempo para ver lo que será.

II. Ya no conozco mi daño o mi provecho porque la voluntad en nada dudará; quien me da consejo está falto de seso, oyendo de mí lo que oír podrá. Cuando mi razón hizo contraste a la voluntad por ésta fue superada en el fin; la señal de ella en mí no se puede saber: la voluntad venció, la razón huyó de mí.

III. Mi pensamiento está en vos más que en mí y mi deleite por vos pasa primero; jamás aquél antes que vos yo sentí, mi voluntad detrás me encuentra. Yo estoy contento si os veo contenta, y tanto en mí es grande este deseo que el sentimiento está perdido de mi cuerpo hasta que vuestro querer se va contentando.

IV. No siento deleite tocando vuestra carne, tanto mi querer está deseoso del vuestro; tal pasión de esto me veo en el futuro que mi corazón queda tembloroso; y tanto deseo que me améis suficiente que no se puede hacer me podáis contentar; y si me acerco a vos, ver podréis que mi esfuerzo es poco, por demasiado amar.

V. No imagino que de mí os podáis contentar porque dentro de mí yo creo que no veis; pienso que no basta complaceros con el platicar y morir de miedo que de mí os contentéis. Y cuando me acuerdo de la virtud de alguien o de algunos bienes o que sea

lo qu·en mi fall   pens que us ve al recort
e desijau   tot quant és en aquell.   40

VI A tot quant por   ateny ab son mantell
tem lo meu cor,   fent-se franch a la mort;
cas no ymagín   que no·m faça volpell
y el cert no crech   e que·n fes Déu report.
Quant me cuyt ser   ab vós en millor punt,   45
sens algun cas,   mude d'opinió;
distinctament   mon ésser no apunt;
a mal e bé,   cercant, trobe raó.

VII Lo turmentat   tem present passió
que met oblit   al mal de ser defunt.   50
En semblant cas   a mi conech que só:
fugint dolor,   en major dolor munt.
Tant de present   me passion· Amor,
que yo pratich   molt qu·en amor me nou,
e, conexent,   me'n resta gran dolor,   55
¿com lo meu puny   en matar mi se mou?

VIII ¡O foll· Amor!   conciència ·m remou
que diga·ls mals   de vós e lo fals bé;
lo desperat   no serà menys de fe,
y a molt mesquí   no·l fareu portar jou.   60

LXXIX

I ¡O vós, mesquins,   qui sots terra jaeu
del colp d'Amor   ab lo cors sangonent,
e tots aquells   qui ab cor molt ardent
han bé amat,   prech-vos no us oblideu!
Veniu plorant   ab cabells escampats,   5
ubers los pits   per mostrar vostre cor

---

48 *a mal e bé,* 'mal que bien, sea como fuere'. No figura
este modo adverbial en el DCVB.

muy bello, lo que falla en mí, pienso que os viene a la memoria y deseáis todo cuanto hay en él.

vi. A todo cuanto el miedo cubre con su manto, teme mi corazón haciéndome franco para la muerte; no imagino caso que no me haga raposo, y lo cierto no creo y que Dios me haga dar cuenta. Cuando me preocupo estar con vos en el mejor instante, sin ningún motivo cambio de opinión; distintamente mi ser no señalo; mal que bien, buscando, encuentro la razón.

vii. El atormentado teme el sufrimiento presente que pone en olvido el mal de ser difunto. En semejante caso me reconozco que estoy: huyendo del dolor a mayor dolor aumento. Ahora tanto me atormenta Amor que me doy mucha cuenta que el amor me daña. Y, sabiendo que me queda gran dolor, ¿cómo mi puño a matarme no se mueve?

viii. ¡Oh loco Amor! La conciencia me mueve a que diga vuestros males y el falso bien; el desesperado no estará sin fe, y al muy mezquino no le haréis llevar yugo.

LXXIX

i. ¡Oh vosotros, desgraciados, que bajo tierra yacéis con el cuerpo sangrante de la herida de Amor, y todos aquellos que con el corazón muy ardiente han bien amado, os ruego que no me olvidéis! Venid llorando, con los cabellos esparcidos, los pechos abiertos para mostrar vuestro corazón como fue llagado

        com fón plagat   ab la sageta d'or
        ab què Amor   plaga ·ls enamorats.

II Los colps d'Amor   són per tres calitats,
    e veure's pot   en les flexes que fir,   10
    per què·ls ferits   són forçats de sentir
    dolor del colp   segons seran plagats.
    D'or e de plom   aquestes flexes són,
    e d'un metall   que·s anomen· argent;
    cascú d'aquests   dóna son sentiment,   15
    segons que d'ells   differenç· ha ·n lo món.

III En aquell temps   que primer d'aquest fón,
    les flexes d'or   Amor totes llançà,
    e, desmembrat,   una se'n aturà
    ab què·m ferí,   de què viur· abandon.   20
    De flexes tals   molts passats foren morts;
    ja no té pus   que fer guerra mortal.
    Ab les d'argent   sol basta fer senyal,
    mas los plagats,   de morir són estorts.

IV Ab les de plom   són huy tots sos deports   25
    e son poder   no bast· a traure sanch.
    Amor, veent   lo seu poder tan manch,
    ha trenquat l'arch; yo·n fas al món reports.
    Ab cor sancer   crida la sua pau,
    per què cascú   pot anar en cabells;   30
    per fugir d'ell   no cal muntar castells,
    lo seu poder   pus baix que terra jau.

V   Mas yo romanch   a mort; d'açò fiau.
    La sua pau   és guerra per a mi;
    si·n guerra fos   cella per qui·m ferí,   35
    yo fora ·n pau,   vençut e son esclau.
    Pau ha lo món,   e guerra yo tot sol,
    perquè Amor   guerrejar ha finit;

9-16 Sobre las alegorías de las saetas amorosas, véase pp. 60-61.

por la saeta de oro con que Amor llaga a los enamorados.

II. Las heridas de Amor son de tres calidades, y verse puede en las flechas que hiere, por lo que los heridos están forzados a sentir el dolor de la herida según serán llagados. De oro y de plomo son estas flechas y de un metal que se llama plata: cada uno de estos da su sentir según la diferencia que hay entre ellos en el mundo.

III. En el tiempo que fue primero de éste, Amor arrojó todas las flechas de oro, y, olvidada, una se quedó con la que me hirió, por lo que abandono el vivir. De tales flechas fueron muertos muchos antepasados; ya [Amor] no tiene más para hacer guerra mortal. Con las de plata llega sólo a hacer señal, pero los llagados están sin peligro de morir.

IV. Con las de plomo son hoy todas sus diversiones y su poder no basta para hacer sangre. Amor, viendo su poder tan escaso, ha roto el arco, yo doy la noticia al mundo. Con todo el corazón vocea su paz, para que todos puedan ir descubiertos; para huir de él no es necesario subir a los castillos, su poder yace más bajo que la tierra.

V. Pero yo quedo para la muerte: de eso estad seguros. Su paz es guerra para mí; si en guerra fuese aquella por quien me hirió, yo estuviera en paz, vencido y su esclavo. El mundo tiene paz y guerra tan sólo yo, pues Amor ha cesado de guerrear; yo estoy

yo són plagat   e no puch ser guarit,
   puys la que am,   de sa plaga no·s dol.   40

VI ¡O foll Amor!   qui vostre delit vol,
   sobre lloch fals   ha son contentament;
   per ço repòs   no té ·n l'enteniment
   car si no ·l ver   l'enteniment no col.

LXXX

I Tot llaurador   és pagat del jornal,
   e l'advocat   qui pert lo guanyat plet.
   Yo, per servir   Amor, romanch desfet
   de tot quant he,   que servir no me'n cal.
   He fet senyor   del seny a mon voler,   5
   veent Amor   de mon seny mal servit;
   rapaç l'he fet,   e Déu a part jaquit,
   e són setz· anys   que lo guardó esper.

II Amor, Amor,   poch és vostre poder
   per altre hom   com yo fer tant amar;   10
   anau, anau   vostres armes provar
   encontr· aquell   qui vostre no vol ser!

LXXXI

I Axí com cell   qui·s veu prop de la mort,
   corrent mal temps,   perillant en la mar,
   e veu lo lloch   on se pot restaurar
   e no hy ateny   per sa malvada sort,
   ne pren a me,   qui vaig afanys passant,   5
   e veig a vós   bastant mos mals delir.
   Desesperat   de mos desigs complir,
   iré pel món   vostr· ergull recitant.

llagado y no puedo ser curado, pues la que amo de su llaga no se duele.

VI. ¡Oh loco Amor! Quien quiere vuestro deleite tiene su contentamiento en falso lugar; por eso en el entendimiento no tiene reposo, pues el entendimiento no honra sino a lo verdadero.

LXXX

I. A todo labrador se le paga el jornal, y al abogado que pierde el ganado pleito. Yo, por servir Amor, quedo deshecho de todo cuanto tengo, que servir no me es necesario. He hecho a mi querer dueño del entendimiento viendo Amor mal servido por mi entendimiento. Rapaz le he hecho, y Dios dejado aparte, pues son dieciséis años que el galardón espero.

II. Amor, Amor, poco es vuestro poder para hacer a otro hombre amar tanto como yo. ¡Marchad, marchad a probar vuestras armas contra el que vuestro no quiere ser!

LXXXI

I. Así como aquel que se ve cerca de la muerte, corriendo mal tiempo, peligrando en la mar, y ve el sitio donde se puede salvar y no lo alcanza por su desdichada suerte, me ocurre a mí que voy pasando afanes, y os veo que bastáis para quitar mis males. Desesperado de cumplir mis deseos, iré por el mundo contando vuestro orgullo.

LXXXII

1 Quant plau a Déu que la fusta peresca,
 en segur port romp àncores y ormeig,
 e de poch mal a molt hom morir veig:
 null hom és cert d'algun fet com fenesca.
 L'home sabent no té pus avantatge 5
 sinó que·l pech sol menys fets avenir.
 L'esperiment y els juís veig fallir;
 Fortuna y Cas los torben llur usatge.

LXXXIII

1 Si co·l malalt, qui llonch temps ha que jau
 e vol un jorn esforçar-se llevar,
 e sa virtut no li pot molt aydar,
 ans, llevat dret, soptament plegat cau,
 ne pren a mi, que·m esforç contr· Amor 5
 e vull seguir tot ço que mon seny vol;
 complir no·u pusch, perquè la força ·m tol
 un mal estrem atraçat per Amor.

LXXXIV

1 Tant he amat que vinch en desamar,
 sí com aquell qui amichs ha tengut

---

1 *fusta*, además de madera, madero, término marinero "especie de pequeña embarcación". Del provenzal o del francés pasó a Italia, pasando más tarde a llamarse *legno* (Angelico Prati, *Vocabolario Etimologico italiano*). Para el análisis de *leño*, en Fray Luis de León, véase Rafael Lapesa, *Poetas y prosistas de ayer y de hoy*. Madrid, Gredos, 1977, pp. 115-117.
También para el catalán-valenciano cabe el mismo origen provenzal. El término marinero *fusta* se encuentra en el *Llibre Consolat de Mar*.

LXXXII

1. Cuando place a Dios que la nave perezca, áncoras y jarcia rompe en seguro puerto, y de escaso mal veo morir mucha gente: nadie está seguro de cómo acabará ningún hecho. El hombre sabio no tiene más ventaja sobre el necio sino que éste suele menos hechos acertar. Veo fallar la experiencia y la mente. Fortuna y Azar mudan su costumbre.

LXXXIII

1. Así como el enfermo, que mucho tiempo ha que yace y quiere un día esforzarse en levantarse, pero su fuerza no le puede ayudar mucho, antes, puesto de pie, súbitamente, doblado, cae, me ocurre a mí que me esfuerzo contra Amor y quiero seguir todo lo que mi pensamiento quiere; no lo puedo cumplir porque me quita la fuerza un extremo mal causado por Amor.

LXXXIV

1. He amado tanto que vengo en desamar, así como aquel que ha tenido amigos, habiéndole engaña-

---

6 *avenir*, cree Bohigas (*Poesies*) basándose en que *avenir* tiene el significado de *'encertar'*, acertar, en los ejemplos que aparecen en el DCVB. Tal como se desprende de esta interpretación, la traducción sería: "El hombre sabio no tiene más ventaja sino que el necio suele acertar menos los hechos". Creo que esta palabra está más cerca del significado, uno de los significados, que tiene en castellano: 'amoldarse, resignarse', con lo que el matiz varía notablemente pues el hombre sabio o prudente se amolda o resigna ante los hechos más de lo que suele el necio.

per llur defalt   havent-lo decebut,
a tot lo món   se gira ·n aÿrar.
La gran amor   port· ab si càrrech gran,   5
viure no pot   sens gran sosteniment;
lo seu semblant   voler l'és sostinent,
y aquell no ferm   amor va tremolan.

II Qui ama poch   no deu ser desijan
que son amat   li sia strem volent,   10
car poch voler   no és delit sintent
del gran voler   que li porta l'aman.
Sol per amor   se desij· altr· amor:
per si mateix   no port· altre delit;
e dóna cels,   dant congoxós despit,   15
si lo delit   de ser amat no ·ncor.

III Ja en amor   no seré durador,
car son afany   sobrepuja ·l delit.
Al temps antich   yo degra ser exit,
que ignoscent   era tot amador,   20
e l'home vell   solia ser fadrí;
y en temps pressent   és vell qui barba met.
Cascun· amor   vol temps sens calt ne fret:
yo crem d'ivern   e d'estiu tremolí.

IV Lo meu voler   en amor no fartí   25
de ser entès   e molt menys satisfet;
Déu mi e·l món   a tot oblit tramet;
és molt escàs   lo grat que yo·m sentí.
Per aquell preu   qu· Amor deu ser venut,

---

24 P. Bohigas en sus notas a este poema considera, y creo con razón, muy vaga la semejanza de este verso con los que cita A. Pagès pertenecientes a Bernat de Ventadorn: "Que l'iverns me sembla flor / e la neus verdura". *Auzias March et...*, p. 240. En otro poema (núm. 6) Bernat de Ventadorn nos dice que la nieve es para él una flor blanca y bermeja y el invierno como comienzos de mayo: "neus m'es flors blanch' e vermelha / et iverns calenda maya". En Ausias March se trata de un tópico de opósitos.

do por su culpa, a todo el mundo se vuelve con ira. El gran amor lleva en sí gran carga, vivir no puede sin gran sostenimiento; amor semejante al suyo le está sosteniendo, pero de aquel no firme amor va temblando.

II. Quien ama poco no debe estar deseando que su amado le ame extremadamente, porque el poco querer no está sintiendo el deleite del gran querer que le entrega el amante. Sólo por amor se desea otro amor: por sí mismo no trae a otro deleite; y da celos, dando congojoso despecho si el deleite de ser amado no afecta al corazón.

III. Ya en amor no seré duradero porque su afán sobrepuja el deleite. En el tiempo antiguo yo debiera haber nacido pues el inocente era totalmente amador y el anciano solía ser mozo; pero en el tiempo actual es viejo quien barba se pone. Cada amor quiere tiempo sin calor ni frío: yo abraso en invierno y en verano temblé.

IV. Mi voluntad en amor no harté de ser entendida y mucho menos satisfecha; Dios envió a mí y al mundo al completo olvido; es muy poco lo feliz que yo me sentí. Por el precio que Amor debe ser vendido, yo, pagándolo, no vi que lo obtuviese; el

---

27 En las ediciones de Pagès y de Bohigas este verso aparece puntuado así: "Déu, mi e·l món a tot oblit tramet". Por su parte, Bohigas, respecto a *tramet*, dice: "té per subjecte *jo*, o sigui el poeta". De ser de esta manera, la traducción sería: a Dios, a mí y al mundo mando al completo olvido. Mi interpretación es que *Déu* es el sujeto de *tramet*, por lo tanto es Dios quien manda o envía al olvido al poeta y al mundo.

yo, dant aquell, no viu que l'atengués; 30
aquell voler que sens dir és entès,
per mal sentir no fon bé conegut.

V Ab gran voler de parlar, yo fuy mut
per no trobar raó qui·m satisfés
a ma dolor, que bastament digués, 35
e per ço fuy hom sens amor tengut.
Mon cor sostrach la paraula de sé,
ma boca tench aquella no passàs,
vergonya y por guardaren aquest pas,
e no fon vist com d'amor tal cas ve. 40

VI Menys mal d'aquest ¿qual fort cor lo sosté?
¿Qui és aquell qui soptós no sclatàs,
que sa dolor a mostrar no bastàs
e fos cregut hom sens amor e fe,
e son voler vengués esser jutjat 45
per saber gros e voler desleal,
l'entendre seu veent lo cominal,
que fos entès d'enteniment tapat?

VII Si ans de temps só vist blanc e ruat
e lo meu cors mostr· haver passat mal, 50
serà per ço com Amor ja no val
a· quell a qui Natur· ha ·namorat.
Per Déu a mi solament yo no planch,
mas a cascú qui·n tal cas se verà;
be són yo cert qu·en tot no·m semblarà, 55
car per honor yo·m sech en pus alt banch.

VIII Amor, Amor, vostre poder és manch,
o de sens grat ésser podeu reptat;
qual d'aquests noms voleu en vós posat,
de qualsevol costat jaeu en fanch. 60

55-56 Sobre este alarde vanidoso véase el apartado Narci-
sismo, pp. 59-60.

querer que sin decir es entendido por mal sentir no fue bien conocido.

v. Con gran voluntad de hablar, yo fui mudo por no encontrar razón que me satisfaciera a mi dolor, que expresara suficientemente; y por eso fui hombre sin amor constante. Mi corazón sonsacó de sí la palabra, mi boca cerré para que no pasase, vergüenza y miedo cuidaron este paso, y no fue visto como tal caso viene de amor.

vi. Mal menor que éste ¿qué fuerte corazón lo aguanta? ¿Quién es el que presto no reventase, que su dolor no bastase a mostrar y fuese creído hombre sin amor ni fe, y su querer llegase a ser juzgado como saber grosero y querer desleal, el entendimiento suyo viendo lo comunal, que fuese entendido como entendimiento obtuso?

vii. Si antes de tiempo se me ve canoso y arrugado y mi cuerpo muestra haberlo pasado mal, será por eso pues Amor ya no vale al que Natura ha enamorado. A Dios no clamo solamente para mí sino para cada uno que en tal caso se verá; estoy muy cierto que en todo no me semejará porque por honor yo me siento en más alto banco.

viii. Amor, Amor, vuestro poder es manco o de desagradecido podéis ser reprendido; ¿cuál de estos nombres queréis que se os ponga? De cualquier manera yacéis en el barro.

LXXXV

I
Llexe la Sort lo seu variat torn;
cesse Amor son dolorós costum.
D'ell só content, si bé no hu acostum:
no·m pot donar més en lo present jorn.
Mas yo vull ço que natura no té,
e desig més que yo no puch trobar,
volent que res no pogués empaxar
lo meu delit que per Amor me ve.

II
Ara conech que preu més aquest bé
que tots aquells que yo porí· haver;
e dels passats compte no me'n cal fer:
foren no res, segons se veurà bé.
Delit d'amor no preí jamés tant
que fos celós de tot l'avenidor;
ara tem mi que no·m fàlleg· Amor,
e quant me pot noure yo só dubtant.

III
E si de mi yo·m trob segur, penssant,
a vós yo tem aytant com enemich,
mas sobre tot Amor tem que desllich
lo lligament del qual ell fon lligant.
Aquell voler, que yo pusch bé regir,
no·m fa paor ne res qu·en mi serà;
aquell voler qu·en passió starà,
done'm la mort quant me volrrà jaquir.

IV
¿Per què·s pot fer que pot disminuir
en mi amor sens mon consentiment?
Ja sent dolor e com mon sentiment
no és forçat de mon voler seguir;
e yo, segur d'amor en mi e vós,
tendré'm per cert de ser benauyrat:
àls no m'hi fall sinó seguretat,
car en present bast· en ser gloriós.

LXXXV

I. Deje la Suerte su variada rueda, cese Amor su dolorosa costumbre. De él estoy contento, si bien no lo acostumbro: no me puede dar más en el día presente. Mas yo quiero lo que natura no tiene, y deseo más, que no puedo encontrar, queriendo que nada pudiese empachar mi deleite que por Amor me viene.

II. Ahora conozco que aprecio más este bien que todos aquellos que yo pude tener, y de los pasados no me hace falta tener en cuenta: nada fueron, según bien se verá. Deleite amoroso no aprecié jamás tanto que estuviese celoso de todo lo que pueda llegar; ahora temo que no me falte Amor, pues temiendo estoy cuanto me puede dañar.

III. Pero si de mí yo me encuentro seguro, pensando, a vos temo tanto como a un enemigo, mas sobre todo temo que Amor desate la ligadura en que él fue ligando. La voluntad, que yo bien puedo regir, no me da pavor ni nada que en mí será; aquel querer que en la pasión estará que me dé la muerte cuando me quiera dejar.

IV. ¿Cómo se puede hacer que pueda disminuir en mí el amor sin mi consentimiento? Ya siento dolor como mi sentimiento no es forzado a seguir mi voluntad; y yo, seguro del amor en mí y en vos, ciertamente me tendré de ser un bienaventurado: no me falta nada sino seguridad ya que ahora me basta estar en la gloria.

V Jamés amí   que no fos desijós
   d'aquell desig   que per fretur· havem.
   D'alguna part   lo meu voler fon sem,   35
   perquè·m fallí,   en part, ser delitós.
   Amor a mi   stranys térmens ha mès:
   mon desig és   complit per vós de tot;
   a fermetat   vull sol haver un mot:
   que d'enemichs   d'Amor sia defès.   40

VI Vostra valor   m'ha en amor empès,
   e lo voler,   que·m sembla qu· és tot meu,
   e l'alt secret,   que fer compte no·s deu,
   car forçat fuy   d'aquest foch ser encès.
   Si la valor   vostra y el voler fall,   45
   ab ells mesclat,   lo meu alt finarà;
   mentres vullau   e valgau no morrà;
   d'aquestes tres   pedres faç mon fermall.

VII Tot escrivent   jutja lo seu treball
    pus afanyós   que no ·l del cavador;   50
    tot axí ·n pren   a cascun amador,
    baxant tot cas,   y el seu munt· a ·cavall;
    y el pobre hom   fa juí del tirant
    que son penssar   tostemps corr· a delit:
    de Déu és ja   qui viu ab null despit,   55
    car lo pus rich   del món és pobrejant.

VIII Yo só amat   e visch dolerejant
     d'altres dolors   que·l no amat no sab;
     yo tem de mort   lo cor e més lo cap
     d'aquella que   de pressent és amant.
     Yo am molt més   per ser-ne benvolgut;   60
     tot mon delit   de s· amor se nodreix;
     si contr· Amor   lo seu voler falleix,
     ¿qui penssarà   lo dan a mi vengut?

49-50 Este pensamiento, aunque realista en Ausias March,
está dentro del *Beatus ille*... horaciano, de tan larga
consecuencia en la literatura española. Entre otros ejemplos el de su contemporáneo el Marqués de Santillana:

v. Jamás amé que no estuviese deseoso de aquel deseo que tenemos por necesidad. De alguna parte mi querer estuvo mustio porque me faltó, en parte, ser dichoso. Amor me ha puesto en extraños términos: mi deseo está cumplido por vos en todo; a la Firmeza quiero sólo decir una palabra: que sea prohibido a los enemigos de Amor.

vi. Vuestro valor al amor me ha impulsado, y la voluntad, que me parece que es toda mía, y el gozoso secreto, que no se debe revelar, ya que fui forzado a encenderme en este fuego. Si vuestro valor y la voluntad fallan, con ellos mezclados, mi contentamiento finará; mientras queráis y valgáis no morirá: de estas tres piedras hago mi joyel.

vii. Todo escritor juzga su trabajo más penoso que el del cavador; lo mismo le sucede a todo amador, disminuyendo todos los casos pero el suyo monta a caballo; y el pobre hombre cree que el caballerizo, en su pensar, siempre corra hacia el deleite: de Dios es ya quien vive sin ningún despecho ya que el más rico del mundo está pobreteando.

viii. Yo soy amado pero vivo doliéndome de otros dolores que no conoce el que no es amado; yo temo mortalmente el corazón y más la cabeza de la que ahora está amando. Yo amo mucho más para ser bien querido; todo mi deleite se nutre de su amor; si contra Amor su querer falta, ¿quién imaginará el daño a mí venido?

"¡Benditos aquellos que con el açada / sustentan su vida e viven contentos...", *Comedieta de Ponça*.
52 Parece una frase hecha o un refrán.

IX ¡O foll· Amor! en dolor só caygut 65
   com no veig hom que parle bé de vós,
   e veig-ne tals que·n han justes clamors.
   ¡Déu guard a mi de ser en tal vengut!

LXXXVI

I Si·m demanau lo greu turment que pas,
   és pas tan fort que·m lleva ·l dir què passe,
   y és d'admirar, passant, com no·m trespasse
   ingratitut, portant-me ·l contrapàs.
   May retrauré de vostr· amor un pas, 5
   puix en seguir a vós, honesta, medre;
   y si raó me fa contrast, desmedre,
   y és-me lo món, sens vós, present escàs.

II Passe, penant, un riu de mort lo dia,
   y en ser per vós, me dol fer curta via. 10

LXXXVII

I Tot entenent amador mi entenga,
   puys mon parlar de amor no s'aparta,
   e l'amador qu·en apetit se farta,
   lo meu parlar no·m pens que bé comprenga.
   Tres amors són per on amadors amen: 5
   l'u és honest, e l'altre delitable;
   del terç me call qu· és lo profit amable,
   perquè·ls amats llurs amants no reamen.

9 *riu de mort*: A. Pagès, *Auzias March et...*, p. 259, cree en una posible influencia de Dante. P. Bohigas (notas a este poema, en su ed.) piensa que esta "bella metàfora" puede ser un recuerdo de Aqueronte, el río de los muertos de los antiguos. En Dante aparece como "trista riviera d'Acheronte" (*Infierno*, III, 78), como doloroso río. En los griegos como un río del infierno.

ix. ¡Oh loco Amor! En dolor he caído pues no veo a nadie que hable bien de vos, y veo tales que tienen justos clamores. ¡Dios me guarde de a tal haber llegado!

LXXXVI

i. Si me preguntáis el grave tormento que paso, es tan fuerte que me impide decir lo que paso, y es de admirar, pasándolo, como no me mate la ingratitud, llevándome el contrapaso. Nunca retraeré de vuestro amor un paso, pues en seguiros, honesta, medro, y si la razón me hace contraste, desmedro, pues me es el mundo, sin vos, un don escaso.

ii. Paso, penando, un río de muerte el día, pero, por ser por vos, me duele hacer corto camino.

LXXXVII

i. Todo avisado amador me entienda, pues mi hablar de amor no se aparta, y el amador que en apetito se harta mi hablar no creo que bien entienda. Tres amores son por los que los amadores aman: el uno es honesto y el otro deleitable, el tercero me callo, que es el provecho amable, por lo que los amados sus amantes no vuelvan a amar. Los dos unidos en

---

Sobre la situación de este poema en el clima amoroso medieval y la influencia de Aristóteles, véase A. Pagès, *Auzias March*, pp. 334-340, y *Commentaire*, pp. 92, 95. También a tener en cuenta la actitud de los trovadores a los que se refiere Ausias March en la estrofa V.

       Los dos units   en nós se poden pendre,
       si llurs dos fochs   han lloch en nós d'encendre. 10

II   Aquests volers   a desigs han acórrer,
     seguint cascú   sa pròpria natura.
     Lo cors, qui és   corrupta creatura,
     als apetits   corruptes ha d'acórer.
     L'arma, qui és   per tostemps duradora,   15
     béns e virtuts   ab llauger peu encalça;
     l'amor del cors   en son delit la ·nbalça,
     mas, no trobant   son propi, s'entrenyora;
     lladonchs ells junts   mesclat voler componen
     que dura tant   com d'aquell se conssonen.   20

III Tal voler naix   en part per ignorança,
     e compost és   de nostres dos natures,
     e fa que·l hom   ab tots enginys e cures
     vol e no ha   la fi de sa sperança,
     perqu· ell no és   bastant l'arm· a complaure, 25
     e menys lo cors,   car més dels obs li dóna:
     puja'l en alt,   e natura l'afona;
     fa que acort   jamés pot en l'hom caure.
     Tot quant és d'hom   vol fi de sa natura,
     y aquest voler   res del món no l'atura.   30

IV   Lo seu ver nom   delitable ·s nomena,
     e, desreglat,   pren quant l'és agradable;
     aquest fa hom   falssament ser amable,
     volent açò   qu·en ser content no·l mena,
     car no vol res   que tot l'home contente.   35
     Per ço en ell   l'amador no reposa,
     e tant en hom   aquest voler fa nosa
     com als volers   cossa ·gual se presente:
     si u vol molt   ço que poch l'altr· aïre,
     no hy ha molt fer   que del tot a si·l tire. 40

V   D'aquest voler   los trobadors escriuen,
     e, per aquest,   dolor mortal los toca;
     la racional   part de l'arma no·ls broca;

nosotros pueden haberse si sus dos fuegos tienen lugar de encenderse en nosotros.

II. Estos quereres tienen que acorrer a los deseos siguiendo cada uno su propia natura. El cuerpo, que es criatura corrupta, a los apetitos corruptos ha de acorrer. El alma, que es siempre duradera, bienes y virtudes con ligero pie persigue; el amor corporal en su deleite la precipita pero, no encontrando su propio, se duele; entonces, juntos componen un mezclado querer que dura tanto como con él se consonen.

III. Tal querer nace en parte por ignorancia, pues compuesto está de nuestras dos naturas y hace que el hombre, con todos los ingenios y cuidados, quiera pero no tiene el fin de su esperanza, porque él no es bastante para complacer al alma y menos al cuerpo porque le da más de lo necesario: sube a lo alto y natura lo hunde; hace que acuerdo jamás pueda estar en el hombre. Todo cuanto es del hombre quiere el fin de su natura pero este querer nada del mundo lo detiene.

IV. Su verdadero nombre se llama deleitable y, desordenado, toma cuanto le es agradable; esto hace falsamente al hombre sentirse amador, queriendo lo que a estar contento no le lleva, porque nada quiere que al hombre todo contente. Por eso en él el amador no reposa, pues tanto en el hombre este querer da enojo cuanto a las voluntades cosa igual se presente: si uno quiere mucho lo que poco el otro odia, no hay mucho hacer que del todo hacia sí le incline.

V. Sobre este querer escriben los trovadores pues, por éste, dolor mortal les hiere; la parte racional del alma no les afecta, estos apetitos viven de lo sensual.

del sensual   aquests apetits viuen.
Ésser bé pot   que l'hom simplament ame,   45
d'arma sens cors   e ab lo cors sens arma;
amant virtut,   hom de tal amor s'arma,
y el cors és cert   que d'un brut voler brame.
Aquests mesclats   un drap de mescla tixen
que no·s veu bé   les colors que d'éls ixen.   50

VI Cascú d'aquests   sa natura oblida
    e, tant com pot,   fa que l'altr· obeesca,
    no pas en tant   que del tot s'avorresca;
    son estament   és entre mort e vida.
    E quant cascú   son apetit treballa,   55
    se mostren clar   maravellossos actes,
    faent acort   ab amigables pactes;
    y en semblant cas   deurí· haver baralla,
    car l'arma vol   ço que raó no dicta
    y en aquell fet   lo cors de mort s'aflicta.   60

VII Tot amador   delit no pot atènyer
    fins que lo cors   e l'arma se acorden,
    car si·ls volers   entre aquests se morden,
    aquest amor   no·ns pot a molt empènyer.
    Encontra ·l cors   en sos actes se mostra,   65
    tollent-li quant   natura li atorga,
    y a l'arma fa   beure amargant porga;
    de dret en dret   no plau natura nostra:
    l'arma per si   contentament no·n tasta;
    sí fa lo cors,   mas poch e tost se gasta.   70

VIII L'arma per si   en tal voler no·s mescla,
     car no ·s en res   ne pot ser son objecte,
     ne·l cors és pus   que d'un brut son efecte.
     D'abdós units   se compon esta mescla;
     car l'home vol   la voluntat guanyada,   75
     seny e saber   de la dona que ama;
     ama l'amat,   e toll l'honor e fama,
     y en fets del cors   l'arma és delitada;

Bien puede ser que el hombre ame simplemente: de alma sin cuerpo y con el cuerpo sin alma; amando la virtud, el hombre de tal amor se arma y el cuerpo es seguro que de un grosero querer brame. Estos mezclados un paño tejen de mezcla en que no se ve bien los colores que salen de ellos.

vi. Cada uno de estos su natura olvida y, tanto como puede, hace que el otro obedezca, no tanto que del todo se aborrezca; su estado es entre muerte y vida. Y cuando cada uno su apetito trabaja se muestran claros actos maravillosos, haciendo acuerdos con amigables pactos; pero en semejante caso debería haber pelea porque el alma quiere lo que razón no dicta y en ese hecho el cuerpo se aflije mortalmente.

vii. Todo amador el deleite no puede alcanzar hasta que el cuerpo y el alma se armonicen, pues si las voluntades entre ellos se ofenden este amor no se puede impulsar mucho. En contra del cuerpo en sus actos se muestra quitándole cuanto naturaleza le otorga, y al alma hace beber amarga purga; cara a cara no le gusta a nuestra natura: el alma en sí contentamiento no prueba; sí lo hace el cuerpo pero poco pues pronto se pierde.

viii. El alma por sí en tal querer no se mezcla, porque no es nada ni puede ser su objetivo, ni el cuerpo es más su efecto que el de un animal. Con ambos unidos se compone esta mezcla porque el hombre quiere la voluntad ganada, la inteligencia y el saber de la mujer que ama; ama el amado, pero quita el honor y la fama, y en los hechos del cuerpo el alma está deleitada; el cuerpo jamás, si se cansa, bien

    lo cors jamés, si cansa, bé no·s farta,
    e tant com pot tot lo finit aparta.   80

IX Les voluntats se mostren per les obres,
    d'on se veu clar com la nostr· arma ·s baxa
    e·l nostre cors en alt munta sa raxa,
    perquè ·n delit ell e l'arma són pobres.
    L'arma pel cors a son delit s'enclina,   85
    llexant lo seu, e sa natura·s llunya;
    lo cors en alt a delitar met punya,
    no coneix bé sa natura mesquina.
    La carn volar vol e l'arma s'aterra,
    perquè algú, si toca, no s'aferra.   90

X Les voluntats que de virtut no toquen,
    han moviment en semblant de marea,
    y en lo començ metrien gran ferea
    al qui sabés com pugen e·s derroquen.
    De tres cordells Amor deu fer sa corda,   95
    car u romp tost e l'altre molt no dura;
    trench o fluix d'u en l'altre mort procura:
    si·l terç no·hy és, la corda se descorda.
    Aquest és ferm y ells altres fa que tinguen,
    ésser no·ls fa, mas té qu·en baix no vinguen.   100

XI No·s pot bé dir com arma y cors pratiquen
    aquest voler, no·s plaen o desplaen;
    u sent content, los poders d'altre caen,
    e, agreujat, les forces muntipliquen;
    car moltes veus del cors l'apetit cessa,   105
    sí c· ab lo seu és obs que l'arma ·s force;
    e l'altre veu és ops que·l cors s'esforce
    per amanssar, l'arma qui·s veu opressa.
    Tots de per si han ops que fam los toque,
    o que·l desig del u a l'altre broque.   110

XII Si l'apetit raonable s'agreuja
    del cobejós seguir no ·s maravella;
    car tant com pot per delit aparella

no se harta, y tanto como puede todo lo acabado aparta.

IX. Las voluntades se muestran por las obras de donde se ve claro cómo nuestra alma se baja y nuestro cuerpo en alto sube su lascivia porque en el deleite él y el alma son pobres. El alma por el cuerpo se inclina a su deleite, dejando el suyo y su natura aleja; el cuerpo a deleitarse mucho pone empeño, no conoce bien su natura mezquina. La carne volar quiere pero el alma se mantiene en la tierra, ya que alguno, si llega, [al deleite], no se aferra.

X. Las voluntades que no llegan a la virtud tienen movimiento semejante a la marea, pues en el comienzo meterían gran miedo al que no supiese cómo suben y descienden. Con tres cordeles Amor debe hacer su cuerda porque uno se rompe en seguida y el otro mucho no dura: el rompimiento o flojedad de uno en el otro la muerte procura; si el tercero no existe, la cuerda se descuerda. Éste es firme y hace que los otros se mantengan, ser no los hace, mas logra que no vayan abajo.

XI. No se puede bien decir cómo el alma y el cuerpo platican este querer, si se complacen o se repudian; estando uno contento, los poderes del otro desaparecen, pero, agraviado, multiplican las fuerzas; ya que muchas veces cesa el apetito corporal, así hacia el suyo es necesario que el alma se fuerce; y otra vez es necesario que el cuerpo se esfuerce en amansar el alma que se ve oprimida. Todos de por sí tienen necesidad de que el hambre les llegue, o que el deseo de uno al otro alcance.

XII. Si el apetito razonable se enoja de seguir el codicioso, no nos sorprende porque, tanto como puede, por el deleite, apareja pues el alma al cuerpo en mal

que l'arma ·l cors   en mal hostal alleuja.
Al infinit,   no per si, lo cors guarda;   115
l'arma, per si,   de tot excés s'enuja;
junts, acordants,   en delit cascú puja,
tant com saber   l'errada l'arma tarda.
Açò sdevé   com del cors volers fluxen;
lladonchs los tels   de sos ulls desengruxen.   120

XIII   L'arma y el cors   cascú ·n l'altre ·s delita;
delits, dolors,   entre· ells, los se partexen;
les passions   d'u en altre ·s parexen:
speriment   als pechs trau de sospita.
Mas algú d'ells   no és tan suportable   125
que totalment   per l'altre s'avorresca:
fastig, oblit   fan qu·Amor d'ells partesca,
o·l menys no és   per egual temps durable.
En los molt més   per part del cors spira,
e moltes veus   per oblit o per ira.   130

XIV   Per nostres ulls   l'hom d'est· amor s'enflama,
toch desijant,   d'on voler creix o fina;
temprat esper   la voluntat afina,
e, perdut ell,   Amor de Mort se clama;
son fill e nét   són Desig y Esperança,   135
mas prop los ve   Paor, qui·lls fa gran brega;
tals passions   amador no les nega;
aquest· amor   cau en esta balança.
Cascú d'aquests   a l'altre vençre tenta,
e si u compleix,   Amor e si destenta.   140

XV   Per nostres senys   amor d'arma comença,
mas vol per si   virtuts e saviesa;
aquest· amor   per sol entendr· és presa,
amant lo bé   del qual ha conexença;
és feta gran   segons les parts s'acorden,   145
multiplican   los béns d'on ella ·s forma.
Del bé honest   aquest· amor pren forma,
e los volers   que·n surten no discorden;

hostal aloja. A lo interminable, no por sí, mira el cuerpo; el alma, por sí, de todo exceso se enoja; juntos, de acuerdo, en deleite aumenta cada uno, tanto como saber tarda la errada alma. Esto sucede cuando del cuerpo las voluntades se aflojan; entonces las telas de sus ojos enflaquecen.

XIII. El alma y el cuerpo cada uno en el otro se deleita; deleites, dolores, entre ellos, se los parten; las pasiones de uno en otro se parecen: la experiencia saca a los necios de sospecha. Mas alguno de ellos no es tan soportable que totalmente por el otro se aborrezca: fastidio, olvido hacen que Amor de ellos huya, o por lo menos no es por igual tiempo durable. En la mayoría más por la parte del cuerpo espira, y muchas veces por olvido o por ira.

XIV. Por nuestros ojos el hombre de este amor se inflama, deseando contacto, de donde el querer crece o termina; templada esperanza la voluntad afina, pero, perdida ella, Amor de Muerte se clama; su hijo y nieto son Deseo y Esperanza, mas cerca les viene Pavor, que les hace gran brega; tales pasiones el amador no las niega; este amor se encuentra en esta balanza. Cada uno de estos vencer al otro intenta, y si lo cumple, a Amor y a sí trastorna.

XV. Por nuestros sentidos comienza el amor espiritual, mas quiere por sí virtudes y sabiduría; este amor por sólo entenderlo se siente, amando el bien del cual tiene conocimiento; es hecho grande según las partes concuerdan, multiplican los bienes de donde él se forma. Del bien honesto este amor toma forma, y las voluntades que surgen no desacuerdan; el que

         lo qui·l ateny   en ser content s'acosta,
         por no acull   ne sperança de costa.   150

XVI   ¿Quals són aquells   qu· amor honest los force
         amar per si   virtuts en una dona?
         Bé són yo cert   que tots la volen bona
         perquè·l delit   del hom durar s'esforce.
         No·n sé algú   que separat lo senta;   155
         menys de saber,   senten dins ells sa obra,
         d'on l'altr·amor   nom de ferma li'n sobra:
         de fastig reb   o de oblit enpenta.
         Aquest· amor   és philosofal pedra
         que lla on cau,   ço que res no val medra.   160

XVII   Aquell· amor   on Venus ha sa regna,
         a nostre cors   ensemps ab l'arma guarda;
         a molts plaers   e dolors no és tarda,
         en cor honest   moltes vegades regna;
         torba lo seny,   suptilitats enfosca,   165
         e sa dolor,   durment hom, ella vetlla;
         solaços vol   e prestament la cetla;
         qui n'és plagat   la raó té molt fosca,
         perquè no pot   honest· amor percebre:
         de ardiment   no pot sentir la llebre.   170

XVIII Los apetits   sensuals l'arma lliguen;
         donchs, tots aquells   qui del tot Venus tira,
         molt foscament   llur enteniment mira
         per los cechs fochs   qui l'espirit abriguen.
         Los escolans   de qui Venus és mestre,   175
         lo contemplar   jaquexen, prenints l'acte.
         Voler no cast,   executor sens pacte,
         domda cors braus,   domèstich fa·l campestre:
         faén sentir   passió molt extrema,
         jau en dur llit   en hom de vida sema.   180

XIX   L'amor que·ns ve   tota de part de l'arma,
         en les virtuts   y en l'entendre s'endreça;
         aquest voler   simple, Déu lo adreça

lo alcanza a estar contento se acerca, miedo no acoge
ni al lado esperanza.

XVI. ¿Quiénes son aquellos que amor honesto les
fuerce amar por sí las virtudes en una mujer? Bien
seguro estoy que todos las quieren buena para que
el deleite del hombre se esfuerce en durar. No sé de
nadie que distinto lo sienta; ignorantes, sienten dentro
de ellos su obra, donde al otro amor el nombre de
firmeza le sobra; de fastidio o de olvido recibe impulso.
Este amor es piedra filosofal que allá donde cae
lo que nada vale, medra.

XVII. Aquel amor que Venus tiene por su reina,
nuestro cuerpo juntamente con el alma guarda; a muchos
placeres y dolores no es tardo, en corazón honesto
muchas veces reina; turba el sentido, sutilidades
oscurece, y su dolor, durmiendo el hombre, vela; solaces
quiere pero prestamente los cela; quien está llagado
tiene la razón muy confusa, porque no puede
percibir el honesto amor. Valor no puede sentir la
liebre.

XVIII. Los apetitos sensuales el alma ligan, pues,
de todos ellos completamente Venus tira. Muy oscuramente
su entendimiento mira por los ciegos fuegos que
el espíritu abrigan. Los escolares de quienes Venus es
maestra, dejan la contemplación tomando la acción.
Querer no casto, ejecutor sin pacto, doma los cuerpos
bravos, doméstico hace al campestre: haciendo sentir
dolor muy extremo, pone en dura cama al hombre de
vida consumida.

XIX. Todo el amor que nos viene de la parte del
alma a las virtudes y al entendimiento se encamina;
este querer, simple, Dios lo dirige y puede ser tanto

  e pot ser tant que tot altre ·s desarma.
  Però en mi, trobant lloch tots caygueren, 185
  mogut cascú per la sua semblança;
  dos colps sentí, donà'ls cascú sa llança,
  actes cascú dins en mi cometeren:
  u donà llum per si, l'altre tenebra,
  e tots justats salut, delit e febra. 190

XX Déu l'espirit de gran favor abasta:
  en mers delits passions no·l congoxen;
  al cors mesquí sens fastig no·l afloxen:
  no pot sentir bé, si lo mal no tasta.
  Tant com lo cors sa passió gran llexa, 195
  del espirit en sa presó pus ampla,
  e ses virtuts e potences exampla,
  sí que no veu tras paret mas per rexa;
  sa pur· amor en interès no·s causa,
  e la del cors és curt plaer sa causa. 200

XXI Yo no·m defens que Amor mi no tente
  d'aquell voler que arma y cors abracen:
  aquest voler mes natures l'atracen;
  per dues parts me vendrà qui·m contente.
  Axí com l'hom pot més glòri· atènyer 205
  quant nostra carn ab l'arma serà junta,
  amor a mi en delitós grau munta
  quant dos lligams arma y cors han a ·strènyer,
  car moltes veus u per l'altre ·s presona
  e no ·s tant fort l'amor de la persona. 210

XXII Quant al meu cors Amor lo desempara
  perquè·l poder d'aquell ve a son terme,
  en pur· amor l'esperit meu conferme
  e·n aquell punt resta ma raó clara.
  Tan gran delit sent en aquella hora, 215
  que los delits del cors en fastig tornen,
  e quant del cos forces a mi retornen,
  en lo començ lo meu espirit plora;

que todo otro se desarma. Pero a mí encontrando
lugar, todos sucumbieron, movido cada uno por su
semejanza; dos golpes sentí, los da cada uno su lanza,
acciones dentro de mí cometieron; uno da luz por sí,
el otro tiniebla, y todos juntos salud, deleite y fiebre.

xx. Dios abastece el espíritu de gran favor: en
meros deleites las pasiones no le acongojan; al cuerpo
mezquino sin enojos no le aflojan; no puede sentir el
bien, si el mal no prueba; tanto como el cuerpo su
gran dolor deja, del espíritu en su prisión más ancha,
y sus virtudes y potencias ensancha, así que no mira
tras pared sino por reja; el interés no es la causa de
su puro amor y la del cuerpo es el corto placer su
causa.

xxi. Yo no me defiendo de que Amor me tiente
con aquel que alma y cuerpo abrazan: este querer mis
naturas lo causan; por dos partes vendrá quien me
contente. Así como el hombre puede más gloria alcanzar cuando nuestra carne con el alma estará unida,
Amor en deleitoso grado me sube cuando las dos ligaduras, alma y cuerpo, se anudan apretadamente,
porque muchas veces uno del otro es prisionero y no
tan fuerte el amor de la persona.

xxii. Cuando a mi cuerpo Amor lo desampara
porque el poder de él llega a su término, en puro
amor mi espíritu confirmo y en aquel momento mi
razón queda clara. Tan gran deleite siento en aquella
hora que los deleites del cuerpo enojosos se vuelven,
pero cuando las fuerzas del cuerpo me retornan, al

     e si del tot   mon cors en força torna,
     en son delit   mon esperit sojorna.   220

XXIII Aquell· amor   per qui ma carn s'enclina,
       compliment sent   dels béns que Venus lliura;
       l'altra, major,   e d'esta no delliura,
       lo que merex   no ha y amar no fina.
       L'honest· amor,   però, és qui·m fa viure;   225
       l'enteniment   d'altres béns no s'alegra.
       ¿On serà, donchs,   un· amor tan entegra
       qu·en ell· haver   de mals sia delliure?
       Amant a mi   per consemblant manera
       lo meu delit   cau en aquesta spera.   230

XXIV Mon espirit   contemplant se contenta
       e dintre si   una persona forja;
       d'ella no pens   braços, mans, peus ne gorja,
       car tot semblant   altre semblant presenta.
       Solament vull   d'ella tan clara penssa   235
       que res de mi   no·l fos cosa secreta,
       abta y sabent   e d'amor fos estreta,
       lo contrafer   prengués en gran ofensa;
       de son voler   volgués ésser celosa,
       e que per mi   vers mort fos animosa.   240

XXV Mas ¿per què Déu   l'arma de carn abriga,
      los fats volents   contr· Amor no ser solta,
      e per null temps   raó no la'n ha tolta,
      ans tot contrast   ha per cosa· nemiga?
      Tant és ma carn   al delit enclinada,   245
      dona no veig   que·m alt, que no sospire,
      i en posseir   sens fi aquella mire
      de tal desig   m· arma ·s passionada;
      e ma raó   de grat yo la perdria
      si·m fa esment   qu· amor perdre poria.   250

---

240 *vers* en A, B, D, E, H, I, II, III, IV, V, en vez de *ves,* en los otros mss.

comienzo, mi espíritu llora; y si del todo mi cuerpo en fuerza torna, en su deleite mi espíritu reposa.

XXIII. Aquel amor por el que mi carne se inclina siente plenitud de los bienes que Venus ofrece; el otro, mayor, y de éste no se libra, lo que merece no tiene y amar no termina. El honesto amor, sin embargo, es el que me hace vivir; el entendimiento con otros bienes no se alegra. ¿Dónde estará, pues, un amor tan entero que en poseerlo esté libre de males? Amando, yo, de semejante manera mi deleite se encuentra en esta espera.

XXIV. Mi espíritu se contenta contemplando y dentro de sí una persona forja; de ella no piensa brazos, pies, manos ni garganta, ya que todo semejante a otro semejante presenta. Solamente quiero de ella tan claro pensamiento que cosa mía no le sea secreta, apta y sabia, y que de amor fuese constreñida que hacer lo contrario tomase en gran ofensa; de su querer quisiera estar celosa y que por mí hacia la muerte fuese animosa.

XXV. Mas ¿por qué Dios el alma de carne abriga, los Hados no quieren liberarla del Amor y nunca la razón la ha quitado, antes todo contraste tiene por cosa enemiga? Tanto está mi carne al deleite inclinada que no veo mujer que me contente que no suspire, y en poseer sin fin la miro, de tal deseo mi alma está apasionada y mi razón gustosamente perdería si me hace mención que amor perder podría.

XXVI Sí com aquell   de la penssa tan vana
      qu·en aquest món   lo bé sobiran cerca,
      y ab gran enginy   en grans delits fa cerca
      e veu molts mals   en glòria mundana,
      ne pren a mi,   que Amor deifique,   255
      sí que d'aquell   contentament vull traure,
      sí que no pot   lo que·l deman bestraure;
      no troba lloch   on sa ·nfluença fique.
      Lloch és no ferm   on mon desig reposa;
      desemparar   ma sperança no·m gosa.   260

XXVII No conech hom   qui sens amar persona
      coneg· Amor   e per déu lo confesse;
      yo són aquell   que per negun temps cesse
      d'imaginar en ell   e res no·m dóna.
      Desig me fa   en la sperança jaure,   265
      dormint tant fort   que raó no·m desperta;
      assats a mi   és caussa descuberta
      que pur· amor   no pot en dona caure.
      Mon delit és   vida contemplativa,
      e romanch trist   devallant en l'activa.   270

XXVIII Lladonchs lo foch   d'amor bé no s'amaga,
       e los meus ulls   publich lo manifesten,
       e les dolors   mes sanchs al cor arresten,
       acorrent lla   on és donada plaga.
       Los meus desigs   de punt en punt cambie,   275
       e la dolor   no·m trob en un lloch certa;
       ma cara és   de sa color incerta;
       cerch llochs secrets   e los publichs desvie;
       llanç-m· en lo llit,   dolor me'n gita fora;
       cuyt esclatar   mentre mon ull no plora.   280

XXIX Mos membres flachs   soptós moviment muden,
     lo cap al coll   és càrrega fexuga,
     la gran calor   dintre mes venes juga,
     perills vinents   a mon sentir secuden,
     pert lo recort   de les cosses passades   285
     e lo meu cors   me vist sola vergonya;

XXVI. Así como aquel de pensamiento tan vano que en este mundo el soberano bien busca y con gran maña en grandes deleites investiga y ve muchos males de gloria mundana, me ocurre a mí, que al Amor deifico, así que de él quiero sacar contentamiento aunque no puede lo que le pido anticipar, ni encuentra lugar donde ponga su influencia. No es lugar firme donde mi deseo reposa; no oso desamparar mi esperanza.

XXVII. No conozco a nadie que sin amar a una persona conozca a Amor y por dios lo confiese; yo soy aquel que nunca cesa de imaginar en él y nada me da. El deseo me hace yacer en la esperanza, durmiendo tan intensamente que la razón no me despierta; evidente es en mí causa descubierta que el puro amor no puede encontrarse en mujer. Mi deleite es la vida contemplativa y permanezco triste descendiendo a la activa.

XXVIII. Entonces el fuego del Amor no se esconde bien, y mis ojos públicamente lo manifiestan, y mis dolores detienen mis sangres al corazón acudiendo allá donde está hecha la llaga. Mis deseos cambio de situación en situación pues no me encuentro el dolor en un lugar cierto; mi cara es de su color incierto; busco lugares secretos y los públicos desvío; me lanzó a la cama, el dolor me echa fuera, pienso estallar mientras mis ojos no lloran.

XXIX. Mis flacos miembros cambian presto de movimiento, la cabeza sobre el cuello es pesada carga, el gran calor dentro de mis venas actúa, peligros venideros sacuden mi sentir, pierdo el recuerdo de las cosas pasadas y mi cuerpo cubre sólo la vergüenza; el gran

```
         la cura gran    d'amor tots fets me llonya
         e no s'estén    sinó ·n cosses pensades;
         l'executar    lo meu desig l'esforça,
         e no sé què    venç aquesta gran força.          290
```

XXX
```
         Axí com l'or    sobre paper se posa,
         segons serà    la bona o mala sisa,
         tal semblant cas    mon sentiment divisa
         d'aquest· amor    segons en qui reposa.
         Sí com lo foch    tots humits li contrasten     295
         e los sechs llochs    sa força obeexen,
         axí d'Amor    ses influences vexen
         a tots aquells    on sos poders abasten.
         Tant fa com pot    fer la person· amable,
         havent tant lloch    en nós com lo diable.      300
```

XXXI
```
         En lo delit    que arma y cors desigen
         feneix delit,    si compliment li basta,
         mas los delits    que l'arma sola tasta
         són duradors,    car jamés la fastigen;
         e sí com l'hom    que la mort lo encorre,       305
         l'arma d'ell viu,    qu· és d'infinit exida,
         e l'altra part    en lo món és delida,
         car lo finit    en tal cas no·l acorre,
         axí lo cors    fa mortal amor ésser,
         e l'arm· ab ell    no mostra son dret ésser.    310
```

XXXII
```
         Sí com l'arnès    d'acer a colp s'engruna
         e lo de ferr    un petit colp lo passa,
         quant són units    no·ls destruu res llur massa;
         d'aquests mesclats    surt molt gran virtut una,
         axí Amor    suptil y enfinit tempra            315
         la finitat    de la del cors y aviva:
         en cert cas mor    nostr· amor sensitiva
         e l'espirit    junt ab ell se destempra.
         Amen ensemps    e l'espirit sols ame,
         perquè tot l'hom    no·s trob qu·en res desame. 320
```

cuidado de Amor me aleja de todos los hechos y no
se extiende sino a cosas pensadas; actuar le esfuerza
mi deseo, y no sé que venza esta gran fuerza.

xxx. Así como el oro sobre el papel se une, según
será la buena o mala sisa, tal semejante caso mi sentimiento distingue de este amor según en quien se
posa. Así como al fuego todos los lugares húmedos le
contrastan y los secos a su fuerza obedecen, así de
Amor sus influencias vejan a todos aquellos a los que
sus poderes abastan. Hace tanto como puede hacer la
persona que ama, teniendo tanto lugar en nosotros
como el diablo.

xxxi. En el delcite que alma y cuerpo desean fenece el deleite si la satisfacción le basta, mas los deleites que el alma sólo prueba son duraderos, porque
jamás la hastían; así como al hombre que le viene
la muerte, su alma vive, que sale al infinito, y la otra
parte en el mundo es aniquilada, porque lo finito en
tal caso no lo salva, así el cuerpo hace ser mortal el
amor, y el alma en él no muestra su ser propio.

xxxii. Así como el arnés de acero al golpe se
aplasta y el de hierro un golpecito lo traspasa, cuando
están fundidos nada les destruye su materia; de estos
mezclados surge una muy gran virtud, así el Amor
sutil e infinito templa la finitud de la del cuerpo y la
aviva: en cierto caso muere nuestro amor sensitivo y
el espíritu, junto con él, se destempla. Amen juntamente pero el espíritu ame solo, para que todo hombre no se encuentre que desame en nada.

XXXIII Los hòmens llechs   qui per Amor s'encenen
en fets divins,   ab infusa sciença,
divinal és   llur gran inteŀligença
e sos costums   a creure tots amenen.
Donchs, si d'Amor   algun parlar m'escapa   325
que la raó   no·l lloe ne·l aprove,
no si· algú   que los dits meus reprove;
dels grans secrets   c· Amor cobre ·b sa capa,
de tots aquells   puch fer Apochalipsi;
yo defallint,   Amor farà eclipsi.   330

XXXIV Lo món finit,   lo sol e lluna y signes
no correran   per lo cel, ne planetes;
per ops d'aquell   los ha Déu fets e fetes,
y, él defallint,   cessen llurs fets insignes.
Tot enaxí   si d'aquest món trespasse,   335
aquell poder   qu·en amar nos enclina
caurà del cel,   car pus hom no·s afina
en ben amar,   ans quascú veig que·s llasse.
Si Amor veu   qu· errant sens profit vaia,
envergonyit   yo creu de son lloch caia.   340

LXXXVIII

I Malament viu   qui delit pert de viure:
ell és aquell   qui nostra vid· acaba,
e la tristor   la destruu e menyscaba.
Donchs, si bé·m visch,   per mort me puch escriure,
puys he perdut   a vós qui·m éreu vida.   5
Per vós amar,   del món me contentava;
de Déu e gents   tot grat abandonava,
e vós haveu   ma sperança scarnida.

II La gran dolor   ha ma forç· aflaquida,
que pietat   só forçat de mi pendre,   10
e quant en cor   fembril me veig atendre,
vull-m· esforçar   e ma força ·s perida.

XXXIII. Los hombres legos quienes por el Amor se encienden en hechos divinos, con infusa ciencia, divinal es su gran inteligencia y sus costumbres a creer atraen a todos. Entonces, si de Amor algún comentario se me escapa, que la razón no lo alabe ni lo apruebe, no sea alguno que mis dichos repruebe de los grandes secretos que Amor cubre con su capa, de todos ellos puedo hacer Apocalipsis: muriéndome, Amor se eclipsará.

XXXIV. Finalizado el mundo, el sol y la luna y las constelaciones no correrán por el cielo, ni los planetas. Por necesidad de aquél [mundo] Dios los y las ha hecho, pero, acabando él, cesan sus insignes hechos. Todo igual si este mundo traspaso, aquel poder que a amar nos inclina caerá del cielo, porque ningún hombre se perfecciona en bien amar, antes veo que cada uno se cansa. Si Amor se ve ir errando sin provecho, avergonzado, yo creo, que caiga de su lugar.

LXXXVIII

I. Malamente vive quien pierde el deleite de vivir: él es aquel que nuestra vida acaba pues la tristeza la destruye y menoscaba. Entonces, aunque vivo, por muerto me puedo considerar, pues he perdido a vos que me erais la vida. Por amaros, el mundo me contentaba; Dios y gentes muy de grado abandonaba, pero vos habéis escarnecido mi esperanza.

II. El gran dolor ha enflaquecido mi fuerza por lo que estoy forzado a tener piedad de mí mismo, y cuando en corazón femenino me veo llegar, me quiero esforzar pero mi fuerza está muerta. Así como aquel

Sí com aquell   qui s· arm· a vicis dóna,
per un gran temps   en hàbit aquells gira,
no té poder   encontr· Amor ne Ira,   15
qui al començ   son poder abandona.

III No és en mi   de tolre ma persona
e d'apartar   del tot d'amor ma penssa.
Dolor he ja   com no·m trobe defenssa;
de ço que·m plau   és la raó fellona.   20
En tal contrast   sol vida d'hom descréxer,
mas no la vull,   si Déu no la mellora;
ma voluntat   res tant no la ·ntrenyora,
com si la veu,   sens aquella merèxer.

IV Yo sens amor   bastara vós conèxer: 25
per ell passau   sens ésser coneguda;
tal voluntat   com la mia ·s perduda
la vostr· amant,   qui no·l plau d'amor péxer.
La vostr· amor   d'altr· amor no·s contenta;
qui ama poch,   altr· amor no li alta;   30
sana raó   e passió malalta
han tot poder   per amor dar empenta.

V Dolor d'amor   novament me turmenta:
perqu· és llonch temps   que dolors no·m feriten
e mos volers   amar ja no sofiren,   35
novell· amor   no·m pens que jamés senta.
Amant a vós,   he plagut ma natura,
e contra vós   és que a mi amàsseu;
primors de por   no sé que us oblidàsseu
ne remetés   los fets a la ventura.   40

VI Encontr· Amor   vostre cor ha ·rmadura
e per tots temps   ab la raó ·s consella;
si no amau   no és gran maravella,
car poc· amor   no viu on seny atura.
Si passions   d'amor dins vós jutgassen   45
fósseu del seny   quantsevol consellada;

que su alma a los vicios entrega, durante un largo
tiempo gira en aquellas costumbres, no tiene poder
contra Amor ni Ira quien al comienzo su poder abandona.

III. No está en mí anular mi persona ni apartar
del todo el amor de mi pensamiento. Dolor tengo ya
pues no me encuentro defensa, de lo que me place
está la razón enojada. En tal contraste suele la vida
del hombre amenguarse, mas no la quiero, si Dios no
la mejora; mi voluntad tanto no la añora como si
la ve sin merecerla.

IV. Yo sin amor bastara conoceros: por él pasáis
sin ser conocida; tal voluntad, como la mía, está
perdida amando la vuestra, que no le place alimentar de amor. Vuestro amor con otro amor no se contenta; quien ama poco, otro amor no le complace;
sana razón y pasión enferma tienen todo el poder
para dar empujón al amor.

V. Dolor amoroso nuevamente me atormenta:
porque hace mucho tiempo que los dolores no me
hirieron y mis voluntades en amar ya no sufrieron,
nuevo amor no creo que jamás sienta. Amándoos he
complacido mi natura, pero contra vos es el que me
amaseis; primores de miedo no sé que los olvidaseis
ni que remitieseis los hechos a la ventura.

VI. Contra Amor vuestro corazón tiene armadura
y siempre con la razón se aconseja; si no amáis no
es gran maravilla porque el poco amor no vive donde
el juicio permanece. Si las pasiones amorosas dentro
de vos juzgasen seríais del seso cuanto se quiera acon-

la voluntat   de dona ·namorada
no troba frens   aquella refrenassen.

VII Si amadors   poder sentir bastasen
les grans dolors   qu·en fi d'amor se prenen,   50
si bé ·n començ   molts grans delits ne vénen,
yo só ben cert   que d'amor se duptasen.
Delit present   nostra penss· afalaga,
que toll saber   de dolor venidora;
saber-se pot,   mas no és sentidora: 55
la carn no sent   lo mal que per temps paga.

VIII Qui és malalt   d'aquella dolça plaga,
no sab la mort   qu· él se veu manifesta;
e de present   Amor lo delit presta,
y al sentiment   dolor vinent s'amaga.   60
Hom sab e sent   lo delit qui·ns aporta,
e la dolor   de lluny a nós menaça;
ab ulls rients   lo delit nos abraça,
e la dolor   calla detràs la porta.

IX Quant delit naix,   la dolor jau mig morta,   65
y en poch instant   aquesta met sa força;
desig, qui és   passió d'hom, la sforça,
e por de mal   venidor la conforta.
Lo bé atès   no munta ·n suma tanta
com ans d'aquell   la pensa haver ordena,   70
y el pes d'amor   no·l sosté fort cadena:
de per si cau   o prop terra ·s decanta.

X   ¡O foll· Amor!   Sol vostre nom m'espanta:
no hy trob lo bé   qu·en temps passat trobava,
e sent los mals   que dabans ignorava;   75
plora mon hull   e ma boca no canta.

sejada; la voluntad de mujer enamorada no encuentra frenos que la refrenen.

vii. Si los amadores fueran capaces de sentir los grandes dolores que al fin del amor se tienen (si bien en el comienzo muy grandes deleites vienen) yo estoy muy seguro que del amor dudasen. El deleite presente nuestra mente halaga, pues quita saber de dolor venidero; saberse puede, pero no se puede sentir: la carne no siente el mal que con el tiempo paga.

viii. Quien está enfermo de aquella dulce llaga, no sabe la muerte que en él se ve manifiesta, pues de momento Amor le presta deleite y al sentimiento le oculta el dolor venidero. El hombre sabe y siente el deleite que nos aporta pero el dolor de lejos nos amenaza. Con ojos rientes el deleite nos abraza pero el dolor calla detrás de la puerta.

ix. Cuando el deleite nace, el dolor yace medio muerto pero al poco tiempo éste saca su fuerza; el deseo, que es pasión del hombre, lo esfuerza y el miedo del venidero mal lo conforta. El bien alcanzado no sube a suma tanta como, antes de él, el pensamiento ordena tener, y el peso amoroso no lo sostiene fuerte cadena: de por sí cae o cerca de la tierra se decanta.

x. ¡Oh loco Amor! Sólo vuestro nombre me espanta: no encuentro el bien que en tiempos pasados encontraba, y siento los males que antes ignoraba. Lloran mis ojos y mi boca no canta.

ÍNDICE DE CANTOS

Tomo I

		Págs.
I.	Axí com cell qui·n lo somni ·s delita.	136
II.	Pren-m· enaxí com al patró qu·en platga	138
III.	Alt e amor, d'on gran desig s'engendra	142
IV.	Axí com cell qui desija vianda ...	144
V.	Tant he amat, que mon grosser enginy	148
VI.	Molt he tardat en descobrir ma falta.	152
VII.	Sí com rictat no porta béns ab si ...	156
VIII.	Ja tots mos cants me plau metr· en oblit	160
IX.	Amor se dol com breument yo no muyr	164
X.	Sí com un rey, senyor de tres ciutats.	166
XI.	¿Quins tan segurs consells vas encercant	170
XII.	Ja no esper que si· amat	172
XIII.	Colguen les gents ab alegria festes ...	176
XIV.	Malventurós no deu cercar Ventura.	178
XV.	Si prés grans mals un bé ·m serà guardat	182
XVI.	Junt és lo temps que mon goig és complit	186
XVII.	Si Déu del cors la mi· arma sostrau.	190
XVIII.	Fantasiant, Amor a mi descobre ...	194
XIX.	Oiu, oiu, tots los qui bé amats ...	198
XX.	Alguns passats donaren si a mort ...	200
XXI.	Tant en Amor ma pens· ha consentit.	204
XXII.	Callen aquells que d'Amor han parlat	208
XXIII.	Llexant a part l'estil dels trobadors.	210
XXIV.	No sech lo temps mon pensament inmoble	214
XXV.	No·m fall recort del temps tan delitós	216

XXVI.	Yo crit lo bé si·n algun lloch lo sé.	220
XXVII.	Sobresdolor m'ha tolt l'imaginar ...	224
XXVIII.	Lo jorn ha por de perdre sa claror.	228
XXIX.	Sí com lo taur se'n va fuyt pel desert	228
XXX.	Vengut és temps que serà conegut ...	230
XXXI.	Molts hòmens oig clamar-se de Fortuna	234
XXXII.	L'home pel món no munta ·n gran valer	236
XXXIII.	Sens lo desig de cosa deshonesta ...	240
XXXIV.	Tots los desigs escampats en lo món.	242
XXXV.	Sia cascú per ben oir atent	246
XXXVI.	¡O mort, qui est de molts mals medecina	248
XXXVII.	La mia por d'alguna causa mou ...	252
XXXVIII.	Si bé mostrau que mi no avorriu ...	256
XXXIX.	Qui no és trist, de mos dictats no cur	258
XL.	Cell qui d'altruy reb enug e plaer ...	262
XLI.	Volgra ser nat cent anys o pus atràs.	264
XLII.	Vós qui sabeu de la tortra ·l costum.	268
XLIII.	Coratge meu, a pendr· esforç molt tart	272
XLIV.	Tot metge pren càrrech de consciença.	276
XLV.	Los ignorants Amor e sos exemples.	278
XLVI.	Veles e vents han mos desigs complir	284
XLVII.	Bé·m maravell com l'ayre no s'altera.	288
XLVIII.	Ab vós me pot Amor ben esmenar.	292
XLIX.	A mal estrany és la pena estranya.	294
L.	Sí com aquell qui per sa ·nfinitat ...	298
LI.	Tal só com cell qui penssa que morrà.	300
LII.	¡Clamar no·s deu qui mal cerca e troba	306
LIII.	Ab tal dolor com l'esperit s'arranca.	308
LIV.	¿Qui, sinó foll, demana si·m enyor.	312
LV.	Per molt amar ma vida és en dupte.	314
LVI.	Ma voluntat, amant-vos, se contenta.	318
LVII.	Por de pijor a molts fa pendre mort.	320
LVIII.	Sí com l'hom rich que per son fill treballa	324

ÍNDICE DE CANTOS

LIX.	Sí co·l malalt que·l metge lo fa cert.	326
LX.	Mes voluntats, en gran part discordants	330
LXI.	¡O fort Dolor!, yo·t prench que mi perdons	332
LXII.	¿Qui·m mostrarà la Fortuna lloar ...	336
LXIII.	¿Qui·m tornarà lo temps de ma dolor.	340
LXIV.	Lo temps és tal que tot animal brut.	344
LXV.	No só gosat en demanar mercè ...	346
LXVI.	Algú no pot haver en si poder	348
LXVII.	Ja de amor tèbeu jamés no sia! ...	352
LXVIII.	No·m pren axí com al petit vaylet ...	356
LXIX.	Clar és e molt a tots los amadors ...	358
LXX.	¿Per què m'és tolt poder delliberar?	362
LXXI.	¿Què·m ha calgut contemplar en Amor	366
LXXII.	Paor no·m sent que sobreslaus me vença	372
LXXIII.	No pens algú que·m' allarch en paraules	376
LXXIV.	Als fats coman tot quant serà de mi.	380
LXXV.	¿Qui és aquell qui en Amor contemple	384
LXXVI.	¿On és lo lloch on ma penssa repose?	390
LXXVII.	No pot mostrar lo món menys pietat.	392
LXXVIII.	No guart avant ne membre lo passat.	394
LXXIX.	¡O vós, mesquins, qui sots terra jaeu.	398
LXXX.	Tot llaurador és pagat del jornal ...	402
LXXXI.	Axí com cell qui·s veu prop de la mort	402
LXXXII.	Quant plau a Déu que la fusta peresca	404
LXXXIII.	Si co·l malalt, qui llonch temps ha que jau	404
LXXXIV.	Tant he amat que vinch en desamar.	404
LXXXV.	Llexe la Sort lo seu variat torn ...	410
LXXXVI.	Si·m demanau lo greu turment que pas	414
LXXXVII.	Tot entenent amador mi entenga ...	414
LXXXVIII.	Malament viu qui delit pert de viure.	434

ÍNDICE DE LÁMINAS

Tomo I

Entre págs.

Facsímile de la primera edición (Valencia, 1539).	135
Escudo de los March	206-207
"Socarrat" realizado por Jaime de Scals, 1963.	206-207
Fachada de la Colegiata de Gandía	282-283
Puerta de la iglesia del monasterio de San Jerónimo de Cotalbax de Gandía	282-283
Aspecto parcial del barrio de la Catedral	370-371
Calle de Cabillers según el plano del Padre Tosca	370-371

Este libro
se terminó de imprimir
el 4 de marzo de 1983

clásicos castalia
ÚLTIMOS TÍTULOS PUBLICADOS

64 / Marqués de Santillana
POESÍAS COMPLETAS, I. Serranillas, cantares y decires. Sonetos fechos al itálico modo
Edición, introducción y notas de Manuel Durán.

65 /
POESÍA DEL SIGLO XVIII
Selección, edición, introducción y notas de John H. R. Polt.

66 / Rodríguez del Padrón
SIERVO LIBRE DE AMOR
Edición, introducción y notas de Antonio Prieto.

67 / Francisco de Quevedo
LA HORA DE TODOS y LA FORTUNA CON SESO
Edición, introducción y notas de Luisa López Grigera.

68 / Lope de Vega
SERVIR A SEÑOR DISCRETO
Edición, introducción y notas de Frida W. de Kurlat.

69 / Leopoldo Alas, Clarín
TERESA. AVECILLA. EL HOMBRE DE LOS ESTRENOS
Edición, introducción y notas de Leonardo Romero.

70 / Mariano José de Larra
ARTÍCULOS VARIOS
Edición, introducción y notas de Evaristo Correa Calderón.

71 / Vicente Aleixandre
SOMBRA DEL PARAÍSO
Edición, introducción y notas de Leopoldo de Luis.

72 / Lucas Fernández
FARSAS Y ÉGLOGAS
Edición, introducción y notas de María Josefa Canellada.

73 / Dionisio Ridruejo
PRIMER LIBRO DE AMOR. POESÍA EN ARMAS. SONETOS
Edición, introducción y notas de Dionisio Ridruejo.

74 / Gustavo Adolfo Bécquer
RIMAS
Edición, introducción y notas de José Carlos de Torres.

75 /
POEMA DE MIO CID
Edición, introducción y notas de Ian Michael.

76 / Guillén de Castro
LOS MAL CASADOS DE VALENCIA
Edición, introducción y notas de Luciano García Lorenzo.

77 / Miguel de Cervantes
DON QUIJOTE DE LA MANCHA. Parte I (1605)
Edición, introducción y notas de Luis Andrés Murillo.

78 / Miguel de Cervantes
DON QUIJOTE DE LA MANCHA. Parte II (1615)
Edición, introducción y notas de Luis Andrés Murillo.

79 / Luis Andrés Murillo
BIBLIOGRAFÍA FUNDAMENTAL SOBRE «DON QUIJOTE DE LA MANCHA», DE MIGUEL DE CERVANTES

80 / Miguel Mihura
TRES SOMBREROS DE COPA. MARIBEL Y LA EXTRAÑA FAMILIA
Edición, introducción y notas de Miguel Mihura.

81 / José de Espronceda
EL ESTUDIANTE DE SALAMANCA. EL DIABLO MUNDO
Edición, introducción y notas de Robert Marrast.

82 / P. Calderón de la Barca
EL ALCALDE DE ZALAMEA
Edición, introducción y notas de José María Díez Borque.

83 / Tomás de Iriarte
EL SEÑORITO MIMADO. LA SEÑORITA MALCRIADA
Edición, introducción y notas de Russell P. Sebold.

84 / Tirso de Molina
EL BANDOLERO
Edición, introducción y notas de André Nougué.

85 / José Zorrilla
EL ZAPATERO Y EL REY
Edición, introducción y notas de Jean Louis Picoche.

86 / VIDA Y HECHOS DE ESTEBANILLO GONZÁLEZ. Tomo I
Edición, introducción y notas de N. Spadaccini y Anthony N. Zahareas.

87 / VIDA Y HECHOS DE ESTEBANILLO GONZÁLEZ. Tomo II
Edición, introducción y notas de N. Spadaccini y Anthony N. Zahareas.

88 / Fernán Caballero
LA FAMILIA DE ALVAREDA
Edición, introducción y notas de Julio Rodríguez Luis.

89 / Emilio Prados
LA PIEDRA ESCRITA
Edición, introducción y notas de José Sanchis-Banús.

90 / Rosalía de Castro
EN LAS ORILLAS DEL SAR
Edición, introducción y notas de Marina Mayoral Díaz.

91 / Alonso de Ercilla
LA ARAUCANA. Tomo I
Edición, introducción y notas de Marcos A. Morínigo e Isaías Lerner.

92 / Alonso de Ercilla
LA ARAUCANA. Tomo II
Edición, introducción y notas de Marcos A. Morínigo e Isaías Lerner.

93 / José María de Pereda
LA PUCHERA
Edición, introducción y notas de Laureano Bonet.

94 / Marqués de Santillana
POESÍAS COMPLETAS. Tomo II
Edición, introducción y notas de Manuel Durán.

95 / Fernán Caballero
LA GAVIOTA
Edición, introducción y notas de Carmen Bravo-Villasante.

96 / Gonzalo de Berceo
SIGNOS QUE APARECERÁN ANTES DEL JUICIO FINAL. DUELO DE LA VIRGEN. MARTIRIO DE SAN LORENZO
Edición, introducción y notas de Arturo Ramoneda.

97 / Sebastián de Horozco
REPRESENTACIONES
Edición, introducción y notas de F. González Ollé.

98 / Diego de San Pedro
PASIÓN TROVADA. POESÍAS MENORES. DESPRECIO DE LA FORTUNA
Edición, introducción y notas de Keith Whinnom y Dorothy S. Severin.

99 / Ausias March
OBRA POÉTICA COMPLETA. Tomo I
Edición, introducción y notas de Rafael Ferreres.

100 / Ausias March
OBRA POÉTICA COMPLETA. Tomo II
Edición, introducción y notas de Rafael Ferreres.

101 / Luis de Góngora
LETRILLAS
Edición, introducción y notas de Robert Jammes.

102 / Lope de Vega
LA DOROTEA
Edición, introducción y notas de Edwin S. Morby.

103 / Ramón Pérez de Ayala
TIGRE JUAN Y EL CURANDERO DE SU HONRA
Edición, introducción y notas de Andrés Amorós.

104 / Lope de Vega
LÍRICA
Selección, introducción y notas de José Manuel Blecua.

105 / Miguel de Cervantes
POESÍAS COMPLETAS, II
Edición, introducción y notas de Vicente Gaos.

106 / Dionisio Ridruejo
CUADERNOS DE RUSIA. EN LA SOLEDAD DEL TIEMPO. CANCIONERO EN RONDA. ELEGÍAS
Edición, introducción y notas de Manuel A. Penella.

107 / Gonzalo de Berceo
POEMA DE SANTA ORIA
Edición, introducción y notas de Isabel Uría Maqua.

108 / Juan Meléndez Valdés
POESÍAS SELECTAS
Edición, introducción y notas de J. H. R. Polt y Georges Demerson.

109 / Diego Duque de Estrada
COMENTARIOS
Edición, introducción y notas de Henry Ettinghausen.

110 / Leopoldo Alas, Clarín
LA REGENTA, I
Edición, introducción y notas de Gonzalo Sobejano.

111 / Leopoldo Alas, Clarín
LA REGENTA, II
Edición, introducción y notas de Gonzalo Sobejano.

112 / P. Calderón de la Barca
EL MÉDICO DE SU HONRA
Edición, introducción y notas de D. W. Cruickshank.

113 / Francisco de Quevedo
OBRAS FESTIVAS
Edición, introducción y notas de Pablo Jauralde.

114 / POESÍA CRÍTICA Y SATÍRICA DEL SIGLO XV
Selección, edición, introducción y notas de Julio Rodríguez-Puértolas.

115 / EL LIBRO DEL CABALLERO ZIFAR
Edición, introducción y notas de Joaquín González Muela.

116 / P. Calderón de la Barca
ENTREMESES, JÁCARAS Y MOJIGANGAS
Edición, introducción y notas de E. Rodríguez y A. Tordera.

117 / Sor Juana Inés de la Cruz
INUNDACIÓN CASTÁLIDA
Edición, introducción y notas de Georgina Sabat de Rivers.

118 / José Cadalso
SOLAYA O LOS CIRCASIANOS
Edición, introducción y notas de F. Aguilar Piñal.

119 / P. Calderón de la Barca
LA CISMA DE INGLATERRA
Edición, introducción y notas de F. Ruiz Ramón.

120 / Miguel de Cervantes
NOVELAS EJEMPLARES, I
Edición, introducción y notas de J. B. Avalle-Arce.

121 / Miguel de Cervantes
NOVELAS EJEMPLARES, II
Edición, introducción y notas de J. B. Avalle-Arce.

122 / Miguel de Cervantes
NOVELAS EJEMPLARES, III
Edición, introducción y notas de J. B. Avalle-Arce.

123 / POESÍA DE LA EDAD DE ORO I. RENACIMIENTO
Edición, introducción y notas de José Manuel Blecua.

124 / Ramón de la Cruz
SAINETES, I
Edición, introducción y notas de John Dowling.

125 / Luis Cernuda
LA REALIDAD Y EL DESEO
Edición, introducción y notas de Miguel J. Flys.

126 / Joan Maragall
OBRA POÉTICA
Edición, introducción y notas de Antoni Comas.
Edición bilingüe, traducción al castellano de J. Vidal Jové.

127 / Joan Maragall
OBRA POÉTICA
Edición, introducción y notas de Antoni Comas.
Edición bilingüe, traducción al castellano de J. Vidal Jové.

128 / Tirso de Molina
LA HUERTA DE JUAN FERNÁNDEZ
Edición, introducción y notas de Berta Pallares.

129 / Antonio de Torquemada
JARDÍN DE FLORES CURIOSAS
Edición, introducción y notas de Giovanni Allegra.